DES MÊMES AUTEURS

JEANNE-HÉLÈNE KALTENBACH

LA FRANCE, UNE CHANCE POUR L'ISLAM, avec Pierre-Patrick Kaltenbach, Éditions du Félin, 1991.

ÊTRE PROTESTANT EN FRANCE AUJOURD'HUI, Hachette, 1998.

MICHÈLE TRIBALAT

CENT ANS D'IMMIGRATION. L'ÉTRANGER D'HIER, FRANÇAIS D'AUJOURD'HUI (dir.), PUF/INED, 1991.

FAIRE FRANCE, La Découverte, 1995.

DE L'IMMIGRATION À L'ASSIMILATION, avec la participation de Benoît Riandey et Patrick Simon, La Découverte/INED, 1996.

FACE AU FRONT NATIONAL. ARGUMENTS POUR UNE CONTRE-OFFENSIVE, avec Pierre-André Taguieff, La Découverte, 1998.

DREUX, VOYAGE AU CŒUR DU MALAISE FRANÇAIS, Syros, 1999.

LA RÉPUBLIQUE ET L'ISLAM

JEANNE-HÉLÈNE KALTENBACH
MICHÈLE TRIBALAT

La République et l'islam

Entre crainte et aveuglement

nrf

GALLIMARD

Avant-propos

À l'heure où *Le Figaro* [1] s'attendrit sur les « regards gracieux » de fillettes de *dix ans* vêtues de longues djellabas qui ne laissent voir que leurs yeux et suivant, à leur place, c'est-à-dire derrière les garçons, les cours d'arabe dispensés par la mosquée de Noisy-le-Grand en Seine-Saint-Denis. À l'heure où le même journal, dans le même article, ne tarit pas d'éloges sur la discipline et le sérieux des jeunes de tous âges, dont les plus grands jouent au foot près de la mosquée pour ne pas « être loin pour la prière ». À l'heure où *La Croix* se félicite de l'initiative d'un lycée roubaisien qui « donne sa place à l'islam [2] » ; où l'on discute, façon Café du Commerce, de l'islam et des vertus du ramadan en cours de philosophie dans une classe de terminale d'un lycée d'Aubervilliers, et où le professeur conclut l'échange en demandant aux élèves de chaque confession de se désigner pour en déduire que la classe compte « onze élèves qui ne croient à rien », s'attirant ainsi la protestation des mécréants [3]. À l'heure où *L'Humanité* ne voit dans les jeunes filles voilées que « des filles comme les autres, le voile en plus [4] », où *Le Nouvel Observateur* place ses espoirs dans « les

1. Cyrille Louis, « Le malaise des musulmans de banlieue », *Le Figaro*, 12 décembre 2001.

2. Florence Quille, « À Roubaix, un lycée public donne sa place à l'islam », *La Croix*, 17 novembre 2000.

3. Reportage en ouverture de l'émission « Tam-Tam etc. » du 11 décembre 2001, France-Inter.

4. Nathalie Gathié, « Des filles comme les autres, le voile en plus », *L'Humanité*, 5-6 juin 1999.

foulards de la démocratie » pour « réaliser l'intégration des fils d'immigrés [1] » et où *France-Soir* appelle à « construire des mosquées pour favoriser l'intégration [2] ». À l'heure où l'on fait l'éloge des prédicateurs de banlieue dont les résultats font pâlir d'envie les travailleurs sociaux et ravissent des responsables publics. À l'heure où il est du dernier chic de franchir la Seine pour fêter ramadan sur la rive droite — « c'est authentique, pas ce business déprimant qu'on a avec notre Noël » — pour le bonheur des commerçants — « c'est là qu'on remplit le tiroir-caisse » — dans un quartier où une dizaine de librairies islamiques viennent d'ouvrir ; quand une « beurette » déclare éviter de fumer dans la rue car elle « sent trop la pression » et que « depuis deux ans les Arabes n'osent plus venir prendre un verre » dans le bistro jouxtant la mosquée « où les barbus mettent le bordel surtout pendant le jeûne [3] ».

À l'heure donc où la stupidité le dispute à l'angélisme en France — aurait-on évoqué la grâce avec laquelle les femmes faisaient virevolter leur burka en Afghanistan ? et pourtant elles n'en manquaient pas —, la Grande-Bretagne, elle, s'interrogeait, après les affrontements entre « Britanniques blancs et Britanniques d'origine pakistanaise et bengalie » au cours du printemps et de l'été 2001, sur les effets pervers de sa politique communautariste — « les différentes communautés mènent une série d'existences parallèles », « les écoles monoculturelles renforcent la séparation », etc. ; et elle regrettait que rien n'eût été fait pour que les immigrés et leurs descendants se sentent anglais. Le triste constat dressé par Ted Cantle pour le ministre de l'Intérieur [4] comme le « remède de cheval » que ce dernier allait proposer n'ont pas manqué d'être critiqués mais ont reçu le soutien du Premier ministre Tony Blair, visiblement peu tenté par la politique de l'autruche face à la gravité d'une situation,

1. Ursula Gautier, « Les foulards de la démocratie », *Le Nouvel Observateur*, 15-21 janvier 1998.
2. Isabelle Girard, *France-Soir*, 26 octobre 2001.
3. Blandine Grosjean, « 5 heures du mat, c'est ramadan… À Paris, le quartier Couronnes vit au rythme du mois de jeûne », *Libération*, 19 novembre 2001.
4. Ted Cantle, Community Cohesion : *A Report of the Independent Review Team Chaired by Ted Cantle*, Home Office, Building a Safe, Just and Tolerant Society, 2001.

que les attentats islamistes du 11 septembre 2001 aux États-Unis n'ont fait qu'accentuer[1]. « Tous ceux qui viennent dans notre pays pour s'y établir doivent accepter les valeurs sur lesquelles est fondée la citoyenneté », déclarait quelques mois plus tard David Blunkett, le ministre britannique de l'Intérieur, en présentant à la Chambre des communes un nouveau projet de loi sur l'accueil des réfugiés et des immigrants, redéfinissant la politique de la Grande-Bretagne dans ce domaine. D'après ce texte, réfugiés et immigrants devraient « maîtriser la langue nationale » : les cours de langue seraient obligatoires et sanctionnés par des examens. Ils devraient « s'imprégner aussi de la culture britannique, du civisme britannique, et du fonctionnement des institutions britanniques. Ils [seraient] soumis à un texte de citoyenneté avant d'être intégrés dans la communauté nationale et jurer de respecter les lois et les valeurs démocratiques du pays lors d'une cérémonie solennelle[2] ». Voilà des paroles et des actes que nous aurions avantage à méditer en France. La lucidité, c'est décidément ce à quoi nous avons le plus de mal à nous résoudre s'agissant de l'islam. Et pourtant, il le faudra bien si nous voulons corriger la dérive communautariste à laquelle conduisent l'exaltation de la différence et la mise entre parenthèses de nos propres valeurs, voies dans lesquelles la France s'est largement engagée depuis une vingtaine d'années. Comment en est-on arrivé là dans un pays où, il n'y a pas si longtemps encore, on prônait les vertus de l'assimilation ?

Ce livre n'a d'autre ambition que de nous dégriser d'un engouement exagéré pour l'islam, produit d'une représentation magnifiée de cette religion. Comme l'écrivait Jean-Christophe Rufin après le 11 septembre, « nous n'écoutons pas ce que disent les extrémistes. Ils passent leur temps à déclarer qu'ils

1. « Il n'est pas bon de s'imposer une forme d'autocensure sous prétexte d'être politiquement correct », déclarait un peu plus tard son porte-parole. Jacques Duplouich, « Les Britanniques veulent en finir avec la "ségrégation spontanée" », *Le Figaro*, 12 décembre 2001. Jean-Pierre Langellier, « Le racisme et la ségrégation s'étendent dans plusieurs villes britanniques », *Le Monde*, 13 décembre 2001.

2. Jacques Duplouich, « Grande-Bretagne : un examen de passage pour les immigrants », *Le Figaro*, 8 février 2002.

veulent tuer tout le monde mais, en raison d'une forme d'immunité victimaire qui nous les rend sympathiques, nous n'entendons pas[1] ». C'est vrai, mais cette surdité volontaire ne prévaut pas seulement devant les islamistes ; les discours des leaders musulmans reçus par les pouvoirs publics ne sont pas entendus pour ce qu'ils disent clairement mais interprétés en fonction de ce que nous avons envie d'entendre. Les attaques terroristes aux États-Unis ne semblent pas avoir dessillé les yeux de nos élites : « "Cela n'a rien à voir avec l'islam." Les leaders de ce monde répètent cette litanie dans l'espoir louable d'éviter que les musulmans innocents ne soient victimes de représailles en Occident [...]. L'ennui avec ce démenti nécessaire, c'est qu'il est faux », écrit Salman Rushdie[2]. Si elle part d'un bon sentiment, cette attitude empêche de poser les limites entre l'acceptable et l'inacceptable. Elle encourage chez les musulmans la surenchère et l'irresponsabilité et nous entraîne à revenir sur ce à quoi nous tenons tant et qui ne nous a pas si mal réussi après des siècles de rivalité entre l'Église et l'État : la laïcité.

Ce livre n'est pas le énième ouvrage sur la sociologie des musulmans. Il traite de l'islam tel qu'il apparaît aujourd'hui dans les discours des autorités religieuses et des autres leaders d'opinion musulmans en France. Il s'intéresse donc au dogme et à l'idéologie tels qu'ils sont professés et non aux attitudes populaires pour l'étude desquelles il faudrait des outils statistiques que nous attendons toujours. Si la pratique de la majorité des musulmans de France est aujourd'hui des plus paisibles, ce retour sur le dogme est indispensable pour affronter les exigences qui pointent. Par ailleurs, en nous interdisant toute interprétation personnelle des textes sacrés, nous ne nous prononçons pas non plus sur ce que serait l'islam fidèle à la Révélation, l'islam « authentique » — démarche qui serait prétentieuse de notre part, supposant à la fois des connaissances fines sur cette religion et une intimité avec elle que nous ne pouvons revendi-

1. Entretien avec Élisabeth Lévy, « Rufin : la menace intérieure », *Le Figaro*, 15-16 septembre 2001.

2. Salman Rushdie, « Mais si, cela a à voir avec l'islam », *Courrier international*, n° 575, 8-14 novembre 2001.

quer. Certains musulmans l'ont faite, qui disent revenir à l'esprit des textes fondateurs pour en montrer la beauté, la force et le fondement moral plus que social ou politique [1].

Précisons que ce livre a été entrepris bien avant les attaques terroristes qui ont frappé les États-Unis. Il est le fruit d'une profonde insatisfaction ressentie au cours des travaux et devant les conclusions [2] du Haut Conseil à l'intégration dont les auteurs de ce livre ont été membres. Une sorte d'aveuglement enthousiaste à l'égard de l'islam l'avait emporté sur la lucidité d'analyse.

1. D'après Muhammad Saïd al-Ashmawi, la politisation du message coranique est intervenue deux décennies après la mort du Prophète, avec le successeur d'Omar, Othman, qui fut le point de départ de luttes pour le pouvoir : « Depuis lors, l'histoire islamique est dominée par des conflits politiques de caractère tribal dissimulés sous le manteau de la religion » (*L'islamisme contre l'islam*, La Découverte / Al-fikr, 1991).

2. Haut Conseil à l'intégration, *L'islam dans la République, Rapport au Premier ministre*, La Documentation française, 2001.

I

De l'assimilation à l'écolo-différentialisme

> « Du temps de l'"assimilation", on ne parlait pas des immigrés et on leur disait : "Vous savez, il est sublime d'être français, pour le reste taisez-vous !" Depuis qu'on parle d'"intégration", on dit : "Mais mon Dieu, on est en train de perturber ces jeunes et leurs références et leur identité [1]." »

Pour bien comprendre comment la question de l'islam en France a pu revêtir un caractère d'urgence, il est nécessaire de retracer le cheminement de l'idée différentialiste qui tend à ruiner ce qu'on a appelé le « modèle français d'intégration », lequel est fondé sur le pari de l'assimilation à terme des vagues d'immigrants et de leurs descendants, c'est-à-dire d'un effacement progressif des spécificités ethniques.

L'assimilation n'est pas une injonction répétée aux nouveaux venus pour qu'ils la gardent en tête du lever au coucher et qu'ils y appliquent tous leurs efforts. On ne s'assimile pas en y pensant à chaque instant. Ce serait, comme l'a dit si justement A. Sayad à propos de l'intégration, comme espérer s'endormir en se répétant : « Il faut que je dorme [2] ! » L'assimilation est

1. Dominique Schnapper, *Religions, laïcités, intégration*, actes du colloque organisé le 25 mai 1991, Galilée, 1993.

2. A. Sayad, « Qu'est-ce que l'intégration », *Hommes et migrations*, n° 1182, 1994.

avant tout un processus inconscient se déroulant au fil des générations, produit d'une alchimie sociale qui tient plus à l'attraction exercée par la société d'accueil qu'à la volonté des individus. Loin de n'être qu'un modèle théorique dépassé, elle est aussi une réalité qui apparaît, plus ou moins vite et à des degrés divers, dans les pays mêmes qui affichent une idéologie multiculturaliste et célèbrent les différences. Elle s'effectue à plus forte raison chaque jour en France où la tradition assimilationniste a longtemps perduré, même si elle n'a plus été explicitement invoquée après la guerre d'Algérie.

L'assimilation en France est une réalité

L'immigration étrangère est une constante massive de l'évolution démographique française depuis le milieu du XIXe siècle. Si, périodiquement, elle a suscité des débats, ceux-ci n'ont jamais empêché l'assimilation de faire son œuvre. Il en va peut-être autrement aujourd'hui sans que nous puissions le démontrer[1].

Nous n'avons d'autres certitudes que celles, très fragiles, qu'apporte la sociologie qualitative, dont la vulgarisation et l'influence sont devenues telles qu'elle peut être instrumentalisée par le tout-venant. Cette diffusion du discours sociologique dans l'opinion a transformé un processus inconscient en une interrogation permanente. C'est peut-être là que réside le vrai changement. Or le discours sociologique reste lui-même frappé d'incertitude tant qu'il ne peut s'appuyer sur des éléments concrets que seule la mesure statistique apporte, pour le recadrer et l'ajuster. Le recours aux chiffres s'impose encore plus aujourd'hui qu'hier, en raison précisément de l'appropriation par cha-

1. Ce qui n'empêche pas certains « experts » de faire croire qu'ils savent. Ainsi lisait-on dans *Le Nouvel Observateur* du 21-27 février 2002 : « Entre 60 % et 80 % de Francais musulmans sont bien intégrés estiment, à la louche, les experts privés de statistiques. » « Le nombre de Maghrébines mariées à des Français non musulmans est en augmentation constante. » Lionel Jospin, lui-même, dans *La Médina* d'avril 2002, se déclarait optimiste : « Le nombre de mariages mixtes progresse : les alliances sont un élément clé de l'intégration. »

cun du discours sociologique. C'est lorsque la sociologie triomphe qu'elle a le plus besoin de son « tuteur » statistique.

À défaut de statistiques récentes, nous ne pouvons donc pas nous prononcer sur l'évolution actuelle de l'assimilation. Mais certains chiffres parlent en faveur de l'histoire assimilassionniste de notre pays. La France a, par le passé, assimilé des vagues d'immigrants dont les descendants sont aujourd'hui des Français comme les autres. Nous avions estimé, au milieu des années quatre-vingt, que l'apport démographique de l'immigration étrangère [1] était si considérable qu'il représentait près d'*un cinquième* de la population française. S'agissant des brassages de populations, on évaluait au quart la part de ceux qui étaient immigrés ou avaient au moins un parent ou grand-parent immigré [2]. Le constat est là : l'assimilation a réussi pour la plupart d'entre eux. Les résultats de l'enquête « Mobilité géographique et insertion sociale [3] » réalisée en 1992 (première enquête aléatoire du genre) le confirmaient. Ils mettaient en évidence l'assimilation en cours de la quasi-totalité des populations immigrées et de leur descendance (turque exceptée), même si le rythme du processus variait de l'une à l'autre. Les chiffres sont éloquents quand on reprend l'enquête dans le détail.

Premier élément essentiel : la modification des pratiques linguistiques au fil des générations. L'enquête témoignait de l'adoption massive du français comme langue de communication dans la sphère privée. La plupart des immigrés avaient fait l'effort de parler en français à leurs enfants, même en alternance avec la langue d'origine, puisque seuls 20 % environ de la génération suivante n'usaient encore que de la langue maternelle en

1. Par apport démographique il faut entendre la population qui ferait défaut, toutes choses égales par ailleurs, sans l'immigration étrangère intervenue depuis la fin du siècle dernier.

2. Michèle Tribalat (dir.), *Cent ans d'immigration. Étrangers d'hier, Français d'aujourd'hui*, cahier 131, PUF/INED, 1991.

3. Cette enquête comprenait un échantillon global de 13 000 personnes qui se décomposait lui-même en divers sous-échantillons de personnes immigrées (venues d'Afrique noire, d'Algérie, d'Espagne, du Maroc, du Portugal, du Sud-Est asiatique et de Turquie), de jeunes (20-29 ans) nés en France d'origine étrangère et d'un échantillon dit témoin, représentatif de la population globale de la France, pour des besoins comparatifs. Cf. *Faire France*, La Découverte, 1995.

1992 (Turcs exceptés). Chez les personnes élevées au moins en partie en France, parler uniquement en français à ses enfants était devenu la règle (à l'exception des jeunes migrants du Sud-Est asiatique et de Turquie). C'était par exemple le cas de 77 % des jeunes nés en France de deux parents venus d'Algérie et de 92 % de ceux dont le couple parental était mixte (franco-algérien). Un peu plus de la moitié de ces jeunes n'avaient d'ailleurs déclaré qu'une seule langue maternelle, le français.

L'enquête montrait aussi, dans un autre domaine clef, celui des mariages, une régression importante des pratiques traditionnelles parmi les populations originaires d'Algérie et du Maroc, avec à la fois moins d'unions entre cousins et un rôle moins déterminant des familles dans le choix du conjoint. Paramètre essentiel encore du processus d'assimilation : la progression, au fil des générations, des unions mixtes avec des Français « de souche » (nés en France de deux parents nés en France). Pour ne prendre que l'exemple de la population originaire d'Algérie, un quart des filles et la moitié des garçons âgés de 20-29 ans vivant en couple partageaient leur vie, en 1992, avec un(e) Français(e) « de souche ». Il s'agissait généralement d'unions libres, le mariage mixte, notamment pour une jeune fille musulmane, restant fortement désapprouvé par les familles. Ce phénomène méritait d'être suivi sur le long terme pour voir si ces unions libres se traduiraient par des mariages [1]. Aucune enquête similaire n'ayant été menée à partir du recensement de 1999, nous sommes privés de toute certitude en la matière.

L'enquête de 1992 révélait encore, sur un point qui nous rapproche de notre sujet, une désaffection religieuse parmi les jeunes d'origine algérienne, de même ampleur que celle touchant la jeunesse française en général. Ainsi, 68 % des jeunes gens d'origine algérienne déclaraient ne pas avoir de religion (30 %) ou ne pas pratiquer (38 %), contre 69 % pour l'ensemble des jeunes Français (27 % sans religion, 42 % ne pratiquant pas).

1. Si l'union libre est aujourd'hui une forme de vie en couple banalisée, elle apparaît chez les jeunes d'origine maghrébine comme un mode privilégié de formation des unions mixtes évitant la publicité d'un mariage socialement désapprouvé. Conclure un mariage paraît beaucoup plus problématique.

Chez les jeunes femmes en particulier, l'écart était du même ordre : 58 % (30 % sans religion et 28 % ne pratiquant pas) contre 55 % (20 % et 35 %). Cela n'empêchait pas une pratique du ramadan et des interdits alimentaires relativement importante, même si elle l'était moins que dans la génération des parents.

Les chiffres avancés par les instituts de sondage privés, sans valeur scientifique, ne peuvent remettre en cause ces résultats, même si la presse semble généralement s'en contenter. Lorsque *Le Monde* titre le 5 octobre 2001 sur une pratique croissante des musulmans, il fonde ses assertions sur une série d'enquêtes dont la technique est trop incertaine pour être validée [1]. Le phénomène est peut-être réel, mais, faute d'une enquête récente similaire à celle de 1992, on ne dispose pas d'outils de mesure adéquats pour assurer cette évolution. Par ailleurs, il ressortait de cette enquête que le principal problème n'était pas tant l'assimilation que les difficultés récurrentes rencontrées par les jeunes, d'origine algérienne notamment, pour se faire une place sur le marché du travail. Leur parcours scolaire, assez proche de celui des autres jeunes de même condition sociale, ne constituait qu'un handicap tout relatif, le taux de chômage étant aussi très élevé parmi les plus diplômés

Lorsque les résultats de cette enquête sont parus en 1995, ils ont reçu un écho médiatique considérable. Il faut pourtant souligner que le terme d'assimilation, qui revenait en permanence dans l'analyse, n'était jamais repris par la presse qui lui préférait celui d'intégration. Le terme était donc déjà devenu tabou, nous y reviendrons.

La relativisation du politique

Aujourd'hui, le désaveu de l'assimilation, tant comme choix politique que comme concept sociologique, est total. Pour expliquer comment ce qui a été un modèle positif a pu se transformer dans les esprits au point d'apparaître comme une machine

1. Cf. *infra*, chapitre II.

oppressive dont il faudrait se délivrer, on doit évoquer l'évolution du contexte idéologique qui a accompagné l'intégration européenne, la fin de la bipolarisation est-ouest et la mondialisation. Les énergies de gauche se sont en effet reconverties dans une nouvelle « lutte » en faveur de la « culturo-diversité » et ont contribué à dépolitiser radicalement les enjeux de société, dont ceux de l'intégration et de l'islam.

L'intégration européenne relativise énormément la singularité française. Les instances communautaires, mais surtout le Conseil de l'Europe, s'emploient à nous en faire passer le goût. Cette singularité est pensée aujourd'hui comme un handicap, voire une malformation. Un article du *Monde* daté du samedi 24 février 2001, intitulé « Intolérance ethnique », et faisant écho à un colloque international organisé par Göran Persson, Premier ministre socialiste suédois, montrait à quel point la position française était apparue incongrue et peu compatible avec « la définition d'une politique adaptée de lutte contre les discriminations ethniques ». Le journaliste ajoutait que « ce discours [...] avait mis sous une lumière crue les difficultés de parler un langage commun avec des pays qui vivent avec des communautés ethniques ou religieuses reconnues. Et qui considèrent que cela est un des fondements de leur démocratie ». Élaborant des rapports par pays, l'ECRI (Commission européenne contre le racisme et l'intolérance), composée d'experts indépendants dans le cadre du Conseil de l'Europe, ne se prive pas de tancer la France sur les excès auxquels conduit, d'après elle, la singularité française. Dans son rapport de 1999, elle regrettait que « malgré sa diversité culturelle, la société française ne se reconnaisse pas encore pleinement comme multiculturelle ». Pour l'ECRI, si nous ne pouvons pas concilier nos principes constitutionnels fondés sur l'égalité des citoyens et la reconnaissance des communautés, c'est que nous interprétons la notion d'égalité de manière partisane : « L'ECRI réitère sa préoccupation eu égard au fait que les droits des personnes liés à l'identité de certains groupes de la population de la France sont limités en vertu de l'*interprétation* de ce principe » [nous soulignons]. Aussi l'ECRI propose-t-elle divers moyens d'action visant à modeler l'opinion publique française en faveur du multiculturalisme — Big Brother au service de l'« amour de l'autre » :

> L'ECRI [...] appelle de façon urgente les autorités françaises à prendre des mesures pour améliorer l'état général de l'opinion en ce qui concerne les immigrés dans la société française, [...] recommande [...] de veiller à ce que les programmes scolaires, en histoire par exemple, soient conçus de façon à faire apprécier davantage la diversité culturelle. [...] L'ECRI considère qu'une des difficultés à surmonter par la société française actuelle est de se reconnaître et de se percevoir pleinement comme multiculturelle. Dans ce contexte, les médias audiovisuels peuvent jouer un rôle primordial, car, en France comme dans la plupart des pays européens, ils représentent l'un des moyens les plus puissants dont dispose la société pour construire l'image qu'elle a d'elle-même [1].

Ainsi « régionalisé », c'est-à-dire relativisé par le contexte européen, le modèle national, incarnant les survivances d'une exigence politique forte, est encore fragilisé par le fait que l'État a progressivement perdu nombre de ses prérogatives. Il est banal aujourd'hui de rappeler que la plupart des décisions sont prises au niveau européen ; que le Parlement français s'est transformé, pour l'essentiel, en chambre d'enregistrement des décisions européennes ; que la politique migratoire, un des principaux attributs de la souveraineté nationale, sera, dans quelques années, de la compétence communautaire et échappera donc complètement aux élus français. Si l'on ajoute à cela que la mondialisation économique relativise, elle aussi, énormément le pouvoir politique, désormais impuissant devant les caprices de la conjoncture et des actionnaires, on perçoit la vanité d'un projet politique ambitieux, qui ne se contenterait pas d'accompagner l'évolution de la société. En France, le mal est aggravé par l'affaissement des prétentions de la République à instituer des valeurs. En effet, la République s'est construite en partie contre l'Église catholique et a donc été amenée à rivaliser sur son terrain en élaborant un « dogme » laïque concurrent. L'effondrement de l'Église l'a précipitée, avec elle, dans la contingence. La fin de l'illusion communiste a encore accentué la dépoliti-

1. ECRI, *Second rapport sur la France, adopté le 10 décembre 1999*, Conseil de l'Europe, Strasbourg, 27 juin 2000.

sation de l'espace public, sonnant le glas de l'idéologie révolutionnaire et disqualifiant l'intervention de l'État dans divers domaines de la vie sociale [1].

L'humanitaro-différentialisme comme posture écologique

La morale humanitaire a rapidement envahi le vide politique créé par ce désenchantement généralisé [2]. Les orphelins du combat révolutionnaire se sont recyclés dans des causes diverses pour la conquête de droits individuels en tous genres et, rejoints par les Verts, ils forment aujourd'hui avec eux une nébuleuse qui mêle droits de l'homme et préservation des différences avec un reste de lutte des classes. S'y rallient épisodiquement des socialistes et même des républicains bon teint.

Philippe d'Iribarne appelle ce courant le « sacré écologique du respect des différences », qu'il définit ainsi :

> Il veut sauver le breton et l'occitan, comme les baleines bleues, les éléphants et les espèces de chardon menacées. [...] Et il invite chacun à cohabiter, dans sa différence, avec ceux qui ne lui ressemblent pas [...] Loin d'affirmer que les hommes se valent, quelle que soit leur race, comme êtres doués d'une raison par laquelle ils se retrouvent tous semblables, il considère qu'ils se valent dans l'égalité foncière des mœurs, des littératures, des musiques, dont aucune n'a le droit de se prétendre supérieure [3].

Ce combat pour la nature, aussi bien végétale qu'animale ou culturelle, incite à voler au secours de l'islam comme on le ferait pour les oiseaux mazoutés à la suite du naufrage de l'*Erika*. La

1. Cf. Marcel Gauchet, *La religion dans la démocratie. Parcours de la laïcité*, Le Débat/Gallimard, 1998 ; nouvelle édition, coll. Folio, 2001.

2. On relira, à ce propos, le texte prémonitoire de Marcel Gauchet, publié en 1980, et le bilan qu'il dresse vingt ans plus tard du triomphe des droits de l'homme devenus à la fois « la norme organisatrice de la conscience collective et l'étalon de l'action publique ». Cf. « Les droits de l'homme ne sont pas une politique », *Le Débat*, n° 3, juillet-août 1980 ; « Quand les droits de l'homme deviennent une politique », *Le Débat*, n° 110, mai-août 2000. Ces deux articles ont été repris dans Marcel Gauchet, *La démocratie contre elle-même*, Gallimard, coll. Tel, 2002.

3. Philippe d'Iribarne, « À propos du foulard islamique », in *À propos de l'affaire du foulard des jeunes filles islamiques*, Confrontations, Société-Culture-Foi, réunion-débat, 20 décembre 1989.

défense de l'authenticité se ramène à une naturalisation du « culturel » et condamne toute altération comme une atteinte à la « culturo-diversité ».

Au service des « minorités opprimées » en tous genres, ce courant a tendance à réprouver toute idée de particularisme français qui, parce que majoritaire et dominant, fait figure d'oppresseur potentiel. C'est cette même cause de la culturo-diversité, nourrie du repentir d'avoir injustement laminé les langues régionales, qui a inspiré le projet, défendu par Jack Lang, d'institutionnaliser ces langues à l'école en intégrant, notamment, des écoles d'immersion en breton (Diwan) dans l'enseignement public [1]. Le ministre entendait ainsi « contribuer à la reconnaissance de la diversité des identités culturelles » élevée au rang de « priorité nationale ».

L'antiracisme reste néanmoins le plus beau combat des nouveaux moralistes. Ils dénoncent les périls de notre époque comme aux jours les plus glorieux du combat révolutionnaire, avec le même enthousiasme et le même aveuglement : « L'intolérance [est] devenue une des questions politiques les plus brûlantes qui sont posées au continent », affirmait lyriquement le journaliste du *Monde* qui rendait compte du colloque organisé par Göran Persson. Parmi les nouvelles victimes « authentiques » chères à cette gauche recyclée, les musulmans et l'islam figurent en bonne place. L'islamophobie est déclarée cible privilégiée [2].

Ces nouveaux combats humanitaires et antiracistes ont le soutien actif de la Cour européenne des droits de l'homme. Pourtant, comme l'indique P. J. Vatikiotis, entre autres, « les conceptions abstraites de la loi de la nature ou de la raison, d'où peuvent provenir les notions du genre des droits de l'homme, n'existent pas en islam. [...] L'homme ne saurait jouir de droits résultant d'une loi faite par l'homme [et] l'islam ne reconnaît

1. Condamnée par le Conseil d'État le 30 octobre 2001, cette intégration a été malgré tout votée le 8 novembre 2001 à l'Assemblée nationale en recourant à l'article 65 (« dispositif technique ») de la loi de finance 2002 portant sur la rémunération publique d'enseignants du privé.

2. Cf. le colloque organisé par Göran Persson.

pas d'existence à l'homme en dehors de la religion[1] ». Le fait que des musulmans se servent des droits de l'homme pour obtenir des avantages ne signifie aucunement qu'ils y adhèrent entièrement. Il existe une « Déclaration islamique des droits de l'homme en islam », signée par cinquante-trois États au Caire en 1990 lors de la dix-neuvième session de l'Organisation de la conférence islamique (OCI)[2]. Mais les droits qui font l'objet de cette Déclaration sont reconnus dans le cadre de la charia[3], « ou doivent être exercés par des "moyens charaïques" ou selon des méthodes compatibles avec les "règles charaïques" ». La liberté de conscience « n'affirme pratiquement que la liberté d'être musulman ». L'apostasie (abandon d'une religion au profit d'une autre) y est considérée comme un crime passible, selon la jurisprudence, de la peine de mort[4]. Aussi, étant donné que des pays de l'OCI ont également signé la Charte des Nations unies, lorsque les pouvoirs publics parlementent avec des autorités religieuses françaises, comme récemment dans le cadre de la consultation lancée par Jean-Pierre Chevènement[5], ils devraient exercer un minimum de vigilance et s'assurer qu'aucun participant ne se réclame de la Déclaration islamique des droits de l'homme en islam, parfaitement contraire aux engagements qui leur sont demandés en France. C'est en tout cas ce que recommandaient très clairement les rédacteurs de la revue *Islam de France* :

Les signataires du texte de la consultation qui estiment superflue la mention explicite du « droit à changer de religion ou de conviction » doi-

1. P. J. Vatikiotis, *L'islam et l'État*, Gallimard, 1992.
2. Cf. « Quelques remarques sur les textes d'Alain Billon et de Mustapha Yahyaoui », *Islam de France*, n° 8, 2000.
3. La charia est composée du Coran et de la sunna regroupant les traditions (hadiths). Certains y incluent la jurisprudence des savants, appelée aussi fiqh.
4. Mohamed Charfi, *Islam et liberté. Le malentendu historique*, Albin Michel, 1998.
5. Le 29 octobre 1999, le ministre de l'Intérieur, chargé des relations avec les cultes, écrivait à diverses autorités religieuses (dirigeants de fédérations et de mosquées) et à des personnalités musulmanes pour leur proposer de les accompagner dans une réflexion sur l'organisation du culte musulman, pourvu qu'elles signent un document où elles reconnaissent le cadre juridique laïque, ce qui fut fait le 28 janvier 2000, point de départ de réunions de travail qui ont abouti à des rapports et des décisions sur lesquels nous reviendrons plus longuement dans le chapitre V.

vent clairement préciser si leur interprétation de la charia est conforme ou non à celle de l'OCI et à celle de Ben Bâz [1], ou bien s'ils en proposent une autre qui légitimerait leur signature « sans restriction » des principes de la laïcité. Ce qui permettrait de distinguer une approbation de conviction d'une approbation de circonstance [2].

Les pouvoirs publics semblent fort bien s'accommoder de ces contradictions, une certaine complaisance vis-à-vis de l'islam relevant de l'air du temps. La morale humanitaro-différentialiste touche principalement les élites politico-administratives et les médias, non le peuple français. L'hebdomadaire *Marianne*, en rapprochant les résultats d'un sondage réalisé par SCP auprès des journalistes et ceux d'un autre sondage réalisé par *Télérama* et *La Croix* auprès de l'ensemble des Français, a montré le gouffre idéologique qui isole les journalistes de leurs concitoyens [3]. S'agissant de l'islam, il suffit de lire les grands organes de presse nationaux et les titres des colloques subventionnés pour constater l'engouement qu'il suscite. En revanche, le peuple français est « protégé » de cette islamophilie par ce que Philippe d'Iribarne appelle le « sacré ethnique français », une sorte de particularisme latent qui « réagit viscéralement à tout signe distinctif d'un islam militant et conquérant, comme il rejetterait les casques à pointe ou le pas de l'oie [4] ». C'est ce qui fait dire à nos médiatiques dandys de l'islam en France qu'il faut intensifier le cycle de formation à l'islam dans les « masses », car ce désamour ne peut être que le fruit d'un malentendu.

1. Ancien mufti d'Arabie saoudite. La revue *Islam de France* (n° 8, 2000) cite un extrait d'une brochure très éclairante largement diffusée en France, publiée par la présidence générale des administrations et recherches scientifiques islamiques en 1987 en Arabie saoudite : «Est mécréant quiconque croit que les règlements et les lois établis par les hommes sont meilleurs que la charia islamique (législation islamique) ou que l'application des règlements islamiques ne convient pas au XXe siècle [...]. Est mécréant quiconque voit que l'exécution du jugement de Dieu sur le voleur par la main coupée et la lapidation à mort du marié qui commet l'adultère ne conviennent pas aux temps modernes. Est mécréant celui qui croit que c'est admissible de pratiquer un jugement en dehors de la législation islamique pour juger des relations sociales et des droits. »
2. *Islam de France*, n° 8, 2000.
3. *Marianne*, 23-29 avril 2001.
4. Philippe d'Iribarne, « À propos du foulard islamique », *op. cit.*

Masochisme et goût de l'autre

L'alliance du culte de la victime avec une culpabilité masochiste ressassant pêle-mêle les croisades, l'Inquisition et la colonisation mène à des aberrations. Les immigrés et leurs descendants deviennent des victimes *a priori* et absolues. Des associations de défense des immigrés n'ont pas hésité à se porter au secours de proxénètes ou trafiquants de drogue notoires, sous le coup d'une expulsion après avoir purgé une peine de prison, au motif qu'ils allaient subir injustement une double peine (prison et expulsion). On a cherché aussi à masquer la part prise par des jeunes d'origine maghrébine dans les attentats contre des synagogues. Les forfaits de jeunes dans les cités de banlieue dérangent parce qu'ils viennent brouiller l'image des victimes. Ce fut le cas lorsque Soufiane a été poignardé par Kamel et Kader dans la banlieue de Grenoble en 2000. Dans ce registre, l'attitude des membres du gouvernement qui assistaient au match France-Algérie le 6 octobre 2001 a été très significative. Ils ont baissé la tête et minimisé le plus possible les incidents divers qui ont marqué le cours du match : *Marseillaise* conspuée, joueurs français sifflés, envahissement de la pelouse et jet de projectiles sur la tribune des personnalités gouvernementales. La liste est longue de nos tendresses à l'égard des victimes *a priori* du système français, parmi lesquelles l'islam a une place de choix.

Le raisonnement est chaque fois le même, qu'il s'agisse d'immigrés, de jeunes d'origine étrangère ou de musulmans. La défaveur sociale dont ils font l'objet appellerait une certaine complaisance de la part de la France, comme une compensation naturelle. Parce que victimes *a priori*, la loi ne devrait pas s'appliquer à eux comme aux autres. En caricaturant à peine, on pourrait dire que, vivant en zones franches, ils bénéficient d'une franchise pénale. L'intérêt que les pouvoirs publics manifestent depuis quelque temps pour la lutte contre les discriminations est parasité par cet état d'esprit qui introduit l'idée d'une dette et la nécessité d'une réparation. Cette idée est d'ailleurs de plus en plus souvent utilisée en référence à l'*Affirmative Action* américaine qui visait à réparer l'injustice et les dégâts causés par l'esclavage des Noirs. Ainsi donc, l'action du Fonds d'action sociale (FAS) est désormais perçue comme un « mécanisme de réparation [1] ».

Dès lors, tout est vécu par ces « victimes » sur le mode de l'injustice. On va brûler voitures et bâtiments dans la banlieue de Grenoble suite à une sordide affaire d'assassinat « endogène » à la cité. À Antony, un jour d'octobre 2000, parce qu'un jeune est décédé subitement sur un terrain de football sans qu'il y ait eu la moindre agression, on tempête, on rackette, on manifeste, imam en tête, clamant « c'est ce qui attend tous les musulmans en France ». De leur côté, les médias, parfois priés de ménager la susceptibilité de ces jeunes dont la colère est souvent dévastatrice et coûteuse, affichent une indulgence extrême. Ainsi, fin avril 2001, des jeunes du quartier de l'Ariane à Nice se livraient à une défense offensive de leurs « prérogatives » en incendiant des voitures et en affrontant les forces de police afin d'empêcher la construction d'une caserne de CRS et d'un commissariat. France 2 relatait l'événement au journal télévisé de 20 heures du 2 mai 2001 dans des termes destinés à l'évidence à éviter toute stigmatisation desdits jeunes, tout comme le document illustrant l'incident où l'on ne voyait jamais les visages, mais seulement des baskets ou des torses. La chaîne publique parlait « des incidents entre jeunes et forces de l'ordre », ravalant ainsi la police au statut de bande rivale et introduisant une équivalence des positions finalement stigmatisante pour la police. Suivait un lieu commun rationalisant l'idée de franchise morale de manière explicite : « Longtemps oubliés de la République, les jeunes ont du mal à en accepter les lois. »

Certains élus même justifient les exactions commises par des jeunes d'origine étrangère, au motif que leurs parents auraient été privés, comme étrangers, des droits élémentaires. Lors du débat parlementaire le 2 mai 2000 sur le droit de vote des étrangers n'appartenant pas à l'Union européenne aux élections municipales et européennes, Kofi Yamgnane, ancien secrétaire

1. Philippe Bernard, « Sciences-Po à l'heure de la discrimination justifiée », *Le Monde*, 27 avril 2001.

d'État à l'Intégration, a emprunté à Stéphane Parrain ces paroles mémorables, sous les applaudissements de la gauche plurielle : « Il faut arrêter de demander aux jeunes des banlieues de respecter les lois de la République si l'on interdit à leurs parents de voter. » Avec ce débat parlementaire, la violence des jeunes d'origine étrangère s'est trouvée créditée d'une justification supplémentaire inattendue : « C'est par la violence que les jeunes crient leurs frustrations et leur colère face à des décisions dans lesquelles leurs parents n'ont aucune part » — parents que Noël Mamère qualifiait, dans le même débat et avec un lyrisme digne de la grande époque de la lutte des classes, de « bannis de la citoyenneté ». Maurice Adévah-Poeuf, député PS, l'homme courageux de ces débats, ne s'est pas privé d'ironiser sur cette ligne de défense singulière du droit de vote des étrangers : « Voilà trente-cinq ans que je participe à tous les combats contre le racisme, la xénophobie, l'antisémitisme, que je milite pour l'intégration. Mais c'est la première fois que je vois un texte qui s'adresse à d'autres que ses bénéficiaires puisque le seul véritable argument en sa faveur est que les enfants d'étrangers ne voteraient pas si leurs parents n'avaient pas le droit de vote. »

Face à ces précieuses victimes, les Français dits « de souche » ne peuvent se prévaloir de rien. Leur histoire, pavée de mauvaises actions, ne peut inspirer aucune « fierté ». Qu'ils se forgent l'identité qu'ils veulent, tant qu'ils ne font pas valoir quoi que ce soit qui ressemble de près ou de loin à du « nationalisme ». N'a-t-on pas entendu dans le même débat le député Robert Gaïa déclarer qu'il souhaitait que la citoyenneté fût « expurgée de la charge identitaire qu'elle véhiculait » ? L'identité des nationaux peut sentir bon le terroir, les langues régionales, mais le narcissisme national est interdit. Les Français semblent en être frustrés, comme l'a démontré la liesse qui a suivi la Coupe du monde de football en 1998. Enfin une occasion autorisée, fût-elle futile, de se sentir fier d'être français ! Sans doute, d'ailleurs, n'était-elle autorisée que parce qu'elle était futile. Or on ne peut faire aimer aux autres ce que l'on a désappris d'aimer soi-même et qu'on regarde parfois aujourd'hui avec un œil masochiste. Il en va ainsi de la République ringardisée, oppressive des communautés dont on repeint l'histoire en noir et qui serait si fautive qu'elle devrait être tout occupée à réparer ses oppressions passées en accordant des droits à des populations qu'elle a (ou aurait) autrefois bafouées, même au prix de n'être plus rien. Les coupables n'ont qu'un devoir : se taire et réparer leurs méfaits ! Les critiques les plus réductrices de la société, de l'État, du peuple français ne choquent plus guère, surtout si elles sont proférées par des représentants des catégories victimisées. Halima Boumediène, nouvellement élue en 2000 au Parlement européen sur la liste de Daniel Cohn-Bendit, faisait le bilan suivant de l'histoire républicaine : « Avec la République, il n'y a que des histoires de spoliation : les biens juifs pendant la guerre et les biens habous en Algérie[1]. »

On cultive donc en France un masochisme antinational qui privilégie le « goût de l'autre » et nous porte, en matière d'islam, à l'admiration expiatoire. On doit aimer l'autre parce qu'il est autre. Et nous avons la culpabilité narcissique, finalement indifférente à cet autre, comme si rien ne devait venir gâcher le délice de la repentance, pas même les torts de nos victimes d'hier. Il faut préserver, idéaliser la victime pour se sentir pleinement coupable. Notre salut ne pourrait venir que de l'autre — et quel meilleur autre que l'islam ? Pour s'en convaincre, il suffit de reprendre la dernière phrase de l'introduction du rapport du Haut Conseil à l'intégration, *L'islam dans la République* : « Notre société a ses rigidités propres à un vieux peuple : puisse l'immigration nous aider à les surmonter. »

Les droits contre la loi, une autre forme de dépolitisation

La morale humanitaire s'est développée à point nommé pour rationaliser l'affaissement de l'État en privant celui-ci de son objet, l'intérêt collectif et donc national. Le nouveau combat se livrant désormais sur le terrain de la conquête des droits individuels, l'État n'est plus considéré que comme un simple pourvoyeur de droits, dont il doit garantir le bénéfice égal pour tous

1. Sa'dia Ayata, « Halima Boumediène, une des rares femmes d'origine maghrébine en politique », *La Médina*, n° 4, février-mars 2000.

et sans délai. D'où, en plus d'un reste de lutte anticléricale, cette impatience de voir l'islam en état de rivaliser en moyens avec une Église catholique qui a mis des siècles à se doter d'un patrimoine aujourd'hui perdu. Il s'agit là d'une vision totalitaire de l'égalité qui se développe au détriment de la liberté et dans la plus parfaite indifférence à l'idée d'intérêt public. La République renonçant par ailleurs à instituer des valeurs, l'intérêt collectif est devenu difficile à définir. Aussi est-ce l'intérêt de chacun qui gagne en légitimité.

La France, entité politique, tend à se réduire à un simple espace géographique qui, n'appartenant plus à personne, appartient à tout le monde. Le *droit à...* perd progressivement ses limites nationales. Celui qui vient d'ailleurs est d'emblée porteur de droits que certains n'hésitent pas à trouver aussi légitimes que ceux des habitants « réguliers ». Michel Rocard lui-même ne déclarait-il pas au magazine *Islam de France* qu'« il faut rappeler sans relâche ce qui devrait être une évidence, qu'un étranger, même clandestin, est tout aussi homme qu'un Français et qu'il a, en tant que tel, *autant de droits*[1] » [nous soulignons]. Dans cette logique, tout étranger se présentant sur le territoire français aurait donc aussi le droit de rester à demeure, ce qui annule toute prérogative nationale en matière de politique migratoire.

Cette dépolitisation de l'espace national a été illustrée de manière saisissante par le débat parlementaire et la campagne médiatique sur le droit de vote des étrangers non européens aux élections locales et européennes. L'égalité n'est plus appréciée d'un point de vue national, mais elle se joue, en quelque sorte, à l'insu des nationaux. Ainsi, Sami Naïr justifiait le ralliement d'une partie du MDC (Mouvement des citoyens) au droit de vote des étrangers non communautaires par le fait notamment qu'il « *restaure* l'égalité entre non-nationaux » [nous soulignons]. Avant Maastricht, étrangers communautaires et non commu-

1. « Espace Citoyenneté », questions à Michel Rocard (PS), Robert Hue (PCF), Jean-François Mancel (RPR) et Pierre Cardo (UDF-PR), propos recueillis par Saïd Branine et Michel Renard, *Islam de France*, n° 2, mars-avril 1997. (Il s'agit là du magazine et non de la revue dont le premier numéro date de 1998.)

nautaires étaient égaux en ne votant pas ; ils le redeviendraient aujourd'hui si tous votaient [1]. Cet argument a été assez largement adopté par les partis de la gauche plurielle, dont les Verts, auteurs du projet de loi : « Cette nouvelle législation [Maastricht] crée de fait une discrimination entre étrangers » (Noël Mamère, débat parlementaire, 2 mai 2000).

Ce qui était considéré encore récemment comme un devoir associé à l'appartenance à la nation est aujourd'hui, pour certains, un facteur de discrimination intolérable. Il devient honteux que la Constitution, qui réserve le droit de vote aux nationaux dans son article 3 (avec une extension récente aux étrangers communautaires), préfère ainsi un principe d'unité nationale à un droit individuel que l'on voudrait imprescriptible, celui d'être citoyen là où l'on a décidé d'habiter. C'est du moins l'avis de Manuel Tavarès, membre du Collectif pour une véritable citoyenneté européenne, qui affirme sans ambages dans les colonnes de *L'Humanité* : « La citoyenneté est un droit individuel qui s'exerce collectivement, un droit indivisible qui n'a d'application qu'en liaison avec l'effectivité du lieu de résidence. » Comme beaucoup d'autres, il souhaite un alignement complet des droits de vote, sans restriction : « Une citoyenneté implique que tous, nationaux et non-nationaux, aient les mêmes droits. Ainsi pourront-ils voter à toutes les élections [2]. » Cette prééminence des droits individuels sur la loi devient, pour certains, absolue. Ainsi, la loi en matière d'inclusion dans la nation, le code de la nationalité, pourrait aussi être soumise à la logique des droits de l'homme. À partir du moment où l'on considère que le droit de vote est un droit de l'homme imprescriptible, le droit de la nationalité devrait entériner cette primauté. Nabil Azouz, porte-parole du collectif « Un résident, une voix », n'hésite pas à affirmer qu'« il est urgent de faire découler enfin la nationalité de la citoyenneté [3] ».

Dans les déclarations visant à ravaler la citoyenneté au rang

1. Sami Naïr, « Droit de vote pour tous les étrangers », *Libération*, 7 décembre 1999.
2. Manuel Tavarès, « Même sol mêmes droits », *L'Humanité*, 17 janvier 2000.
3. Nabil Azouz, « On crée trois catégories de citoyens », propos recueillis par Franck Johannès, *Libération*, 2 mai 2000.

du droit humanitaire, on retrouve en pointe, bien sûr, les Verts et le Parti communiste, mais aussi certains socialistes. Olivier Duhamel, député européen du PS, et Halima Boumediène, députée européenne du groupe Vert, ont signé ensemble un article dans *Le Monde* où ils expliquaient que, parallèlement au combat mené en France, ils « luttaient » au niveau européen pour « imposer une citoyenneté européenne de résidence ». Lionel Jospin lui-même était favorable à cette « "citoyenneté de résidence" » [qui] constitue une étape importante de la démocratie locale [1] ».

Appartenant à une élite qui voyage, ils se font une idée du monde ayant peu de rapport avec celle de la plupart de leurs concitoyens ; l'homme d'aujourd'hui, à leurs yeux, évolue dans un contexte d'« extrême mobilité » et doit pouvoir être citoyen partout où il se trouve : « la citoyenneté doit être attachée à la personne et se déplacer avec elle ». Autre député socialiste à s'être illustré dans ce débat parlementaire, Michel Destot, invoquait quant à lui Internet et la mondialisation pour étayer sa position !

La République se transforme ainsi, dans l'esprit même de la majorité de nos députés, en gestionnaire des intérêts individuels de ceux qui se trouvent dans les limites géographiques de la France, fût-ce par hasard, avec l'urgent impératif de leur assurer des *droits à...* La notion d'intérêt public, de plus en plus dissociée de l'espace national, a perdu de sa légitimité et est reléguée chaque fois qu'elle vient entraver l'exercice d'un de ces droits. Ce faisant, c'est la *loi* qui se trouve délégitimée. Le succès croissant de la morale des droits de l'homme, dont la Commission européenne des droits de l'homme se fait le gardien vigilant, rend paradoxalement les États très perméables aux communautarismes qui nichent leur légitimité dans la revendication de ces droits.

Cette prééminence des droits sur la loi finit par délester les droits individuels de toute exigence, par les décontextualiser et légitimer la survivance de pratiques archaïques : tous différents, tous égaux, suivant un slogan européen bien connu. Comme

1. *La Médina*, n° 14, avril 2002.

l'écrit si justement Michel Bouleau, « un libéralisme qui devient trop syncrétique se dégrade en une tolérance sans principe et, rapidement, c'est à la notion même de dignité de la personne humaine que l'on ne sait plus donner de sens[1] ». La polygamie en fournit un exemple éclairant. Bien qu'interdite, elle est tolérée et même favorisée par des dispositifs d'accompagnement social spécifiques[2]. Nous vivons à l'heure de la compassion sous la férule de la morale humanitaire, teintée d'un tiers-mondisme patent qui sacrifie le statut de la femme aux particularismes ethniques. L'affaire du voile, dont il sera longuement question à plus d'un titre, illustre aussi cette prime accordée à un tiers-mondisme machiste.

De l'assimilation à la préservation de la « culturo-diversité »

L'évolution du vocabulaire employé pour décrire le processus d'inclusion dans la nation française des vagues d'immigrants et de leurs descendants, à laquelle ont contribué des instances prestigieuses telles que le commissariat général du Plan et le Haut Conseil à l'intégration, révèle de nombreuses interactions entre la nouvelle ligne idéologique et le laminage de l'exception française que les « clercs[3] » musulmans ont su si bien utiliser.

Le terme « intégration » est devenu un fourre-tout. On l'a substitué au terme assimilation, devenu politiquement incorrect, afin d'éviter les critiques et de se faire comprendre de tous. Depuis la crise, l'intégration ne désigne plus seulement l'état d'équilibre d'un système social ou politique, mais l'état d'un

1. « Port du foulard islamique : remise en cause de la jurisprudence du Conseil d'État, tribunal administratif, Paris, 10 juillet 1996 », *Les Petites Affiches*, 3 septembre 1997, n° 106.
2. Michèle Tribalat, « Politique migratoire et droits de l'homme », *Géopolitique*, juin 2001.
3. Par clercs nous entendons les leaders d'opinion, c'est-à-dire ceux qui prennent la parole au nom de l'islam, qu'il s'agisse d'intellectuels, de militants associatifs, d'« autorités » religieuses.

individu ou d'un groupe qui a trouvé sa place dans la société, sans forcément supposer la réduction de pratiques spécifiques ou des mélanges de populations. Ce faisant, la notion d'intégration remplit de multiples usages, pour évoquer le phénomène migratoire aussi bien que les problèmes sociaux liés à la crise. L'intérêt s'est alors concentré sur la non-intégration, à savoir l'exclusion. Pour Gérard Noiriel, « il convient de distinguer "assimilation" et "intégration". Quand on parle des immigrés, seul le second terme semble aujourd'hui légitime car le mot "assimilation" a pris des connotations colonialistes. [...] L'intégration signifie qu'un individu devient membre d'un groupe, c'est-à-dire un élément fonctionnel d'une structure sociale donnée, que ce soit la famille, une association, une entreprise, ou l'État national. En revanche, l'assimilation désigne le processus social qui conduit à l'homogénéisation (linguistique, culturelle, politique) plus ou moins poussée des membres du groupe [1] ».

Il faut rappeler aussi que, dans les années soixante, tant la notion d'assimilation (devenue synonyme d'apostasie pour les musulmans du temps de l'Algérie colonisée) que celle d'intégration (catégorie concurrente pour gérer la spécificité algérienne, à une époque où l'indépendance était déjà revendiquée) ont pâti de leur usage dans le cadre de l'Algéric françaisc. Il suffit de reprendre ce qu'en a dit Jacques Soustelle : « Quand, en 1955, Mendès France et François Mitterrand m'envoyèrent en Algérie, ma mission était l'intégration (l'assimilation visait l'individu et l'intégration la province, avec sa personnalité linguistique et religieuse) [2]. » Cette mémoire des mots, rappelant la colonisation et la guerre d'Algérie, a longtemps réduit le discours administratif à se replier prudemment sur le terme « insertion ».

Le milieu des années quatre-vingt a été un moment charnière de cette évolution sémantique, justifiée explicitement par des raisons significatives. Peu de temps après la commission Marceau Long sur la nationalité, un groupe de travail du commis-

1. Gérard Noiriel, *Population, immigration et identité nationale en France, XIXe-XXe siècle*, Hachette, 1992.
2. *Le Figaro Magazine*, mars 1990.

sariat général du Plan présidé par Stéphane Hessel concluait ses travaux par un rapport, remis en 1987, qui s'intitulait *Immigrations : devoir d'insertion*[1]. Le chapitre 4 de cet ouvrage consacré aux politiques sociales s'ouvrait sur un débat politico-sémantique. On y examinait quatre termes couramment employés pour traiter du phénomène migratoire : adaptation, assimilation, intégration et insertion. Le terme d'adaptation était balayé parce que, sans aller jusqu'à faire « référence à une vision darwinienne de l'évolution », « il [faisait] la place trop belle à la société d'accueil, en suggérant que l'immigré n'a qu'à se plier à ses rythmes et à ses règles ». Le mot assimilation recevait le même sort, car « le poids de l'histoire fait aujourd'hui pencher le fléau du côté de l'interprétation physiologique [en référence à la digestion] ». Le mot intégration n'a pas non plus trouvé grâce aux yeux du groupe de travail parce qu'il « a pris historiquement une autre connotation : le tout serait valorisé sur la base d'un seul élément, les autres devant accepter de se fondre dans un tout qu'ils ne modifieraient pas ». En revanche, le groupe de travail se félicitait du « succès obtenu actuellement par le terme insertion ; l'insertion — mettant l'accent sur le respect de l'autre, sur l'autonomie des composantes et la liberté de chacune d'entre elles de se délier si nécessaire — évite d'affronter de plein fouet des interrogations sur la nature même de cette société ». Le terme d'insertion était donc choisi parce qu'il permettait de faire l'économie d'un choix politique.

> Le terme « insertion » apparaît comme le moins connoté. L'essentiel aujourd'hui dans la conduite des politiques sociales est de **favoriser le développement d'une dynamique d'échanges qui, tout en préservant les spécificités culturelles des différentes composantes de la société, contribue à l'émergence de nouveaux liens sociaux et instaure un espace social suffisamment cohérent** [en gras dans le texte].

Le rapport du Plan a été publié en 1988, un an avant que Michel Rocard installe une usine à gaz de l'intégration : un secrétariat d'État, un secrétariat général à l'Intégration auprès du Premier

1. *Immigrations : devoir d'insertion*, commissariat général du Plan, Stéphane Hessel, président, Gilles Johanet, Paul Schiettecatte, vice-présidents, Claire Guignard-Hamon, rapporteur, La Documentation française, 1988.

ministre chargé de faire vivre une concertation interministérielle, flanqué d'un Haut Conseil à l'intégration (HCI). La communication interministérielle n'a pratiquement jamais fonctionné, le secrétariat général a vite disparu et il n'est resté que le HCI, dont le premier rapport, *Pour un modèle français d'intégration*, a tenté d'instituer le terme d'intégration sur des bases nouvelles. Il s'appuyait, pour ce faire, sur les écrits de Jacqueline Costa-Lascoux qui situait ainsi les trois notions assimilation, intégration, insertion : « L'assimilation souligne l'unité de la communauté nationale, l'intégration, le choix et la participation des nouveaux membres, l'insertion, les conditions d'accueil de l'étranger avec le maintien des particularismes d'origine. » Le HCI a résolument cherché à faire de son modèle français d'intégration autre chose qu'une troisième voie entre la *tyrannie de l'assimilation* censée laminer les identités culturelles et l'*insertion* promettant une préservation absolue des particularismes[1]. Les membres du Conseil voulaient y voir un « processus spécifique » à ne confondre avec aucune notion existante. On préservait les particularismes avec l'espoir qu'ils ne déboucheraient pas sur une « logique de minorités », l'intégration devant au contraire obéir à une logique d'égalité. Le HCI misait beaucoup sur « les valeurs de tolérance et de respect des droits de l'homme » pour surmonter les contestations du « cadre global de référence » par les nouveaux venus. La formule alambiquée et lyrique du HCI ne permettait guère de se figurer ce « processus spécifique » autrement que comme un mélange de conceptions contradictoires et de vœux pieux. Le Conseil four-

1. L'intégration serait ainsi un processus spécifique par lequel « il s'agit de susciter la participation active à la société nationale d'éléments variés et différents, tout en acceptant la subsistance de spécificités culturelles, sociales et morales et en tenant pour vrai que l'ensemble s'enrichit de cette variété, de cette complexité. Sans nier les différences, en sachant les prendre en compte sans les exalter, c'est sur les ressemblances et les convergences qu'une politique d'intégration met l'accent afin, dans l'égalité des droits et des obligations, de rendre solidaires les différentes composantes ethniques et culturelles de notre société et de donner à chacun, quelle que soit son origine, la possibilité de vivre dans cette société dont il a accepté les règles et dont il devient un élément constituant » (Haut Conseil à l'intégration, *Pour un modèle français d'intégration. Premier rapport annuel*, mars 1991). Jacqueline Costa-Lascoux, *De l'immigré au citoyen*, La Documentation française, n° 4886, Paris, 1989.

nissait en tout cas tous les arguments sur lesquels s'appuierait la défense des particularismes ; et la « valeur des droits de l'homme » constituerait le pivot permettant de relativiser le droit national par rapport aux droits individuels.

La récupération musulmane : l'islam inassimilable

Les leaders d'opinion musulmans ont su rapidement profiter de cette disqualification de l'idée d'assimilation et de l'indétermination d'une troisième voie au goût du jour, « cette route magique qui va dans tous les sens à la fois[1] ». Dans son communiqué de présentation, l'association des Étudiants musulmans de France (EMF) déclarait : « Le modèle d'intégration par l'assimilation est peut-être arrivé à ses limites. Il faudrait se trouver un autre paradigme[2]. » Plus radical, Tariq Ramadan, dès son premier livre en 1994, développait l'idée que l'assimilation qui avait réussi aux anciens courants migratoires buterait à présent sur le fait musulman et commentait ainsi la trilogie « assimilation-intégration-insertion » :

> Le projet d'assimilation prévoyait [on notera l'emploi de l'imparfait qui suppose son dépassement] une totale identification de l'immigré avec le nouvel univers culturel qui l'accueille et « oublie » ses références pour s'inscrire de la façon la plus complète, la plus pleine, dans son nouveau paysage. [...] L'idée d'insertion repose [ici, c'est le présent qui est employé et est ainsi censé renvoyer à une réalité] sur la reconnaissance du fait communautaire. [...] L'intégration relèverait [emploi du conditionnel suggérant l'hypothèse] de la voie médiane qui refuse tant l'acculturation complète, en ce qu'elle fut un échec patent, que le principe de l'insertion communautaire [...] productrice de ghettos. [...] Il s'agit d'« intégrer » l'individu en respectant ses spécificités religieuses et culturelles, s'il a, au préalable, fait allégeance aux lois fondamentales qui régissent le pays où il vit désormais[3].

1. Telle que Stanko Cerovic la définit si justement, à propos de Milosevic (*Dans les griffes des humanistes*, Climats, 2001).
2. Communiqué : « L'Union islamique des étudiants de France devient Étudiants musulmans de France », Bordeaux, 8 novembre 1996.
3. *Les musulmans dans la laïcité*, Tawid, 1994. Tariq Ramadan, enseignant genevois, est le petit-fils de Hassan al-Banna, fondateur des Frères musulmans en Égypte en 1928, qui prônait la lutte contre l'occupation britannique et un retour à l'islam.

Pour cet auteur, « dans les débats de société qui ont cours aujourd'hui, on ne fait plus grand cas du premier modèle et l'on s'en tient aux deux autres ». Il imagine une nouvelle troisième voie, entre intégration et insertion donc, « plus souple, sans trahison ; exigeante, sans agression », dont il se garde bien, comme à son habitude, de donner une ébauche.

L'imam de Montreuil a également déclaré que l'immigration des musulmans du Maghreb était « inassimilable mais intégrable ». Il est même allé jusqu'à subordonner le respect des lois de la République à un aménagement législatif prenant en compte l'« islamité » [1]. Amar Lasfar, recteur de la mosquée de Lille-Sud, président de la Ligue islamique du Nord, proche de l'Union des organisations islamiques de France qui participe à la consultation Chevènement, rejette lui aussi l'assimilation pour donner une définition de l'intégration qui n'oblige que l'État et la société d'accueil et implique un régime juridique séparé :

> L'assimilation suppose que les populations islamiques se fondent à terme dans la population. Ceci est exclu car cela signifie l'abandon de la loi islamique. La langue des musulmans en France est le français, mais la langue du Coran est l'arabe. Il n'y aura pas de dérogation à cette règle. L'intégration est possible, mais elle repose sur la reconnaissance, par les lois de la République, de la notion de communauté. L'intégration signifie l'existence d'une communauté obéissant à ses propres lois au sein des groupes de citoyens de la France actuelle. Au-delà du minimum légal que nous avons en commun, le reste est exclu [2].

Dans un esprit tout aussi critique à l'égard de l'assimilation républicaine, Hanifa Chérifi, médiatrice au ministère de l'Éducation nationale sur la question du voile et membre du Haut Conseil à l'intégration, décrit ainsi trois profils types d'enfants d'immigrés maghrébins : ceux qui, comme Khaled Kelkal, se définissent de manière exclusive par la religion ; ceux qui manifestent un « désir déclaré d'assimilation » fondé sur la « négation des origines », « cette voie d'assimilation [étant] dictée en fait par la société d'accueil entre autre, à travers un discours

1. « Pour la sauvegarde de l'islam en France et au Maghreb », extrait de l'appel de Mohammed Taïfour, *Islam de France*, n° 1, 1998.
2. Conférence à l'Alliance régionale du Nord, Amiens, 9 octobre 1997.

assimilationniste très ancien et aujourd'hui réactualisé dans sa version "républicaine" » ; enfin, entre ceux qui suivent les sirènes de l'islamisme [1] et ceux qui répondent à celles de l'idéologie républicaine, elle décrit, elle aussi, une troisième voie opérant une synthèse harmonieuse, dont Zineddine Zidane serait la figure emblématique [2].

Non seulement Hanifa Chérifi décrit la tradition assimilationniste comme une politique de « déculturation programmée », mais elle lui impute le regain actuel des revendications identitaires musulmanes [3]. Le laminage programmé par l'État français aurait buté sur le « facteur identitaire *irréductible* qu'est l'islam » [nous soulignons]. Par ces propos, elle pose la religion, à l'instar des islamistes, comme l'élément culturel le plus déterminant de l'homme. Quant aux politiques successives d'intégration et aux « politiques d'intégration centrées sur la deuxième et troisième génération » qu'elle évoque, elles laissent perplexes. De quoi, au juste, parle-t-elle ? En réalité, excepté l'intervention publique en faveur des harkis [4], la seule politique qui ait jamais existé à destination exclusive des immigrés est celle, désordonnée, du Fonds d'action sociale (FAS) — et donc de nature sociale. Non seulement son extension aux descendants d'immigrés est récente mais elle a été mise en œuvre pour répondre à un nouvel objectif, celui de la lutte contre la discri-

1. L'islamisme est une idéologie politique subversive promouvant un projet de société entièrement fondé sur l'islam, souvent un retour au califat pur et simple. Olivier Roy, islamologue, en donne la définition suivante : « L'islamisme est par définition un projet d'unification du champ religieux et du champ politique, mais aussi un projet d'unification interne du champ religieux sous l'égide du politique (refus des écoles différentes et des confréries), tentative de définir une seule autorité légitime dans les deux champs simultanément, que ce soit l'émir, le calife ou le guide en Iran. » Cf. « Les islamologues ont-ils inventé l'islamisme ? », *Esprit*, août-septembre 2001. Pour Alexandre del Valle, l'islamisme n'est « que l'islam tel qu'en lui-même, un islam orthodoxe débarrassé de la vision laïciste et relativiste du religieux propre à la pensée occidentale moderne » (*Islamisme et États-Unis, une alliance contre l'Europe*, L'Âge d'homme, 1999).

2. Hanifa Chérifi, « Islam et intégration », HCI, 1er juin 1999.

3. Hanifa Chérifi, « Les enjeux de l'intégration. Impact de l'idéologie islamiste sur les jeunes issus de l'immigration », *Éducations*, n° 16, 1998.

4. La dernière en date fut la loi du 11 juin 1994 qui indemnisait à nouveau les harkis et prévoyait des mesures visant à favoriser la formation et l'accès à un emploi de leurs enfants, instaurant une discrimination positive parmi les Français.

mination. Les autres politiques sociales, même quand elles ciblent des segments de la population, s'appuient sur le critère du zonage géographique — qu'elles concernent le domaine scolaire (ZEP, puis REP), le domaine économique (zones franches, ZUS...) ou la restauration de l'habitat —, la plupart étant menées dans le cadre de ce qu'on a appelé la politique de la Ville. L'Institut d'études politiques de Paris aussi a dû passer par le zonage géographique pour « colorer » ses effectifs [1] en intégrant, sans concours, des élèves fréquentant certains lycées en ZEP.

Il n'y a donc pas eu de déculturation programmée mais plutôt une volonté d'ignorer les spécificités ethniques ou religieuses. On peut même soutenir qu'avec les développements récents de la politique de la Ville et le quadrillage des quartiers par divers médiateurs et animateurs censés être à l'image de la population — les fameux « grands frères » —, on a renforcé les particularismes. Dans certains centres de loisir, on ne parle plus qu'arabe parce que l'encadrement et le public sont tous deux d'origine maghrébine. On arabise également des cours de soutien scolaire dans des centres subventionnés par les municipalités, alors que les ressources et les bonnes volontés pour les faire en français existent. De nombreuses activités organisées par les services municipaux sont très souvent centrées sur la culture et les traditions supposées d'origine. Les communes ont souvent sous-traité la gestion des quartiers et contribué à leur isolement alors que la politique de la Ville avait pour objectif de les intégrer. Par ailleurs, depuis que la liberté d'association a été étendue aux étrangers (1981), tous peuvent s'organiser pour mener des actions culturelles, souvent subventionnées par l'État via le FAS.

On comprend difficilement, dans ces conditions, en quoi l'assimilation à la française serait une œuvre criminelle, comme tendrait à le faire croire l'anthropologue Mohammed H. Benkheira, lorsqu'il la compare à un « équarrissage » et condamne sans appel l'étude de l'assimilation qui ressortait de l'enquête

1. Dont Zaïr Kédadouche rappelle la grande hypocrisie, « Sciences-Politiquement correct », *Libération*, 8 mars 2001.

« Mobilité géographique et insertion sociale » de 1992[1]. Pour lui, « la conception républicaine de l'intégration considère qu'un musulman n'est intégré que lorsqu'il a cessé de l'être, c'est-à-dire quand il se fond dans la masse compacte des consommateurs, des salariés, des jeunes, des demandeurs d'emploi, en bref quand il entre dans une de ces nombreuses catégories du discours social contemporain ». Ne pas être musulman, c'est, finalement, n'être pas grand-chose. Comme le rappelle Alain Besançon : « Il faut savoir en effet que l'islam se donne pour rationnel et en ce sens comme la seule religion conforme à la nature humaine. Cela contient pour les chrétiens une note menaçante, parce que si la raison caractérise la nature humaine, un départ de la raison fait également sortir de l'humanité commune[2]. » Pour Mohammed H. Benkheira, les interdits alimentaires feraient partie, au même titre que la prohibition de l'inceste, des interdits fondateurs de l'individu. Porter atteinte à l'interdit ce serait « porter atteinte à la reproduction même du sujet ». Promouvoir l'assimilation, ce serait donc chercher à abolir l'interdit et empêcher ainsi le sujet de se constituer, entreprise dont il faudrait attendre non pas le meilleur mais le pire. Devant ce type de raisonnement, il est indispensable de rappeler qu'être favorable à l'assimilation n'équivaut pas à proposer une police des familles pour y abolir les interdits alimentaires. C'est tout simplement se réjouir qu'une lecture plus souple de ces interdits s'impose au fil des générations, qui nous permette d'envisager de manger ensemble sans hésiter à mettre une bonne bouteille de vin sur la table.

1. Il fait notamment un contresens absolu dans l'interprétation des réponses sur les interdits alimentaires. L'enquête « Mobilité géographique et insertion sociale » de l'INED de 1992 ne demandait pas aux enquêtés s'ils mangeaient ou non de la viande halal. Elle posait simplement une question ouverte sur le respect d'interdits alimentaires du fait de la culture ou de la religion. La viande halal étant citée spontanément dans 4 % des cas, les autres ne déclaraient pas manger des viandes illicites. Le procès fait par l'auteur, en prétendant que « c'est parce qu'ils ont un plus grand souci de la licéité que ce qu'ils mangent leur paraît illicite », est donc injustifié. Cf. Mohammed H. Benkheira, « Intégration ou équarrissage. Peut-on intégrer l'islam si on le vide de sa substance rituelle ? », *Islam de France*, n° 2, 1998.

2. Alain Besançon, *Trois tentations dans l'Église*, Calmann-Lévy, 1996.

L'intégration, un nouveau droit individuel ?

En s'éloignant de ce qui fondait le concept d'assimilation, la notion d'intégration a perdu de sa consistance collective pour être souvent ramenée à un enjeu purement individuel. C'est d'ailleurs sur cette individualisation de la notion d'intégration que se fonde le rapport *L'islam dans la République*, du Haut Conseil à l'intégration. Non content de contribuer au désaveu de l'idée d'assimilation, le HCI encourage donc également la « dégradation » de la notion d'intégration. Hanifa Chérifi, membre du HCI, a joué un rôle important dans l'institutionnalisation de cette dérive, notamment en imposant son analyse du port du voile islamique dans les écoles françaises. La logique du HCI et les analyses de son inspiratrice illustrent la sacralisation actuelle de l'individu qui aboutit, en l'occurrence, à faire de l'intégration un nouveau droit individuel.

Les recommandations du HCI commencent par présenter le champ d'intervention des pouvoirs publics, distinguant les domaines où il est légitime que l'État agisse des « domaines qui échappent par nature à l'intervention de l'État », dans lesquels « doit être privilégié **le souci d'accompagnement** [en gras dans le texte] ». Mais le Conseil ajoute : « reste qu'en tout état de cause, dans les domaines où se joue **l'intégration** des musulmans en France, **cet objectif doit être prioritairement poursuivi** [en gras dans le texte] ». Autrement dit, toute règle doit s'effacer devant l'impérieux devoir d'intégrer les musulmans. En outre, la suite du texte le démontre, il s'agit d'une conception individualiste de l'intégration qui ne prend jamais en compte l'intérêt collectif.

Pour Hanifa Chérifi, l'irruption du voile à l'école [1] est due à la prise en main, par des mouvements islamistes dangereux, de jeunes filles qui auraient perdu confiance dans les institutions suite à une remise en cause du pacte d'intégration [2]. Remarquons

1. La première affaire du voile à l'école a éclaté en 1989 dans un collège de Creil. Voir *infra*, chapitre VI.

2. Pas plus qu'elle n'explicite ce qu'elle entend par intégration, l'auteur ne donne de détails sur ce que serait ce pacte de l'intégration.

que les mouvements islamistes eux-mêmes utilisent cette notion de « pacte » et justifient de la même façon l'idée d'une sécession : le « sacrifice identitaire » consenti autrefois en contrepartie d'une garantie de travail n'aurait plus aujourd'hui de raison d'être à cause du chômage croissant des jeunes. Hanifa Chérifi voit dans les « comportements communautaires ou *ethnicistes* », dont le voile n'est qu'un exemple, la source de la violence à l'école et du refus de l'autorité institutionnelle. Devant ces nouvelles questions, les méthodes, les instruments de l'école ne fonctionneraient plus. L'auteur propose comme solution que l'école cultive certains particularismes pour éviter que d'autres moins bienveillants ne le fassent. La nouvelle mission de l'école, une de plus, serait donc de lutter contre l'islamisme en proposant des éléments culturels et traditionnels des cultures d'origine. Mais, au nom de quelle légitimité l'école pourrait-elle dire ce que sont les « vraies » traditions et les « vrais » particularismes culturels des uns et des autres, et trier, parmi eux, ceux qui ne sont pas contraires à une « intégration citoyenne », comme Hanifa Chérifi le recommande ? L'école ne risque-t-elle pas, si elle cherche à « élever le niveau », de mettre en défaut, comme le font les islamistes aujourd'hui, la culture et les traditions des parents ? Et si l'islam est le noyau dur identitaire que Hanifa Chérifi juge irréductible, l'école n'aura-t-elle pas, toujours pour damer le pion aux islamistes, à donner une éducation sur l'islam, mettant là aussi les parents en défaut [1] ? Quelle est la version non dangereuse de l'islam qu'il faut transmettre et comment empêcher les mouvements islamistes de rebondir dessus ? En tout état de cause, n'est-ce pas trahir l'esprit de l'école républicaine que de lui demander de conformer les esprits à une culture, à des traditions, à une religion, même revues et amen-

1. Le tapage médiatique autour de la question de l'islam qui a suivi les attentats du 11 septembre 2001 aux États-Unis a fait progresser cette idée d'enseignement des religions à l'école. Ainsi, dans *Le Monde* du 24 octobre 2001, Henri Tincq, dans un article intitulé « Enseigner l'islam à l'école », invitait à aller au-delà d'un enseignement purement historique (« on ne peut pas réduire les religions à de simples phénomènes historiques ni faire l'impasse sur une révélation divine [*sic*] »). Il espérait ainsi « faire reculer stéréotypes et clichés » dans la population française et livrer une saine concurrence « aux officines privées de moins en moins contrôlables ».

dées pour ne pas nuire à ce que Hanifa Chérifi appelle l'« intégration citoyenne », alors que celle-ci est censée émanciper les esprits en développant le libre arbitre des élèves ?

Contrairement à ce que prétend Hanifa Chérifi, l'école n'est pas « malade » des questions posées par l'islam et ses manifestations dans l'institution, mais atteinte d'un mal plus général qui la rend vulnérable à toutes sortes de revendications : sa culture institutionnelle est en crise ; elle perd le sens de sa mission ; promouvoir les valeurs sur lesquelles repose la morale laïque passe pour une prétention illégitime.

Sur l'affaire du foulard en particulier, Hanifa Chérifi aurait pu considérer qu'on devait refuser le voile au sein de l'école parce qu'il est en soi porteur d'exclusion, contraire à l'égalité des sexes, bref incompatible avec l'« intégration citoyenne ». Elle s'est exprimée, à l'inverse, en faveur de son acceptation, arguant que l'intégration de la jeune fille voilée serait menacée si on la condamnait à sortir de l'école. Cette philosophie de l'intégration repose sur une conception magique du fonctionnement de l'école. Il suffirait de la fréquenter pour que l'intégration s'opère : on s'intégrerait ainsi par imprégnation, comme on est censé apprendre aujourd'hui par imprégnation.

De son côté, l'école devrait concentrer tous ses efforts sur ces cas difficiles puisque c'est à sa capacité à relever ce nouveau défi que son bon fonctionnement serait jugé. Les conflits de normes et les pressions diverses qui peuvent se développer dans l'école lorsqu'on accepte que s'y manifestent des pratiques religieuses importent peu à Hanifa Chérifi. C'est, encore une fois, l'intérêt public qui est sacrifié. Peut-on éviter de dénaturer ainsi l'institution scolaire en la programmant pour les cas marginaux ?

L'assimilation revue et corrigée par le Conseil d'État

On est en droit de s'étonner de cette aversion généralisée pour le modèle assimilationniste sur lequel — faut-il le rappeler ? — se fonde *encore* le code de la nationalité. Ce dernier s'inspire en effet d'une théorie de l'assimilation en trois générations, allégeant la procédure d'acquisition de la nationalité française au fil des générations[1]. C'est grâce à cette loi optimiste et généreuse, qui parie sur les aptitudes de la France à fabriquer des Français, que des musulmans nés en France sont aujourd'hui français sans avoir eu à « montrer patte blanche ». La révision du code de la nationalité en 1998 n'a pas modifié ce principe fondateur.

Pourtant, la théorisation du Haut Conseil à l'intégration, reléguant l'assimilation au registre des archaïsmes, avait déjà remis en question les principes du code de la nationalité. Et deux arrêts apparemment contradictoires rendus par le Conseil d'État, dans l'affaire Ben Halima, le 19 novembre 1997, et dans l'affaire Bettayeb, le 31 janvier 2001, ont confirmé la distorsion actuelle des fondements du droit dans ce domaine. Les deux requérants demandaient l'annulation d'une décision du gouvernement qui leur refusait la nationalité française pour défaut d'assimilation, malgré leur mariage respectif avec une Française. Le commissaire du gouvernement, M. Hubert, exposait dans ces termes les griefs contre M. Ben Halima : « Il est reproché à M. Ben Halima d'être un fondamentaliste et surtout d'avoir un comportement incompatible avec deux caractéristiques de la société française : la laïcité et l'égalité entre les sexes. » M. Ben Halima appartient au Tabligh[2]. Son comportement est décrit ainsi par les services du ministère de l'Intérieur : port de la djellaba, barbe foisonnante, pratique des prières rituelles dans un service d'EDF où il a travaillé et où il disposait d'un tapis, épouse voilée qui sort peu de chez elle et qui n'a accepté de se dévoiler qu'au troisième entretien administratif, rapports de travail difficiles avec les femmes. Quant à M. Bettayeb, qui vivait à Londres, il n'avait passé que quelques mois en France où il avait eu des liens étroits avec des « dirigeants d'un mouvement extrémiste islamique ».

1. L'immigré doit passer par une procédure de naturalisation pour devenir français, sauf s'il a épousé un(e) Français(e), auquel cas il doit remplir une simple déclaration. Dans la première hypothèse, le défaut d'assimilation est une cause d'irrecevabilité. Dans la seconde, il peut se traduire par un décret d'opposition du gouvernement. Les enfants nés en France de parents étrangers sont français automatiquement à leur majorité, ou avant (dès treize ans) s'ils en font la demande. Les petits-enfants se voient attribuer la nationalité française dès la naissance. La loi les considère comme forcément assimilés.

2. Mouvement piétiste fondé en Inde en 1927 pour résister à la porosité culturelle en situation minoritaire et qui cultive donc le repli.

À première vue, si l'on s'en tenait au registre de l'assimilation, le cas de M. Ben Halima semblerait plus problématique que celui de M. Bettayeb auquel on ne reprochait que ses *liens* avec un mouvement extrémiste islamique. Pourtant, M. Ben Halima a obtenu la nationalité française alors qu'elle a été refusée à M. Bettayeb pour défaut d'assimilation, au motif que « l'adhésion de M. Bettayeb aux valeurs d'un mouvement prônant le rejet des principes de laïcité et de tolérance et recourant à la violence et au terrorisme, ne permet pas de le regarder comme assimilé à la communauté française ».

Voyons, en comparaison, l'argumentaire développé par le commissaire du gouvernement concernant M. Ben Halima. L'appartenance de M. Ben Halima au Tabligh, pourtant bien établie, n'a pas été prise en compte parce que le gouvernement n'a pas invoqué l'ordre public mais a insisté sur le défaut d'assimilation du fait que « l'intéressé aurait violé les habitudes de laïcité et d'égalité des sexes ». M. Hubert décrivait approximativement le Tabligh comme un mouvement « essentiellement mystique, [qui] refuse l'engagement politique et prône le respect des règles de la société dans laquelle les musulmans sont établis ». Il insistait toutefois sur le fait que « des contacts existeraient entre le FIS [1] et le Tabligh et [que] des discours durs seraient entendus dans les mosquées contrôlées par le mouvement ». On voit mal, par conséquent, en quoi le Tabligh serait moins contraire aux traditions françaises de laïcité et de tolérance que les relations de M. Bettayeb. M. Ben Halima ne contrevenait pas non plus à la laïcité lorsqu'il faisait ses prières rituelles dans les locaux d'EDF car, « si la laïcité est un principe qui régit incontestablement l'action des services publics et de l'État, elle n'impose pas aux citoyens de s'abstenir de toutes marques d'appartenance religieuse, même si dans certains lieux d'une particulière sensibilité, comme les établissements scolaires, le port de telles marques peut être interdit, mais à la condition qu'il fasse courir un risque à l'ordre public comme le précisait [le] célèbre avis du 27 novembre 1989 [2] ».

1. Front islamique du salut, parti islamiste algérien.

2. Le gouvernement, désarçonné par la question du voile, a demandé l'avis du Conseil d'État qui a accepté le port du voile à l'école sous réserve de port ostentatoire, de prosélytisme et de trouble à l'ordre public.

Les conclusions de M. Hubert ouvraient des perspectives insoupçonnées aux revendications islamistes puisque faire sa prière ne serait qu'une « marque d'appartenance religieuse », laquelle serait permise non seulement aux « usagers » d'un service public, mais aussi au personnel, dans lequel M. Hubert ne voit que des citoyens ordinaires. D'après lui, la prière sur un lieu de travail ne pourrait traduire un défaut d'assimilation que si elle présentait un caractère agressif, par analogie avec la jurisprudence sur le voile, ou si elle entraînait la réprobation des collègues ou des supérieurs hiérarchiques. L'obligation de laïcité du service public serait donc désormais laissée à l'appréciation des collègues et des supérieurs et se réduirait à une question d'ordre public. On progresse !

Quant à l'argumentation tenue à propos du voile que portait Mme Ben Halima, elle est en parfaite cohérence avec l'avis du 27 novembre 1989, l'arrêt Kherouaa [1] de 1992 et ceux qui ont suivi, en matière de voile islamique. En effet, si l'on renonce à donner un sens général au foulard islamique, pour ne retenir que celui qu'invoque personnellement celle qui le porte, il n'y a aucune raison pour lui en trouver un au regard de l'assimilation. Pourtant, le code de la nationalité indique précisément qu'il faut apprécier le défaut d'assimilation à partir de la maîtrise du français, qui doit être suffisante pour accomplir les actes de la vie courante (ce qui est manifestement le cas de M. Ben Halima), mais aussi en fonction de l'ouverture sur la société d'accueil que manifeste la sociabilité privée ou professionnelle, du respect des mœurs et usages des Français et du loyalisme par rapport à la France. Mais, privé de sens, le foulard islamique ne peut être, pour le Conseil d'État, ni un signe de fermeture à la société d'accueil, ni un manque de respect des mœurs et usages français, alors qu'il est signe de soumission à l'ordre masculin islamique et donc profondément contraire au principe d'égalité des hommes et des femmes. En privant de sens le port du foulard islamique, c'est le concept d'assimilation qui se trouve, par là même, vidé de son sens.

1. En 1992, le Conseil d'État donnait raison à M. et Mme Kherouaa, en conformité avec l'avis de 1989, en autorisant leur fille à porter le voile dans son collège. Voir *infra*, chapitre VI.

Pour en terminer avec cette double jurisprudence, il est pour le moins surprenant de voir le Conseil d'État, toujours en alerte sur le respect de la liberté de conscience, décréter que de simples liens avec un mouvement religieux, tout extrémiste soit-il, constituent en soi un défaut d'assimilation des principes de laïcité et de tolérance, alors que l'appartenance au Tabligh, qui n'est ni favorable à la laïcité ni tolérant, et le non-respect manifeste de ces mêmes principes et de celui d'égalité entre les hommes et les femmes ne sont pas reconnus comme tels. Cette grande incohérence cachait probablement la volonté d'écarter de la nationalité française M. Bettayeb jugé dangereux, alors que M. Ben Halima ne l'était pas. Tout cela montre que le Conseil d'État réduit l'assimilation à une conformité à l'ordre public.

Voilà donc des décisions émanant des plus hautes instances juridictionnelles qui bouleversent la philosophie politique inscrite au cœur même de la loi d'intégration nationale. On peut donc changer subrepticement de modèle politique sans changer la loi ni engager un débat national, en laissant le Conseil d'État décider pour nous en ajustant la pratique juridique à l'idée que ses membres se font de l'évolution de la société.

L'abandon d'un concept utile et efficace

Ainsi discréditée, la notion d'assimilation suscite un rejet de la part des chercheurs soucieux d'échapper à une condamnation morale de leurs collègues et des divers réseaux de défense de l'immigration. Il ne vient plus guère à l'esprit que l'assimilation est aussi un concept utile pour la connaissance et dont les applications sont autrement prometteuses que la notion multiforme d'intégration, qui ne se révèle opératoire que par défaut : l'exclusion (chômage, délinquance). Si l'intégration, c'est rester soi-même, se sentir bien, vivre en harmonie avec…, sans perdre de son « authenticité », comment la mesurer ? Dans la confusion actuelle, il faut rappeler que le concept d'assimilation, développé aux États-Unis pour étudier les effets des grandes vagues migratoires de la fin du XIXe siècle et du début du XXe siècle, s'applique au groupe et non à l'individu et se fonde sur des évolutions moyennes[1]. Si tel n'était pas le cas, des défauts d'assimilation pourraient aussi être relevés chez des individus dont les ancêtres étaient enracinés de très longue date dans un pays, sans qu'on puisse en tirer de conséquences particulières, la moyenne ne supposant pas l'uniformité.

Des débats sont apparus récemment aux États-Unis sur les possibilités d'appliquer à nouveau ce concept utile mais également discrédité outre-Atlantique[2]. En 1997, la très sérieuse *International Migration Review* ouvrait son numéro spécial *Immigrant Adaptation and Native-born Responses in the Making of Americans*[3] par un article de Richard D. Alba et Victor Nee[4] revisitant le concept d'assimilation et proposant son application à la réalité du phénomène migratoire aujourd'hui. Les sociologues américains retiennent le concept d'assimilation pour son efficacité, sans hésiter à le conjuguer à celui de multiculturalisme afin de rendre compte de phénomènes multiformes[5]. Il est éclairant pour le débat français de citer les propos de Richard D. Alba dans un article de 1999 : « L'assimilation comme le multiculturalisme sont appelés à jouer un rôle important. L'assimilation a marqué de manière prédominante les comportements des descendants des anciennes migrations, comme on le reconnaît aujourd'hui rétrospectivement ; et elle est, de même, appelée à dominer parmi les descendants des immigrants contemporains, même si c'est de manière moins exclusive qu'avant. Il est nécessaire d'ajouter ici que l'assimilation se

1. Concept élaboré par Park et Burgess dès les années vingt, puis spécifié par Milton Gordon dans les années soixante.

2. Nathan Glazer dans un article au titre évocateur « Is Assimilation Dead ? », *The Annals of American Academy of Social and Political Sciences*, 1993, expliquait combien le terme d'assimilation était devenu impopulaire. Il avait pratiqué un petit sondage auprès de ses étudiants d'Harvard qui, très majoritairement, s'y étaient déclarés hostiles. Cité par Richard D. Alba et Victor Nee, « Rethinking Assimilation Theory for a New Era of Immigration », *International Migration Review*, vol. 31, a, hiver 1997.

3. Quatre articles sur les onze publiés contenaient explicitement le terme assimilation dans leur titre.

4. « Rethinking Assimilation Theory for a New Era of Immigration », *op. cit.*

5. Cf. Richard D. Alba et John R. Logan, « Variations on Two Themes : Racial and Ethnic Patterns in the Attainment of Suburban Residence », *Demography*, vol. 28, 3, août 1991.

produit le plus souvent par une série de petits glissements sur plusieurs générations ; ce processus d'assimilation continue de porter la trace de marqueurs ethniques. Autrement dit, l'assimilation ne requiert pas une extinction absolue des différences ethniques[1]. » Voilà un pragmatisme dans la manière de présenter les faits qui, en France, nous échappe.

Hormis le débat idéologique, la seule vraie question réside, au fond, dans l'effectivité du processus d'assimilation. On ne peut y répondre aujourd'hui, faute d'éléments statistiques. Néanmoins, si le concept d'assimilation reste pertinent aux États-Unis alors que la promotion de la différence et le lobbying ethnique y ont atteint des sommets, on peut supposer qu'il en va de même en France, malgré notre propension à suivre la même voie idéologique.

À côté de l'enquête de 1992, qui semble vouée à faire figure d'exception, de rares travaux traitent de ces questions en France mais ils souffrent de l'interdit républicain appliqué à la production de données, qui empêche la mise en œuvre du « temps générationnel ». L'assimilation étant un processus à long terme, on ne peut l'étudier que si, en plus de la génération d'immigrés, on dispose de données sur celle née en France et donc de nationalité française. Cela suppose que l'on connaisse l'origine des Français, par exemple à travers la mention du pays de naissance et de la nationalité des parents à leur arrivée en France. Or la question des origines ethniques reste un tabou.

Quoi qu'il en soit, comme l'indique Richard D. Alba, si convergence des comportements il y a, ce processus tient presque toujours de la bouteille à moitié vide ou à moitié pleine : les comportements évoluent, mais pas toujours de manière aussi radicale qu'on veut bien le laisser entendre lorsqu'il est question, en France, d'assimilation. La discipline républicaine qui sévit en matière de statistiques nous empêche à la fois de savoir comment la bouteille est à moitié pleine pour ceux qui attacheraient encore quelque crédit au concept d'assimilation, mais

1. Richard Alba, « Immigration and the American Realities of Assimilation and Multiculturalism », *Sociological Forum*, vol. 14, n° 1, 1999. D'après une traduction personnelle.

aussi comment la bouteille est à moitié vide pour ceux qui souhaiteraient étudier d'autres questions, comme celle des discriminations, dont on parle beaucoup mais sur laquelle nous ne savons rien. Bien que ce thème soit aujourd'hui porteur, il ne suscite pas en effet un désir de savoir similaire à celui qu'a déclenché la mise en œuvre de la parité hommes/femmes. Lionel Jospin lui-même a signé le 8 mars 2000, à l'occasion de la journée internationale de la femme, une circulaire donnant des directives précises pour mesurer statistiquement l'évolution de la discrimination à l'encontre des femmes. S'agissant de la discrimination ethnique et raciale, l'interdit statistique reste complet alors même que cette question est déclarée prioritaire et qu'elle a amené les pouvoirs publics à créer un groupe d'études et de lutte contre les discriminations (GELD), les commissions départementales d'accès à la citoyenneté (CODAC) et une sorte de SOS téléphonique doté du numéro d'appel 114. Simple posture morale ?

Philippe Bataille, président du conseil d'orientation du GELD et sociologue de surcroît, n'hésite pas pour sa part à déclarer que la question de l'intégration n'a plus guère de sens et que l'irritation qu'elle provoque parmi les jeunes d'origine étrangère est bien légitime puisqu'ils sont, de fait, Français vivant en France, et donc intégrés. Il invite par conséquent la sociologie française à se consacrer à la question des discriminations, autrement dit à ne considérer que la partie vide de la bouteille. Il déclarait, avec Jérôme Guedj, lui-même directeur du GELD, dans un article en faveur du droit de vote des étrangers, que « cet impératif nouveau de lutte contre les discriminations permet de prendre des distances avec le discours usé sur l'intégration[1] ». On est donc passé du concept d'assimilation à la notion d'intégration, elle-même réduite à présent à la simple constatation de l'appartenance géographique à la nation. On a évacué, de fait, grâce au miracle républicain, la question des particularismes, sauf lorsque ceux-ci sont pris en compte illégitimement à travers les discriminations.

1. Philippe Bataille et Jérôme Guedj, « Tous les étrangers doivent voter », *Libération*, 2 mai 2000.

Cette délégitimation progressive de l'étude des particularismes pour ce qu'ils sont, de leur persistance ou leur effacement, va de pair avec la valorisation de l'« authenticité » individuelle. En étudier l'altération par l'assimilation, ne serait-ce pas déjà faillir et d'une certaine manière encourager ce que le rapport du HCI, *L'islam dans la République*, appelait une « uniformisation jacobine » ? S'en réjouir serait quasiment criminel, comme n'hésite pas à l'écrire Mohammed Benkheira, on l'a vu. Les mêmes qui n'ont pas de mots assez durs ni assez méprisants pour fustiger républicains et jacobins de tout poil n'hésitent pas à invoquer l'interdit républicain pour éviter de savoir, parce que, au fond, nous ne devons pas chercher à connaître ce que la morale nous interdit désormais de promouvoir.

Ce nouvel engouement pour la préservation des différences comme facteur d'enrichissement, sous couleur de générosité et de tolérance, favorise une nouvelle tyrannie, celle de la prédestination ethnico-culturelle. Il est frappant de constater comment les principes des droits de l'homme qui avaient pour vocation de souligner la commune nature humaine de tous et le caractère universel des droits permettant à chacun de vivre dans la dignité se sont transformés en instrument de promotion des particularismes et bien souvent de pratiques archaïques. Si, comme l'explique Marcel Gauchet, l'enjeu est aujourd'hui de représenter, dans l'espace public, le social tel qu'il est, cela revient à le reproduire mécaniquement sans concevoir, pour les individus, la possibilité d'échapper à leur identité *a priori*. On ne peut plus alors se soustraire au déterminisme des appartenances. L'assimilation devient une entreprise de « dénaturation » fabriquant des traîtres à leur destin.

La lutte contre les discriminations, dans ce contexte, se trouve en porte à faux. En effet, il est plus difficile de demander d'ignorer une appartenance lorsqu'elle est promue en tant que telle que lorsqu'elle est reléguée dans l'espace privé. Et si on attend du patron, par exemple, dans le cas d'une demande d'emploi, qu'il considère positivement tel particularisme, pourquoi n'invoquerait-il pas lui aussi son propre « fonds ethnique » pour choisir ses salariés ?

La culpabilité récurrente vis-à-vis des musulmans originaires de l'ancien espace colonial et les tabous érigés par les champions de l'humanitarisme privent le débat sur l'islam d'un point de vue critique. La question des chiffres sur la présence musulmane en France offre un exemple éloquent du décervelage des zélateurs de l'islam.

II

Quand on aime on ne compte pas

> « Tant de gens sont d'accord pour proclamer qu'il n'y a pas de vérité. Dès lors pourquoi défendre une vérité contre une autre que soutient tout le monde [1] ? »

Rien n'étonne plus en France que la certitude avec laquelle nous savons, lorsque nous n'avons aucun moyen de connaître. C'est le cas en matière d'affiliation religieuse. Le recensement, de par son caractère obligatoire, ne permet pas de recueillir des informations sur la religion à cause de la loi informatique et liberté de 1978 qui impose l'accord exprès [2] pour les questions touchant aux orientations politiques ou religieuses. Aucune source n'existe donc, en France, pour dénombrer les musulmans et étudier leurs pratiques religieuses.

Cela n'empêche pas les chiffres les plus arbitraires de circuler, des chercheurs aux médias, et permet aux défenseurs de l'islam d'alourdir le poids des musulmans dans la société française pour dramatiser l'urgence de leurs revendications.

1. Maxime Rodinson, « Quel mauvais goût de critiquer la croyance assignée par ses parents ! », *L'islam est-il rebelle à la libre critique ?*, *Panoramiques*, n° 50, 1er trimestre 2001.

2. L'accord exprès oblige l'enquêteur à recueillir auprès des personnes interrogées l'expression de leur consentement à répondre à ces informations précises, souvent une signature en fin d'entretien.

Des comptes incertains

Il n'est guère de discours sur l'islam qui évite le lieu commun de l' « islam, deuxième religion de France [1] ». La rengaine connaît même des surenchères inattendues. Amar Lasfar, recteur de la mosquée de Lille-Sud, n'a pas hésité à déclarer dans *Nord Éclair* : « L'islam [...] fut — on l'a peut-être oublié — la première religion de la France au temps où celle-ci était un vaste empire colonial [2]. » C'est ne voir la nation que comme un territoire décroché de toute histoire, de tout patrimoine, seulement constitué d'un certain nombre d'hommes : « L'islam, combien de divisions ? » Surtout, on sent, à la répétition de cette litanie, comme une volonté pédagogique. N'est-il pas inadmissible de voir la deuxième religion de France faire l'objet de préjugés aussi détestables qu'erronés ?

Mais sur quoi se fonde donc cette appréciation de l'importance du fait islamique en France ? Une estimation « à la louche » du nombre de musulmans, en appliquant par exemple un multiplicateur au nombre d'étrangers de pays supposés majoritairement musulmans, indiquerait qu'il devance celui des protestants et des juifs, dont l'estimation ne paraît guère plus fiable. Non seulement cette méthode fait entrer les laïcs athées dans ces catégories selon leurs prétendues traditions familiales respectives, mais elle suppose un cloisonnement absolu entre ces traditions religieuses et donc une endogamie parfaite, manifestement contraire à la réalité. La question est encore plus complexe pour les étrangers et leurs descendants originaires d'Afrique noire puisque la même ethnie peut compter des musulmans et des chrétiens.

Les chercheurs critiquent cette méthode qui repose sur une vision totalisante de l'affiliation religieuse, tout en l'utilisant. Ainsi, pour Franck Frégosi, cette tendance à la totalisation remonte aux habitudes de l'État colonial qui avait fait « de la

1. Cf. notamment « Construire des mosquées », éditorial, *Le Monde*, 10 mars 2001.
2. *Nord-Éclair*, 21 novembre 1999.

dénomination confessionnelle un véritable « marqueur communautaire », mais avait également maintenu [l'islam] délibérément sous la dépendance directe de l'État[1] ». Cela ne l'empêche pas d'avancer les chiffres suivants en supputant sur l'origine des personnes habitant en France : 45 millions de catholiques, 5 millions de musulmans, 900 000 protestants et 500 000 juifs. Jocelyne Césari dénonce également les excès d'une « totalisation qui joue sur tous les intitulés religieux » et « en particulier sur l'islam », mais dit connaître le nombre de musulmans en France (4 millions) et à Marseille en particulier (110 000)[2], et même celui des musulmans de nationalité française (plus de deux milliers) alors qu'ils constituent un segment de la population parmi les plus difficiles à dénombrer — les recensements, on l'a vu, ne recueillant ni les affiliations religieuses, ni l'origine des Français nés en France[3]. Elle ne précise pas comment elle a obtenu ces chiffres.

Pourtant, ces deux auteurs s'accordent sur l'idée que l'islam, comme les anciennes religions pratiquées en France, est touché par une individualisation forte de la croyance religieuse. Franck Frégosi décrit l'appartenance à l'islam comme « un choix assumé, un engagement volontaire, plutôt que le fruit d'une appartenance à un groupe ethnique sociologiquement identifié comme musulman[4] ». Pour Jocelyne Césari, le « choix individuel [est] l'élément central du rapport à la religion[5] » et les modes d'affiliation sont très variés[6].

Plus prudent, Rochdy Alili, sans donner de chiffre brut, livre un pourcentage minimal dont il admet lui-même l'incertitude : « Il n'y a aucun chiffre sérieux et fiable, reconnu par les démo-

1. « L'islam et la République : état des lieux sur la gestion publique des problèmes d'organisation de la religion musulmane en France et quelques pistes de réflexion pour le futur », audition Haut Conseil à l'intégration, 2 décembre 1999.
2. « Islam, jeunesse et banlieues : des liaisons dangereuses », colloque « La montée des phénomènes religieux dans les quartiers : sens, nature et réalité », organisé par Profession Banlieue.
3. Jocelyne Césari, « De l'islam en France à l'islam de France », *Immigration et intégration, l'état des savoirs*, Philippe Dewitte (dir.), La Découverte, 1999.
4. Franck Frégosi, « L'islam et la République », *op. cit.*
5. Jocelyne Césari, « De l'islam en France », *op. cit.*
6. Jocelyne Césari, « La laïcité française et l'islam », *Islam / Islamisme. Le particularisme français*, IHESI, 1999.

graphes concernant la population musulmane en France. Pourtant, peu de personnes contestent qu'elle ait considérablement augmenté et nul ne met en cause un pourcentage minimum de cinq pour cent de musulmans par rapport à l'ensemble de la population française. Ce consensus est-il une garantie d'exactitude scientifique ? Certainement pas. Cependant, bien des administrations, des centres de décision, des analystes se conduisent comme si ce chiffre était fiable[1]. »

Des estimations passent donc de main en main sans être jamais vérifiées. Un chiffre a-t-il été frappé du sceau d'une « autorité » quelconque qu'il va être répété à l'infini. Par exemple, le rapport du HCI, *L'islam dans la République*, a livré une évaluation des pratiquants musulmans voisine d'un million, l'appuyant toujours sur l'enquête de 1992. *Le Monde* reprenait, quelque temps après la sortie de ce rapport, cette évaluation comme une réalité qui se dégageait de l'enquête. Quelle en était, en fait, l'origine ? Nous avions effectué un petit calcul de coin de table, partant des informations disponibles d'après le recensement de 1990 et d'indicateurs de fréquentation de lieux de culte tirés de la fameuse enquête pour, justement, relativiser les chiffres essentialisant l'appartenance religieuse. Le résultat était voisin de 500 000. Non seulement ce calcul a fait l'objet d'un « arrondi » inattendu — il a été pratiquement doublé — mais il a obtenu une sorte de certification tout à fait illégitime.

Il aurait pu en être de même de l'estimation de Franck Frégosi qui portait le nombre des musulmans en France à 5 millions. Amené à se justifier sur ce chiffre devant le HCI, ce spécialiste avouait, avec quelque gêne tout de même, qu'il disait 5 millions parce que cela faisait longtemps qu'on disait 4 millions ! Le chiffre de Franck Frégosi apparaissait dans la première version du rapport du HCI. Ce n'est qu'après de vives discussions qu'il a été supprimé. Il nous semblait peu rigoureux d'avancer un chiffre dont nous ne saurions donner ni la source ni la méthode d'estimation. En revanche, le président du HCI,

1. Rochdy Alili, « Les religions minoritaires et l'État jusqu'en 1905 », *Islam de France*, n° 7, 2000.

M. Fauroux, semblait croire que la bonne mine de Franck Frégosi, sa réputation sur le sujet, que nous ne contestons pas, suffisaient à le valider.

Une inflation galopante

Si l'on en croit la littérature dite savante et la presse, le nombre supposé des musulmans en France connaît en outre des évolutions qui défient tout bon sens démographique.

En 1997, Henri Tincq disait connaître exactement l'évolution de la population musulmane depuis le début des années quatre-vingt. « La "sédentarisation" de l'islam en France, écrivait-il, favorisée, au début des années quatre-vingt, par un léger desserrement de l'immigration, par la reconnaissance légale des associations étrangères et des mesures de regroupement familial [...] bouscule les chiffres et les représentations. La population musulmane passe de 2 à 4 millions [1]. » Quels sources ou points de repères pouvaient lui permettre d'être si péremptoire ? Il ne fournissait aucune indication. Rappelons que les deux rapports parlementaires sur l'immigration établis en 1990 par Philippe Marchand (Assemblée nationale, 21 mai 1990) et Jacques Thyraud (Sénat, 27 novembre 1990) se risquaient déjà à évaluer le nombre de musulmans à 2,5-3 millions pour le premier et 3 millions pour le second. Henri Tincq a-t-il coupé la poire en deux : moins un million dix ans avant, plus un dans la décennie suivante ? Anticipait-il sur les données qu'allait publier Alain Boyer qui arrivait à évaluer, en 1998, le nombre de musulmans au millier près (4 155 000) et réussissait la performance de résoudre une équation à deux inconnues en livrant le nombre de demandeurs d'asile et de clandestins musulmans [2] ?

Dès le premier numéro de la revue *Islam de France* publié la même année, la rédaction donnait dans son éditorial le chiffre de quatre à cinq millions. Etait-ce là aussi un arrondi « à la louche » des chiffres d'Alain Boyer ? Dans le même numéro, quelques

1. « L'islam aujourd'hui », *Dossiers & documents*, n° 251, février 1997.
2. Alain Boyer, *L'islam en France*, PUF, 1998.

pages plus loin, les mêmes auteurs optaient pour l'hypothèse haute de l'éditorial, que Sadek Sellam n'hésitait pas à entériner puisqu'il tablait lui aussi sur cinq millions. Quand une population peut croître au fil des pages d'une revue de qualité, tout est possible ! Dalil Boubakeur, pour sa part, s'en tenait au chiffre approximatif de 4 à 5 millions, mais en se référant à un passé indéterminé qui semblait donner une curieuse permanence à cette évaluation : « Le temps des notables désignés qui réglaient les problèmes au nom de 4 ou 5 millions de personnes me semble en effet révolu et hasardeux [1]. » Tariq Ramadan avait déjà battu tous les records en avançant dès 1994 le chiffre de 5 millions dans une publication dont l'écho est resté confidentiel [2].

La croissance de ladite population musulmane aurait connu une accélération récente et gagné un ou deux millions en deux ans puisque les chiffres couramment cités en 2000 et 2001 ne sont plus 4, mais 5 ou 6 millions. Un article de *L'Express* du 14 décembre 2000 intitulé « L'islam en quête de mosquées » avait comme sous-titre : « Avec 5 millions de fidèles, c'est la deuxième religion de France. » Claire Chazal, sur TF1, au journal de 20 heures, n'hésitait pas à déclarer que la France comptait 6 millions de musulmans. Dans l'émission de France Culture « Le vif du sujet » consacrée à l'islam, le 16 janvier 2001, Soheib Bencheikh, mufti de Marseille, reprenait à son compte ces chiffres de 5 à 6 millions. On ne peut guère lui faire le reproche de gonfler ainsi le nombre de ses ouailles dans la mesure où ces mêmes chiffres se trouvent dans des écrits sérieux et répétés à l'envi par la presse.

1. Dalil Boubakeur, « L'islam en France, son actualité », discours prononcé le 2 mars 2000, à l'occasion d'une réunion de responsables à la mosquée de Paris, *Islam de France*, n° 8, 2000.

2. « Tout porte à croire, en outre, que c'est le nombre considérable de musulmans vivant en France (près de 5 millions sans doute), à la présence massive et visible, qui est la cause des craintes et des repliements » (Tariq Ramadan, *Les musulmans dans la laïcité*, *op. cit.*)

Des enquêtes inconséquentes

Depuis que les banlieues et l'islam sont devenus des sujets d'actualité, des sondages sur les musulmans de France tout aussi dénués de valeur scientifique sont apparus dans la presse. Les défauts de ces enquêtes effectuées par les instituts de sondage privés sont surtout d'ordre technique : quel peut bien être le fondement de la représentativité d'une enquête par quotas [1] auprès de la population musulmane alors que cette entité a des contours et des caractéristiques eux-mêmes inconnus ?

Prenons par exemple le sondage SOFRES-*Le Nouvel Observateur* réalisé en 1998 auprès des « musulmans de France, français ou étrangers ». Il n'est pas précisé si l'échantillon est représentatif mais la présentation du sondage le laisse entendre : « Ils sont près de 5 millions en France, et *leurs* [nous soulignons] réponses à notre enquête prouvent que… » Le premier résultat commenté par *Le Nouvel Observateur* porte sur les 97% qui se déclarent croyants (l'intertitre est évocateur : « De bons musulmans »). Comment s'étonner de cette déclaration massive puisque l'enquête repose sur la sélection de personnes se déclarant musulmanes ? C'est le contraire qui eût été étonnant [2].

Plus récente, une enquête IFOP réalisée entre le 22 et le 28 septembre 2001 a fait la une du *Monde* et la couverture du *Point*, au moment, critique, où l'on s'interrogeait sur l'attitude des musulmans vis-à-vis des attentats du 11 septembre aux États-Unis [3]. Cette enquête, qui se voulait le prolongement de deux enquêtes précédentes (1989 et 1994) sur le degré de pratique des musul-

1. Une enquête peut être aléatoire (effectuée au hasard) ou, comme toutes celles menées par les instituts de sondage privés, fondée sur des quotas. Une enquête par quotas nécessite que l'on ait des connaissances préalables sur la population en question, de manière à pouvoir s'assurer que l'échantillon des personnes interrogées est représentatif. Pour les enquêtes d'opinion dans la population française, on contrôle généralement les grandes variables sociodémographiques (sexe, âge, catégorie socioprofessionnelle (CSP), type de localité de résidence). Pratiquement, on s'assure que la répartition par sexe, âge et CSP de l'échantillon est identique à celle de la population visée.

2. Claude Weil, *Le Nouvel Observateur*, n° 1732.

3. *Le Monde*, 5 octobre 2001 ; *Le Point*, n° 1516, 5 octobre 2001.

mans et sur l'opinion publique française à leur égard, concluait à la modération des musulmans français à propos des événements tragiques du 11 septembre. Mais pas plus que la SOFRES, l'IFOP ne connaît le nombre et les caractéristiques des musulmans qui permettraient de les représenter dans une enquête. Le sondage de 2001 n'était certainement pas plus représentatif que les deux précédents, ce qui interdit de procéder à des comparaisons dans le temps et donc de se prononcer sur une quelconque évolution, comme l'ont fait les deux journaux concernés.

Autre défaut des enquêtes publiées dans la presse : l'absence de connaissances des journalistes sur le sujet. Ainsi, dans *L'Express* du 14 décembre 2000, Marion Festraës évoque une présence islamique massive en France d'une ancienneté étonnante [1]. Elle n'hésite pas à parler des musulmans de la troisième et de la quatrième génération dont elle entend décrire les revendications. Manifestement, la journaliste s'est bornée à rendre compte des propos des personnes rencontrées lors de son enquête sans s'interroger sur leur plausibilité. Certes, nous ne disposons pas non plus de chiffres sur les générations, mais armé du seul bon sens, on peut avancer que pour avoir vingt-cinq ans aujourd'hui et figurer dans ladite quatrième génération, c'est-à-dire avoir par exemple un arrière-grand-père immigré musulman, il faut que ce dernier soit né au début du siècle. Or, même l'immigration algérienne, la plus ancienne parmi celles qui ont amené en France des personnes de confession ou de culture musulmane, restait modeste dans les années vingt-trente. Elle n'a pris un caractère massif que dans l'après-guerre, lorsque les Algériens alors « Français musulmans » ont acquis, en 1946, le droit de circuler librement. Les descendants les plus vieux de ladite troisième génération sont eux-mêmes encore jeunes. Et toute la troisième génération n'est pas encore née.

Cette exagération de l'ancienneté de l'islam en France était-elle intentionnelle ? De la part de la journaliste ou des musulmans interrogés ? En surestimant l'ancienneté comme le nombre d'une population, on accroît la légitimité de ses revendications.

1. « L'islam en quête de mosquées », *L'Express*, 14 décembre 2000.

La cause certifie le chiffre

Les « Français musulmans » rapatriés avaient eux-mêmes abusé de ce genre d'exercice il n'y a pas si longtemps. D'après leurs estimations, ils frôlaient le million d'individus, chiffre repris dans des articles sérieux [1]. Ils sont revenus récemment sur ces aberrations. En 2000, lors d'un colloque organisé au Sénat [2], les responsables associatifs ont avancé un chiffre beaucoup plus raisonnable (environ 180 000 « Français musulmans » et leurs enfants) correspondant à peu près à l'estimation réalisée à l'INED au milieu des années quatre-vingt [3].

En 2000, la responsable d'une association de défense du « peuple noir », Calixthe Beyala, par ailleurs romancière condamnée pour plagiat, n'hésitait pas à chiffrer le peuple en question à 7 millions et l'ensemble des minorités dites « visibles » — selon l'expression canadienne — à 11 millions. Ces chiffres ont été accueillis comme une vérité révélée. Calixthe Beyala avait ainsi réussi le tour de force d'accréditer l'idée que la population noire était presque deux fois plus nombreuse que celle d'origine maghrébine !

Pourtant, puisque aucun dispositif d'observation n'existe, le doute devrait s'emparer de nous dès qu'un chiffre est lancé sur ce que l'interdit républicain nous empêche de mesurer. En l'absence de précisions méthodologiques, tout laisse pressentir que ces estimations sont pour le moins grossières, souvent au « doigt mouillé », quand elles ne surestiment pas la réalité de manière intentionnelle.

Or, qu'il s'agisse des musulmans, des harkis ou de la population noire, les chiffres sont acceptés sans barguigner. Ce n'est pas un hasard. Ces trois exemples font référence à des défi-

1. 450 000 à la fin des années quatre-vingt d'après la délégation aux Rapatriés, 700 000 à 850 000 d'après Sahila Abdelatif. Cf. Catherine Withol de Wenden, « Qui sont les harkis ? Difficulté à les nommer et à les identifier », *Hommes et Migrations*, n° 1135, 1990.

2. *Les harkis et la communauté nationale. Ombres et lumières*, Sénat, 22 octobre 1999.

3. Michèle Tribalat (dir.), *Cent ans d'immigration, op. cit.*

ciences réelles ou supposées de la société française : difficultés « faites » à l'islam en France, traitement des rapatriés musulmans dont il serait, en effet, difficile de se vanter, discrimination à l'encontre des populations noires ou d'origine maghrébine. Un sentiment de culpabilité semble nous retenir de contester les chiffres avancés. Victimes et défenseurs de victimes peuvent donc mentir quand c'est pour la bonne cause — et pourquoi se priveraient-ils d'exagérer les faits quand cela permet d'attirer un regain d'intérêt des pouvoirs publics ? Demander des comptes paraît pour le moins mesquin. Au pire, cela expose à des accusations de racisme qui découragent les meilleures volontés. En outre, dès que l'on remet en cause des chiffres concernant des populations victimes de discriminations, l'amalgame est vite fait avec la Shoah et le révisionnisme.

En somme, c'est la justesse de la cause et non la méthode d'estimation qui donne du crédit à un chiffre. Si la cause est mauvaise, le chiffre est suspect. Plus une cause paraît juste, plus on consent à sa mise en scène statistique. C'est ce qui a permis, en octobre 2001, le sondage de circonstance, réalisé par l'IFOP que nous avons évoqué plus haut, et qui était manifestement destiné à donner l'image d'un « islam apaisé » condamnant massivement l'attaque islamiste aux États-Unis. L'IFOP, pour la honte de la profession, posait des questions qui contenaient les réponses. Ainsi les deux propositions suivantes, « un musulman ne peut pas se réjouir de tels attentats car l'islam condamne ce type d'actes » et « les auteurs de tels attentats ne peuvent pas se dire musulmans car l'islam est une religion de paix et de modération », obtenaient-elles un franc succès auprès des musulmans sondés [1]. En revanche, on ne s'offusque jamais assez des chiffres de M. Le Pen et de ses acolytes parce que leur idéologie est douteuse et leurs mines peu avenantes. La réalité n'a plus de légitimité propre dès lors qu'elle est lestée d'une charge morale forte.

1. *Le Monde*, 5 octobre 2001.

Si on voulait savoir...

Pour connaître le nombre des musulmans en France, il faut demander aux personnes y résidant si elles se déclarent musulmanes. Seule l'expression explicite de la croyance doit pouvoir entrer dans les statistiques. Contrairement à ce que l'on répète à l'infini, le droit français ne s'oppose pas à la production de statistiques sur la religion. Si, comme il en est question, le recensement obligatoire est remplacé par un sondage tournant non obligatoire, rien n'interdira à l'INSEE d'introduire, certaines années, un complément de questions sur la religion. Une grande enquête sur les affiliations et pratiques religieuses pourrait alors être menée à partir d'échantillons représentatifs de la population française[1]. Elle permettrait à la fois de dénombrer les adeptes de l'islam et des autres religions, et d'analyser finement les pratiques. Et qui sait si elle ne nous apprendrait pas, compte tenu de l'état avancé de déchristianisation de la population française, que l'islam est devenue la première religion de France, comme le suggère Alain Besançon[2] ?

En effet, explique-t-il, on n'est pas musulman comme on est catholique aujourd'hui. Tout d'abord, « la foi musulmane ne porte pas sur l'existence, mais sur l'unicité de Dieu ». L'athéisme est « considéré comme une folie ». Au contraire, la foi chrétienne serait un acte de volonté. Il ne serait pas donné de croire. La foi n'aurait donc ni le même sens ni les mêmes implications selon qu'on est musulman ou chrétien. Pour un musulman, il serait ainsi permis, « moyennant le respect de la Loi et une pratique légère des cinq piliers[3] de mener une vie religieuse parfaitement superficielle et cependant licite ». Cette conception religieuse comme habitus, ce qu'était aussi la religion catholique

1. *La Croix* a manqué l'occasion de le faire en décembre 2001 avec le sondage auprès de 2 500 personnes qu'elle a commandé au CSA. Limitée aux religions chrétiennes, cette enquête se prêtait pourtant à un décompte des autres affiliations religieuses, traitées en bloc par le CSA sous la rubrique « autre religion ». Cf. *La Croix*, 25 décembre 2001.

2. *Trois tentations dans l'Église*, *op. cit.*

3. La profession de foi, la prière, le ramadan, l'aumône et le pèlerinage à La Mecque.

au Moyen Âge, domine encore probablement parmi les musulmans de France, même si l'on voit poindre, avec sincérité, ici ou là, une « modernisation » dans la manière de concevoir la foi. Citons, à titre d'exemple, les paroles d'un imam, Amar Saïdi, pour qui « la foi dépend de trois conditions fondamentales : 1) la conviction ; 2) l'engagement ; 3) la volonté ». Cet imam s'en prend même à ses collègues qui utilisent « à tort et à travers la carotte et le bâton » et prononcent des prêches « où il est continuellement question de châtiment, d'enfer et de paradis [1] ».

Si l'habitus domine aujourd'hui dans l'islam de France, il est probable que l'on se définira plus facilement musulman que chrétien. C'est pour cette raison que le fait de considérer comme musulmans ceux dont l'origine le laisse supposer paraît moins abusif que de compter 45 millions de catholiques comme le fait Franck Frégosi. Néanmoins, en supputant ainsi, on fait l'impasse sur de possibles évolutions liées à la situation minoritaire de l'islam et sur l'extrême diversité des populations du Maghreb et notamment d'Algérie [2].

Une grande enquête sur les religions permettrait en outre d'évaluer les besoins réels des musulmans concernant l'exercice de leur culte. Car avant de déclarer d'office qu'ils sont brimés, comme il est à la mode de le faire aujourd'hui, il faudrait avoir une connaissance plus sûre de leur nombre mais aussi plus fine de leurs pratiques religieuses. Par exemple, pour planifier les besoins en carrés musulmans dans les cimetières, il faudrait prendre en considération divers facteurs comme la propension à rapatrier un corps dans le pays d'origine selon la génération considérée ou la réalité des exigences rituelles en cas d'inhumation en France (carré musulman ou simple orientation du corps par rapport à La Mecque). Il paraît aussi abusif de supputer le nombre de lieux de culte qui permettraient d'accueillir

1. Amar Saïdi, « Soumission intelligente à la volonté de Dieu », *Islam de France*, n° 8, 2000.

2. D'après l'enquête de 1992, près des deux tiers des immigrés berbérophones originaires d'Algérie déclaraient ne pas avoir de religion ou ne pas pratiquer (contre 48 % des arabophones), soit une proportion égale à celle observée dans l'ensemble de la population française. 28 % des immigrés enquêtés avaient le berbère comme langue maternelle. Cf. Michèle Tribalat, *Faire France*, La Découverte, 1995.

les 5 millions de musulmans supposés par Franck Frégosi quand on sait la faible fréquentation des mosquées.

Les médias sont d'une inconséquence totale. Ils peuvent tantôt chanter les louanges de la « statistique républicaine » qui impose d'ignorer les origines et les appartenances, tancer ceux qui s'aventureraient à s'éloigner de ce pieux principe, tantôt reprendre sans vergogne, sans le moindre souci de véracité, les chiffres sur les musulmans en France qu'ils trouvent ici ou là.

À l'évidence, les chiffres qui sont donnés reposent sur un compte islamique faisant fi de la liberté de conscience, de la liberté de changer de religion et de l'éventail possible des pratiques. Il va de soi que l'on naît musulman et que l'on ne peut que mourir de même ! Il est non moins évident que le nombre de musulmans doit répondre, non à des critères scientifiques que l'on aurait pris soin de définir, mais à des critères idéologiques visant à grossir le problème en confortant un certain manichéisme de mise dans de nombreux « débats de société ». Chacun étant dans l'ignorance, l'essentiel est de ne pas sembler chiche pour plaire aux musulmans, en somme faire preuve de générosité pour montrer qu'on les aime. C'est ainsi que, dans sa première allocution aux membres de la consultation, Jean-Pierre Chevènement, qui se déclarait « naturellement tourné vers les peuples musulmans », évaluait lui aussi généreusement, sans disposer de plus d'éléments que les autres, le nombre de personnes de « tradition musulmane » à « des millions de Français et des millions d'étrangers régulièrement établis en France [1] ».

Faudra-t-il aussi, pour convaincre les musulmans de nos bons sentiments, bâtir autant de mosquées qu'il y a d'églises en France ? C'est pousser l'égalitarisme un peu loin que de considérer, comme Franck Frégosi semble le faire, que les musulmans ne connaîtront des conditions équivalentes à celles des chrétiens que lorsque la parité sera atteinte dans la fréquence des lieux de culte par habitant… et que les nouvelles mosquées seront aussi désertées que les églises. Si la France est dotée d'autant d'églises, c'est qu'elle a une longue histoire catholique derrière elle.

1. *Al Istichara*, n°1, mars 2000, ministère de l'Intérieur.

III

Les leçons de l'histoire religieuse

L'histoire et la culture religieuses constituent aujourd'hui un domaine de la connaissance déserté. L'ignorance des contemporains en la matière s'accuse à chaque génération[1]. Il est donc nécessaire, avant de poursuivre l'examen des rapports entre la République française et l'islam, de revenir à l'histoire qui seule peut éclairer l'enjeu du combat pour la laïcité que les élites françaises, complaisantes envers l'islam, semblent avoir abandonné. « Pourquoi l'islam, comme toutes les autres religions, comme le judaïsme, échapperait-il à l'épreuve de la critique à laquelle le christianisme a été soumis à l'époque moderne ? » demande la revue *Le Débat*. Et de poursuivre : « Faut-il rappeler que ce n'est pas de son propre mouvement que ce dernier est devenu tolérant et laïque — au sens général et civil du terme —, mais au terme de plusieurs siècles d'une lutte intellectuelle, politique et sociale sans concession. On n'est pas obligé d'en reproduire toutes les outrances inutiles, mais on a intérêt à ne pas en perdre le souvenir[2]. »

Avant de se pencher sur l'histoire politico-religieuse de la France, nous voudrions rappeler d'autres faits, enfouis sous

1. France 2 : « Demain c'est l'Avent, alors bonne fête à tous les Avent ! » ou encore : « À Pâques, juifs et catholiques fêtent la résurrection ». Journal musulman de Mulhouse, *Ensemble* : « Le Vatican a reconnu la liberté religieuse en 1964. Avant, les catholiques en dehors de l'Église n'adressaient pas de salut » (traduction libre de « hors de l'Église pas de salut »). Etc.

2. « 11 septembre et après : un monde devenu obscur », *Le Débat*, n° 117, novembre-décembre 2001.

l'idéologie, qui concernent également nos rapports avec l'islam. L'intolérance et l'oppression n'ont pas été le fait d'une seule religion mais une constante de l'histoire des religions en tant qu'elles supposent toutes une vérité absolue et ont souvent été un instrument de pouvoir. Il n'est pas inutile aujourd'hui d'avoir quelques éléments pour apprécier plus équitablement la légende dorée de l'islam face à une histoire des chrétiens, et plus particulièrement des Français, souvent présentée sous forme de réquisitoire.

À l'intention des esprits forts qui douteraient de l'intérêt de remonter jusqu'à Rome, saint Augustin et les croisades pour éclairer une question d'actualité, Jean-Claude Guillebaud a rappelé [1] que, lors des événements de 1991 en Yougoslavie, la ligne de partage entre les deux États sécessionnistes était exactement celle qu'avait tracée l'empereur Théodose en 395 quand il partagea son empire entre ses deux fils : à l'un l'empire romain d'Occident, à l'autre l'empire d'Orient avec sa capitale Constantinople (Istanbul).

L'écho des catacombes

L'expression « islam des catacombes » est devenue un lieu commun dans la presse, ce qui resterait une facilité sans conséquence si catacombes ne rimaient pas avec persécution. L'islam en France n'est pas persécuté et encore moins criminalisé [2]. Rien n'autorise cet amalgame architectural, historique et idéologique. La vérité oblige à rappeler qu'à l'époque des catacombes, le christianisme, lui, était persécuté. Et qu'importe l'attendrissement d'un M. Chevailler, conseiller municipal de Lyon, qui « trouve normal de construire une mosquée dans la ville qui a vu le martyre de sainte Blandine [3] ! » En 177, à Lyon, berceau du catholicisme gaulois, à la demande de la foule, la jeune

1. *Le Monde*, 20 juillet 1993.
2. Cf. le tract du Mouvement de l'immigration et banlieue (MIB) daté du 27 avril 2000.
3. Cf. *Le Figaro Magazine*, 18 novembre 1989.

esclave Blandine fut livrée aux bêtes avec quarante-sept autres chrétiens venus d'Orient, puis achevée à l'épée.

Le christianisme s'était propagé depuis Jérusalem jusqu'à Rome parmi les colonies juives de l'Orient. L'apôtre Pierre, le premier pape, mourut victime de la persécution de Néron vers 66. Si on lui rendait obéissance, Rome, désabusée, se montrait très réceptive à l'égard des dieux étrangers. « Toutes les différentes religions étaient considérées comme également vraies par la population, comme également fausses par le philosophe, comme également utiles par le magistrat[1]. » Arrivés avec les juifs, les chrétiens furent d'abord confondus avec eux et considérés par les Romains comme aussi insociables et ingouvernables. Pour Flavius Josèphe, juif et romain, « se dire juif n'était pas confesser une foi personnelle, c'était avant tout se déclarer solidaire d'un peuple[2] » qui défendait son identité fondée sur l'étude de la Loi et des pratiques communes. Rome admettait cette exceptionnalité des juifs, les dispensait du métier militaire à cause du sabbat et de l'alimentation, et n'édicta aucun règlement hostile à leur égard jusqu'à la destruction du Temple de Jérusalem en 70. Cette année-là, le mot chrétien fut utilisé pour la première fois dans la ville d'Antioche. L'empereur Claude proposa de placer « Chrestus » parmi les innombrables dieux de Rome. Les chrétiens, à cause de leur refus, passèrent pour des trublions superstitieux et malfaisants : « [Claude] chassa les "juifs", qui sous l'impulsion de "Chrestus" s'agitaient incessamment », écrivit Suétone. Peu regardants sur les conditions d'appartenance, sans signe religieux — comme la circoncision et les règles minutieuses de pureté des juifs —, ouverts à tous, païens, esclaves, femmes, juifs..., ces non-violents étaient porteurs d'un enthousiasme, au sens étymologique du terme, qui abattait les frontières entre les peuples. Ils se reconnaissaient entre eux en prononçant le Credo : « Je crois en un seul Dieu... », enterraient leurs morts dans des anciennes carrières de pouzzolane utilisées pour la sépulture des esclaves : les catacombes. Dans ces lieux écartés, ils se réunissaient pour vénérer

1. Edward Gibbon cité par Bernard Lewis dans *Libéralia*.
2. Cf. Pierre Chaunu, *L'héritage*, Aubier, 1995.

leurs morts et célébrer leur culte, loin des regards, surtout pendant les persécutions qui furent épisodiques et très localisées pendant les deux premiers siècles. Puis le petit peuple commença à manifester son hostilité devant l'impiété des chrétiens, leur refus subversif de prêter un serment d'allégeance à l'empereur et aux dieux de la cité, surtout devant leur refus de porter les armes malgré les malheurs de Rome[1]. Quatre édits de persécution furent alors prononcés.

La situation de l'islam de France ne suggère en rien le souvenir malheureux des catacombes. L'islam a été accueilli par un déploiement de bonne volonté de la part des religions en place : soixante-dix locaux ont été loués, prêtés, cédés ou vendus à des musulmans par des églises locales, des évêchés ou des ordres religieux, sans préjuger de ce qu'ont fait de leur côté les protestants et les mairies de toutes couleurs. Par exemple, le 19 mars 1996, le pasteur de Poitiers a fait voiler la croix du temple afin de ne pas outrager les musulmans assistant à une réunion islamo-chrétienne ! Une des plus anciennes associations culturelles islamiques en France a bénéficié de la crypte de Ménilmontant, non sans avoir préalablement voilé d'une bâche la fresque représentant Abraham. Après la révolution islamique en Iran, les fidèles de l'association supportèrent très mal « d'être relégués dans une crypte sous les pieds des chrétiens » et s'en allèrent. En 1995, une institutrice qui souhaitait faire visiter l'église à de jeunes élèves musulmans essuya un refus catégorique de leur part d'entrer dans un lieu de culte catholique.

La naissance de l'Église institution

À peine sorti des catacombes, le christianisme s'installa dans le palais de l'empereur. Avec la conversion en 312 de l'empereur Constantin, il monta sur le trône. Encore proscrit et persécuté la veille, il devint religion d'État. En 313, l'édit de Milan accorda

1. Tout comme les Témoins de Jéhovah, prosélytes fâcheux et intempestifs, objecteurs de conscience, refusant de voter et de chanter l'hymne national, ne fêtant pas Noël, suscitent la vindicte publique ! Cf. *infra,* chapitre IV.

aux chrétiens « la liberté la plus complète, la plus absolue de pratiquer leur culte », comme les adorateurs des anciens dieux déchus.

L'élite des villes se convertit, les riches firent des dons à l'Église qui s'enrichit de legs comportant parfois des esclaves. Dans cette dévorante alliance avec le pouvoir, le christianisme s'institutionnalisa sur le modèle de la hiérarchie impériale romaine. Constantin créa les tribunaux de chrétienté qui perdurèrent jusqu'à Louis XIV sous le nom d'« officialités »[1].

Le droit romain, noué au droit canonique médiéval, sera ficelé au XIe siècle par la réforme grégorienne en un monument romano-catholique qui prévaudra dans tous les États européens, même protestants. Il constitue l'équivalent du Coran et de la sunna pour un musulman, c'est-à-dire le socle de notre habitat institutionnel[2]. Au centre du droit civil, l'héritage et le mariage sont la clef de voûte du système. L'Église, à l'aube de son existence, imposa une exogamie radicale[3] en doublant le champ du « mariage interdit » par le droit romain. À travers le contrôle des alliances, elle accrut son ascendant sur la société. Elle s'opposa à l'endogamie de la Synagogue en limitant le droit du père de placer ses enfants sous sa seule autorité. Plus tard, cette stricte exogamie sera un moyen de se démarquer de l'islam[4].

Quant à la culture et à l'éducation gréco-latines, elles eurent de beaux jours devant elles, le christianisme n'offrant à ses débuts aucune culture de remplacement. Les enfants apprendront longtemps les fables d'Ésope et les vers de Caton à côté des Psaumes.

Pendant le règne de Constantin, se produisit insensiblement un premier glissement vers la confusion des pouvoirs spirituel et terrestre dont les chrétiens encore très minoritaires furent les bénéficiaires, sinon les inspirateurs. Devant l'empereur sacré on se prosternait, on baisait le bas de son manteau. Le pouvoir tem-

1. Au XIIIe siècle des milliers de boutiquiers se faisaient tonsurer pour bénéficier, en tant que clercs, de la clémence des officialités qui n'appliquaient jamais la peine de mort.

2. Cf. Pierre Legendre, *Le dossier occidental de la parenté*, Fayard, 1988.

3. Le mariage est interdit jusqu'au septième degré de parenté.

4. Le mariage avec la cousine germaine est toujours en vigueur en France, même chez les descendants des immigrés, affirme Malek Chebel.

porel fut ainsi sacralisé et l'Église acquit pour plusieurs siècles un dangereux pouvoir séculier.

Les divisions de l'Église, une chance pour l'islam

En 330, Constantinople (Istanbul) devint la nouvelle capitale du monde romain. L'Église fut structurée avant de naître, pourrait-on dire, et suradministrée à la romaine. Mais le message biblique, Ancien Testament, Nouveau Testament avec les quatre Évangiles, les Épîtres…, était divers, profus, contradictoire, truffé de questions plus que de réponses. Jésus n'avait rien écrit, sauf une fois… sur le sable. C'est pour unifier un dogme balbutiant que sept conciles d'évêques, majoritairement orientaux, se réunirent, les uns parlant grec, les autres latin, ce qui ajouta aux malentendus. Il s'agissait pour ces hommes de concevoir et de formuler correctement une doctrine unifiée sur l'union de Dieu et de l'homme en Jésus-Christ. Pendant plus de trois siècles, ils se demanderont si Dieu s'est fait homme en la personne de Jésus-Christ, et alors Marie serait mère de Dieu ; si Jésus est pleinement Dieu ou pleinement homme, ou à la fois Dieu et homme ; si le Fils, étant de même nature que le Père, peut être parfait dans son humanité comme dans sa divinité ; si, en présence de sa nature divine, sa nature humaine fond comme la cire au feu. À chaque concile, le courant minoritaire, frappé d'anathème, se cabrait, s'isolait, contribuant à l'émiettement du christianisme oriental.

En 380, l'empereur Théodose mit un terme à ces querelles byzantines en décidant que « tous les peuples soumis à son pouvoir devraient suivre la religion que le divin apôtre Pierre avait transmise aux Romains » et adopter le dogme de la Trinité : le Saint-Esprit, comme le Fils, est Dieu. Il brida le paganisme et ses « trois cent mille dieux », cantonna les juifs et traita avec une aversion plus forte encore les dissidents chrétiens : ariens, monophysites, coptes, arméniens, nestoriens[1]… À la mort de Théodose, ses fils se partagèrent l'Empire romain. À l'un revint

1. Ce sont des nestoriens que Mahomet rencontra en Arabie ; il agréa bien sûr leur doctrine de Jésus-homme.

l'empire d'Occident qui s'effondra très rapidement — Rome, ravagée par les Barbares en 410, ne retrouvera sa primauté religieuse qu'avec la papauté —, à l'autre, l'empire d'Orient, centre du monde chrétien jusqu'à la première croisade. On y rencontrait alors dix-huit Églises rituelles, aussi hostiles à la tutelle de l'empereur chrétien qu'irréconciliables entre elles, chacune ayant sa propre conception de la Trinité, sa ville, Antioche, Alexandrie, Jérusalem, Constantinople, son patriarche, sa liturgie, sa ou ses langues.

Aucune situation ne pouvait être plus propice à l'arrivée de l'islam qui coupa court à la querelle en proclamant qu'« il n'y a de Dieu que Dieu ». Le nouveau culte avait l'avantage de la simplicité : unité de parole, puis unité de langue, l'arabe, parent à la fois de l'araméen, du syriaque, de l'hébreu… Les musulmans réfutent la Trinité, « divagation insufflée par Satan, pure démence [1] », la suspectant de porter atteinte à l'unicité de Dieu. Certains le diront avec élégance, comme Muhammad al-Riqûti : sommé de se convertir au christianisme [2], il répondit qu'il avait passé sa vie à servir un Dieu unique sans parvenir à bien accomplir ses devoirs envers lui et que ce serait pire encore s'il devait en servir trois à la fois ! Aujourd'hui, le ton du Centre islamique de Genève est moins amène : « Certes quiconque donne à Dieu des associés, eh bien oui, Dieu lui interdit le paradis et son refuge est le feu [3]. »

Ignorance ou courtoisie, personne ne se risque à répondre à cet anathème en évoquant un autre mystère, musulman cette fois : le voyage nocturne de Mahomet. Un livre d'édification classique [4] et contemporain raconte ce voyage du Prophète le 27 du mois de mahrag, mentionné dans le Coran, et son ascension au septième ciel, relatée par la sunna. Mahomet parvint en une nuit à Jérusalem avec l'ange Gabriel. Ils entreprirent l'ascension vers le ciel sur el-Bourak, animal blanc plus gros qu'un âne et plus petit qu'une mule, doté d'ailes d'aigle, d'une queue de paon

1. Ibn Hazm cité par Mohamed Talbi dans *Un respect têtu*, Nouvelle Cité, 1989.
2. À l'époque d'al-Andalus.
3. Site du Centre islamique de Genève, janvier 1996.
4. *L'illumination de la foi*, Alger, 1983.

et d'un visage humain incrusté de pierres précieuses — une sorte de griffon assyrien. Là, ils rencontrèrent Adam, puis Jésus, Joseph, Aaron, Moïse, Abraham… Lorsque Omar, second calife de l'islam, compagnon du Prophète, prit possession de Jérusalem en 638, il reconnut immédiatement la mosquée grâce à la description que Mahomet lui en avait faite à son retour sur terre. Mystère ici aussi, même s'il est moins essentiel pour l'islam que la Trinité fondatrice du christianisme.

La Trinité et le voyage de Mahomet passent auprès d'une grande partie de la population, agnostique ou athée, pour des niaiseries. Et cependant, la règle pour vivre en bonne intelligence est de ne pas démoniser les hommes qui y croient avec ferveur, pas plus que ceux qui les contestent [1].

De la guerre juste à la guerre sainte

Ce sont les pays du Maghreb qui ont donné à l'Église ses premiers Pères latins, « lumières de l'Église catholique », ainsi que trois papes. L'un des plus célèbres Pères de l'Église fut le Berbère Augustin, né à Souk-Ahras, mort à Annaba, sa ville épiscopale. Il fut témoin du schisme [2] donatiste typiquement africain [3]. Donat, évêque de Carthage, réunit jusqu'à trois cents évêques dans une Église « sans tache ni ride », sœur ennemie de l'Église catholique, la dédoublant dans chaque ville, et plus ou moins soutenue dans les campagnes par des bandes armées opposées à Rome. Ce désordre dura un siècle et demi, jusqu'à l'invasion arabe. À la même époque, Augustin assista à un premier cataclysme, le débarquement des chrétiens fuyant Rome mise à sac par des Barbares ariens [4]. Peu avant sa mort, quatre-

1. Michel Servet fut brûlé en 1553 par les protestants de Genève pour avoir contesté la Trinité.
2. Une même religion mais des autorités différentes.
3. Lors des persécutions des chrétiens vers 303-305, les évêques qui avaient refusé de remettre les livres sacrés aux Romains s'étaient regroupés entre purs et durs autour de Donat.
4. Chrétiens qui niaient la consubstantialité du Fils et du Père condamnés au concile de Nicée en 325.

vingt mille Vandales, christianisés eux aussi, ravagèrent l'Afrique romaine et saccagèrent Carthage. Ancien manichéen[1] réprouvé, Augustin écrivait naguère : « D'où que vienne la vérité elle est bonne à prendre. » Recru d'expérience, face à l'impensable combat entre chrétiens, il soutint que « la vérité ne peut s'émietter dans les opinions particulières ». Il s'aventura dans une exégèse aussi libre que tortueuse de la parabole du Festin[2] : un homme envoie son serviteur inviter des convives et lui intime l'ordre : « *compelle entrare* » (« force les gens à entrer afin que ma maison soit remplie »). Augustin se crut autorisé à justifier par là l'usage de la force contre les hérétiques manichéens, donatistes, ariens, jusqu'à ce qu'ils abjurent leurs erreurs et rentrent dans le rang. Il élabora un concept à la fois moral, politique et théologique de « guerre juste » qui ouvrira aux héritiers de sa pensée de vastes et funestes perspectives.

La guerre est juste si l'autorité légitime la déclare, si les ennemis de l'Église usurpent des territoires légitimement détenus par les chrétiens, si elle procède d'une intention droite. Il fut facile, avec un tel concept, de justifier la croisade : Jérusalem était un fief du pape par la grâce de l'empereur romain Constantin. Comme Rome occupa la ville juive dès la fin du Ier siècle avant Jésus-Christ[3], le pape s'estimait légitimé à intervenir dans sa possession d'Orient.

De la « guerre juste », on est passé à la guerre missionnaire, puis à la guerre sainte. Ainsi, le précepte : « Tu ne tueras pas », interdit absolu du Décalogue, ne fut plus réservé qu'aux clercs[4] — l'interdiction sera levée pour eux lors des croisades contre les infidèles et donc logiquement pour l'Inquisition. Louis XIV à son tour fera éditer une anthologie des lettres d'Augustin justifiant la répression « divine » des donatistes par les chrétiens romains, à l'intention cette fois des hérétiques huguenots. « Quel

1. Religion syncrétique dans laquelle le Bien et le Mal sont deux principes fondamentaux égaux et antagonistes.
2. Luc 14, 23.
3. Et la détruisit en l'an 70 apr. J.-C. ; elle sera détruite dix-sept fois.
4. Jusqu'à la IIIe République en France : « Le prêtre ne fait pas le service militaire et en fait exempter ses acolytes » (rapport A. Briand).

rapport je vous prie, de cette prière — "*compelle entrar*e" — et de ce souper, à la persécution ? », s'indignera Voltaire.

Cependant, il faut rendre justice à Augustin au moins sur un point. Pour lui, la vie des juifs était précieuse, y attenter était un sacrilège. Ce sont souvent les passions populaires, nourries de légendes — le juif Judas avant de trahir Jésus, aurait tué son père et épousé sa mère ! — qui débordèrent les bonnes résolutions du clergé. Pour Saint Bernard aussi, au XIIe siècle, toucher les juifs, c'était « toucher la prunelle de Jésus ». La persécution chrétienne des juifs commença en 1096, date de la première croisade.

L'épopée musulmane, une légende dorée ?

Mahomet naquit vers 571. À sa mort, l'islam avait gagné l'Arabie ; cent ans plus tard, il parvenait jusqu'à la Provence. Edgar Quinet, qu'on ne peut suspecter d'islamophobie, ne s'est pas embarrassé de précautions pour évoquer une évidence, qu'il est aujourd'hui incorrect de rappeler, à savoir le versant guerrier de la naissance de l'islam, en tout cas dès la période de Médine : « Sa révélation éclate dans le bruit des batailles, son paradis est à l'ombre des épées ; il emprunte ses paraboles au mouvement des combats ; pour sacerdoce il a le cimeterre ; son livre de la loi est la proclamation du Dieu des armées. L'Orient a eu en un jour son Messie et son Contrat social, la prédication de ses apôtres et sa Révolution de 89, son concile de Nicée et sa bataille d'Arcole, son Église primitive et son Assemblée constituante… investis de tout côté par l'intervention d'Allah, dans l'Église et dans l'État, une double révélation dans le temporel et le spirituel. Dans le droit de succession, il n'y a plus de droit d'aînesse [1], l'égalité entre tous les membres, le principe de notre code civil, appliqué dès le VIIe siècle [2] ! »

À la mort de Mahomet, les musulmans se trouvèrent dans une

1. Quinet ignore que, selon le droit musulman, une fille n'a droit qu'à une demi-part de l'héritage.

2. Cité dans Guy Gauthier, Claude Nicolet (dir.), *La laïcité en mémoire*, Édilig, 1987, p. 94.

situation exactement inverse de celle des chrétiens, mais qui aboutit à des violences comparables. Prématurément disparu, le Prophète n'avait légué à l'islam ni organisation ni procédure pour transmettre et guider, mais une certitude restée inébranlable : dans le Coran, c'est Dieu qui parle à la première personne. Par conséquent, les divisions de l'islam naissant et déjà orphelin du Prophète ne portèrent pas sur des questions théologiques, mais sur des rivalités de pouvoir non moins meurtrières [1]. Abu Bakr, beau-père de Mahomet, son premier fidèle et premier successeur, fut le seul calife à mourir de sa belle mort. Al-Ashmawi, juge à la Cour suprême d'Égypte, raconte ainsi la suite de l'histoire : « Les trois califes qui lui succédèrent furent assassinés : Omar par un Perse, fait prisonnier et qui se suicida, Othman, gendre du Prophète, par des Égyptiens soutenus par des Arabes de Médine. Après sa mort, ses assassins refusèrent qu'il soit enterré dans le cimetière des musulmans, ils lui brisèrent une côte et l'ensevelirent avec les juifs [!] Ali, autre gendre du Prophète, fut tué par une conspiration entre Aïcha — épouse préférée de Mahomet — et des Arabes de Médine. Des kharidjites [2] se séparèrent de lui, l'un d'eux l'assassina. C'est après l'an 60 de l'Hégire que les drames les plus sanglants se produisirent : Hussein, petit-fil du Prophète, fut assassiné à Kerbala [3]. Quand les Abassides triomphèrent des califes omeyades en 750, les corps des califes furent déterrés et flagellés. Le premier calife abasside "le Sanguinaire" invita les derniers survivants, fit étendre un tapis sur les corps et offrit un banquet [4]. » Le dernier rescapé omeyade trouva refuge en Espagne. Plusieurs des célèbres juristes de l'islam connurent un sort semblable au cours du siècle suivant. Malek, créateur de l'une des quatre écoles juri-

1. Ce qui n'a pas empêché les divergences de se creuser avec le temps.
2. Partisans d'Ali, cousin et gendre du Prophète, ils le quittèrent quand il accepta un arbitrage entre lui et l'omeyade Moawiya. Les kharidjites « révoltés » rigoristes sont favorables à un califat électif confié au plus digne.
3. Ce n'est pas un hasard si, le 28 juin 1981, on compta soixante-douze victimes dans l'attentat perpétré au siège du parti de la République à Téhéran. C'était le nombre exact de victimes de la bataille de Kerbala dont tout Iranien porte le deuil.
4. Cité dans *Se comprendre*, revue des pères blancs, septembre 1990 et mars 1993.

diques de l'islam, fut fouetté en public et resta infirme pour avoir donné une consultation non conforme à l'orthodoxie. Ibn Taymiyya, cher aux Frères musulmans, mourut en prison.

Cette dure réalité n'est aujourd'hui évoquée que par des euphémismes. Mohamed Talbi emploie un vocabulaire très édulcoré pour rendre compte de la prodigieuse épopée de l'islam : « À la mort du Prophète, écrit-il, Damas fut *prise d'assaut*, la capitale de l'Empire perse fut *enlevée*, Jérusalem *capitula*, Byzantins et Sassanides étaient en pleine *déroute*... la conquête du Maghreb fut *laborieuse* » [nous soulignons]. Laborieuse en effet, si l'on en croit Ibn Khaldoun [1] : « Les vaincus étaient obligé de revenir à l'islam pour sauver leurs vies. » Mohamed Talbi poursuit : « Il s'agit de "*faire sauter*" *les blocages* qui s'opposaient à la transmission du message... effort salvateur ayant pour but le *déverrouillage* des frontières indûment fermées devant la pénétration du Message. Une fois les forces de *blocage neutralisées*, les peuples "libérés" avaient le choix de répondre de plein gré à l'appel de l'islam [nous soulignons]. » Il conclut : « L'homme musulman n'est ni meilleur ni pire que ses frères en humanité [2]. » Dont acte.

Le mythe andalou

La « juste guerre » ressemble, pour le meilleur et surtout pour le pire, au « petit djihad » qui ne veut pas dire son nom [3]. Selon Tariq Ramadan, la guerre est autorisée en islam en cas de légitime défense, en cas d'oppression, si la liberté d'opinion et d'expression n'est pas respectée, si les demeures sont spoliées, ou pour assister ceux qui sont soumis à ces traitements. Il est interdit en revanche d'entrer en guerre pour acquérir des richesses, des territoires ou du pouvoir, ou à des fins prosélytes.

Quelles étaient donc les raisons légitimes des dix mille Ber-

1. Cité par Jacques Romieu dans *Se comprendre*, février 1992.
2. *Un respect têtu*, *op. cit.*
3. D'après Tariq Ramadan dans *Peut-on vivre avec l'islam* (coauteur Jacques Neyrinck), Favre, 1999, « petit djihad » : engagement dans la guerre de résistance à l'ennemi ; « grand djihad » : faire un effort pour maîtriser son être.

bères qui attaquèrent l'Espagne en 711, avec le soutien, il est vrai, d'esclaves, de nobles ariens, de juifs persécutés par leur roi wisigoth chrétien Roderic ? Nous connaissons celles d'Abd al-Rahman, le survivant des califes omeyades, qui arriva à son tour à Cordoue en 756 : deux cents rescapés de sa famille avaient échappé, déguisés en femmes [1], au rigoriste califat abasside. Deux siècles plus tard, Abd al-Rahman III proclamait le califat de Cordoue. Cette aventure fut accueillie à bras ouverts et la séduction dura un temps. Mais, contrairement au mythe andalou, les Berbères eux-mêmes se révoltèrent très tôt contre les chefs arabes. Leur tentative fut écrasée. C'est aussi à partir de cette époque que les conflits entre souverains musulmans d'une part, juifs et chrétiens de l'autre, n'ont plus cessé.

Une chronique [2] datée de 754, écrite par des chrétiens arabisés ou « mozarabes », évoque la conquête par le fer, la faim et la captivité, le crucifiement des notables non ralliés, le meurtre d'enfants et de nourrissons. Les juifs d'Espagne, nombreux, ouverts, parlant hébreu, araméen, grec, latin parfois, parvinrent à de hautes responsabilités. Puis le climat se détériora et ils furent persécutés à Grenade, au point de s'allier aux chrétiens pour la Reconquête. Après la chute des roitelets qui se partageaient le califat d'Espagne, débarquèrent successivement deux groupes de Berbères ennemis entre eux, les Almoravides et les Almohades, tous adeptes d'un islam intransigeant, raidi par le début de la Reconquête. Il y eut six déportations de chrétiens. En 997, le ministre Almazor (Al-Mansour) ravagea Barcelone, León, et se rendit dans l'église de Saint-Jacques-de-Compostelle, entièrement détruite à l'exception du tombeau du saint. Les captifs chrétiens furent condamnés à porter les cloches à dos d'homme jusqu'à Cordoue. Deux siècles plus tard, les Castillans reprirent Cordoue [3] et les prisonniers musulmans rapportèrent à dos d'homme les cloches à Saint-Jacques.

1. En souvenir, ils portaient le litham, voile recouvrant le bas du visage chez les Touaregs.

2. Marie-Thérèse Urvoy, « Une terre d'échanges et de conflits » *Le monde de la Bible*, octobre 2000.

3. Ne reculant pas devant l'anachronisme Slimane Zeghidour les qualifie de « catholiques intégristes ».

Les périodes de domination musulmane sur les terres chrétiennes ont été beaucoup plus longues — presque huit siècles en Espagne — que celles où les chrétiens ont occupé les terres musulmanes. S'il y eut une prodigieuse fécondité intellectuelle, de la langue, de la culture, de la poésie arabes, les conditions humaines furent parfois effroyables [1]. Rappelons seulement que l'immense richesse de Cordoue, venant de l'or du Soudan, servait à acheter des esclaves slaves, turcs ou noirs. Les marchands étaient francs, donc chrétiens, ou juifs. Les esclaves suivaient la route des croisades à l'envers : Ratisbonne, le Rhin ; les eunuques [2], qui avaient été castrés à Verdun, descendaient par la Saône, le Rhône, Narbonne, l'Espagne, vers l'Égypte et la Syrie.

Quand Nasser Ramdane, désarmant jeune homme, écrit dans *Libération* : « La nation française n'est certes pas exonérée des grands crimes que le monde occidental a commis pendant des siècles, l'esclavage et le colonialisme, le 17 octobre 1961 [3]... », il dit vrai, mais il ne dit pas tout : immense lucre, l'esclavage fut un des plus grands faits économiques du monde musulman [4]. Cet aspect du phénomène a aussi échappé à la commission pontificale Justice et Paix de 1989 qui ne mentionne l'esclavage qu'à partir du XVe siècle — date de la prise de Cordoue —, c'est-à-dire lorsque les Européens, dont les Espagnols bien sûr, asservirent les populations indigènes d'Amérique.

Jurieu, Voltaire, Montesquieu, Quinet et, tout récemment, la Ligue de l'enseignement [5] ont eu les yeux de Chimène pour la

1. Va-t-on juger de la colonisation française en Algérie seulement par les ponts, les routes, les chemins de fer, la mise en valeur des terres, les puits de pétrole, la riche littérature maghrébine de langue française, en oubliant les souffrances, les crimes (enfumades) et les injustices ?

2. Les musulmans les appelaient « serviteurs mâles libres de leurs besoins physiques ».

3. *Libération*, 30 mai 2000.

4. Maurice Lombard, *L'islam dans sa première grandeur*, Champs-Flammarion, 1971. Dans son livre *Slavery in the Muslim World*, trad. française, *L'esclavage dans le monde musulman*, Robert Laffont, 1987, l'historien américain Murray Gordon montre que, du VIIe siècle au début du XXe, le trafic a porté sur dix à douze millions de Noirs, vendus sur les marchés du Caire, de Fedda, Bagdad, Zanzibar et autres lieux, et que le rôle de la religion musulmane pour le légitimer n'a pas été négligeable.

5. Cf. *infra*, chapitre VI.

période d'al-Andalus. Pour Jurieu, protestant exilé, « il n'y a point de comparaison entre la cruauté des Sarrasins contre les chrétiens et celle du papisme contre les vrais fidèles ». Il est permis de penser qu'il y a beaucoup d'anticatholicisme dans ce penchant commun pour la radieuse Andalousie.

Les croisades

Quand la première croisade fut prêchée à Clermont-Ferrand en 1096, les Maures étaient en Espagne depuis presque quatre cents ans. Ils occupaient aussi une partie de la Provence, d'où le nom de Ramatuelle qui signifie « Jardin d'Allah ».

La croisade fut à la fois une « guerre juste », puisque le « Sarrasin » s'était emparé du tombeau du Christ, et un pèlerinage séculaire, comme celui de La Mecque pour les musulmans [1]. La première croisade répondait aussi à l'appel de l'empereur orthodoxe, menacé dans sa ville de Constantinople par les envahisseurs turcs. Le bruit courait que l'église du Saint-Sépulcre avait été détruite [2] et le pèlerinage interdit aux chrétiens. Un autre en rendait responsables des juifs d'Orléans ! Un autre encore évoquait une écurie installée sur le tombeau du Christ. À l'indignation s'ajoutait l'attente millénariste des événements des derniers jours qui, selon l'Écriture, étaient sur le point d'advenir à Jérusalem.

Pierre l'Ermite partit à la demande du pape et avec son légat, l'évêque du Puy, dont la présence était nécessaire selon la théorie de la juste guerre. Ils prirent la route du nord avec trois bandes qui commencèrent par massacrer les juifs de Mayence et de Spire. Godefroy de Bouillon vendit ses terres et prit la route à son tour avec ses frères, ainsi que des Allemands et des Bavarois. Il leur fallut trois ans à pied et à cheval pour atteindre Jérusalem. Partis deux cent mille, dans un immense élan de ferveur, ils arrivèrent mille deux cents, après d'effroyables vicissitudes : famine, peste, débauche, beuveries, massacres par des mendiants à la sauvagerie aveugle.

1. En Bulgarie, on appelle « hadj » un pèlerin qui revient de Jérusalem.
2. Par le sultan fatimide Al-Hakim, que l'on dit illuminé.

L'épisode du siège de la ville de Maara, dans l'actuelle Anatolie, en dit long sur la barbarie de cette ruée. D'après Amin Maalouf, la tradition arabe accuse les « franjs » d'avoir dévoré les Turcs et les Sarrasins tués [1]. Guizot, dans l'*Histoire de France racontée à mes petits-enfants*, rapporte que Bohémond aurait tué quelques Turcs et les aurait fait cuire pour dissuader leurs congénères d'espionner. L'édition 1975 des *Contes et légendes des croisades*, également destinés aux enfants, raconte que « Bohémond fit quérir les bouchers et, après avoir décapité l'espion turc, il ordonna qu'on l'embroche et qu'on le mette à rôtir pour le servir à table aux barons qui mouraient de faim par sa faute ». Changement de paradigme, dix ans plus tard, on pouvait lire dans la revue *Esprit* : « Les croisés de Godefroy de Bouillon étaient des précurseurs des nazis quand ils brûlèrent dans une synagogue tous les juifs qu'ils trouvèrent encore vivants à Jérusalem, première version de la solution finale [2]. » Et dans la même veine : « *La Chanson de Roland* fomente le plus sournois des racismes, celui qui excuse la honte du génocide au nom d'une foi confortablement impérialiste. Saint Bernard n'écrit-il pas que tuer l'infidèle est un devoir pour tout bon chrétien [3] ? » Ni la compassion ni la cruauté des hommes ne peuvent se comparer à des siècles de distance.

Il y eut huit croisades plus ou moins farouches, sauvages et sanglantes, dont quatre en présence des rois de France et d'Angleterre, et de l'empereur du Saint Empire germanique : ce fut une affaire européenne. La quatrième croisade se termina par la dévastation de Constantinople.

L'Inquisition prit la suite. Des seigneurs revenus de la deuxième croisade avaient introduit dans le sud de la France l'hérésie cathare, proche du manichéisme. Le petit peuple languedocien racontait alors que les évêques et abbés entendaient les matines dans leur lit et causaient de frivolités pendant l'office. En réaction contre cette immoralité, la nouvelle hérésie se propagea au point de constituer dans le Lauragais une véritable

1. Amin Maalouf, *Les croisades vues par les Arabes*, 1987.
2. Alain Pierrot, « L'école française et ses étrangers », *Esprit*, juin 1985.
3. Emmanuel Filhol, « L'image stéréotypée des Arabes du Moyen Âge à la guerre du Golfe », *Hommes et Migrations*, janvier 1995.

Église qui tint concile à Toulouse. Le pape enleva aux évêques réticents le pouvoir de juger les hérétiques au profit de son légat. Au nord, il requit le bras séculier de Simon de Montfort pour extirper l'hérésie par les armes. Au sud, il excommunia le comte de Toulouse, protecteur des cathares, et «jusqu'au maréchal-ferrant qui aurait sciemment ferré ses chevaux». (Double atteinte à la liberté de conscience et à l'indépendance du pouvoir politique, pour parler avec les mots d'aujourd'hui.) L'ordre des frères prêcheurs dominicains fut chargé de mener l'Inquisition. Dans chaque paroisse, une commission composée d'un prêtre et de deux ou trois laïcs débusquait les hérétiques avant de les livrer au bras séculier qui exécutait la sentence.

Il faut aujourd'hui conjurer ce passé, sans écouter ceux qui n'ont préservé leur vertu que parce qu'ils n'ont pas encore eu l'occasion de la perdre et qui sombrent dans les délices complaisantes de la bonne conscience. On n'est pas juste par hérédité.

L'État français et l'Église : une rivalité millénaire

L'histoire de France est indissociable de celle de l'Église. On ne peut apprécier aujourd'hui l'exception française de la laïcité si on n'a pas à l'esprit les luttes qui l'ont engendrée. L'effacement du pouvoir de l'Église, lent et saccadé, est en grande partie dû à ses abus. Trois événements décisifs et parfois tragiques en ont jalonné le cours : le tournant de la Réforme et son cortège de misères, la Constitution civile du clergé et la séparation de l'Église et de l'État.

Selon la tradition de l'Église, le premier pape Pierre a été désigné par Jésus. Ses successeurs apostoliques étaient élus comme les autres évêques, par le clergé et le peuple de Rome, avant que la papauté ne tombât sous la coupe des empereurs germaniques puis des grandes familles italiennes. À partir de 1059, le droit d'élire le pape fut réservé aux seuls cardinaux, le délivrant de toute tutelle. Le pape présidait les conciles œcuméniques, organes de concertation des évêques, exerçait une juridiction d'appel sur l'ensemble du corps épiscopal. Sa force essentielle résidait dans les sanctions religieuses : excommunier ou, plus redoutable encore, « frapper d'interdit » une ville ou une région. Cela signifiait fermer églises et cimetières, refuser les sacrements, à la grande épouvante des paroissiens.

C'est d'abord par le pape puis en son nom que, de Pépin le Bref à Hugues Capet, tous les rois de France ont été sacrés [1]. Louis-Philippe en 1830 sera le premier à recevoir les insignes de la royauté de quatre maréchaux. Deux sacres d'empereurs illustrent de manière exemplaire la rivalité du pouvoir temporel et de l'autorité du Saint-Siège. Charlemagne se fit couronner à Saint-Pierre de Rome le jour de Noël de l'an 800. Le pape Léon III le couronna *avant* les acclamations du peuple, manifestant par là que tout pouvoir vient de Dieu, par l'onction du pape. L'empereur, outragé, répondit à cette prétention en s'emparant de la suprématie spirituelle, nommant évêques et abbés, présidant les conciles, ravalant ainsi le pape au rang d'un simple évêque. Mille ans plus tard, en présence du pape Pie VII, Napoléon Ier se coiffait lui-même de la couronne impériale.

Le pontificat d'Innocent III (1198-1216) marqua l'apogée du pouvoir du Saint-Siège sur les rois. C'est ce pape qui prêcha la croisade contre les Sarrasins lointains ou les cathares languedociens « pires que les Sarrasins », et, surtout, frappa d'interdit tout le royaume de France quand Philippe Auguste répudia sa femme Isambour au prétexte d'un trop proche cousinage (la fameuse « parenté prohibée »).

Les prétentions temporelles de Boniface VIII [2] n'étaient plus du tout de mise et lorsqu'il envoya une bulle comminatoire pour augmenter les impôts de l'Église, Philippe le Bel interdit les transferts d'or et d'argent vers Rome, réunit à Notre-Dame les premiers états généraux — clergé compris — qui déclarèrent le

1. Pépin le Bref (714-768) fut d'abord sacré roi des Francs probablement par saint Boniface, puis par le pape Étienne II. À partir d'Henri Ier (1008-1060), petit-fils d'Hugues Capet, et à l'exception d'Henri IV (sacré à Chartres en 1594 car Reims était aux mains de la Ligue), tous les rois de France furent sacrés à Reims, au nom du pape, par l'archevêque de cette ville où Clovis avait été baptisé en 498 par l'évêque Rémi.
2. Pape de 1294 à 1303.

pape hérétique et schismatique et le convoquèrent *manu militari* devant un concile. Boniface VIII se coiffa de la tiare de Constantin et mourut d'émotion. C'est aussi à cette époque que la compétence de la juridiction ecclésiastique fut réduite. Les procès relatifs aux successions furent désormais confiés aux cours séculières [1].

L'Église vit encore son pouvoir lentement s'effriter au cours des siècles suivants, au rythme des concordats et des discordes. Avec Charles VII, ce fut la rupture. Le pire en effet était arrivé, le pape ayant nommé des évêques anglais « qui entraînaient l'argent du royaume en des régions étrangères ». Le roi rendit unilatéralement l'ordonnance de la Pragmatique Sanction de Bourges (1438) : les moines éliront à nouveau leurs abbés, et les curés leurs évêques, dont les décisions en concile prévaudront sur la volonté du pape. Les annates [2] seront supprimées. Tous les actes romains devront être agréés par le Parlement pour être déclarés applicables dans le royaume. C'est grâce à cette prérogative que, bien plus tard, la condamnation de l'*Encyclopédie* de Diderot par le Saint-Siège, comme celle des francs-maçons, restera lettre morte.

Avec François Ier, ce fut le concordat de Bologne (1516) qui mit fin à l'autonomie du clergé élu par les fidèles. Le pape, en échange du rétablissement de l'annate, laissa au roi le droit de nomination aux évêchés et autres grands offices, faisant des dignitaires de l'Église des solliciteurs, puis des obligés de la royauté, décision grosse de ressentiments futurs.

La Réforme, l'Église, la royauté : l'impossible mariage à trois

Ces mêmes années, s'amorçait le tournant de la Réforme. Le moine allemand Luther, déclarant que chaque chrétien est

1. C'est à ce double titre que les auteurs de la loi de 1905 se réclameront de Philippe le Bel, le qualifiant de « national et laïque » ! Leur intention était claire : démontrer que, dans le face-à-face des hommes qui firent la France avec des papes dont on a oublié jusqu'au nom, de Philippe le Bel à Émile Combes, Rome fut toujours l'adversaire de l'État.

2. Impôt annuel sur les bénéfices ecclésiastiques.

« libre seigneur de toute chose et n'est soumis à personne », remettait radicalement en question la juridiction et le droit canon de l'Église, comme le pouvoir temporel des évêques. Il fut excommunié par le pape Léon X en 1520. Dans les vingt années qui suivirent, la moitié de la chrétienté rompit avec Rome.

Pour le protestantisme français, la rupture avec l'Église catholique fut plus profonde et plus politique. Les assemblées de croyants prirent le pas sur l'Église ; selon leurs Disciplines, les réformés élirent les ministres du culte et les collèges d'Anciens qui, périodiquement, se réunissaient en synodes représentant les communautés locales. Il n'y avait pas d'Église, mais des églises, sans aucune représentation pérenne. À la sortie des synodes, les réformés se dissolvaient dans la société. Cette éclosion du protestantisme, au sein même du catholicisme et contre lui, alors que le royaume très chrétien était uni autour de l'Église catholique depuis la nuit des temps, déchira cruellement les villes, puis les hameaux.

C'est dans les temps troublés du massacre de la Saint-Barthélemy [1], et sans doute à cause d'eux, que le « parti des politiques » ébaucha une première séparation entre l'Église et la « Cité terrestre » : Michel de L'Hospital rédigea les coutumiers de droit civil et plaida pour la neutralité de l'État, Jean Bodin élabora une première expression du droit politique, Michel de Montaigne recommanda l'esprit de tolérance. Tous trois « marranes [2] », avec peut-être un lointain souvenir de l'Espagne où des ministres juifs servaient l'émir de Grenade comme le roi catholique de Castille.

Les misères reprirent pourtant et désolèrent le pays au cours de huit guerres de religion sur quarante années, entrecoupées de traités et apaisées un temps par l'édit de Nantes. Par cet édit « irrévocable », pour la première fois, le pouvoir politique, en l'occurrence le roi Henri IV et ses Parlements, se faisait arbitre entre deux religions, se plaçant au-dessus des Églises. Au nom

1. Dans la nuit du 24 août 1572, les chefs protestants et plus de trois mille de leurs coreligionnaires furent massacrés à Paris sur ordre de Charles IX. En province, les massacres durèrent plusieurs mois.

2. Juifs d'Espagne convertis au catholicisme.

du droit divin, « l'autorité du roi se subordonne les choses sacrées », écrit Marcel Gauchet [1]. Henri IV s'engagea par une loi « générale, nette et absolue » qui était d'abord un compromis pacificateur : « Que la mémoire de toutes choses passées demeure éteinte et assoupie comme chose non advenue ; nous défendons à nos sujets d'en renouveler la mémoire sous peine d'être punis comme infracteurs de paix. » Ceux de la Religion Prétendue Réformée (RPR) pourront vivre et demeurer dans le royaume « sans être astreints à faire chose pour le fait de la religion, contre leur conscience ».

Dans les faits, la liberté de culte resta encore très partielle. Les protestants devaient s'aligner sur la majorité catholique, y compris pour contracter un mariage dans les degrés de consanguinité autorisés [2]. Ils étaient redevables des dîmes aux curés. Le roi accorda néanmoins aux réformés la protection de soixante-six villes-places fortes — Montauban, La Rochelle, Uzès… — et, point essentiel, la libre organisation interne de ces petites républiques enclavées dans le royaume. C'est Michelet qui le dit : « Le protestantisme nous donne la République, l'idée, la chose et le mot. »

De 1598 à 1685, la France sera le seul royaume chrétien qui reconnaisse officiellement deux religions, mais à quel prix et pour combien de temps ! Louis XIV, sous la pression du clergé, commença à réfréner les « abus » des protestants. La liste des interdits s'allongea : les « ministres » parleront de la religion catholique avec respect ; ils ne pourront chanter des psaumes autour des feux de joie ordonnés par Sa Majesté lors d'exécutions de criminels de la RPR ; les morts seront enterrés hors des cimetières catholiques, à l'aube ou à la nuit tombée, avec trente personnes au plus pour mener le deuil ; les enfants trouvés seront élevés dans la religion catholique comme ceux de mère protestante et de père catholique [3]. À partir de 1681, les enfants protestants purent se convertir dès l'âge de sept ans, leurs parents

1. *La religion dans la démocratie*, Gallimard, 1998.
2. « Vous devez de l'argent au pape quand vous épousez vos cousines », grincera Voltaire.
3. Une disposition comparable existe dans le droit musulman.

devant alors leur payer une pension[1]. Les écoles protestantes, interdites, devinrent des « écoles buissonnières[2] » clandestines.

L'absolutisme royal étant inséparable de l'absolutisme religieux, en 1682, le Roi Soleil demanda à Bossuet de rédiger les quatre Déclarations solennelles de l'Église gallicane : « Les rois et souverains ne sont soumis à aucune puissance ecclésiastique dans les choses temporelles[3] et, même dans les choses spirituelles, les décisions des conciles priment celles du pape dont le jugement n'est pas irréformable [...] afin que nous disions tous la même chose, que nous soyons tous dans les mêmes sentiments et que nous tenions tous la même doctrine[4]. » « Eh bien je me réunirai ! » dit l'opiniâtre religionnaire M. de Chambrun à force de torture. Quant aux évêques, ils furent soumis pour la première fois à la justice civile par la procédure « d'appel comme d'abus[5] ».

En 1685, l'édit de Nantes « irrévocable » fut brutalement révoqué, à la satisfaction des sujets du roi, dont celle du chancelier Le Tellier mourant qui encensa Louis XIV, « nouveau Constantin, nouveau Théodose, nouveau Marcien[6], nouveau Charlemagne ». En quatre mots : un peuple, un roi, un livre, une religion. Plus de pasteur, plus de temple, certains démantelés aux frais des fidèles, plus le droit d'hériter de parents mariés sans prêtre, plus le droit d'émigrer. Trois ou quatre cent mille personnes émigrèrent cependant : les Suchard, Fabergé, Houblon[7], Zeppelin...

Le monopole officiel qu'avait recouvré le catholicisme en France n'était qu'une victoire illusoire de l'Église : à court terme, elle dépendait désormais du pouvoir temporel ; à long

1. C'est ce qui arriva à la célèbre famille Calas : le père fut accusé d'avoir préféré tuer son fils, plutôt que de le souffrir catholique et pensionné.
2. C'est de là que vient l'expression.
3. Rien de plus temporel que la « régale » (revenu des évêchés vacants) alors revendiquée par Louis XIV.
4. Adressé aux religionnaires de la RPR, cet hymne au conformisme national annonçait aussi, à plus long terme, la République une et indivisible, l'Unité spirituelle et morale de Jules Ferry.
5. Le Parlement peut s'immiscer dans les affaires spirituelles : en 1755, deux prêtres sont condamnés pour refus de sacrement.
6. Il avait tenté d'unifier le message chrétien.
7. Premier directeur de la Banque d'Angleterre.

terme, la rancœur des réformés à l'égard de l'Église et de la monarchie française leur fut à toutes deux néfastes. L'empressement des protestants comme Boissy d'Anglas à soutenir la constitution civile du clergé sera une lointaine conséquence de cette époque qui a laissé dans la mémoire collective des Français le souvenir d'un irrémédiable gâchis [1]. Michelet n'hésita pas à faire de 1685 la cause de 1789.

La constitution civile du clergé

Quatre générations plus tard, tonna la Révolution. Conformément aux déclarations gallicanes, en 1790, la Constituante décida unilatéralement la réorganisation de l'Église. Les biens du clergé furent vendus pour remplir les caisses vides [2]; les effectifs des évêques et curés réduits presque de moitié par le redécoupage des évêchés désormais calqués sur les départements. Cela ne mettait en cause ni le dogme ni la foi et, le 14 juillet sur le Champ-de-Mars, trois cents prêtres célébraient en chœur une messe pour le baptême de la République. Unanimité de courte durée, car le ressentiment causé par les abus de l'Église, la déchristianisation des élites et l'impatience du constituant protestant Barnave précipitèrent une décision aux conséquences incalculables.

L'article 10 de la Déclaration des droits de l'homme [3] était à peine proclamé que la contrainte du serment civique de fidélité à la nation, à la loi, au roi, vint le contredire. Deux dispositions choquèrent le clergé : l'élection des évêques et des curés par le collège des citoyens actifs — c'est-à-dire fortunés — , juifs et

1. Mais l'édit de tolérance de Louis XVI (29 novembre 1787) rendit l'état civil aux protestants, auxquels la Révolution apporta ensuite une liberté complète, ce qui ne fut pas le cas pour les catholiques en Angleterre jusqu'au milieu du XIXe siècle.

2. Le 2 novembre 1789, l'Assemblée constituante mit les biens du clergé à la disposition de la nation, à charge de pourvoir aux frais du culte, à l'entretien des ministres et au soulagement des pauvres. Le produit de leur vente servit à gager les émissions croissantes d'assignats.

3. « Nul ne peut être inquiété pour ses opinions même religieuses pourvu que leur manifestation ne trouble pas l'ordre public. »

protestants compris[1], et la suppression de l'investiture canonique du pape. Cette dernière, tout particulièrement, dramatisa l'antagonisme entre une Église « réfractaire » fidèle à Rome et une Église dite « constitutionnelle » qui cependant déchantera vite. La moitié des curés, plutôt âgés, prêtèrent serment comme fonctionnaires publics. L'année suivante, les trente mille prêtres « insermentés » seront condamnés à la déportation et à l'échafaud en cas de retour. Le décadi remplaça le dimanche, l'An I, la naissance du « sans-culotte Jésus-Christ ». Fouché fit inscrire à la porte des cimetières : « La mort est un sommeil éternel. » Le cimetière de Carpentras fut labouré... L'état civil fut retiré aux prêtres devenus de toute façon trop rares pour tenir les registres. Seules furent épargnées les « petites écoles » encadrées par les membres disséminés des congrégations dissoutes et les prêtres réfractaires qui trouvèrent là un moyen de survie. Des projets scolaires se succédèrent, les grands lycées parisiens portent aujourd'hui le nom de leurs auteurs : Condorcet proposa l'école laïque et gratuite, Lakanal, l'école gratuite et facultative, Daunou, l'école facultative et payante. Résultat, à la veille de la Restauration, Chaptal, ministre de l'Intérieur, regrettait les frères de la Doctrine chrétienne et les ursulines ! Restèrent les idées de Condorcet : « Nous ne demandons pas que les hommes pensent comme nous mais nous désirons qu'ils apprennent à penser d'après eux-mêmes. » Ces belles maximes n'évitèrent pas la persécution qui, de 1793 à 1794, frappa tous les cultes pulvérisés. Une violente campagne de déchristianisation déferle alors sur les départements :

> Elle prend des formes très variables selon les lieux et les hommes, écrit Mona Ozouf : ici, il s'agit d'une deprêtrisation imposée, marquée par des abdications de prêtres, souvent suivies de leurs mariages ; là, de la fermeture des églises et de l'interdiction du culte ; là, de la remise aux autorités de l'argenterie et des cloches, destinées au « creuset national », contribution à l'effort de guerre ; là, de scènes d'iconoclasme, pillage d'objets précieux, destruction d'images et de statues [...] ; là encore de mascarades

1. Les défenseurs du projet rappelèrent que telle était l'Église primitive, véritable petite démocratie.

anticléricales ; partout enfin de tentatives pour substituer au culte chrétien un rituel révolutionnaire [1]. »

Inquiet du caractère impolitique de cette campagne, Robespierre lui donna un coup de frein ; et en 1795, Boissy d'Anglas, contraint et forcé par une « vendéisation » rampante, rétablit le culte sous surveillance policière, sans locaux, sans subvention, par un curé sans soutane qui signait au préalable un acte de soumission. C'était la liberté du culte, mais l'interdiction de l'Église. Quatre ans plus tard, peu avant le 18 brumaire, Boulay de la Meurthe exprimait le sentiment général en remarquant que « le peuple [était] plus attaché à l'indépendance de ses opinions religieuses qu'à toute idée de liberté ». Et il prédisait : « Un usurpateur habile, même avec des forces peu considérables, se ferait des partisans en garantissant cette liberté [2]. » Ce fut Bonaparte. Dès son avènement, le gouvernement consulaire prit des mesures d'apaisement : il annula *de jure* la déportation des prêtres réfractaires, demanda au clergé une simple déclaration de fidélité à la nouvelle Constitution et ouvrit largement les églises au culte, toléré avant d'être reconnu.

Le concordat : une Église à la botte de l'Empereur

Le conventionnel Cambon, connu pour son irréligion, avait proposé une formule qui aura un bel avenir : « La République ne paie plus les frais ni les salaires d'aucun culte. » En 1801, Bonaparte, fin politique, préféra signer avec le pape un concordat et s'appuyer sur une Église renouvelée — le clergé fut démissionné en bloc — qui prêterait serment de fidélité au gouvernement.

Soucieux avant tout que le culte fût rétabli, Pie VII céda sur tout ou presque : à Bonaparte la nomination des évêques, au pape l'investiture canonique, comme au temps de François Ier. Les quatre cultes reconnus furent érigés en services publics : catho-

1. Dans l'article « Déchristianisation » du *Dictionnaire critique de la Révolution française*, qu'elle a dirigé avec François Furet, Flammarion, 1988, p. 57.
2. Cité par Mona Ozouf, *ibid.*, p. 60.

lique, juif et deux protestants, Église réformée et Église de la confession d'Augsbourg (luthérienne). Curés, puis pasteurs et rabbins reçurent des rétributions de l'État qui pouvaient être suspendues en cas d'inconduite.

Soixante-dix-sept articles organiques, loi de police des cultes réintroduisant quelques aménagements gallicans, furent imposés au Saint-Siège quelques mois plus tard. Certains précisaient les acquis de Charles VII. Aucun texte romain ne pourrait être publié sans l'autorisation du gouvernement ; les décrets des synodes étrangers devraient être conformes aux lois, droits et franchises de la République française ; aucun concile ne pourrait avoir lieu sans la permission expresse du gouvernement ; la bénédiction nuptiale devrait intervenir après le mariage civil... À défaut de quoi le Conseil d'État pourrait « frapper comme d'abus » les décisions ecclésiastiques [1]. Une seule liturgie, un seul catéchisme dont un article déclarait : « Ne pas payer les impôts conduit à la damnation éternelle. »

Napoléon n'avait même pas envisagé qu'il pût y avoir des congrégations. Cependant, il fit inscrire dans le code pénal deux articles [2] qui permettront, en 1834, de gendarmer les cultes non reconnus — « petite Église catholique [3] » ou dissidents protestants — , et constitueront le pivot de la loi de 1901 sur les associations qui sera dirigée contre les congrégations.

« Je tiens les évêques, les évêques tiennent les curés et les curés tiennent le peuple », disait Napoléon. Le concordat s'inscrivait dans le droit fil des principes des Lumières. Son application fut d'emblée difficile ; et le problème de l'investiture canonique des vingt-sept évêques nommés par Napoléon ne tarda pas à entraîner un affrontement avec Pie VII. Quatre ans après que celui-ci eut assisté à son sacre, l'Empereur annexait

1. Le Conseil d'État remplaçait les Parlements — qui, eux, comptaient des ecclésiastiques —, ce qui ne l'a pas empêché de contester des textes pontificaux à caractère doctrinal sous le Second Empire.

2. Art. 291 : Aucune association de plus de vingt personnes se réunissant périodiquement pour s'occuper d'objets religieux, politiques, littéraires ou autres ne peut se former sans l'autorisation du gouvernement. Art. 294 : Il faut l'autorisation de l'autorité municipale du lieu, même pour les associations autorisées.

3. Elle refusa le concordat.

les États pontificaux et faisait interner le pape à Savone, puis à Fontainebleau, d'où il regagnera Rome en 1814[1].

Une Restauration trompeuse

On comprend que beaucoup de catholiques aient voué une même haine à la Révolution et à l'Empire et qu'ils aient ardemment aspiré au retour de l'ancienne famille royale. Sous Louis XVIII, puis Charles X, pendant quinze ans, la religion catholique redevint religion d'État, même si chacun pouvait librement professer la religion de son choix.

Beaucoup de maladresses furent commises. Des messes pour l'expiation de la Révolution furent organisées par la Congrégation des « Chevaliers de la Foi », soupçonnée d'avoir des visées sur l'État. Des faveurs furent accordées, comme la création de douze évêchés ou l'augmentation des salaires du clergé. Une partie du peuple y vit une conjuration politique entre le trône et l'autel. Cette conjuration fut scellée en 1825 par la moyenâgeuse loi sur le sacrilège : voler ou profaner des objets sacrés était puni de mort ; la profanation d'hosties consacrées était punie comme le parricide par la mutilation du poignet, si elle avait été commise en « haine de la religion ». Cette loi, qui faisait d'un dogme catholique un principe de criminalité, sera abandonnée en 1830[2].

Une nouvelle génération de fidèles et de prêtres, avec le père Félicité de Lamennais, comprit le danger de cette alliance entre le pouvoir et l'Église. Devant l'humiliation du clergé, opprimé par l'autorité discrétionnaire que le concordat avait conférée à l'épiscopat, mais amadoué par les faveurs des rois, Lamennais

1. Nous n'entrons pas dans le détail des démêlés de Napoléon avec le pape et l'Église de France, qui aboutirent notamment à un nouveau concordat promulgué par Napoléon, à Fontainebleau, le 25 mars 1813, et refusé par Pie VII. Voir A. Fierro, A. Palluel-Guillard, J. Sulard, *Histoire et dictionnaire du Consulat et de l'Empire*, Robert Laffont, coll. Bouquins, 1995.

2. Jusqu'en 1905 les outrages adressés aux ministres ou aux objets d'un culte seront punis d'une amende ou d'un emprisonnement. Depuis la séparation de l'Église et de l'État, ces voies de fait relèvent du droit commun : objets et ministres du culte ne sauraient avoir droit à une protection particulière.

entrevoyait, comme le révolutionnaire Cambon mais pour des raisons inverses, la nécessité de séparer l'Église et l'État, notamment parce que « quiconque est payé dépend de celui qui le paie ». « Dieu et liberté », telle était sa devise. Il se rendit à Rome pour consulter Grégoire XVI qui condamna formellement ce catholicisme libéral. Lamennais quitta l'Église en 1834. La plupart de ses amis continuèrent leurs efforts vers la charité sociale et l'enseignement.

La division du catholicisme en un courant romain intransigeant et un autre éclairé et libéral ne couvre pas l'ensemble du paysage religieux de cette première moitié du XIXe siècle. À l'ombre des péripéties politiques, tous cultes confondus, un lent réveil religieux populaire se déployait, pouvant aller jusqu'à l'exaltation dévote. Le catholicisme multipliait les missions de prédication jusqu'au-delà des mers, créait des œuvres charitables souvent féminines, dressait des croix fleurdelysées aux carrefours des chemins, organisait des pèlerinages provinciaux, fonda une presse. Avec les apparitions de la Vierge, les conversions célèbres [1], l'Église restaura son influence, parallèlement à un anticléricalisme de bon aloi qui se bornait à la bourgeoisie libérale, catholique, protestante ou juive [2]. Ben Lévi disait : « Le grand-père est resté juif, le père est devenu israélite, le fils est déiste, à moins qu'il ne soit athée, fouriériste ou saint-simonien. »

Sur cette toile de fond, se profilaient les prémices de la guerre scolaire.

Sous le règne des Bourbons, en l'espace de quatorze ans, au rythme des ministères et en fonction de leur tendance (« constitutionnelle » ou « ultra »), l'enseignement primaire fut successivement placé sous l'autorité de l'Université, rendu à l'Église et à nouveau intégré à l'Université. C'est dire que la liberté de l'enseignement était devenue un enjeu politique bien avant la cristallisation des antagonismes sous la IIIe République.

En 1828, une ordonnance mit pour la première fois en cause

1. Le juif Ratisbonne, par exemple, converti au catholicisme en 1827.
2. Gérard Cholvy, *La religion en France*, Hachette, 1994.

le secondaire, placé à son tour sous l'autorité de l'Université. En outre, un certificat de non-appartenance à une congrégation sans existence légale fut exigée des professeurs, mesure qui visait les jésuites en pleine expansion. Les élèves des petits séminaires, dont le nombre fut revu à la baisse, devaient porter la soutane après deux ans de scolarité afin de dissuader les parents d'y placer leurs enfants dans le seul but d'éviter l'enseignement public.

Deux ans plus tard, Louis-Philippe prêta serment sur une Charte révisée : la religion catholique n'était plus reconnue comme religion d'État ; la liberté de l'enseignement, réclamée par les catholiques libéraux au nom du droit qui appartient à tous les Français de se réunir pour prier, pour étudier, était garantie par écrit. Dans une fuite en avant, l'un d'entre eux, Montalembert, ouvrit une école sans l'autorisation de l'Université. Avec trois bénévoles, il se chargeait des cours pour vingt enfants d'origine modeste. Il fut traduit devant la cour d'assises et condamné. Quand il devint pair de France, il eut quelque facilité pour rappeler la Charte et obliger Guizot à tenir ses engagements. Ce fut chose faite, du moins pour le primaire, puisque la loi Guizot (1833) fit obligation à chaque commune d'ouvrir une école communale, confiée à un instituteur public ou à un congréganiste. La liberté d'ouvrir une école privée était reconnue mais, de fait, par manque de personnel, l'école primaire resta largement confessionnelle jusqu'en 1882[1].

Après la chute de Louis-Philippe en février 1848, l'éphémère IIe République vit les membres du clergé bénir les arbres de la liberté — « c'est incroyable le nombre d'arbres de la liberté que les curés ont aspergés d'eau bénite et qui en sont morts », ironisera plus tard *Le Rappel*, journal radical. *L'Univers*, organe des catholiques ultramontains où Louis Veuillot lançait habituellement ses philippiques venimeuses contre les « écoles de pestilence », alla jusqu'à proclamer : « Que la République mette enfin l'Église en possession de cette liberté que partout les couronnes lui refusent, il n'y aura pas de meilleurs

1. En 1829, 14 000 communes n'ont pas d'école.

républicains que les catholiques. » Hélas, en juin, une insurrection causa la mort de l'archevêque de Paris. L'Église, épouvantée, se rallia à Louis-Napoléon qui lui promit la liberté de l'enseignement.

Cette promesse fut réalisée à travers la célèbre loi Falloux de 1850. Mgr Dupanloup, chef de file des catholiques libéraux, fit partie de la commission préparatoire, avec les jésuites qui en furent les principaux bénéficiaires. Au sommet de l'enseignement public fut placé un Conseil supérieur avec une majorité de non-universitaires, dont des représentants des « quatre religions reconnues ». Tout Français muni d'un certificat de capacité [1], tout ministre d'un culte reconnu, toute femme dotée d'une lettre d'obédience d'une congrégation, reconnue ou non, purent ouvrir une école. Des écoles de filles apparurent dans tous les villages.

Les républicains firent de ce texte « le plus néfaste de leur histoire ». En effet, pendant trente ans, les maîtres, obligatoirement baptisés, furent placés sous la surveillance des curés pour dire la prière, faire réciter le catéchisme, conduire les élèves à la messe, porter l'eau bénite dans les maisons le dimanche. À cela s'ajoutait la reconquête des hôpitaux par le clergé : ils « s'ouvrent aux sœurs de la Charité, les petites sœurs des pauvres achètent des biens pour des fortunes ! L'Église dépasse en omnipotence tout ce que les papes-rois du Moyen Âge avaient pu rêver [2] », rappellera Aristide Briand en 1905.

Enfin, en 1875, la loi Laboulaye [3] consacra la liberté de l'enseignement supérieur et mit fin au monopole de l'Université napoléonienne. Les jurys d'examen devinrent mixtes. Ce fut la dernière victoire de l'Église ou, si l'on veut, son dernier sursis puisqu'elle enseignait et soignait gratuitement depuis des siècles. Le pape Pie IX, qui avait condamné dans le *Syllabus* de 1864 toutes les convictions des républicains, décida d'ériger canoniquement la Faculté catholique de Lille. Gambetta, favo-

1. Un brevet de capacité était exigé de tout enseignant depuis Louis XVIII. C'était le moyen qu'avait trouvé le ministre Decazes de tenir les Frères des écoles chrétiennes. Le brevet restait entre les mains des supérieurs, laissant les frères à la merci de leurs congrégations.
2. Document parlementaire, rapport préparatoire à la loi de 1905.
3. Jules Ferry la vota !

rable, comme tous les républicains, à la liberté de pensée et de la presse, mais pas à celle de l'enseignement [1], rappela alors les quatre Déclarations gallicanes de Bossuet, ainsi que l'enregistrement obligatoire par les Parlements de tout acte romain. C'était de bonne guerre !

Vers la séparation de l'Église et de l'État

Quatre générations après la Révolution, les républicains arrivèrent à la Chambre : francs-maçons, protestants-libéraux souvent francs-maçons, libres penseurs [2], juifs d'État, tous plus ou moins imprégnés de la pensée d'Auguste Comte pour qui l'unité nationale devait se fonder sur le rationalisme scientifique. Ce « diocèse immense et pluriel » voulait renvoyer les « calotins » dans leurs sacristies, voire détruire la « séquelle frocarde » comme le « sulfure de carbone détruit le phylloxera [3] ».

Pour Jules Ferry, « en tolérant les "prétendues libertés", on créerait deux jeunesses d'idéologie opposée, deux France adversaires l'une de l'autre, situation éminemment funeste au maintien de l'unité nationale ». Il présenta, le 15 mars 1879, jour anniversaire de la loi Falloux, un projet « relatif à la liberté de l'enseignement supérieur » qui allait supprimer les jurys mixtes au profit des laïcs, la capacité de conférer les grades pour les facultés catholiques et les quatre sièges du Conseil supérieur de l'instruction publique réservés aux membres de l'enseignement libre.

Dans un coin du texte, l'article 7 précise que « nul n'est admis à participer à l'enseignement public ou libre, ni à diriger un établissement d'enseignement de quelque ordre que ce soit s'il appartient à une congrégation religieuse non autorisée ». Dans les débats autour de cet article, Ferry rappela les ordonnances de 1828 qui, pour n'être pas appliquées, n'en étaient pas abro-

1. Mona Ozouf, *L'école, l'Église, la République*, Cana/Jean Offredo, 1982.
2. On les distinguait par leurs favoris, signe ostentatoire d'agnosticisme, les jésuites avaient le visage glabre.
3. Discours de Paul Bert en 1979, cité par G. Cholvy, *La religion en France*, *op. cit.*

gées pour autant. Il plaida pendant sept heures pour défendre son texte, évoquant l'édit de Nantes, sa révocation, la nuit du 4 août, la révolution de 1830, le 16 mai 1877 (apogée de l'Ordre moral) et conclut ingénument : « Seule la partie la plus dangereuse de l'Église régulière sera contrôlée, puisque par le concordat, l'Église séculière est suffisamment sous la main du gouvernement. » Il visait les congrégations qui tenaient largement l'enseignement secondaire ; il visait, au sens balistique du terme, les jésuites qui ne dépendaient que de Rome. Sans droits civils faute d'autorisation légale, ces derniers géraient librement une série d'établissements d'enseignement pieusement disposés en chapelets défensifs autour de la Genève protestante et des régions luthériennes d'outre-Rhin.

L'article 7 fut refusé par le Sénat. La persécution des jésuites n'en fut que plus radicale. L'un des deux décrets du 29 mars 1880 annonça que toute congrégation qui n'aurait pas fait la demande d'autorisation dans les trois mois encourrait l'application des lois en vigueur, à savoir la suppression [1] ; l'autre portait la dissolution sans délai de l'ordre des jésuites. Un député déclara très justement : « Cette guerre religieuse n'est pas pour ceux qui l'ont soulevée une question, mais LA QUESTION. » Dans les colonnes du *Rappel*, Pelletan approuva « la dissection de l'animal appelé Jésuite ». Dans l'autre camp, l'archevêque d'Aix déclara que les républicains descendaient de ceux à qui le Christ a dit : « Vous avez le diable pour père et c'est pourquoi vous voulez accomplir les œuvres de votre père. » Il fut traduit « d'appel comme d'abus » devant le Conseil d'État.

La Compagnie de Jésus fut donc dissoute, les jésuites expulsés, puis les franciscains, frères mineurs, capucins, dominicains, rédemptoristes, etc. [2]. Saint-Michel-de-Frigolet, l'abbaye de l'ordre de Prémontré qui inspira à Alphonse Daudet *L'élixir du révérend père Gaucher*, fut encerclée par deux mille hommes dirigés par le préfet Poubelle qui expia plus tard comme représentant auprès du Saint-Siège. Tous les crucifix et les statues de

1. Plusieurs lois depuis la Révolution prohibaient les congrégations. On les disait « immobiles » parce qu'elles n'étaient pas appliquées.
2. Les congrégations s'engagèrent entre elles à ne pas demander l'autorisation.

la Vierge furent enlevés des écoles. L'archevêque de Rouen écrivit au préfet Hendlé pour s'en plaindre, lequel répondit : « Comment la conscience de qui que ce soit pourrait être blessée par l'absence d'emblème religieux dans les écoles publiques où les pères de famille de toutes croyances et de toutes opinions envoient leurs enfants [...]. L'application de la loi est une affaire de tact. »

En 1881, l'enseignement primaire fut déclaré gratuit. La loi de 1882 le rendit laïque et obligatoire. Souvent invoquée par le Conseil d'État dans l'affaire du voile (1989), elle dispose que « dans l'enseignement primaire, l'instruction religieuse est donnée en dehors des édifices et des programmes scolaires ». La loi Goblet de 1886 décida la laïcisation à terme du personnel enseignant. Les maîtres d'école, « hussards de la République », voulaient beaucoup moins détruire l'Église que la remplacer ; ils croyaient à la raison comme les catholiques à la Sainte Vierge [1].

Il fallut des années et les conseils avisés du cardinal Lavigerie, évêque d'Alger, pour que Léon XIII, en 1892, plaidât pour le ralliement des catholiques à la République. Une partie d'entre eux se rallièrent. Mais en 1894, survint l'affaire Dreyfus, au cours de laquelle la presse cléricale amplifia l'agitation antidreyfusarde, antisémite et antirépublicaine. Devant cette menace, Waldeck-Rousseau fit voter la célèbre loi de 1901 qui assura pour la première fois la liberté d'association [2] mais permit aussi le contrôle des congrégations [3] : aucune ne pouvait se

1. Voir l'article très riche de Mark Sherringham, « Christianisme et éducation », paru dans le numéro 96 (hiver 2001-2002) de la revue *Commentaire*. « Si l'on devait un moment, écrit-il, faire abstraction des principes, des contenus, des méthodes et des institutions que le christianisme a directement proposé de développer en France et en Europe, depuis deux mille ans, notre système éducatif actuel serait vidé d'une bonne partie de sa substance, et deviendrait vite méconnaissable. » Et l'auteur cite longuement Émile Durkheim, qui, dans le cours renommé qu'il consacra pendant dix ans à l'histoire de l'enseignement en France, insistait sur « l'importance du christianisme et le caractère déterminant des conceptions religieuses dans l'évolution pédagogique de la France et de l'Europe, de la fin de l'Antiquité jusqu'au début du XXe siècle ».

2. Titre I, art. 2 : « Les associations de personnes pourront se former librement sans autorisation ni déclaration préalable [...]. » L'article 8 de la Constitution républicaine (1848) laissait déjà aux citoyens le droit de s'associer. Mais comme il n'y eut aucun texte d'application à cette proclamation trop générale, les tribunaux avaient refusé de l'appliquer.

3. Le titre III de la loi leur est consacré.

former sans autorisation, les autres avaient trois mois pour la demander ; nul membre de congrégation non autorisée ne pouvait enseigner ou diriger un établissement d'enseignement. C'était le retour de l'article 7 de Ferry refusé par le Sénat douze ans plus tôt et l'inscription dans la loi du premier décret de 1880. À la fin du vote, l'Assemblée était debout, la gauche criant : « Vive la République ! », la droite : « Vive la liberté ! »

La loi entraîna une nouvelle série de dissolutions. Il y avait à l'époque huit cent trente congrégations qui se vouaient à l'éducation. Quasiment tous les pensionnats de jeunes filles en dépendaient. En 1902, Combes fit fermer deux mille cinq cents écoles tenues par des congrégations qui n'avaient pas demandé l'autorisation, et, en 1903, onze mille écoles et hôpitaux de congrégations auxquelles il l'avait refusée. En 1904, une loi interdit tout bonnement aux congréganistes d'enseigner.

Quelques mois plus tard, les relations entre la République et le Saint-Siège se gâtèrent, comme sous le premier Empire, à propos des nominations aux évêchés vacants. Le nouveau pape, Pie X, plus intransigeant que le très diplomate Léon XIII, utilisa l'expression « *nobis nominavit* » — nommé par nous. Combes exigea la suppression du mot « *nobis* » [1]. Le pape considéra ensuite la visite du président de la République Émile Loubet au roi d'Italie comme une provocation. Les relations diplomatiques furent rompues.

C'est dans ce climat que fut votée en 1905 la loi de séparation de l'Église et de l'État. Le rapporteur, Aristide Briand, avait été secondé par un juif, Grünbaum-Ballin [2], et un protestant, Méjean. L'article II de cette loi constitue l'exception religieuse française en Europe : « La République ne reconnaît, ne salarie ni ne subventionne aucun culte. » C'était la fin du concordat et de la situation dominante de l'Église catholique, ravalée au même rang que les autres confessions. Le pape excommunia les députés qui avaient voté la loi.

1. Normalement, le pape propose des évêques et le gouvernement choisit.
2. Dans son élan patriotique, Paul Grünbaum-Ballin proposera, jusque sous Vichy, la francisation des noms et des prénoms et suggérera même le transfert du Sabbat le dimanche. Cf. Pierre Birnbaum, *Les fous de la République*, Fayard, 1992.

Les bâtiments cultuels seraient affectés aux paroissiens s'ils s'organisaient en « associations cultuelles », c'est-à-dire fonctionnant sur le modèle de la loi fondatrice de 1901, mais davantage enracinées dans les communes ou paroisses, et surtout, exclusivement vouées à l'exercice du culte. Pour rassurer l'épiscopat, la loi disposait que les associations cultuelles devraient respecter les règles générales du culte dont elles se proposaient d'assurer l'exercice.

Ce régime juridique était « à prendre ou à laisser » sous un an. Protestants et juifs l'acceptèrent et sont depuis lors propriétaires de leurs édifices cultuels. Le grand rabbin déclara : « En devenant majeure, la Synagogue saura faire bon usage de l'émancipation conquise par les israélites ; sachant qu'ils n'ont plus à compter que sur eux-mêmes pour les faire vivre, pour assurer le fonctionnement régulier des organes du culte, ils s'y passionneront et auront à cœur de faire aboutir les projets destinés à entretenir au sein d'Israël une saine émulation[1]. » Quant aux catholiques, ils se divisèrent. Les libéraux appréciaient que le prêtre ne fût plus un fonctionnaire mais redoutaient l'entrée des laïcs dans les affaires de l'Église. La masse des fidèles (surtout dans le Nord, l'Ouest et le Sud-Ouest) était plus sensible aux mots d'ordre de résistance. D'où la lamentable affaire des Inventaires. Les agents d'enregistrement qui devaient inventorier le patrimoine de l'Église jusqu'au moindre chandelier s'opposèrent par endroits aux paroissiens. Il y eut de nombreuses arrestations, quelques blessés et un mort. Les chartreux, installés depuis huit cents ans, furent expulsés par un bataillon du 140e régiment d'infanterie, deux escadrons de dragons, cinquante gendarmes à cheval et des soldats du génie. Ils émigrèrent en Italie jusqu'à ce qu'ils soient légalement reconnus par Vichy en 1941.

L'épiscopat, encouragé par le pape, se raidit et refusa de participer à l'application de la loi[2]. L'Église préféra perdre son patrimoine plutôt que renoncer aux diocèses créés au IVe siècle

1. Pierre Birnbaum, *Les fous de la République, op. cit.*
2. Vingt ans plus tard, il transigeait en faveur d' « associations diocésaines » conformes à la loi de 1905 mais « départementalisées » et présidées par l'évêque.

par saint Martin, saint Hilaire, saint Saturnin[1]... Pendant cette longue parenthèse, les fidèles, afin de ne pas rester hors la loi et hors les murs, furent autorisés à se regrouper en « simples 1901 à vocation cultuelle » — sans référence à la loi de 1905 honnie par le Saint-Siège ! Églises et cathédrales furent alors mises à leur disposition gracieusement[2].

La guerre de 1914 entraîna l'Union sacrée et les congrégations cessèrent d'être inquiétées. Le régime de Vichy abrogea les articles de la loi de 1901 qui suspendaient les congrégations à une autorisation. Entre-temps, la guerre scolaire s'était transformée en guéguerre : Marcel Pagnol, fils d'instituteur laïque, évoque la pittoresque croisade de son père, maître d'école, contre les liqueurs digestives bénédictines ou chartreuses « avec privilège du roy », qui réunissaient dans une Trinité atroce l'Église, l'Alcool et la Royauté.

Les interminables vicissitudes de notre histoire religieuse ont épouvanté nos voisins européens, directement concernés : fuite des huguenots dans les pays du Refuge, Allemagne, Hollande, Suisse, Angleterre ; fuite des prêtres réfractaires en Angleterre à la Révolution ; fuite des congréganistes après 1905, les chartreux vers l'Italie. Lors de l'expulsion des jésuites en 1880, le *Times* écrivait à propos de Jules Ferry : « La République ne représente que la substitution de la tyrannie de la multitude à la tyrannie d'un individu. » C'est dire que l'Europe ne fera pas les yeux doux à l'exception religieuse française.

Cette calamiteuse histoire explique sans doute la grande pudeur religieuse de nos concitoyens, comme la réticence des

1. « Le régime de séparation le plus radical du monde a coûté très cher aux catholiques. Les pertes matérielles sont énormes. Elles comprennent le budget annuel des cultes affecté essentiellement au traitement du clergé et atteignant 35 millions la dernière année ; un patrimoine évalué par Caillaux en 1909 à 411 millions de francs-or, incluant les biens des fabriques, ceux des diocèses et les fondations religieuses pour lesquelles la loi viole la volonté des testateurs » (Gérard Cholvy, Yvon Marie Hilaire, *Histoire religieuse de la France contemporaine*, t. II, *1880-1930*, Bibliothèque historique Privat, 1986, p.116)

2. Sans cet ultime bras de fer entre l'Église catholique et l'État, il n'y aurait pas aujourd'hui pour l'exercice des cultes un dédoublement associatif comprenant soit des associations de 1905, soit des associations de 1901.

politiques à débattre des questions religieuses en public. Peut-on citer un seul grand débat sur la religion depuis le début du siècle ? Les accords de 1923 entre la République et le pape se sont résumés à un arrangement diplomatique — un simple échange de lettres — conclu sans consultation parlementaire. Même Jules Ferry avait refusé toute discussion devant la Chambre sur « les devoirs envers Dieu et envers la patrie », laissant le Conseil supérieur de l'instruction publique les inscrire dans les programmes scolaires, comme Lionel Jospin laissa le Conseil d'État trancher la question du voile. Il est peut-être temps de mettre un terme à cette politique de l'autruche et d'expliquer clairement aux nouveaux venus quelle est la place de la religion dans une République laïque.

La République n'a pas à imposer un serment d'allégeance aux autorités islamiques françaises [1], comme y ont été soumis curés et instituteurs sous la Révolution, l'Empire et le régime de Vichy. Néanmoins, ne serait-ce qu'au nom de ceux qui ont payé le prix de leurs convictions — l'Église en perdant son patrimoine, la petite Église de Vendée ou les Églises évangéliques en choisissant la liberté... — , il faut rappeler sans cesse ce qui devrait aller de soi en France : la loi est la même pour tous.

1. Jean-Pierre Chevènement l'a fait. Cf. *infra*, chapitre v.

IV

Les principes de la laïcité à l'épreuve de l'islam

> « La laïcité est et demeure par principe une bataille comme le sont l'école publique, la République et la liberté elle-même. Leur survie nous impose à tous une discipline, des sacrifices et un peu de courage [1]. »

Le régime de laïcité français, institué en 1905 par la loi de séparation de l'Église et de l'État, garantit la liberté de conscience et de culte en interdisant toute intervention de l'État en matière religieuse ; et il a été conforté par les préambules des textes constitutionnels de 1946 et 1958. Les cultes implantés récemment dans l'Hexagone ont lancé un défi à l'État français, toujours tenté d'intervenir, sous couvert de bonne cause, qu'il s'agisse, en l'occurrence, de traquer les sectes ou de plaire à l'islam. Par lâcheté ou pour des raisons idéologiques, nous avons déjà consenti à divers arrangements qui enfreignent cette neutralité essentielle à la République et conduisent à une laïcité à géométrie variable dont les musulmans intransigeants ont su tirer profit. Une adhésion purement formelle aux valeurs républicaines les autorise à déclarer désormais l'islam compatible avec un simulacre de laïcité.

1. Élisabeth Badinter, Régis Debray, Alain Finkielkraut, Élisabeth de Fontenay, Catherine Kintzler, « Lettre ouverte à Lionel Jospin, ministre de l'Éducation nationale », *Le Nouvel Observateur*, 2 novembre 1989.

La loi de séparation de l'Église et de l'État

Deux articles de la loi de 1905 suffisent à en fixer les grands principes, les articles 1 et 2 du titre I, précisément intitulé « Principes ». La laïcité de la République ayant été inscrite dans le préambule de la Constitution de 1946, puis celle de 1958, on peut dire que ces deux articles ont une valeur constitutionnelle. C'est d'ailleurs explicitement le cas de l'article premier depuis une décision du Conseil constitutionnel de 1977. On assiste actuellement à une réinterprétation de ces deux articles qui les dissocie, voire les oppose. C'est faire injure aux législateurs de l'époque qui ont pesé leurs mots.

Le premier article — *La République assure la liberté de conscience. Elle garantit le libre exercice des cultes, sous les seules restrictions édictées ci-après dans l'intérêt de l'ordre public* — insiste d'abord sur la liberté de conscience, plus générale et garantissant à tout un chacun le droit de croire ou de ne pas croire. Il garantit ensuite la liberté d'exercer le culte de son choix. Le terme clef de cet article est celui de *liberté*. Les cultes ont le pouvoir de s'organiser comme bon leur semble sans qu'une quelconque autorisation soit nécessaire, ce qui rompt avec le système connu par les protestants lorsque, en nombre insuffisant pour former une paroisse ou dissidents de leur paroisse, ils subissaient le régime de l'autorisation préalable chaque fois qu'ils se réunissaient pour prier. Ce droit de culte sous surveillance avait donné lieu, au milieu du XIXe siècle, à de vives protestations et à des débats parlementaires auxquels Tocqueville, notamment, participa [1]. Ce que cet article ne dit pas, et qui a fait l'objet d'une jurisprudence récente, c'est ce qu'il faut entendre par culte. Il allait de soi pour les législateurs de l'époque qu'ils s'adressaient aux quatre religions [2] connues alors dans l'Hexagone et liées à l'État par le concordat [3].

1. Discussion sur la liberté des cultes, Chambre des députés, séance du 28 avril 1845.
2. La religion catholique, la religion juive et deux protestantes. Cf. *supra*, chapitre III.
3. Il faut d'ailleurs préciser que la loi de 1905 ne s'applique toujours pas aujour-

L'article 2 déclare que *la République ne reconnaît, ne salarie ni ne subventionne aucun culte*. Cet article renforce la liberté de conscience en général et de culte en particulier, en ceci qu'elle écarte toute possibilité d'intrusion de la puissance publique dans les affaires religieuses. N'ayant pas à les reconnaître, l'État se voit dans l'obligation de tolérer toutes les religions, pourvu qu'il n'y ait pas de trouble à l'ordre public. Cet article mit fin au financement public du culte qui ne devait plus compter que sur ses propres moyens ; prix de la liberté que des protestants payaient depuis longtemps puisque certaines paroisses avaient refusé, un siècle plus tôt, d'entrer dans le concordat pour garder leur indépendance. Les ministres du culte ne sont donc plus salariés par l'État, lequel a perdu le pouvoir de nomination que lui réservait le concordat. L'État ne peut pas non plus contribuer à tel ou tel culte en le subventionnant. Cette neutralité absolue, garantie par l'absence de reconnaissance et de contribution financière, exclut tout traitement de faveur et *donc* toute mise en dépendance. L'article 2 garantit ainsi l'effectivité de l'article premier. Ils sont inséparables.

L'article 2 ouvre néanmoins la possibilité pour les établissements publics (écoles, hospices, asiles et prisons) de couvrir les dépenses d'aumôneries. La loi du 13 avril 1908 est venue ajouter, au titre III de la loi de 1905 sur les édifices des cultes, la prise en charge par l'État ou les communes des dépenses d'entretien et de conservation des édifices leur appartenant. Cet article concerne surtout les églises catholiques confisquées lors de la Révolution française et celles construites jusqu'en 1905, c'est-à-dire la quasi-totalité des bâtiments du culte catholique. Enfin, la loi du 25 décembre 1942 a étendu le financement

d'hui à l'ensemble des territoires français. Au titre des exceptions territoriales : les trois départements d'Alsace-Moselle où la survivance du concordat résulte de l'application de la loi relative au régime transitoire du 17 octobre 1919 et de la loi du 1er juin 1924 mettant en vigueur la législation civile française dans ces départements ; la Guyane, Saint-Pierre-et-Miquelon où seule l'Église catholique est reconnue ; Mayotte où l'islam domine et où le préfet nomme le mufti qui applique un droit islamique. Cf. Jean-Michel Ducomte, « Les limites et incertitudes du modèle laïque français », in *Permanence de la laïcité en France et dans le monde*, Alain B.L. Gérard (dir.), Privat, 2001.

public des dépenses d'entretien aux lieux de culte appartenant aux associations cultuelles.

La tentation concordataire : le cas des Témoins de Jéhovah

La loi de 1905 a dû faire l'objet d'une jurisprudence lorsqu'il s'est agi, quelques décennies après sa rédaction, de l'appliquer à d'autres mouvements religieux que ceux qui étaient alors connus. Ce sont les Témoins de Jéhovah, lorsqu'ils ont demandé à bénéficier des avantages fiscaux de la loi, qui ont le plus contribué à en révéler les lacunes et le véritable feuilleton juridique qui s'en est suivi a montré que l'État français échappe difficilement à ses vieux démons ; ce dernier a en effet utilisé le titre d'association cultuelle comme un label d'État ou, en d'autres termes, une reconnaissance concordataire. Or « tous les cultes sont en principe égaux puisque aucun d'entre eux ne bénéficie juridiquement des avantages que conférerait une reconnaissance [1] ».

En 1985, en refusant d'autoriser l'Association chrétienne des Témoins de Jéhovah de France à recevoir un legs universel, le Conseil d'État prit, en effet, une décision « concordataire ». Le commissaire du gouvernement, F. Delon, tout en considérant que l'association présentait les caractéristiques d'une association cultuelle, demanda néanmoins au Conseil d'État de lui refuser ce statut au motif que l'opposition des Témoins de Jéhovah à la transfusion sanguine était contraire à l'ordre public. Le Conseil d'État, suivant la recommandation du commissaire, relevait, dans une phraséologie hypocrite et vague, que « les activités menées par l'association [...] sur la base des stipulations de ses statuts [...] ne conféraient pas dans leur ensemble à l'association, en raison de l'objet et de la nature de certaines d'entre elles, le caractère d'une association cultuelle [2] ». Comme

1. Jean Duffar, « Problématique de la loi de 1905 », in *Faut-il modifier la loi de 1905 ?*, *Les journaux judiciaires associés*, 1er mai 1996, 385e année.

2. « Qu'est-ce qu'une association cultuelle pour l'application de l'exonération spéciale de foncier bâti ? », conclusions du commissaire du gouvernement, Jacques Arrighi de Casanova, BDCF, 6/97.

depuis lors les Témoins de Jéhovah ont transféré leurs activités d'édition à l'association conforme à la loi de 1901, qu'ils avaient créée en 1947, on ne peut plus leur reprocher de ne pas respecter le caractère exclusif de l'activité cultuelle. Il n'en demeure pas moins qu'en jugeant de la « conformité » du dogme, le Conseil d'État avait bien institué une sorte de label d'État sur la prétention à se revendiquer comme religion.

En 1997, le Conseil d'État ajusta sa position lors d'une demande d'avis du tribunal administratif sur la possibilité d'exonérer l'association des Témoins de Jéhovah[1] de Riom de la taxe foncière. Il définit alors les critères retenus pour autoriser une association à bénéficier des avantages et donc du statut de la loi de 1905 : réalité de l'exercice d'un culte, exclusivité de l'activité cultuelle et non-contrariété à l'ordre public. À cette occasion, le Conseil d'État donna pour la première fois une définition de l'exercice d'un culte. Il reprit celle qu'en a donnée Duguit dans un traité de droit constitutionnel datant de 1925, et qui s'est imposée dans les décisions juridiques suivantes : « la célébration de cérémonies organisées en vue de l'accomplissement, par des personnes de même croyance religieuse, de certains rites ou de certaines pratiques ». Les conclusions du commissaire du gouvernement, Jean-Claude Arrighi de Casanova, et l'avis rendu par le Conseil d'État en 1997 revenaient subtilement sur la jurisprudence de 1985, malgré les efforts du commissaire pour ne pas désavouer les propos tenus par son prédécesseur.

Ce revirement du Conseil d'État allait dans le sens d'un arrêt récent de la Cour européenne des droits de l'homme à l'encontre de la Cour suprême d'Autriche qui avait refusé à une mère Témoin de Jéhovah, et donc opposée à la transfusion sanguine, la garde de son enfant. Cette décision européenne entrait en contradiction flagrante avec celle du Conseil d'État de 1992 qui confirmait le refus d'agrément requis pour l'adoption d'un enfant à un couple de Témoins de Jéhovah lui aussi opposé à la transfusion sanguine. La Cour européenne des droits de

1. Dont la première association remonte quand même à 1906 et l'association nationale à 1947.

l'homme fait figure de juridiction d'appel pour les Français qui ont perdu un recours auprès du Conseil d'État. Ce dernier est donc très sensible à ses arrêts et n'apprécie guère d'être désavoué par elle. C'est sans doute ce qui a motivé l'avis nuancé de 1997.

En dépit de l'avis du Conseil d'État, le tribunal administratif de Clermont-Ferrand rendit une décision défavorable à l'association qui releva appel de cette décision. La cour d'appel de Lyon infirma, le 6 octobre 1999, la décision de première instance. Néanmoins, le feuilleton juridique se poursuivit en raison du recours déposé par le ministère des Finances devant le Conseil d'État. La plus haute juridiction administrative fixa définitivement la jurisprudence en juin 2000 par un arrêt qui confirmait son avis de 1997, écartant définitivement toute idée d'appréciation de la contrariété à l'ordre public d'après le dogme et les croyances pour s'en tenir aux faits imputables à l'association locale (poursuites éventuelles, dissolution, incitation à commettre des délits, en particulier celui de non-assistance à personne en danger).

Alors que la loi de 1905 prévoit un certain nombre de garde-fous pour contrôler *a posteriori* la conformité à l'ordre public, la jurisprudence avait glissé vers une appréciation *a priori* permettant de ne pas reconnaître certaines religions dont l'État estime qu'elles représentent un danger. En leur interdisant le bénéfice de la capacité juridique étendue et divers avantages fiscaux, on cherchait implicitement à priver les Témoins de Jéhovah des moyens de se développer. Menacée par la jurisprudence européenne, cette interprétation n'a pas tenu : les Témoins de Jéhovah ont fini par obtenir l'exonération de l'impôt foncier[1] et la préfecture de l'Oise a reconnu à l'association des Témoins de Jéhovah d'Île-de-France la capacité patrimoniale élargie lui permettant de recevoir dons et legs[2]. Cette « reconnaissance » tardive contraste singulièrement avec le harcèlement judiciaire et fiscal dont les Témoins de Jéhovah font toujours l'objet et avec

1. Arrêtés 215109 et 215152 au bénéfice des associations de Riom et de Clamecy, 23 juin 2000.
2. En septembre 2000.

leur classement comme secte dangereuse dans le rapport parlementaire Guest/Guyard de 1995 — rapport qui les a d'ailleurs amenés à déposer une requête devant la Cour européenne des droits de l'homme en raison des conséquences diverses que leur vaut ce classement infamant [1].

Contrairement aux Témoins de Jéhovah, qui ont dû arracher au Conseil d'État ce qui s'apparente à une reconnaissance plus qu'à un contrôle de légalité, les bouddhistes, qui ne prient aucun dieu, ont bénéficié d'emblée et largement des dispositions de la loi de 1905 [2]. C'est bien parce que l'État interprète la loi de 1905 comme un label que ces différences de traitement peuvent exister. S'il n'y voyait qu'un moyen de permettre positivement l'exercice de la liberté du culte, il ne se permettrait pas de porter un jugement de valeur sur les cultes. La jurisprudence, si elle n'empêche pas leur existence [3], en privilégie certains, du fait des avantages financiers liés au statut d'association cultuelle, mais aussi au discrédit moral qui s'abat sur ceux auxquels on refuse ce statut. Un certain esprit « concordataire » (c'est-à-dire l'inverse du devoir de neutralité) a donc inspiré l'application de la loi de 1905 aux nouveaux cultes jugés sectaires, comme il semble inspirer l'attitude de l'État vis-à-vis de l'islam, mais cette fois, à l'avantage de ce dernier. Nombre d'intellectuels

1. Requête de la Fédération chrétienne des Témoins de Jéhovah devant la Cour européenne des droits de l'homme, 2 décembre 1999 (pour violation conjointe de l'article 13 combiné à l'article 9 pour absence de voie de recours interne, de l'article 6 sur le droit à un traitement judiciaire équitable, de l'article 9 sur la liberté de conscience et de l'article 14 interdisant la discrimination fondée sur la religion, au vu des traitements discriminatoires). Par ailleurs, depuis l'adoption de la proposition de loi du 22 juin 2000 qui renforce la prévention et la répression à l'encontre des groupements à caractère sectaire, les Témoins de Jéhovah sont menacés de dissolution judiciaire et d'accusation pour délit de manipulation mentale, ce qui les a amenés à ajouter une requête complémentaire auprès de la Cour européenne des droits de l'homme en juin 2000. Enfin, le ministère des Finances leur réclame 297 millions de francs pour taxation à 108% des offrandes ou contributions de nature religieuse qu'ils reçoivent.

2. L'association cultuelle de l'Union bouddhiste de France, fondée le 28 juin 1986, fédère 80% de l'ensemble des associations. Cf. Jean-Michel Halit, « La situation des bouddhistes », in *Faut-il modifier la loi de 1905 ?*, *op. cit.*

3. Rappelons que, depuis la loi de 1907 prenant acte du refus de l'Église catholique de s'insérer dans le dispositif juridique de 1905, le culte peut s'exercer dans le cadre associatif simple de 1901. Cf. *supra*, chapitre III.

encouragent cette tendance, n'hésitant pas à proposer des aménagements juridiques pour rendre légale une intervention publique en faveur de l'islam.

La réinterprétation de la loi de 1905

On écrit bien des absurdités sur la loi de 1905. Instituée pour répondre aux anciennes prétentions de l'Église catholique, elle passe aujourd'hui pour freiner le développement normal du culte islamique. C'est ce qui ressortait en 1999 d'un colloque, « Les lumières de l'islam », auquel de nombreux articles de presse ont fait écho. On pouvait lire à cette occasion dans *La Voix du Nord*[1] : « Depuis la séparation de l'Église et de l'État, en 1905, les choses ont évolué, et si les lieux de culte catholiques bâtis avant cette date sont nombreux, il n'en est pas de même pour les mosquées, qui répondent aux besoins d'une population arrivée dans notre pays à partir des années 50. » Le quotidien résumait ainsi le sentiment général sur la loi de 1905 exprimé lors du colloque : « Une loi qui, pour la majorité des intervenants, est un frein à la mise en place d'un véritable culte islamique en France. » Il conviendrait donc « d'adapter cette loi à la nouvelle donne démographique française ».

Une autre démarche est encore envisagée aujourd'hui, qui reviendrait également à légaliser une aide publique en faveur de l'islam ; mais, plus insidieuse, elle ferait l'économie d'un débat à l'Assemblée nationale. On observe en effet des velléités convergentes pour que le Conseil d'État hiérarchise les deux principes fondamentaux de la loi de 1905. Certains donnent même systématiquement la priorité à l'article premier en l'associant à d'autres articles plus secondaires, privilégiant ainsi la liberté d'exercice du culte par rapport au devoir de neutralité de l'État[2]. Le rapport du Haut Conseil à l'intégration a atteint des

1. Éditions du 12 et du 21 novembre 1999.
2. Ce qu'a fait, par exemple, Jean Boussinesq lorsqu'il a présenté la loi de 1905 dans le cadre d'un séminaire organisé par l'EMF (Étudiants musulmans de France) en partenariat avec Anima'fac, « Genèse des institutions laïques en France et en Europe », 24-25 octobre 1998.

sommets dans cet exercice de relativisation de la laïcité, reléguant derrière la liberté de conscience, la liberté d'exercice du culte et même la séparation proprement immobilière, l'exigence de non-intervention de l'État, sans en faire jamais, ce qu'elle est pourtant, un élément de la liberté de conscience et du libre exercice du culte[1].

Ainsi, des deux articles figurant au titre des principes, le premier devrait l'emporter sur le second. Ces deux articles n'entrent pourtant en conflit que si l'on déforme le sens du premier. Comme Henri Pena-Ruiz en fait l'analyse, à propos des écrits de Jean Boussinesq, « si l'on considère que l'ordre d'exposition choisi par les législateurs de l'époque a sa pertinence, cette réécriture [la relégation de l'article 2 au profit de l'article 4 ou d'autres encore plus contingents] est plus qu'une simple réinterprétation : une falsification, qui veut faire dire à la loi ce qu'elle ne dit pas, tout en minorant certaines choses qu'elle dit pourtant clairement[2] ». Les commentaires d'Henri Pena-Ruiz s'appliqueraient tout aussi bien à l'argumentaire développé dans le rapport du Haut Conseil à l'intégration.

L'interprétation du premier article qui a tendance à l'emporter aujourd'hui rend la République responsable des conditions d'exercice des cultes, au point de lui faire un devoir de contribuer au financement de cultes insuffisamment dotés par eux-mêmes. La loi de 1905 n'est pourtant pas censée garantir aux cultes une égalité de moyens mais une égale *liberté* d'exercice. Elle incite, non pas à construire des lieux de culte à ceux qui disent en manquer, mais, au contraire, à veiller à ce que les pouvoirs publics n'entravent pas, par diverses manœuvres, la liberté d'exercice d'un culte, par exemple les maires qui, voulant éviter l'implantation d'une mosquée dans leur commune, abusent du droit de préemption. Cet article premier ne traite pas de questions de fait mais des principes. Seule la dénaturation du texte, par un égalitarisme déplacé, permet d'introduire l'idée que cette loi fondatrice souffrirait d'une contradiction interne.

1. *L'islam dans la République*, Haut Conseil à l'intégration, novembre 2000.
2. Henri Pena-Ruiz, *La laïcité pour l'égalité*, Fondation du 2 mars / Mille et une nuits, 2000.

Sans l'affirmer explicitement, le rapport du HCI, *L'islam dans la République*, insiste sur l'exigence d'égalité. Il voit trois composantes à la « liberté religieuse » (concept dont on ne trouve pas trace dans les textes qui traitent de la liberté de conscience et de culte), dont l'une serait « **le principe d'égalité et de non-discrimination entre les religions** [en gras dans le texte] [...] implicitement contenu dans la loi de 1905, qui traite des cultes de façon indifférenciée ». Ainsi, d'après le HCI, la République devrait « assurer, dans le respect de la stricte neutralité, non seulement l'égalité entre toutes les religions mais aussi *l'égalité entre tous les fidèles* » [nous soulignons] [1].

Les représentants de la Ligue de l'enseignement, auditionnés par le HCI le 21 novembre 1999, invitaient eux aussi à réinterpréter dans un sens égalitariste la loi de 1905 afin de venir en aide à l'islam. Les porte-drapeaux de la laïcité qu'ils devraient être ont toujours en point de mire l'Église catholique, comme au début du siècle, et cherchent à obtenir, pour l'islam, les avantages dont celle-ci aurait bénéficié. Écoutons ce que disait Alain Tournemire : « Si un recours était mené devant le Conseil d'État sur un cas concret, la jurisprudence condamnerait les pratiques actuelles [subventionnement de fait du culte musulman] comme contraires à la loi de 1905. Pourtant, si on prend l'esprit de la loi de 1905, à l'époque, on a fait cadeau des églises [2]. Pour respecter l'esprit de la loi, on pourrait, aujourd'hui, faire la

1. *L'islam dans la République*, *op. cit.*.

2. En fait de « cadeau », rappelons que l'Église a été violemment dépossédée de tous ses biens, d'abord sous la Révolution puis en 1906, lorsqu'elle a refusé de constituer des associations dans le cadre de la loi de 1905. Cette dépossession même est parfois présentée comme un « avantage » dont serait privé l'islam. Cf. *Le Monde* du 10 mars 2001, « Mosquées et églises, deux régimes distincts » : « Aux termes de la législation organisant la séparation des Églises et de l'État, les édifices du culte construits avant la loi de 1905 sont la propriété de l'État et des collectivités locales. C'est ainsi que les églises appartiennent aux communes, qui ont la charge de cet entretien, et les cathédrales à l'État. L'islam, deuxième religion par le nombre de ses fidèles, mais arrivée tardivement dans le paysage français, ne bénéficie pas de ces *avantages* [nous soulignons]. » Dans la même édition, l'éditorial « Construire des mosquées » répétait les mêmes inepties. Faut-il rappeler à ces éminents journalistes que, conformément à la loi du 25 décembre 1942, les pouvoirs publics assurent l'entretien des édifices appartenant aux associations cultuelles de toutes les religions ?

même chose. » En 1999, Michel Morineau, appartenant lui aussi à la Ligue de l'enseignement, exprimait le souhait, dans la revue *La Médina*, qu'un jugement du Conseil d'État permette d'aller dans le sens d'une assistance publique ouverte, en faisant primer l'égalité de fait sur la liberté de culte et la séparation des Églises et de l'État : « La question est simple mais difficile : comment établir (conformément à la loi de 1905) l'égalité de la pratique du culte musulman en permettant aux citoyens de confession musulmane d'accéder à des lieux de culte dignes et décents ? Dans l'esprit de la loi, le but serait de faire en sorte que les collectivités locales puissent donner des terrains ou des locaux en gestion à des associations musulmanes, ces biens restant propriété de la commune [1] » (ce qui se pratique déjà).

Cette interprétation de la loi trouve un appui auprès d'hommes politiques parmi les plus laïques et républicains. Alors que Jean-Pierre Chevènement s'est déclaré favorable à une mise entre parenthèse de la laïcité pour venir en aide à l'islam, sans toutefois remettre en cause le sens d'origine de la loi de 1905 [2], son ami Didier Motchane se demande « dans quelle mesure l'exigence de *l'égalité, qui est la valeur clef de la laïcité* [nous soulignons], ne doit pas conduire l'État à intervenir dans des domaines qui lui seraient normalement interdits [3] ». Comme nous le verrons plus loin, Robert Hue, secrétaire général du Parti communiste, fait également primer la liberté de culte comprise dans un sens étendu, c'est-à-dire incluant les conditions matérielles de son exercice, sur la neutralité de l'État. Et d'en conclure : « Les musulmans *ont droit* [nous soulignons] à

1. « L'islam et la laïcité française », entretien avec Michel Morineau, *La Médina*, n° 1, mai-juin 1999.

2. « Il n'est ni normal ni digne que la deuxième religion de notre pays ne dispose pour lieux de culte que de caves, de hangars désaffectés ou d'anciens logements sociaux sommairement réaménagés. On me dira qu'un tel financement serait contraire au principe de laïcité. Bien entendu, il devrait rester exceptionnel, dans le temps et dans son ampleur, pour permettre une mise à niveau de l'islam par rapport aux trois religions traditionnelles en France » (Jean-Pierre Chevènement, *Le Vert et le Noir, intégrisme, pétrole, dollar*, Grasset, Paris, 1995).

3. « L'institution de l'islam en France », interview exclusive de Didier Motchane chargé de mission auprès du ministre de l'Intérieur chargé des cultes, *Islam de France*, n° 6, 1999.

des lieux de culte, comme les autres communautés religieuses. » Tous les promoteurs de l'égalitarisme humanitaire, les Verts en tête, partagent ce point de vue. Un avis du Conseil d'État dans ce sens serait, à leurs yeux, conforme à l'évolution générale du droit français vers un « droit créance », à l'inverse du droit anglais et plus généralement occidental qui reste un « droit liberté [1] ».

Cette subversion de l'esprit de la loi de 1905 ne choque pas toujours les juristes eux-mêmes, dont certains, comme Jean-Michel Ducomte, vont jusqu'à la justifier. Au nom de l'égalité entre toutes les croyances qu'il faudrait faire passer dans les faits (et non seulement en droit), au nom de la crainte que l'intégrisme soit financé de l'étranger, au nom de l'intégration républicaine, Jean-Michel Ducomte s'interroge sur la nécessité d'une intervention publique en matière de dotation en lieux de culte sans donner de solution pratique. Il formule lui aussi l'alternative juridique d'une manière qui revient à rendre contradictoires les deux premiers articles de la loi de 1905 : « Soit l'on admet que la liberté de croyance est une liberté fondamentale, et ses conditions d'exercice doivent être admises dans des conditions de stricte égalité, [...] soit l'on considère que la neutralité religieuse de l'État est une réalité indépassable, et alors, l'abstention de la puissance publique ne peut plus être discutée [2]. »

On peut s'inquiéter de voir des juristes dissocier les deux principes fondamentaux de la laïcité. D'autant plus qu'ils ne s'interrogent guère sur les conséquences pratiques et juridiques qu'aurait une réinterprétation de la loi dans le sens d'un égalitarisme formel : tout nouveau culte — même s'il est uniquement question de l'islam — devrait être aidé par l'État jusqu'à ce qu'il soit suffisamment doté (jamais il n'est précisé quand et comment on reviendrait au régime de séparation). Il s'agirait donc d'instituer

1. S'agissant de l'instruction, de la formation professionnelle et de la culture, ce « droit créance » est déjà explicitement inscrit dans le préambule de la Constitution de 1946 qui en « garantit un égal accès à l'enfant et à l'adulte ». Cf. Maryvonne de Saint-Pulgent, *L'État au miroir de la politique culturelle*, conférence à l'Académie des sciences morales et politiques, 2/6 juin 2000.

2. Jean-Michel Ducomte, « Les limites et les incertitudes du modèle laïque français », in *Permanence de la laïcité en France et dans le monde*, *op. cit.*

une sorte de concordat (provisoire ?) avec les religions nouvelles soi-disant lésées par l'Histoire. Cela reviendrait à introduire deux régimes juridiques, un premier de stricte neutralité s'appliquant aux cultes anciens, et un second d'accompagnement financier pour les nouvelles religions — ce qui serait hautement problématique. Car il faudrait alors reconnaître la notion de préjudice historique, dans ce cas, une sorte de préjudice virtuel puisqu'il est censé avoir frappé des absents : n'ayant pas été là avant telle date, je n'ai pu bénéficier des avantages de la loi d'alors et me trouve lésé par le droit actuel, préjudice dont je demande réparation. Enfin, la primauté donnée au préjudice historique virtuel sur l'égalité en droit des cultes poserait des problèmes insurmontables, notamment auprès de la Cour européenne des droits de l'homme qui veille à l'application de l'article 14 de la déclaration européenne prohibant toute discrimination.

Si le Conseil d'État n'a pas encore été amené à se prononcer sur cette question, il a d'ores et déjà ouvert une brèche dans la laïcité de la République à travers la remise en cause de l'école laïque.

La remise en cause de l'école laïque

Compte tenu de notre histoire, les obligations implicites de la laïcité étaient, jusqu'à une date récente, intuitivement comprises, notamment à l'école où elle était vécue « dans l'évidence des normes d'une institution éducative laïque [1] ». La discrétion absolue dans l'affiliation religieuse allait de soi. Il fallait que la remise en cause de la laïcité émane d'une religion n'ayant pas les couleurs de l'ennemi pour que l'on revienne sur près d'un siècle d'histoire politico-religieuse. L'Église catholique s'étant repliée dans la sphère privée, la vigilance s'était endormie. Or le défi que nous lançait l'affaire du foulard islamique était de faire preuve, vis-à-vis de l'islam, de la même exigence que naguère face à l'Église catholique. Mais l'islam, en 1989, était en passe d'incar-

1. Guy Coq, « Un analyseur de la laïcité : le débat sur le voile islamique », *La Libre-pensée*, n° 229, mai-juin 1997.

ner l'idéal type de la victime. Sans doute la laïcité, dirigée contre l'ennemi catholique, n'était-elle pas suffisamment intériorisée comme principe universel pour s'imposer à l'islam « protégé ». Il eût fallu rappeler que l'école n'est pas un service public ordinaire mais un « organe de l'État » dont la vocation est d'émanciper les élèves pour en faire des citoyens dotés de la liberté de conscience. À ce titre, l'école requiert une parfaite neutralité.

L'affaire du foulard islamique, qui a éclaté à Creil en 1989, a précipité la réélaboration du concept de laïcité par une partie de l'élite dirigeante avec le concours décisif du Conseil d'État. Nous n'aborderons pas ici le détail de cette affaire sur laquelle nous reviendrons plus loin[1]. Nous nous en tiendrons, pour le moment, à son aspect juridique en examinant les textes qui aménagent la laïcité à l'école et l'avis du Conseil d'État rendu le 27 novembre 1989[2].

Cet avis s'est principalement appuyé sur la loi d'orientation de l'Éducation nationale du 10 juillet 1989 et sur des textes internationaux, notamment la Convention européenne des droits de l'homme et la Convention internationale des droits de l'enfant du 20 novembre 1989. Le Conseil d'État a étendu aux enfants, dans l'école, qu'il considère comme un lieu public ordinaire (comme la poste, la rue, etc.), la liberté de manifestation religieuse protégée par la Cour européenne, en s'appuyant sur la liberté d'expression figurant dans la loi d'orientation. Comme l'a souligné Michel Bouleau dans sa plaidoirie de 1995[3], cet avis du Conseil d'État repose sur une interprétation réductrice du droit à l'éducation et de l'école (service public ordinaire) et sur deux conceptions distinctes de la laïcité : l'une, traditionnelle, à l'usage du personnel, l'autre, totalement renouvelée, à l'usage des élèves[4].

1. Cf. *infra*, chapitre VI.

2. Rappelons que l'avis du Conseil d'État a permis le port du foulard au sein de l'école sous conditions.

3. « Port du foulard islamique : remise en cause de la jurisprudence du Conseil d'État, tribunal administratif, Paris, 10 juillet 1996 », *Les Petites Affiches*, 3 septembre 1997, n° 106.

4. Si l'on devait suivre les conclusions du commissaire du gouvernement, M. Hubert, dans l'affaire Ben Halima du 19 novembre 1997, la liberté de manifester sa religion serait étendue au personnel et comprendrait désormais la prière. Cf. *supra*, chapitre I.

Or la seule loi d'orientation du 10 juillet 1989 laissait un réel choix au Conseil d'État. Elle réaffirmait, en effet, le droit à l'éducation et à la formation que l'État garantit, certes, mais « dans le respect des principes fondamentaux d'égalité, de liberté et de *laïcité* » [nous soulignons]. Dans son article premier, cette loi précise ce qu'elle entend par communauté scolaire, écartant, en principe, toute assimilation à un service public ordinaire puisque les élèves en sont partie prenante au même titre que les enseignants : « La communauté scolaire rassemble les élèves et tous ceux qui, dans l'établissement scolaire ou en relation avec lui, participent à la formation des élèves. » Nulle part dans le texte de loi, il n'est question de la liberté de manifester ses convictions, à laquelle on ne saurait d'ailleurs assimiler la liberté d'expression de l'article 10 : « Dans les collèges et dans les lycées, les élèves disposent, dans le respect du pluralisme et du *principe de neutralité* [nous soulignons], de la liberté d'information et de la liberté d'expression. L'exercice de ces libertés ne peut porter atteinte aux activités d'enseignement. » Les élèves sont donc autorisés à exprimer leur opinion mais nullement invités à manifester leurs convictions religieuses ou politiques. Cet article 10 devait pourtant fournir au Conseil d'État, mais aussi aux musulmans intransigeants, un élément essentiel de leur argumentation. Le port du foulard islamique était ainsi considéré comme une manifestation de la liberté d'expression qui devait être acceptée sauf caractère ostentatoire, acte de prosélytisme ou de propagande, atteinte à d'autres membres de la communauté éducative, mise en danger de la santé ou de l'intégrité (la sienne et celle d'autrui), perturbation des cours ou trouble à l'ordre public.

L'argumentation reposait aussi sur les conventions internationales signées par la France. Il faut insister sur la Convention internationale des droits de l'enfant qui accorde au mineur (moins de 18 ans) les droits reconnus à l'adulte. L'article 13 lui reconnaît la liberté d'expression définie comme suit : « Ce droit comprend la liberté de rechercher, de recevoir et de répandre des informations et *des idées de toute espèce* » [nous soulignons] dans le « respect des droits ou de la réputation d'autrui », sans attenter à la sécurité nationale, l'ordre public, la santé ou la moralité. Si l'on déclare que l'école est un espace public ordinaire, ce droit appliqué à l'école autorise tout élève à tenir un discours religieux ou politique des plus extrêmes, par exemple : défendre les idées du Front national. Il est d'ailleurs spécifié, dans l'alinéa 3 de l'article 14, que « la liberté de manifester sa religion ou ses convictions ne peut être soumise qu'aux seules restrictions qui sont prescrites par la loi et qui sont nécessaires pour préserver la sûreté publique, l'ordre public, la santé et la moralité publiques ou les libertés et droits fondamentaux d'autrui ». Porter un foulard ou arborer l'insigne du Front national devraient donc être jugés de même, le FN étant un parti autorisé qui, en soi, ne met pas en péril l'ordre public.

Il faudrait prendre conscience des conséquences qu'induit l'adhésion de la France aux conventions internationales, surtout quand celles-ci sont susceptibles de remettre en cause les valeurs fondatrices de la République, comme c'est le cas ici. Étendre ainsi tous les droits-libertés à l'enfant, c'est le considérer comme un individu déjà formé. Lui donner la liberté de manifester sa religion, c'est considérer que la religion pratiquée dans son environnement culturel est forcément la sienne. L'enfant serait ainsi déterminé. Il naîtrait, aujourd'hui, doté d'emblée d'une liberté de conscience, à moins qu'elle n'apparaisse plus tard, spontanément, comme les dents vous poussent — ou qu'on y ait renoncé [1]. Dans tous les cas, si la liberté de conscience n'est plus l'objet d'une conquête à laquelle l'école, grâce à l'impératif laïque, est censée contribuer en stimulant l'exercice de la raison, on ne perçoit plus guère en quoi peut consister la mission émancipatrice de l'école.

La laïcité des élus : un concept subjectif

Dans le magazine *Islam de France*, en 1997, Saïd Branine et Michel Renard posaient des questions très précises à certains

1. C'est bien ce que laisse craindre l'article 29 de la Déclaration universelle des droits de l'enfant, qui charge l'école d'inculquer à l'enfant « le respect des valeurs nationales du pays dans lequel il vit », mais aussi « le respect de son identité, de sa langue et de ses valeurs culturelles ».

élus [1], et cela bien avant que ne fût mise en route la consultation de Jean-Pierre Chevènement. Les réponses montrent l'éventail des variations dans le contenu de la laïcité, donnant raison à Amar Lasfar lorsqu'il dénonce la confusion des Français touchant leurs propres valeurs. Les interviewers demandaient aux politiques si l'État devait favoriser 1) la construction de mosquées et lieux de culte décents; 2) la formation d'imams en phase avec la culture des musulmans de France; 3) la désignation d'une structure représentative des musulmans de France.

Michel Rocard (PS) répondait sans ambiguïté :

> Je reste très fermement attaché à la laïcité telle qu'elle est définie en France depuis 1905. Je tiens beaucoup à la séparation de l'État et des « Églises », de quelque religion qu'il s'agisse. Je doute que ce soit à l'État central de répondre aux problèmes internes à l'islam que vous soulevez. [...] État et communes n'ont pas à favoriser mais à permettre l'édification de lieux de culte répondant aux besoins. La formation des imams ne peut rester qu'une affaire privée. Dans notre pays de laïcité, il est impossible à l'État de s'en mêler.

S'agissant d'une structure représentative qu'il jugeait nécessaire, « elle sera d'autant plus respectée, disait-il, que l'État s'en mêlera moins ». Pour Michel Rocard donc, même vis-à-vis de l'islam, l'État devait rester d'une neutralité absolue.

François Mancel (RPR) affichait également une position rivée aux principes : « Il s'agit de garantir la liberté de conscience et d'assurer à chacun le droit de pratiquer le culte de son choix, tout en assurant que le religieux, qui appartient à la sphère privée, n'interfère pas avec le domaine de la vie publique et collective de la nation. » François Mancel était ainsi le seul à évoquer les devoirs auxquels la laïcité renvoie chacun, musulmans compris.

Quant à Robert Hue, il confondait, comme nous y a habitués le Parti communiste ces derniers temps, citoyenneté et droits de l'homme : « La laïcité est un principe fondamental de la République applicable à l'ensemble des *citoyens* [nous soulignons].

1. « Espace Citoyenneté », questions à Michel Rocard (PS), Robert Hue (PCF), Jean-François Mancel (RPR) et Pierre Cardo (UDF-PR), propos recueillis par Saïd Branine et Michel Renard, *Islam de France*, n° 2, mars-avril 1997.

Elle garantit à tout *être humain* [nous soulignons] des droits inaliénables et imprescriptibles, dont celui de pratiquer la religion de son choix. » Interprétant, comme il est à la mode de le faire, le premier article de la loi de 1905 comme un devoir échéant à la République de garantir aux cultes une égalité de moyens, Robert Hue sommait l'État de financer la construction de nouveaux lieux de culte musulmans. S'agissant de la formation des imams et de la structuration de l'islam, il en renvoyait la responsabilité aux musulmans eux-mêmes.

Le député Pierre Cardo (UDF-PR) racontait, pour sa part, comment il avait pu financer un lieu de culte en lui attribuant des activités culturelles. Mais il allait plus loin que Robert Hue, jugeant bon que l'État intervienne également dans la formation des imams et la structuration de l'islam : « Notre pays a intérêt à un islam bien structuré avec une *bonne interprétation du Coran* [nous soulignons] comme il a intérêt à une bonne interprétation de la Bible… car il y a une corrélation entre la foi et l'espoir. »

Sous prétexte d'aider l'islam, les pouvoirs publics ne seront-ils pas de plus en plus tentés de renouer avec le démon du contrôle, s'agissant d'une religion qui fait tant parler d'elle de par le monde ? De ce point de vue, la mise à l'épreuve actuelle de la laïcité est un test exemplaire pour l'État français.

La laïcité relative, terrain d'entente avec l'islam

Les nouvelles acceptions de la laïcité ont donné lieu à une théorisation de la part de syndicalistes, sociologues ou politologues qui ont affublé la notion de qualificatifs divers la vidant littéralement de son sens. La laïcité peut désormais être « ouverte », « plurielle » (!), etc. [1]. Or, comme l'expliquent Cathe-

1. Très tôt, dès avant la première affaire du voile, la CFDT, à l'occasion du projet de loi scolaire Savary, avait déjà appelé à « une conception dynamique et pluraliste de la laïcité » (déclaration du bureau national du 3-4 avril 1984). Après les affaires de voile, la CFDT déclarait avoir été amenée « à actualiser sa conception de la laïcité, non plus en termes d'affrontement, mais en termes de pluralisme et de tolérance ». Cf. « La laïcité : histoire et nouvelles problématiques », *CFDT*, avril

rine Kintzler, Henri Pena-Ruiz ou Patrick Kessel, « nous savons bien — et l'histoire le montre — qu'à chaque fois qu'on ajoute un mot à un autre sous prétexte de lui ajouter du sens, on lui en enlève. Quand on évoque la République, on sait de quoi on parle. Quand elle devient "populaire", "démocratique" ou "islamique", on ne parle plus du tout de la même chose [1] ». Cette théorisation institutionnalise la relativisation de la laïcité, comme si un principe de neutralité absolue pouvait survivre à des aménagements.

Dans l'éventail des laïcités désormais concevables, la laïcité telle que nous la connaissions fait figure de conception extrême, voire extrémiste. Elle est dénoncée sur le même mode que l'assimilation par le courant écolo-différentialiste, comme la plupart des concepts fondant les principes de la République. Le combat pour la défense de la laïcité semble ainsi avoir partie liée avec l'oppression. Ceux qui osent dire qu'il est nécessaire de résister aux prétentions de l'islam, comme à tout dévoiement de la citoyenneté, sont l'objet de divers qualificatifs injurieux, dont certains font explicitement référence, par un amalgame à front renversé, à la frange criminelle des islamistes, les talibans afghans.

Ainsi, Nabil Azouz, porte-parole du collectif « Un résident, une voix », surnomme-t-il les intellectuels qui redécouvrent de Gaulle « les talibans français de la République [2] ». De Gaulle

---

1994. Nicole Notat, elle-même, réfutait « l'idée d'une laïcité uniforme et aseptisée » d'un autre âge. Cf. *CFDT Nouvelles*, 18 novembre 1994. Jean Baubérot a développé le concept de laïcité vivante, de laïcité délibérative. Cf. Jean Baubérot, *Religions, laïcité, intégration,* actes du colloque organisé le 25 mai 1991, Galilée, 1993. Joël Roman parle de « laïcité de reconnaissance ». Cf. « La laïcité française à l'épreuve de la diversité » in *Immigration et intégration, l'état des savoirs*, *op. cit.* La Ligue de l'enseignement a fortement contribué à la réélaboration du concept de laïcité. Dans un rapport rendu en 1998, après deux ans de fonctionnement d'une commission *ad hoc* « Laïcité et islam », elle insistait sur sa conception « ouverte, pluraliste et pacifique » de la laïcité. Pour les quatre-vingt-dix ans de la loi de 1905, Jacques Robert, membre du Conseil constitutionnel, enrichissait cette longue liste en introduisant la "laïcité de compensation". Cf. *Administration*, 1995.

1. Patrick Kessel, « Ni plurielle, ni de combat : la laïcité », débat avec Patrick Kessel et Jean-Marc Roirant, animé par Alain Seksig, *Hommes et Migrations*, n° 1218, mars-avril 1999.

2. Nabil Azouz, « On crée trois catégories de citoyens », propos recueillis par Franck Johannès, *Libération*, 2 mai 2000.

inspirateur des talibans, il fallait y penser ! De même, Philippe Bernard, dans un article du *Monde* où il faisait l'éloge des politiques de « discrimination positive », invitait à se méfier d'une « conception intégriste du principe d'égalité à la française ». L'effet de relativisation est total, non seulement parce que l'égalité peut se dire « à la française » (comme on dirait « à l'afghane » ?), mais aussi parce que l'intégrisme, habituellement associé aux excès religieux et notamment dans l'islam, évoque tant les meurtres qui ensanglantent l'Algérie que le totalitarisme afghan et ses avatars terroristes[1].

L'« intégriste républicain », arc-bouté sur des principes éculés, est souvent dépeint comme la victime inconsciente de ses propres peurs. Et la Shoah jouerait même comme un frein inconscient à la reconnaissance des identités par la République. C'est ce que n'hésitait pas à soutenir le même Philippe Bernard, dans le même article : « Héritière du principe d'égalité conquis en 1789, tétanisée par la mémoire du statut des juifs sous Vichy, la République ne connaît que des individus et entend rester aveugle devant les communautés. »

Tariq Ramadan et son frère Hani ne manquent pas d'exploiter ce type de discours. Pour eux, l'attachement à la laïcité relève d'un fondamentalisme barbare et dépassé. Ils savent rabattre la laïcité au niveau d'une croyance parmi d'autres (« sacro-sainte laïcité »), usant et abusant de l'amalgame et de l'anachronisme. Ainsi, lorsque la Cour suprême suisse confirme l'interdiction du port du voile par une enseignante, Hani Ramadan y voit une mesure moyenâgeuse lui rappelant « les inquisiteurs [qui] chassaient les sorcières[2] ».

Comme on l'a remarqué précédemment à propos des débats portant sur la loi de 1905 et l'islam, l'idée que le régime de séparation des Églises et de l'État relèverait d'une autre époque fait aussi son chemin en France. La laïcité ne correspondrait pas à un choix de société mais à une étape historique qu'il convien-

1. Philippe Bernard, « Sciences-Po à l'heure de la discrimination justifiée », *Le Monde*, 27 avril 2001.
2. Hani Ramadan, « L'islam et la tolérance. À propos du foulard islamique », *La Tribune de Genève*, 13 décembre 1996, site du Centre islamique de Genève.

drait de dépasser pour s'adapter au paysage religieux et démographique de la France contemporaine. Et aujourd'hui, avec les nouvelles définitions de la laïcité, ce sont les musulmans qui passent pour plus laïcs. Ainsi *Le Monde* (du 12-13 mai 2002), rendant compte d'une étude de l'Institut des hautes études en sécurité intérieure, écrivait : « Les collégiens et lycéens de confession musulmane ont une conception de la laïcité plus ouverte que leurs camarades non musulmans : 52,4 % seraient favorables à l'introduction de cours de religion à l'école [...] et 63 % sont partisans du port de signes religieux dans l'institution scolaire. »

En banalisant ce discours, on cautionne l'historicisation de la laïcité qui permet aux clercs musulmans de la relativiser et de la rejeter en l'état. On donne raison à Tariq Ramadan lorsqu'il enseigne aux jeunes musulmans que cette laïcité ne les concerne pas, comme il l'exprimait sans détour dans *Le Monde*, en 1994, en réponse à la circulaire Bayrou : « Il existe un état de reconnaissance réciproque et de respect mutuel qui ne peut se suffire de l'affirmation définitive et intransigeante d'un cadre laïque enfanté par une histoire à laquelle les musulmans n'ont pas participé. La religion musulmane avec sa culture est une nouvelle venue — et pas forcément de plein gré — et son accueil pourrait nécessiter des adaptations qui ne soient pas, en soi, des remises en cause essentielles des fondements de la laïcité. Penser que rien ne saurait permettre une telle reconsidération, c'est traduire littéralement un certain "fondamentalisme" qui confond une étape de la tradition française avec sa justification par l'absolu [1]. » Tariq Ramadan ne manifeste guère de scrupules lorsqu'il s'agit de démontrer la contingence de la laïcité et la supériorité de l'islam sur le catholicisme oppressif, contre lequel il était légitime de se rebeller, la liberté nécessitant « une désacralisation du monde. Littéralement une profanation ». Et de comparer l'obscurantisme de Blaise Pascal aux lumières du Prophète qui aurait cultivé raison et foi sans jamais les opposer [2]... Il fait partie de ces musulmans dont P. J. Vati-

1. Tariq Ramadan, « Pour une laïcité ouverte », *Le Monde*, 13 octobre 1994.
2. Tariq Ramadan, *Les musulmans dans la laïcité*, *op. cit.*

kiotis dit qu'ils « ont fait converger leurs efforts de propagande (notamment en Europe occidentale) contre la laïcité, afin de faire progresser la conception islamique du monde et la présence de l'islam dans ce même monde : deux objectifs visant à rendre à l'islam son pouvoir mondial. Ils en viennent ainsi à attribuer la laïcité de l'Occident à la réaction contre le comportement de l'Église médiévale, rejetant l'idée que la laïcité repose sur une échelle de valeurs particulière, ou une éthique de l'homme, de la nature, de la société, de la moralité. Cette approche peut être un reflet de l'ignorance et de l'arrogance [1]. »

La laïcité, cheval de bataille du communautarisme musulman

L'indétermination qui caractérise désormais la notion de laïcité est une perche tendue aux clercs musulmans. Louisa Latrache, fondatrice de l'Union nationale des femmes musulmanes de France (UNFMF), l'a reconnu sans ambiguïté lors d'une interview dans la revue *Islam de France*, encouragée par la question suivante : « Que pensez-vous de la laïcité en tant que cheval de bataille de la reconnaissance collective des musulmans en France ? — Il est clair, depuis l'"affaire du voile" (1989), répond-elle, que nous avons été confrontés à une définition plurielle de la laïcité française que chacun exploite selon ses intérêts personnels [2]. » Louisa Latrache est bien consciente de la nécessité d'avoir des alliés à l'intérieur même du camp laïque : « Il est impératif que nous trouvions un terrain d'entente à ce sujet avec certaines instances, telle que la Ligue de l'enseignement qui nous en donne espoir. »

De fait, la Ligue de l'enseignement, dont on a vu qu'elle souhaite une réinterprétation de la loi de 1905 en faveur de l'islam,

1. P. J. Vatikiotis, *L'islam et l'État*, *op. cit.*

2. « Louisa Latrache, femme, musulmane, militante », interview recueillie par Abdallah Sindonino, *Islam de France*, n° 5, 1999. La suite de l'interview montre que Louisa Latrache attache peu de crédit à la pluralité de la laïcité : elle utilise le terme au singulier lorsqu'il s'agit d'en dénoncer les effets sur la vie des femmes musulmanes, dont le voile accroît la visibilité : « Il faut souligner que l'impact de la laïcité sur les sœurs est nettement plus imposant que sur les frères. »

apporte un crédit inespéré à des associations qui en manquent localement, comme l'EMF (Étudiants musulmans de France) de Besançon, dont l'entrée au conseil d'université et un certain activisme (tournoi de football sonorisé avec des versets du Coran sur le campus de la Bouloie, par exemple [1]) avaient suscité beaucoup de méfiance. C'est ce qu'exprimait clairement le secrétaire général de l'association, Abdullah Mounir, sur les ondes de France-Info en 1999 : « Un travail de fond a été engagé avec la Ligue de l'enseignement qui diffuse et au besoin défend la laïcité de l'État depuis le XXe siècle en France : un appui précieux pour l'EMF, étant donné les soupçons qui tournent souvent autour des associations musulmanes [2]. » La Ligue de l'enseignement fonctionne donc comme un label de conformité laïque pour les associations musulmanes, notamment celles de jeunes musulmans qui ont tout intérêt à s'en rapprocher, voire à en solliciter le patronage [3].

C'est aussi avec le soutien financier et la participation de la Ligue de l'enseignement — sans compter le concours de « nombreux intellectuels et spécialistes français et européens » — que l'EMF a organisé en 1999 un colloque dont les thèmes de réflexion étaient les suivants : « Quel modèle promouvoir pour les générations issues de l'immigration ? Celui de la communauté ou celui de la citoyenneté ? [...] Quel rapport l'islam entretient-il avec la laïcité ? Et d'ailleurs, y a-t-il un ou des

1. *L'Est républicain*, 30 novembre 1995.

2. EMF a remporté un franc succès en mars 2002 aux élections des centres régionaux des œuvres universitaires (CROUS) : 8 % des voix contre 1,5 % seulement deux ans auparavant. Cf. *Le Point*, 12 avril 2002.

3. L'association EMF organise des colloques traitant tous de l'islam. En 1997, on retrouvait, parmi les intervenants du colloque « L'islam à l'épreuve de la mondialisation », Michel Morineau de la Ligue de l'enseignement, Tariq Ramadan, Alain Gresh du *Monde diplomatique*, Éric Osmond, président du « Manifeste contre le Front national ». En 1999, lors du colloque intitulé « Penser et intégrer l'islam en Europe », on retrouvait Alain Gresh, Henri Leclerc, président de la Ligue des droits de l'homme, Michel Wieviorka, sociologue, Alain Boyer, historien. Cette fois, Alain Tournemire et Michel Morineau de la Ligue de l'enseignement intervenaient tous deux. Ce colloque recevait « un appui important de la Ligue de l'enseignement et [...] un petit soutien financier de la Communauté européenne, via l'initiative "Une âme pour l'Europe" » (*La Croix*, 29 octobre 1999). La manifestation était également soutenue par Anima'fac, dont l'EMF est membre. En juillet 1999, EMF organisait une université commune avec les JMF (Jeunes musulmans de France).

islams, une ou des laïcités[1] ? » Non contents de remettre en question nos principes constitutionnels, les clercs musulmans auraient le choix aujourd'hui de se conformer ou non à l'ordre public français.

La version islamique de la laïcité

La laïcité étant désormais « plurielle », les clercs musulmans ont pu choisir la version qui s'accordait avec leurs exigences. Il n'est guère étonnant, dès lors, qu'ils déclarent aujourd'hui que l'islam est compatible avec la laïcité. Les preuves qu'ils avancent, en invoquant leur histoire, nous informent davantage sur leur version du principe qu'elles ne nous convainquent de leur adhésion aux valeurs républicaines.

On cite souvent l'exemple de l'Algérie où, quand elle était française, les oulémas réclamèrent en vain l'application de la loi de 1905. Cet épisode donne lieu à des contresens. Pour Franck Frégosi, le refus persistant d'appliquer aux départements français d'Algérie la loi de 1905 aurait contribué à créer ce qu'il appelle l'« exception musulmane à la laïcité ». Or il n'y a pas eu exception mais une non-application générale de la loi de 1905 en Algérie, un décret de 1907 ayant accordé des indemnités temporaires aux ministres des différents cultes pour une période de dix ans. Cette non-application se prolongea dans les faits jusqu'à l'indépendance[2], « en dépit de la loi du 20 septembre 1947 portant statut organique de l'Algérie, qui disposait en son article 56 que l'indépendance du culte musulman à l'égard de l'État était assurée au même titre que celle des autres cultes,

1. Présentation par Abdullah Mounir du colloque « Penser et intégrer l'islam en Europe », Étudiants musulmans de France, 4e colloque culturel, Palais des Congrès. Besançon, 30-31 octobre 1999. L'EMF de Grenoble a été épinglée pour avoir, sous son ancienne appellation UISEF, placé de l'argent dans 32 actions de la banque Al-Taqwa, suspectée aujourd'hui de soutenir les réseaux d'Oussama Ben Laden. Cf. « La nébuleuse Al-Taqwa », Philippe Descamps et Ian Hamel, *Le Point*, 11 janvier 2002.

2. Jean Boussinesq, « Note sur l'application de la législation religieuse française à l'Algérie (1830-1962) », annexe 2, *Laïcité et islam en France*, Ligue de l'enseignement, novembre 1998.

dans le cadre de la loi du 9 décembre 1905 et du décret du 27 septembre 1907 [1] ». De plus, les oulémas réclamèrent l'application de la loi de 1905, non pas parce qu'ils aspiraient à la laïcité, mais pour que l'État français ne se mêle pas des affaires religieuses en Algérie, conformément à une promesse faite en 1830 par le général Bourmont, commandant en chef des troupes françaises. Cette revendication était donc une manière de contester les prérogatives de l'État colonial. « On ne peut mettre au compte des oulémas une quelconque référence à la laïcité [...] (puisque la laïcité est étrangère à la culture politique musulmane) », souligne Ali Merad ; et il ajoute qu'un dépouillement approfondi de l'ensemble des discours réformistes sur la question montrerait, au contraire, à quel point les oulémas réformistes jetaient le discrédit sur les gouvernements (de la IIIe, puis de la IVe République) qu'ils jugeaient « à la fois de nature chrétienne et laïque, républicaine et dictatoriale [2] ». D'ailleurs, une fois l'Algérie indépendante, les mêmes refuseront la séparation.

Michel Renard, un des rédacteurs en chef de la revue *Islam de France*, qui fait un large écho à cette question, publiait dans son magazine, en 1997, la traduction de la fatwa des jurisconsultes de La Mecque [3] répondant aux questions du gouverneur de l'Algérie en 1893 sur la condition juridique des musulmans en pays conquis par les « infidèles » [4]. La fatwa était précédée d'un commentaire où Michel Renard déclarait : « Il y a, dans cet exposé des jurisconsultes hanafites, chaféites et malékites de La Mecque, une vision très laïque des rapports entre l'exercice des obligations religieuses et la nature du pouvoir politique. D'où son intérêt cent ans plus tard, malgré la différence. »

Qu'est-ce qui, dans l'avis rendu, étaierait donc cette idée de laïcité ? Trois questions étaient posées : « 1) Émigrer ou non ? 2) Entrer en lutte avec les infidèles et chercher à enlever leur

1. Franck Frégosi, « L'islam et la République », *op. cit.*
2. Ali Merad, « Commission Dominati. Pèlerinage, oulémas et laïcité », *Islam de France*, n° 3, 1998.
3. « Fatwa de 1893 envoyée en Algérie par les chorfa de La Mecque », *Islam de France*, n° 2, mars-avril 1997.
4. Les musulmans s'interrogeaient sur la licéité de leur maintien en Algérie. Le pouvoir français a adressé ces questions à La Mecque afin de les tranquilliser.

autorité même s'ils ne sont point assurés d'avoir le pouvoir nécessaire pour le faire ? 3) La localité dont les infidèles ont fait la conquête doit-elle être considérée comme terre d'islam ou comme territoire en état de guerre ? » Compte tenu du fait que les Français respectaient la religion et la loi musulmanes en Algérie (statut personnel [1]), les jurisconsultes de La Mecque répondirent à la première question que restait « terre d'islam tout pays dont les infidèles auront fait la conquête » ; à la deuxième qu'il n'était « pas obligatoire d'entrer en guerre avec les infidèles puisqu'on n'était pas capable de le faire » ; et à la troisième que « le territoire d'islam ne devient pas territoire en état de guerre par le seul fait de la conquête par les infidèles ».

La fatwa reconnaît donc la possibilité de cohabiter avec un pouvoir infidèle, mais avec des degrés de licéité selon les conditions de la cohabitation [2]. Le séjour est par exemple interdit lorsque « les fonctionnaires choisis par les infidèles exercent seuls l'autorité sans tenir compte des injonctions de la loi musulmane » ; il est obligatoire lorsque « les musulmans peuvent bien se soustraire à la religion des infidèles et vivre à l'écart ». Si « laïcité » il y a, c'est, faute de mieux, à l'extérieur de la sphère musulmane, afin de la protéger du pouvoir politique infidèle. La fatwa vise à instaurer un régime de séparation, mais qui n'implique nullement que les affaires civiles musulmanes cessent d'être régies par l'islam, au contraire.

Mohamed-Chérif Ferjani, maître de conférences à l'université de Lyon-II, confirme ce point de vue en se fondant sur la parole coranique : « Lorsque le prince est musulman […], la confusion de l'autorité politique et de l'autorité religieuse » est souvent la règle. « Par contre, lorsque les musulmans se trouvent en situation de minorité, persécutée ou non, sous une autorité qui n'est

1. Le statut civil des Arabes était régi par le droit musulman (orthodoxe ou ibadite) et celui des Kabyles par le droit coutumier kabyle.

2. Le séjour peut être obligatoire, toléré, répréhensible ou interdit. On retrouve ici un schéma voisin de l'habituelle classification morale de la tradition musulmane avec « au centre le prohibé, parfaitement défini, immédiatement autour le blâmable, plus loin le permis ou le toléré ». Cf. *Le livre du licite et de l'illicite*, Al-Ghazali, traduction par Régis Morelon, Études musulmanes, Librairie philosophique J. Vrin, 1991.

pas ou qu'ils ne connaissent pas comme musulmane, le même énoncé [le verset des princes dans le Coran] devient un principe de séparation ou de dissociation : il faut obéir à Dieu et à son Prophète dans le domaine de la religion et il faut obéir à “ceux qui ont la charge des affaires”, quels qu'ils soient, dans les domaines qui relèvent de leur autorité. » Et il ajoute que, du temps de la colonisation, « ce qui était demandé [...] ce n'était rien d'autre que ce qu'implique la laïcité en tant que principe de non-discrimination et de respect de la liberté de conscience et de culte [1] ».

Il ne faut pas oublier que la possibilité était donnée, sous conditions, aux « autochtones » algériens, d'acquérir la citoyenneté française par décret ou jugement (cf. le sénatus-consulte du 14 juillet 1865, la loi du 14 février 1919, la loi du 18 août 1929) ou de renoncer au statut personnel selon une procédure particulière (l'art. 82 de la Constitution de 1946, l'art. 75 de la Constitution de 1958) [2]. Mais ces pratiques étaient assimilées à des actes d'apostasie, même par les clercs réformistes [3]. Du côté musulman, on établissait donc clairement une opposition radicale, une incompatibilité absolue entre l'islam et une citoyenneté pleine et entière dans la République. La compatibilité aurait été concevable si l'islam n'était qu'une religion. Aujourd'hui encore, la position des clercs musulmans est loin d'être claire puisque l'exception juridique est revendiquée par certains, dont Amar Lasfar, recteur de la mosquée de Lille-Sud, proche de l'UOIF, fédération consultée par le ministre de l'Intérieur.

Du côté des pouvoirs publics français, cette prédominance du religieux dans les affaires civiles incitait à conserver des moyens de contrôler la sphère religieuse, au prix d'un reniement de leur engagement premier. Ils s'étaient emparés d'une grande partie des biens habous versés aux Domaines (certains ayant même été

1. Mohamed-Chérif Ferjani, « Laïcité et islam », colloque « Tout sur l'islamisme politique en France », *Pour Solidarité Algérie*, n° 31, septembre-novembre 2000.

2. Simone Massicot, « Effets sur la nationalité française de l'accession à l'indépendance de territoires ayant été sous la souveraineté française », *Population*, n° 3, 1986.

3. Une fatwa, assimilant la naturalisation d'un musulman à un acte d'apostasie, a été lancée en 1931 par Abdelhamid Ben Badis, chef de file des théologiens réformistes. Cf. J.-P. Péroncel-Hugoz, « Les origines d'une “guerre civile culturelle” », *Le Monde*, 19 mai 1994.

cédés aux colons) et, d'après C.R. Ageron, le gouverneur général et le préfet pensaient que « l'intérêt supérieur de notre domination [exigeait] que nous conservions une action directe sur le fonctionnement du culte », dont la nomination du personnel était un élément [1]. Si cette gestion particulière du fait religieux était donc largement une conséquence de la colonisation, il paraît un peu simplet de croire, comme le fait Franck Frégosi, que « l'exception musulmane à la laïcité [...] ne renvoie pas à une supposée réticence ontologique de l'islam vis-à-vis du principe de laïcité, mais bien à une certaine pratique de l'État français ».

Autre preuve, bien peu probante, de la compatibilité de l'islam avec la laïcité, celle qu'a avancée Abdullah Mounir, de l'association Étudiants musulmans de France (EMF), qui se réfère aux temps glorieux de l'islam et de la « dhimmitude [2] ». Dans son document de présentation [3], l'EMF, se posant précisément la question de la compatibilité de l'islam avec la « notion française de laïcité », répond ainsi : « En lui-même, il n'exclut pas la laïcité. Historiquement, c'est la seule religion monothéiste à avoir largement toléré la foi chrétienne ou juive, à une époque où sévissaient inquisition et esprit de croisade [4]. » Or, comme

1. Cité par Jean Boussinesq, « Note sur l'application de la législation religieuse française à l'Algérie », citée *supra*.

2. La dhimmitude est l'expression trouvée par Bat Ye'or, la grande spécialiste des minorités en pays musulman, pour qualifier la situation, l'histoire et le vécu des chrétiens et des juifs dans ces pays, auxquels était appliqué le statut de dhimmi réglementé par la charia islamique et qui en faisait des inférieurs : « Paiement de la taxe coranique (*jizya*) sous peine d'esclavage et d'exil, versement du double des taxes perçues sur les musulmans, interdiction d'exercer une autorité sur un musulman et de témoigner dans un procès impliquant un musulman, prohibition du port d'armes et de la propriété foncière. » Cf. Bat Ye'or, « Juifs, chrétiens et musulmans en Terre sainte. Humiliante dhimmitude ! », *Historama*, n° 106, décembre 1992. Pour un examen complet et détaillé de la condition dhimmi, on lira Bat Ye'or, *Le dhimmi. Profil de l'opprimé en Orient et en Afrique du Nord depuis la conquête arabe*, Anthropos, 1980.

3. Communiqué : « L'Union islamique des étudiants de France devient Étudiants musulmans de France », Bordeaux, 8 novembre 1996.

4. D'une manière plus générale, les musulmans d'aujourd'hui ont tendance à exalter la tolérance des anciens durant la conquête arabe dont ils font quasiment des précurseurs de la laïcité. Ils magnifient leur histoire. Non seulement le statut de dhimmi était beaucoup plus rude qu'ils ne le disent mais, habituellement, ceux qui n'étaient pas monothéistes ne bénéficiaient pas même de cette tolérance minimale. Par ailleurs, ceux qui se sont convertis à l'islam, notamment les Iraniens et

l'écrit Jean-Paul Charnay, « la citoyenneté est l'inverse de la dhimmitude », laquelle revenait, pour les sociétés musulmanes, à « accepter le maintien des "gens du Livre" dans leurs institutions et leurs droits personnels communautaires, mais sous certaines sujétions et incapacités [1] ».

Si « reconnaître une communauté, c'est reconnaître les lois qui la régissent », comme l'affirme Amar Lasfar, recteur de la mosquée de Lille-Sud [2], avec cette prétendue version de la laïcité, nous sommes menacés d'une remise en question de notre droit civil, laïque et universel, qui a fait ses preuves depuis deux siècles [3], au profit d'un droit d'essence religieuse qui, par définition, n'est pas transposable à l'espace juridique français.

Nous avons désappris de nous battre contre les prétentions des religions à déborder de leur cadre spirituel. C'est la rançon de la paix religieuse que nous devons précisément à la laïcité. Nous vivons à l'époque de l'autorité molle et bienveillante qui relègue la loi derrière les vertus de la pédagogie — « convaincre plutôt que contraindre » fut le maître mot du politique dans l'affaire du foulard [4]. On conforte ainsi la conception islamique des rapports avec l'« extérieur », caractérisés par une « tolérance à sens unique [5] ».

---

des Araméens iranisés, ont d'abord été les clients des tribus arabes (le statut de client était celui qui assurait la protection d'une tribu) qui manifestaient une arrogance vis-à-vis des non-Arabes, à l'origine d'un ressentiment particulièrement vif à leur égard. Cet ethnisme arabe a pris fin avec la période omeyade, la dynastie abbasside s'engageant, lors de son arrivée au pouvoir en 750, à « réparer les injustices subies pas les clients ou musulmans non arabes ». Cf. W. Montgomery Watt, *La pensée politique de l'islam*, PUF, 1995, traduction de l'anglais par Sabine Reungoat de *The Islamic Political Thought*, 1968, Edinburgh University Press.

1. Jean-Paul Charnay, « L'islam sans institutions musulmanes est-il possible ? Que devient une religion réduite à l'observation rituelle ? », *Islam de France*, n° 1, 1998.
2. Cf. *infra*, chapitre VII.
3. Le code civil date de 1804.
4. Comme l'écrit Catherine Kintzler, « imaginerait-on un ministre de l'Intérieur dire à ses fonctionnaires chargés de la circulation : faites respecter les feux rouges comme vous pouvez, mais on ne vous soutiendra pas en cas de verbalisation d'un récalcitrant, car il vaut mieux expliquer que contraindre ? » (*La République en question*, Minerve, 1996).
5. Alexandre del Valle, *Islamisme et États-Unis*, *op. cit.*

Pourtant, il faudra bien se rendre à l'évidence : la laïcité « relative » — ou quelque autre nom qu'on lui donne — comme terrain d'entente avec les militants musulmans est un leurre. Feignons-nous de croire que l'islam se rendra volontairement aux vertus laïques ? La laïcité implique une relativisation à laquelle toute religion a du mal à consentir. « C'est bien pourquoi aucune religion n'en est venue à la laïcité *seule*, de sa propre initiative[1]. »

Le leurre est aussi entretenu par la débandade conceptuelle dont font preuve certains élus, par le retournement des plus laïcs parmi les laïcs et par la délégitimation de la loi à laquelle certains d'entre eux s'emploient impunément. Croyons-nous vraiment que l'État français, après un siècle de laïcité, va se soumettre à la pression de lobbies religieux en tous genres ? Car il est illusoire de penser que ce que l'on consentirait à l'islam ne serait pas étendu aux témoins de Jéhovah par exemple, ou aux bouddhistes et pourquoi pas à l'Église de scientologie. On peut se demander alors sur quelle base objective les pouvoirs publics pourraient se fonder pour apprécier l'égalité de fait entre les diverses situations cultuelles, sauf à décompter régulièrement les appartenances religieuses, ce qui reste un tabou en France.

En tout état de cause, comme le soutient Maurice Agulhon, « même si toutes les confessions s'entendaient entre elles pour faire modifier la législation au bénéfice de quelques exigences communes, il faudrait encore le refuser [...], ne serait-ce que pour sauver les droits des Français sans religion ». Sans quoi, « à trop reculer sur le front de la laïcité, nous aboutirions à créer en France une nouvelle minorité opprimée qui serait celle des libres penseurs[2] ».

Il est douteux que les Français, massivement déchristianisés, acceptent de revenir sur leur histoire (en créant une sorte de CRU : couverture religieuse universelle), de mêler à nouveau religieux et politique en finançant des religions dont certaines

1. Alain Gérard, « La laïcité : sources et composantes philosophiques », in *Permanence de la laïcité en France et dans le monde*, *op. cit.*

2. Maurice Agulhon, *Religions, laïcité, intégration*, actes du colloque organisé le 25 mai 1991, Galilée, 1993.

sont assimilées à des sectes. Mais le confusionnisme actuel ne paraît pas si inconfortable aux pouvoirs publics puisqu'il leur permet de contourner la loi comme bon leur semble, sans avoir à se justifier dans un réel débat public que ne manquerait pas de susciter un projet de modification en bonne et due forme de la législation.

V

Les pouvoirs publics et le culte musulman : un pragmatisme hors la loi ?

> « Rétablir l'égalité naturelle ne consiste pas à égaliser les situations, c'est faire en sorte de rétablir autant que possible les conditions d'indépendance de chacun [1]. »

L'examen des rapports entre les pouvoirs publics et l'islam montre que les demandes de réinterprétation ou de modification de la loi de 1905 en faveur de cette religion visent à légaliser des pratiques déjà en vigueur. Les conditions d'exercice du culte musulman sont dramatisées de manière partiale pour justifier une intervention publique de nature paternaliste. Sous couvert d'assistance, au niveau local à travers l'aide des communes, comme au niveau national par le biais de l'organisation du culte musulman, les pouvoirs publics s'arrangent avec la laïcité pour tenter de contrôler une religion courtisée, certes, mais dont ils craignent les dérives.

Les dividendes du misérabilisme

La France compterait aujourd'hui, d'après le ministère de l'Intérieur, comme le rapportait *Le Monde* du 13 octobre 2001, près de mille cinq cents mosquées et salles de prière dont on

1. Catherine Kintzler, *La République en question*, *op. cit.*

déplore l'insuffisance et l'état général (islam des caves ou des garages, usines désaffectées...). Or le dénuement d'un culte peut provenir du fait que les pratiquants sont pauvres, qu'ils sont peu nombreux ou peu généreux. Les personnes de « tradition musulmane » appartiennent encore souvent aux couches sociales les plus basses, mais le nombre avancé desdits « musulmans », entre 4 et 6 millions, devrait permettre de compenser ce handicap, à supposer que les fidèles soient disposés à mettre la main à la poche pour avoir des lieux de prière décents en nombre suffisant. On oublie souvent que la force d'une religion tient plus aux hommes qu'aux bâtiments. Dans le cas de l'islam, étrangement, on impute au seul État la responsabilité de sa pauvreté. *Le Monde*, notamment, dénonce régulièrement le prétendu attentisme des pouvoirs publics en la matière. En 2001, dans un éditorial intitulé « Construire des mosquées », il encourageait l'intervention de l'État : « Parkings, souterrains, caves de HLM, garages à vélos : est-il admissible que les croyants de la deuxième religion de France, l'islam, soient encore contraints de prier dans des lieux de culte exigus et inconfortables ? » Le quotidien incitait à « la construction de mosquées décentes et dignes de ce nom » en précisant que les maires pouvaient jouer un « rôle moteur » dans ces projets. Après les attentats du 11 septembre, ce discours misérabiliste a refleuri, instaurant en outre un lien entre la vétusté des lieux de prière et les violences terroristes. Ainsi, Dominique Lefebvre, maire de Cergy dans le Val-d'Oise, déclarait à *Libération* : « À ne pas reconnaître des lieux de culte décents, il ne faut pas s'étonner des dégâts que peut causer le prosélytisme lorsque les gens en sont réduits à prier dans des caves indignes [1]. »

Il arrive même qu'on impute à l'État la responsabilité des défaillances de l'éducation religieuse islamique. Aussi pouvait-on lire, l'an dernier, dans la revue mensuelle de l'association *Pour Solidarité Algérie* : « Qu'a-t-on offert à cette jeunesse de l'immigration, sinon le choix entre l'islam des parents ou grands-parents et le projet de réislamisation proposé par des islamistes avides [2] ? »

1. Renaud Dely, « À la moindre étincelle, les élus jouent les pompiers », *Libération*, 21 septembre 2001.

2. « Entre deux mots, faut-il choisir le moindre ? », *Pour Solidarité Algérie*, n° 34, avril 2001.

L'État est ainsi chargé de proposer, non seulement des lieux de culte décents, mais un islam attrayant pour la jeunesse ! Peut-on seulement imaginer pareils discours concernant d'autres cultes ?

Quand on ne dénonce pas l'attentisme des pouvoirs publics, on insiste sur leur malveillance. Il est vrai que l'abus du droit de préemption par certains maires pour éviter l'implantation d'une mosquée dans leur commune a pu constituer un obstacle à l'exercice de l'islam. Mais, là aussi, les faits ont été dramatisés de façon éhontée. Jusque récemment, la presse et même la littérature savante ne pouvaient évoquer les difficultés rencontrées dans la construction d'une mosquée sans rappeler injustement l'affaire de Charvieu-Chavagneux. En 1999, Franck Frégosi dénonçait ainsi les abus de pouvoirs municipaux : « Au terme d'une longue période de tergiversations, ponctuée au cours de la décennie 1980 par certains faits regrettables contrevenant au principe même de la liberté de culte (mosquée rasée à Charvieu-Chavagneux dans l'Isère, sur l'initiative du maire RPR [...])[1]. » Jocelyne Césari ne pouvait s'empêcher, elle non plus, de mentionner l'affaire : « De manière générale, la demande de mosquée a suscité depuis le début des années quatre-vingt des réactions diverses de la part des élites locales, allant de la résistance sourde à l'hostilité déclarée, voire au déni de libre exercice du culte, comme à Charvieu-Chavagneux, où une salle de prière a été détruite par un bulldozer municipal au cours de l'été 1989[2]. » En 2000, on pouvait encore lire dans *L'Express* : « À l'aube des années 1990, le maire de Charvieu-Chavagneux (Isère) fait démolir au bulldozer [la mosquée] de sa ville[3]. » La liste est longue de ces évocations qui omettent de rappeler le détail de l'affaire et surtout ses suites, témoignant ainsi d'une parfaite mauvaise foi. Car on sait, depuis le jugement rendu en 1991, c'est-à-dire depuis plus de dix ans, que le maire a été inno-

1. « L'islam et la République » *op. cit.*

2. Jocelyne Césari, « De l'islam en France à l'islam de France », *Immigration et intégration, l'état des savoirs*, *op. cit.*

3. Marion Festraës, « L'islam en quête de mosquées », *L'Express*, 14 décembre 2000.

centé des faits dont les médias ont continué de l'accuser [1]. En fait, ladite mosquée était hébergée dans un local municipal mis à la disposition de l'association par la mairie — ce qu'on oublie systématiquement de préciser — et c'est par erreur que l'entreprise chargée de détruire une aile du bâtiment s'est attaquée au local où se trouvait le lieu de prière. Pourquoi, alors, avoir ressassé ce fait divers de manière tronquée et manichéenne, au prix de la réputation d'un élu, si ce n'est pour alimenter avec un événement spectaculaire les lamentations sur les difficultés de l'islam en France et la prétendue malveillance de l'opinion publique et des élus ? Ce n'est pas un hasard si à l'inverse on fait rarement état des faveurs accordées à l'islam.

Ce discours misérabiliste semble en tout cas avoir porté ses fruits. Alain Billon, grand négociateur de la consultation au cabinet du ministère de l'Intérieur, prédisait en décembre 2000 : « Il va se construire des mosquées partout [2]. » *Le Monde* du 10 mars 2001 admettait lui-même : « La construction de mosquées n'est plus un sujet tabou des élections municipales. » Dans l'article, étaient repris des propos du ministère de l'Intérieur confirmant la démultiplication des lieux de culte musulmans en France : « Le nombre de projets de mosquées est impressionnant. Si l'on met bout à bout les projets en cours, ceux avortés et ceux qui sont sur le point d'aboutir, il n'y a pas une ville de France qui ne soit concernée. »

La donne semble donc avoir changé et l'image d'un islam brimé, entravé dans son expansion par les pouvoirs publics, ne correspond plus au phénomène qui s'est développé ces dernières années et qui a même connu une récente accélération. Comme l'indiquait Franck Frégosi, « il semble que la période actuelle soit plutôt marquée par un début de changement d'attitude des municipalités à l'égard de l'islam ». Le projet de construction d'une mosquée dans le XIXe arrondissement de Paris en remplacement de l'actuelle mosquée Adda'wa rue de

1. Depuis que *Libération* a été condamné pour avoir parlé de cette affaire de manière partiale, on semble l'avoir oubliée.
2. *L'Express*, 14 décembre 2000.

Tanger, présenté par son recteur Larbi Kechat [1], était bloqué depuis 1996 malgré un avis favorable des services administratifs. Il a reçu pendant la campagne des municipales les encouragements des trois principaux candidats : « Philippe Seguin et Bertrand Delanoë ont fait savoir au recteur que si le dossier est parfait d'un point de vue réglementaire, ils n'ont aucune raison de s'opposer au permis de construire. » Jean Tiberi a reçu, le 12 février 2001, le recteur de la mosquée et s'est étonné du blocage tout en se déclarant favorable en cas de réélection [2]. Bertrand Delanoë a donné plus récemment son feu vert. Autres exemples : Créteil « a voté la construction d'une salle de prière musulmane de 300 m^2, intégrée dans l'ensemble des locaux d'animation [3] » ; à Clermont-Ferrand, une mosquée en loi de 1901 disposant d'un minaret de seize mètres de haut comportant une salle de prière de 1 500 places, dotée d'un complexe culturel lui aussi en loi de 1901, est en voie d'achèvement [4] ; à Marseille, le projet (serpent de mer ?) de la mosquée cathédrale est à nouveau à l'ordre du jour, à l'initiative de la mairie. Mais dans ce dernier cas, le volontarisme municipal bute sur les réticences de certains imams dont on imagine bien les raisons, certaines mosquées entourées d'activités commerciales diverses risquant d'en pâtir. Si, d'après *Le Monde*, un seul imam a fait connaître son opposition à la nouvelle mosquée, d'autres la redoutent sans oser l'avouer. On craint également que le nouveau centre, qui devrait mobiliser 60 à 80 millions de francs, « reste vide d'ani-

1. Larbi Kechat est actuellement recteur de la mosquée Adda'wa qui se situe dans d'anciens entrepôts de tissus Bouchara rue de Tanger dans le XIXe arrondissement. C'est là qu'un attentat, jamais élucidé, avait fait un blessé le 17 mars 1997. Une perquisition menée dans le cadre de l'enquête au domicile du trésorier de la mosquée avait révélé l'existence de sommes colossales (plus de 5 millions de francs) en grosses coupures dans des enveloppes sur lesquelles étaient écrits les noms des destinataires (le Pakistan et l'Afghanistan notamment). D'après le recteur, il s'agissait de dons des fidèles. Cf. Éric Biétry-Rivierre, « Feu vert pour la deuxième grande mosquée », *Le Figaro*, 17 juillet 2001.

2. « La construction de mosquées n'est plus un tabou des municipales », *Le Monde*, 10 mars 2001.

3. Frank Frégosi, « L'islam et la République », *op. cit.*

4. Bernard Gorce, « Les mosquées vont jouer un rôle déterminant », *La Croix*, 4 juillet 2001.

mation culturelle et religieuse[1] ». L'expérience de la grande mosquée de Lyon devrait en effet donner à réfléchir[2].

Quoi qu'il advienne de ce projet, le refrain misérabiliste de l'islam des caves n'est plus unanime à Marseille. Quelques musulmans, comme Youssef Mammeri, admettent que « la situation des lieux de culte s'est considérablement améliorée. Sur la cinquantaine que compte la métropole phocéenne, il existe aujourd'hui cinq mosquées spacieuses et agréables (de 500 à 1 000 places), et une en cours de construction qui promet de ravir la première place à toutes les autres »[3]. Michel Samson en faisait également la remarque dans *Le Monde* du 10 mars 2001 : « L'islam marseillais n'est plus tout à fait un islam des caves. »

Dans certaines mairies, l'islamophilie semble être de rigueur : l'islam est devenu très « tendance ». Comme l'écrivait Xavier Ternisien, « il est de bon ton désormais, pour un candidat, d'être vu à la sortie des mosquées, à la fête de l'Aïd el-Kébir, ou encore à la rupture du jeûne de ramadan. Le maire de Roubaix (ex-UDF, devenu socialiste) pousse même le zèle jusqu'à entrer dans la mosquée Sunna pour parler aux musulmans avant la prière de l'Aïd, "en signe d'écoute et de fraternité" ». Xavier Ternisien écrirait-il avec autant d'aisance qu'il est de bon ton pour un candidat d'être vu à la sortie des églises,

1. « À Marseille, le projet de grande mosquée fait l'objet d'une large concertation », *Le Monde*, 13 octobre 2001. La mise à disposition de carrés musulmans s'est, elle aussi, améliorée.

2. *Lyon Mag'* (n° 107, octobre 2001) déclarait à son propos : « Une chose est sûre : la grande mosquée ne joue pas le rôle d'arbitre, encore moins d'autorité religieuse. Car la gestion de Kamel Kabtane est très contestée par les musulmans et notamment par les jeunes. "On ne se reconnaît pas dans cette mosquée. Elle est trop belle et les prêches de l'imam sont trop savants", souligne Mahmoud Hamdiken, président de l'Association sociale et culturelle algérienne de Vénissieux. » D'une manière plus générale, les grandes mosquées françaises sont l'enjeu et le foyer de luttes intestines. Citons quelques brèves d'*Islam de France* : « La Ligue islamique mondiale et les clans marocains se disputent le contrôle de la mosquée d'Évry », *Islam de France*, n° 2, 1998 ; « La mosquée de Paris aux prud'hommes », avec des plaignants se présentant comme cousins du recteur, *Islam de France*, n° 1, 1998 ; « Prud'hommes. La mosquée de Paris à nouveau condamnée. Le bras droit du recteur accusé de faux témoignages », *Islam de France*, n° 3, 1998.

3. Youssef Mammeri, « Une grande mosquée à Marseille ? », *Islam de France*, n° 8, 2000.

de rendre visite aux paroissiens, en signe de fraternité… pour faire campagne en somme[1] ?

Il serait de toute manière très naïf de croire que l'engouement des pouvoirs publics pour l'islam se résume à une mode ou à un accès de philanthropie. Pour l'État, l'enjeu de ses rapports avec l'islam, c'est avant tout la sécurité. Mais c'est aussi éviter la mainmise de l'étranger par le biais du financement des mosquées. Or, ce n'est pas parce que l'État français en construira à ses frais que les flux saoudiens se tariront miraculeusement. Ils pourraient au contraire se recycler et nourrir plus directement l'activisme islamiste sur le terrain caritatif, social ou culturel.

L'islam comme régulateur social

Dans l'article « L'islam en quête de mosquées », *L'Express*[2] déplorait, après bien d'autres, l'insuffisance des lieux de prière et mosquées. Le journaliste évoquait, entre autres arguments, la tranquillité et la sécurité que peut procurer un bon encadrement religieux. Pour conforter sa thèse, il reprenait une formule du général de Gaulle, qu'en d'autres temps on aurait jugée colonialiste et paternaliste : « Faites-moi de bons musulmans pour faire de bons citoyens. » Était également cité le cheikh Abbas, recteur de la mosquée de Paris dans les années 1980 : « Ouvrir une mosquée, c'est fermer une prison. » Bien avant que les islamistes s'emparent de l'argument, l'islam avait donc été présenté comme un remède au problème de la délinquance, une manière de tenir les populations de « culture musulmane ». Pourtant, la formule n'a eu un réel écho que plus tard, lorsque la délinquance est devenue un sujet de préoccupation majeur dans un contexte international marqué par la récurrence du terrorisme islamiste. Les pouvoirs publics, locaux et nationaux, se sont alors mis à favoriser un encadrement religieux susceptible de calmer les esprits, pratiquant une sorte de sous-traitance ethnico-religieuse

1. À Levallois-Perret, Patrick Balkany a promis, élections obligent, « d'installer un lieu de prière au sous-sol du centre commercial Eiffel », pour s'attirer la sympathie de la cité Alsace.
2. Du 14 décembre 2000.

pour instaurer un contrôle social qui commençait à leur échapper et dont l'absence privait la police de moyens d'action. Aujourd'hui, les élus, les institutions n'hésitent pas à faire appel à l'imam du coin pour éviter les dérives et résoudre certaines difficultés, comme s'en flattait Amar Lasfar, proche de l'Union des organisations islamiques de France (UOIF), dans un portrait complaisant publié par *Le Monde* : « Quand il y a le feu, c'est moi qu'on appelle [1]. » Il en va parfois de même dans l'Éducation nationale. C'est ainsi qu'un professeur d'éducation physique a interrogé la mosquée de Paris sur la conduite à tenir avec des élèves musulmans qui refusaient d'aller en cours de natation pendant le ramadan au motif qu'ils risquaient d'avaler de l'eau et que le jeûne les fatiguait. Le professeur reçut en retour une fatwa, petit bijou de casuistique islamique : le jeûneur ne peut invoquer la fatigue pour échapper à une obligation scolaire mais seuls les bons nageurs, sûrs de ne pas avaler de l'eau, peuvent se risquer dans la piscine. Ceux qui préparent un examen doivent affronter le « risque » et, s'ils font l'erreur d'avaler de l'eau, ils doivent la compenser par un jour de jeûne supplémentaire.

Dounia Bouzar, éducatrice à la protection judiciaire pour la jeunesse et auteur d'un livre vantant les mérites des prédicateurs musulmans qui seraient en passe de supplanter les travailleurs sociaux [2], appelle d'ailleurs les élus à approfondir leur collaboration avec les autorités musulmanes : « Dans plusieurs villes de France, les éducateurs restent perplexes en constatant que certains jeunes, suivis sans résultats satisfaisants par les services sociaux, cessent la délinquance et la violence en devenant musulmans au sein d'associations religieuses de quartier. Nous devons dépasser les a priori pour aller à la rencontre de ces protagonistes et collaborer avec eux. Même s'il faut faire attention à ne pas laisser la régulation sociale des banlieues aux seuls religieux [3]. »

1. « Amar Lasfar, recteur de la mosquée de Lille-Sud : "Ma casquette religieuse me va très bien" », *Le Monde*, 20 novembre 2001.

2. Dounia Bouzar, *L'islam des banlieues, les prédicateurs musulmans : nouveaux travailleurs sociaux ?*, Syros, 2001.

3. Solenn de Royer, « Ils veulent qu'on accepte leur double appartenance », *La Croix*, 31 octobre-1er novembre 2001.

De fait, cette délégation du contrôle social par les élus ne manque pas d'avoir des effets pervers. Des imams s'instituent les porte-parole des musulmans en jouant un double jeu qui devrait inciter les pouvoirs publics à la prudence. Par exemple, après une bavure policière dans un quartier de Lille-Sud en avril 2000, Amar Lasfar prit la tête d'un mouvement de protestation des jeunes et proféra : « C'est un martyr de l'islam ! » Dounia Bouzar le décrivit comme l'« unique régulateur » lors de ces événements [1]. Amar Lasfar déclarait lui-même dans *Le Monde* qu'il était, « qu'on le veuille ou non, celui qui parle au nom des musulmans » à Lille [2].

Plus dangereusement subversif, en fait de régulation sociale, Mohammed Taïfour, imam de la mosquée et du centre culturel franco-musulman de Montreuil, lançait en mai 1997 un « appel » inquiétant publié par la revue *Islam de France*. Se référant aux déportations intervenues après la reconquête chrétienne en Espagne, il s'indignait de la situation faite aux musulmans en France :

> Quatre siècles après, l'Allemagne nazie et la France de Vichy s'en sont inspirées pour la persécution des juifs d'Europe. [...] En évoquant cette période douloureuse de l'histoire des musulmans, je ne peux m'empêcher de constater une certaine analogie avec la situation dans laquelle vivent les musulmans en France et l'horreur qui s'abat de nos jours sur les musulmans du Maghreb, en particulier ceux d'Algérie.

L'imam poursuivait en rappelant que les sacrifices de la période coloniale et l'apport économique des musulmans à la France « n'ont pas pesé lourd pour infléchir l'État de droit français à la reconnaissance de la religion islamique en France » et remédier au « génocide culturel que notre jeunesse subit en France [3] ».

1. Muriel Frat, « La religion comme moteur d'insertion », *Le Figaro*, 18 octobre 2001.
2. « Amar Lasfar, recteur de la mosquée de Lille-Sud... », article cité, *Le Monde*, 20 novembre 2001.
3. « Pour la sauvegarde de l'islam en France et au Maghreb, extrait de l'appel de Mohammed Taïfour », *Islam de France*, n° 1, 1998.

La dépendance de l'islam vis-à-vis du pouvoir local

Pour se prémunir des excès redoutés de l'islam tout en se donnant le beau rôle, certaines municipalités prennent en charge la construction de mosquées ou mettent à la disposition des musulmans des locaux rénovés et adaptés à leur nouvel usage, et en choisissent l'association destinataire. C'est le cas de Montpellier dont la mairie a déboursé 4 millions pour construire la mosquée qui appartient donc à la ville et « est louée à une association à usage de mosquée pour les Montpelliérains de confession musulmane », l'Association pour la culture arabe du Languedoc-Roussillon. Le maire, Georges Frèche, ne voit pas rien d'illégal dans sa démarche : « Je ne subventionne pas un lieu de culte puisqu'il appartient à la ville. La démarche est la même lorsque nous subventionnons les travaux de l'église des jésuites à Montpellier. Et de toute façon, depuis la loi de 1905, toutes les églises appartiennent à la ville, sauf la cathédrale qui appartient à l'État et deux ou trois églises qui sont propriétés privées parce que construites après 1905. Dans le cas de la mosquée, il ne s'agit pas de propriété privée. Mais si l'on veut dire que la ville a construit une mosquée, cela ne me gêne pas [...] j'ai aidé aussi à la construction d'une église récemment par une subvention [1]. » Ce faisant le principe de la neutralité religieuse de l'État est battu en brèche à deux égards. Premièrement, l'initiative de Georges Frèche contrevient à l'article 2 de la loi de 1905 : « L'État ne salarie et ne subventionne aucun culte. » Ce n'est pas parce qu'il dit aider aussi à la construction d'une église qu'on doit s'en réjouir. Un contournement systématique de la loi de 1905 ne saurait constituer un argument valable. Deuxièmement, l'initiative de Georges Frèche contrevient aussi à l'autonomie des cultes en France puisque, en définitive, c'est lui qui a choisi l'association destinataire des lieux. Lorsqu'on le questionne sur le choix des interlocuteurs musulmans à Montpellier, il dit faire confiance « au

1. Comme Jack Lang, alors ministre de la Culture, l'a fait pour la cathédrale d'Évry, en finançant « un centre d'art sacré », à hauteur de cinq millions de francs.

pragmatisme créateur». Il a *choisi* Khatir Nédromi, ancien harki, qu'il présente comme un croyant «qui sait travailler avec les Marocains et l'ensemble de la communauté [1]». Khatir Nédromi est donc à la merci de la municipalité qui peut, si cela lui chante, en fin de bail, confier ladite mosquée à une autre association, ce qui l'oblige nécessairement à une forme d'allégeance et réduit son crédit auprès de l'ensemble des musulmans. Certes, presque toutes les églises catholiques bénéficient de lieux appartenant à l'État ou aux communes [2]; mais Georges Frèche n'a pas de droit de regard sur la nomination des curés, ce qui préserve l'Église catholique d'une ingérence politique. Ce n'est pas le cas de Khatir Nédromi qui n'a reçu sa légitimité que du maire lui-même [3], légitimité fortement mise en question par des Marocains en 2002, à l'approche de la fin du bail qui tombait entre les élections présidentielle et législatives.

C'est sur un modèle voisin que la mairie de Rennes a entrepris en 1980 la construction d'un Centre culturel islamique, achevé en 1983. Gérard Hamon, conseiller municipal chargé de la citoyenneté, s'en expliquait ainsi dans la revue *Islam de France* en 1998 : «L'occupation est gratuite ainsi que les fluides (eau, électricité, chauffage, qui coûtent 18 363 F). Il faut ajouter à cela le versement d'une subvention annuelle de 60 000 F environ. La construction de ce centre est le résultat d'une volonté politique du maire, Edmond Hervé, et de la majorité municipale de gauche.» Il s'agissait de donner un lieu où les musulmans puissent «vivre et exprimer leur culture musulmane. Cette expression culturelle pouvant inclure la dimension

1. «Sortir l'islam du ghetto. "J'ai construit une mosquée à Montpellier"», entretien de Michel Renard avec Georges Frèche, *Islam de France*, n° 1, 1998.

2. Sur les 36 669 édifices du culte catholique, 97 % appartiennent soit aux communes, soit à l'État. Cf. *Administration*, 1995.

3. Georges Frèche va rééditer l'expérience dans le quartier de La Paillade, le conseil municipal ayant voté la construction d'une salle polyvalente qui sera louée avec un bail emphytéotique (d'habitude réservé aux associations cultuelles en loi de 1905) à l'Association franco-marocaine «qui en fera l'usage qu'elle veut, c'est-à-dire une mosquée». L'investissement prévu dépasse le million d'euros, alors que certains musulmans ont déclaré préférer payer eux-mêmes. La droite locale, opposée au projet, a été accusée par Georges Frèche de «faire du Le Pen», *Midi Libre*, 16 février 2002.

cultuelle ». Cet habillage culturel de l'activité cultuelle est assez fréquent. Il permet de justifier les subventions. Gérard Hamon a tenu néanmoins à préciser que ses aides n'étaient en rien contraires au « respect de la légalité républicaine, des principes de la laïcité et en particulier de la séparation de l'État et du culte [1] ». Or, non seulement la mairie a pris en charge la construction du bâtiment mais elle subventionnait aussi jusque récemment son fonctionnement, qui était par là même suspendu à la générosité publique et au bon vouloir des élus. Dans un texte envoyé en 2000 au Haut Conseil à l'intégration, Gérard Hamon indiquait qu'« il n'y avait aucune formalisation de l'utilisation des locaux ». L'Association culturelle des musulmans de Rennes qui occupait l'institut a fonctionné sur le principe de quotas par nationalité jusqu'en 1992, avec une présidence tournante. Puis il y a eu une « simple élection sans entente préalable ». La contestation du fonctionnement et de la gestion de l'institut par « courriers plus ou moins anonymes » et les luttes de pouvoir entre divers courants reflétant les origines nationales ont abouti à la suspension de la subvention et à une réunionnite aiguë visant à dégager une solution. La mairie semble alors avoir découvert que l'institut fonctionnait de manière « nationaliste » et que « les liens avec les pouvoirs locaux » avaient un « caractère clientéliste » qui risquait de provoquer une « coupure avec les jeunes de deuxième ou troisième génération ». C'est aujourd'hui l'Association culturelle des musulmans de Rennes (ACMR) qui occupe les locaux gratuitement (la valeur locative est estimée à 275 800 F par an), non sans avoir signé préalablement une convention avec la ville comprenant un certain nombre d'obligations : caractère public de certains espaces (« salle de rencontres » étant l'habillage pour salle de prière), libre accès et circulation des représentants de la mairie, usage restrictif des locaux, impossibilité de mettre à disposition une partie des locaux sans l'avis de la mairie, etc. La convention est résiliable à tout moment moyennant un préavis de six mois. Alors que le Centre

1. « Le Centre culturel islamique de Rennes (Ille-et-Vilaine). Bravo Rennes ! », entretien de Gérard Hamon avec Saïd Branine, *Islam de France*, n° 1, 1998.

culturo-cultuel de la mairie avait été construit en faisant du culturel le paravent d'une intervention publique, la ville a osé justifier l'arrêt du subventionnement direct en dénonçant une confusion permanente entre activité culturelle et activité cultuelle. Aujourd'hui, la ville entretient le bâtiment et paie 90% des fluides. La suppression des subventions a réduit les intrigues entre nationalités.

En 1998, Gérard Hamon, encore tout à ses illusions, se prenait à rêver à la généralisation du tribut que sa ville payait à l'islam : « La municipalité de Rennes consacre donc 12 F par an à chaque musulman de la métropole bretonne. Ce calcul transposé à l'échelle nationale pour une population de cinq millions de musulmans permettrait de dégager la belle somme annuelle de soixante millions de francs ! » Gérard Hamon semble en être revenu. Cependant, « l'imam [...] est payé comme CES (contrat emploi solidarité) et aligne ses pratiques sur les autres cultes en faisant payer, cher selon l'avis des pratiquants, ses services : prières des morts, cérémonies[1]... » Voilà donc une mairie qui finance la construction d'une mosquée en la camouflant derrière un programme culturel, subventionne un temps l'association gérante, rétribue l'imam, qui s'en met plein les poches par ailleurs, sans y voir la moindre infraction à la neutralité de l'État. Pire, lorsque une association turque a monté un projet au profit de l'Union turco-islamique d'affaires théologiques en France (DITIB) et acheté sur les deniers des 210 adhérents un local de 800 000 F, Gérard Hamon a osé déclarer que « l'annonce d'aménagement d'un lieu culturel *masque* [nous soulignons] l'objectif de construction de mosquée » et trouvé « dommage que tout ceci s'inscrive dans une stratégie de repli, voire d'autarcie totale d'un groupe avec lequel les relations sont déjà difficiles ». Finalement, les pouvoirs locaux en viendraient à regretter qu'il y ait encore des croyants suffisamment autonomes pour mettre sur pied un projet sans aide publique, conformément à la loi[2].

1. Note remise au Haut Conseil à l'intégration en 2000.

2. Comment expliquer à ce propos que les Turcs ne connaissent pas l'« islam des caves » et ne viennent pas pleurer auprès des pouvoirs publics pour obtenir des aides diverses, alors que les ménages turcs disposent de revenus plus faibles que les

À Rennes, comme à Montpellier, c'est la mairie qui a choisi l'association bénéficiaire de la mosquée. La nouvelle association gérante (ACMR) est dans ses mains, comme l'était la précédente qui a été congédiée et « réclame » aujourd'hui un local. La dissidence par rapport à la nouvelle association gérante est déjà en place puisque, de l'avis de Gérard Hamon, l'Association culturelle islamique de Rennes (ACIR), décrite comme étant composée de « dissidents essentiellement d'origine algérienne », s'est constituée « en association concurrente afin d'obtenir la gestion du Centre culturel islamique, tout en étant minoritaire ». Le document décrivant les associations présentes à Rennes remis par Gérard Hamon au HCI précise l'origine, les activités et les stratégies supposées des dirigeants, sauf pour celle qui est gestionnaire du centre, dont seule l'adresse est mentionnée. On y trouve néanmoins une description de l'ancienne Association des femmes musulmanes de Rennes qui en dit long sur le mode de gestion de l'islam par la mairie : « Très active au moment de sa création (1996) avec volonté d'"en découdre". Association hébergée au Centre culturel islamique sans autorisation de la Ville. Depuis la mise au point de la convention d'occupation, l'ACMR *cadre* [nous soulignons] leur présence et leur activité. »

À Chanteloup-les-Vignes, le processus a été comparable, comme l'expliquait Pierre Cardo à la revue *Islam de France* : « On a opté pour un très grand parking en centre ville, sous la gare, et décidé d'y construire un nouveau lieu de culte et culturel. La mairie est le bailleur et la collectivité musulmane a collecté les fonds et pris en charge les travaux d'aménagement [...]. Nous avons obtenu une subvention du FAS pour ce local associatif dit Centre culturel maghrébin. Le budget des charges de fonctionnement doit s'élever à 100 000 ou 150 000 F, la mairie intervient pour 10 000 F environ. Maintenant, je suis laïque et je ne vais pas surveiller si telle activité est culturelle et telle autre

ménages originaires du Maghreb ? En 1992, le revenu annuel moyen des couples avec enfants n'était que de 115 000 F pour les ménages originaires de Turquie contre 124 000 F et 138 000 F pour ceux originaires respectivement d'Algérie et du Maroc. Enquête « Mobilité géographique et insertion sociale », conduite par l'INED avec le concours de l'INSEE.

cultuelle. Car je respecte les croyances. Mais quand des difficultés surviennent dans le fonctionnement associatif, le maire joue le rôle d'arbitre et de médiateur[1]. »

Il apparaît ainsi clairement que l'aide aux musulmans a pour contrepartie un contrôle par les pouvoirs publics. À Rennes, cette activité de contrôle, contraire à la loi, n'empêche pas Gérard Hamon de déplorer la surveillance exercée par les RG qui pourtant, elle, est légale puisqu'elle vise à assurer le respect de l'ordre public *a posteriori*, prévu par la loi. Il parle de « suivi proche et continu » de leur part. Comment qualifier celui de la mairie ? Outre qu'il contourne le principe d'autonomie des cultes et l'interdiction faite aux pouvoirs publics de s'ingérer dans leur fonctionnement, l'arrangement rennais, comme celui de Montpellier, favorise la dépendance et, finalement, encourage les luttes intestines[2].

Ces manœuvres publiques ont un antécédent. Si l'on remonte à l'acte fondateur de l'intervention de l'État dans les affaires du culte musulman en métropole, on s'aperçoit que le mauvais pli semble avoir été pris dès le départ. Lors de la création de la grande mosquée de Paris, en 1926, le financement du culte fut présenté comme une subvention d'activités culturelles. L'Institut musulman de la mosquée de Paris était le « faux nez » qui permit de financer, sous couvert d'association en loi de 1901, le lieu de culte. Pourquoi tant d'artifice alors même que l'Assemblée nationale avait voté une exception ? Sans doute pour justifier le financement public du fonctionnement de la mosquée. Sadek Sellam, dans *Islam de France*, a rappelé le débat houleux que provoqua, à l'Assemblée financière de l'Algérie, le vote de la subvention qu'il convenait d'attribuer à l'Institut musulman de Paris. L'hebdomadaire *La République algérienne* titrait alors son numéro du

1. « Pierre Cardo, député (UDF-PR), maire de Chanteloup-les-Vignes », *Islam de France*, magazine, n° 2, mars-avril 1997.

2. Toute ingérence de l'État français semble d'ailleurs aboutir à des divisions au sein de l'islam. Par exemple, en matière d'accréditation de la certification de la viande halal, Jocelyne Césari a constaté que « le choix d'ériger les mosquées régionales en pôles fédérateurs en leur accordant le monopole de l'abattage rituel n'a […] fait qu'attiser à l'échelle locale ces conflits ethniques, comme en témoignent les crises et dissensions dans les mosquées d'Évry et de Lyon ». Cf. « De l'islam en France à l'islam de France », *Immigration et intégration, l'état des savoirs*, *op. cit.*

23 janvier 1948 : « L'Institut musulman de Paris détourné de sa destination ». « Il existe à Paris une mosquée flanquée d'un "institut" dont personne n'a jamais pu connaître le rôle exact », y lisait-on. Des participants au débat firent remarquer qu'aucun cours d'arabe n'avait jamais été donné dans ce fameux Institut. Certains proposèrent donc, sans succès, d'attribuer la subvention à la chaire de langue et littérature arabe de l'université de Paris. Le commissaire du gouvernement, Lucien Paye, à l'époque déjà, justifiait l'usage du mot « institut » par la nécessité d'attribuer une subvention sans avoir l'air de contrevenir à la loi de 1905. On se mit finalement d'accord sur la formule suivante qui mettait en évidence le caractère fictif de l'Institut : « subvention temporaire aux œuvres d'assistance de l'Institut musulman de Paris [1] ». Il n'est pas surprenant que les rapports entre les pouvoirs publics et l'islam soient aujourd'hui marqués par la plus grande hypocrisie.

Ce contournement de la loi de 1905 ne semble choquer personne. Lorsque la presse rend compte d'aides publiques en faveur de l'islam, elle se contente généralement d'applaudir sans se préoccuper du statut des lieux de prière ou des mosquées en question. L'islam est devenu à ce point une cause nationale qu'on ne relève même pas, à supposer qu'on le voie, le caractère illégal des aides dont il bénéficie. *L'Express* du 14 décembre 2000 évoquait sans sourciller le fait que « de plus en plus de communes contribuent à l'installation d'une mosquée ». Sans y voir non plus la moindre entorse à la laïcité, l'hebdomadaire rappelait l'initiative de Georges Frèche et se félicitait de la position de Georges Fillioud qui avait « fait figure d'exception lorsqu'en 1981, maire de Romans (Drôme), il subventionnait à hauteur de 300 000 F "un lieu de culte et de réunion" ».

Le choix de la loi de 1901 : un intérêt bien compris

Certains se demandent pourquoi les associations musulmanes ont massivement opté pour un statut loi de 1901 quand celles

1. Sadek Sellam, « L'Institut musulman de Paris détourné de sa destination », *Islam de France*, n°1, 1998.

des autres religions nouvellement apparues en France font tant d'efforts pour bénéficier des avantages du statut loi de 1905 prévu pour encadrer les cultes. On suppose qu'elles méconnaissent la loi. C'est probablement vrai d'une partie des associations musulmanes à vocation cultuelle, mais certainement pas de toutes. La loi de 1901 présente aussi des avantages susceptibles de les intéresser. Elle est d'abord moins exigeante en matière de statuts et le contrôle de l'ordre public y est moins strict. Or une partie des associations islamiques fonctionnent en deçà du minimum de transparence requis, sans liste d'adhérents, sans compte chèque et dans l'opacité totale des flux financiers (certaines disent vivre exclusivement de dons manuels).

Ensuite la loi de 1901 permet d'échapper à l'exigence d'exclusivité de l'objet cultuel stipulée par la loi de 1905, ce qui, précisément dans le cas de l'islam, n'est pas indifférent. Comme l'a constaté Jocelyne Césari, « l'organisation de l'islam a [...] débuté hors du cadre de la loi de 1905 [...] et a contribué d'emblée à rendre inopérante la distinction entre le cultuel et le culturel dans la gestion de l'islam [1] ». Pour preuve que les musulmans sont loin d'ignorer toujours les subtilités du dispositif législatif, le 2 juillet 1998, le président de l'Association culturelle des musulmans de Bobigny écrivait au député-maire, M. Birsinger : « Vous avez semblé surpris du caractère "culturel" de notre association tout en nous suggérant de nous transformer en association loi de 1905. Ce n'est pas dans notre intention *actuellement* [nous soulignons]. Notre association s'aligne sur les dispositions de la loi de 1901 qui nous garantissent la liberté d'organiser des activités d'éducation et d'animation ainsi que la possibilité d'assumer les pratiques culturelles de notre religion [2]. » L'adoption du statut d'association loi de 1901 a donc correspondu clairement à un choix, en l'occurrence celui d'échapper aux exigences de la loi de 1905.

Enfin, point sans doute aussi déterminant, les musulmans ont vu dans la loi de 1901 la possibilité de contourner l'interdic-

1. Jocelyne Césari, « De l'islam en France à l'islam de France », *Immigration et intégration, l'état des savoirs*, *op. cit.*

2. *Islam de France*, n° 3, 1998. Suit une bibliographie se référant à la loi du 20 janvier 1907 et à deux ouvrages traitant du sujet.

tion des subventions publiques explicitement énoncée dans la loi de 1905. Selon Jocelyne Césari, des centaines d'associations islamiques ont pu ainsi obtenir des subventions publiques [1]. C'est là un avantage qui n'a pas dû échapper à ceux qui élaborent un projet de lieu de prière ou de mosquée. Dans la mesure où, en plus, les locaux appartiennent très souvent aux mairies, les associations musulmanes, simples locataires, ne convoitent pas, comme celles des Témoins de Jéhovah qui ne reçoivent aucune aide pour acquérir des locaux, le statut de la loi de 1905 pour bénéficier de ses avantages, par exemple l'exonération de la taxe foncière. Le régime de 1905, dont ont su se saisir les protestants et les juifs dès la promulgation de la loi de séparation, est le seul qui garantirait l'autonomie de l'islam. L'adoption du régime de 1905 demanderait un engagement accru de la part des musulmans, beaucoup de patience et davantage de modestie aussi, afin qu'ils élaborent des projets à la mesure de leurs moyens.

Mais comment résister à l'appel de l'argent quand les pouvoirs publics eux-mêmes poussent les musulmans à s'organiser en dehors du cadre légal ? Le rapport parlementaire du ministre de l'Intérieur Philippe Marchand, daté du 10 mai 1991, recommandait sans complexe aux communes d'aider financièrement l'islam en incitant à la création d'associations loi de 1901 : « Les communes peuvent subventionner les projets mixtes qui comportent à la fois un lieu de culte et d'autres locaux à usages divers (culturel, social, associatif, etc.). Compte tenu des restrictions imposées aux associations cultuelles par la loi de 1905, de tels projets ne peuvent être menés à bien que par des associations en loi de 1901. » Ce rapport interprétait donc les deux premiers articles de la loi de 1905 définissant les rapports entre les Églises et l'État comme une loi sans portée générale, contingente, restreinte à un type d'association. Il invitait à entendre l'article « L'État ne reconnaît et ne subventionne aucun culte » comme ne s'appliquant qu'aux associations en loi de 1905, une forme parmi d'autres d'orga-

1. Jocelyne Césari, « De l'islam en France à l'islam de France », *Immigration et intégration, l'état des savoirs*, *op. cit.*

nisation des cultes en France. Et l'on s'étonne aujourd'hui que l'islam se soit massivement niché en dehors du régime associatif prévu par la loi de 1905 !

Lorsque la cause est bonne, tout est permis, disions-nous, y compris le non-respect de nos lois. Le discours théorique sur la loi vaut en général, mais la loi ne s'applique en toute rigueur qu'aux cas suspects *a priori* ou aux contrevenants inoffensifs. Dans le cas particulier de l'islam, c'est un pragmatisme à la fois méfiant et complaisant qui prévaut, déterminé par la *realpolitik* qui incite à la prudence et au contrôle, et une idéologie bienveillante à l'égard des musulmans. Ces rapports complexes entre l'État et l'islam aboutissent à un jeu de dupes où on ne sait plus qui est l'abusé. Ne retrouve-t-on pas les mêmes ingrédients dans l'intervention de l'État en faveur d'une structuration de l'islam de France ?

L'organisation du culte musulman en France, un devoir d'ingérence ?

C'est sans doute le plus républicain de nos ministres, Jean-Pierre Chevènement, qui, en 1999, clamant l'urgence croissante d'une représentation officielle de l'islam en France, décidait d'impliquer l'État dans l'organisation du culte musulman, malgré l'échec des tentatives faites par les précédents ministres de l'Intérieur : Pierre Joxe, avec la création du CORIF (Conseil de réflexion sur l'islam de France) en mars 1990, projet enterré par son successeur Philippe Marchand ; Charles Pasqua qui avait privilégié la mosquée de Paris sans obtenir le ralliement des musulmans.

Jean-Pierre Chevènement invitait, par courrier du 29 octobre, différentes autorités religieuses, des responsables associatifs et des « personnalités qualifiées » à réfléchir au mode de constitution d'une instance représentative qu'il jugeait nécessaire à l'intégration de l'islam « dans le système laïque ». L'État proposait, dans le cadre d'une consultation, terme familier aux musulmans, d'accompagner le travail qui y serait effectué sans tenter de l'infléchir, son rôle se bornant à « aider, dans le respect des textes juridiques ». Le ministre distinguait trois types d'interlocuteurs. Tout d'abord, les fédérations : la mosquée de Paris inféodée à l'Algérie ; l'Union des organisations islamiques de France (UOIF) de tendance Frères musulmans, proche du mouvement islamiste tunisien En-Nahda, dont les responsables actuels sont marocains et qui bénéficie de financements saoudiens [1] ; la Fédération nationale des musulmans de France (FNMF), plutôt marocaine et comprenant de nombreux convertis, sujette aux influences saoudiennes ; enfin, deux associations Tabligh, mouvement piétiste et littéraliste cultivant le repli, dont les imams sont majoritairement tunisiens et les fidèles plutôt d'origine marocaine [2]. Deuxièmement, les grandes mosquées dites indépendantes : Centre culturel islamique d'Évry, mosquée de Mantes-la-Jolie, mosquée de Lyon, grande mosquée Al-Islah à Marseille, mosquée de Saint-Denis de la Réunion. Enfin, des « personnalités qualifiées ». La mosquée Adda'wa (XIXe arrondissement de Paris) et son médiatique recteur Larbi Kechat devaient rester volontairement absents de la consultation. Se sont ajoutées, en cours de route, la Fédération française des associations islamiques d'Afrique, des Comores et des Antilles (FFAIACA), proche de l'UOIF, et, plus tardivement, l'Union turco-islamique d'affaires théologiques en France (DITIB), liée au gouvernement turc.

Pendant près de deux ans, les membres de la consultation se sont réunis au sein d'une commission chargée de concevoir le mode de désignation de l'instance représentative. Parallèlement, ils ont longuement discuté, dans des groupes thématiques divers et avec la bienveillante animation de deux émissaires ministériels, Alain Billon et Bernard Godard, des thèmes rebattus dans différents rapports tels que la formation, la rémunération et la langue de prêche des imams, la construction des lieux de culte,

1. Cf. Alexandre del Valle, *Islamisme et États-Unis, une alliance contre l'Europe*, *op. cit.* Depuis quelques années, l'UOIF réunit des dizaines de milliers de fidèles lors de son congrès. En mai 2002 étaient invités Hani Ramadan (cf. chapitre VIII), Issam A. Bachir, ministre des affaires religieuses du Soudan, et Mahfoud Nahnah, islamiste algérien. (*Le Figaro*, 10 mai 2002.)
2. *Ibid.*

les problèmes posés par l'Aïd el-Kébir[1], ceux liés à l'inhumation, l'aumônerie musulmane en milieu carcéral. Ces discussions ont donné lieu à des rapports d'étape dans lesquels on s'est bien souvent contenté de rappeler les possibilités offertes par la loi. Quelques recommandations ont été faites, mais on ne voit pas comment elles pourraient lier la future instance.

Qu'un gouvernement ait décidé de forcer le mouvement pour se doter d'un interlocuteur censé représenter les diverses composantes de l'islam, c'est là une initiative exceptionnelle sur laquelle on doit s'interroger. Les seuls éléments d'analyse de la consultation disponibles à l'heure où nous écrivons sont la publication officielle, *Al Istichara*, lancée pour l'occasion, les articles de la revue *Islam de France*, dont le numéro 7 était consacré à cette initiative, et les maigres articles de presse qui en ont accompagné le cheminement. Ils permettent néanmoins de relever les ambiguïtés congénitales du projet qui ont pesé sur tout le processus, et sur son issue puisque les élections prévues pour le 26 mai 2002 ont été reportées à l'automne, et peut-être le seront-elles aux calendes grecques.

La comédie du serment

Pour preuve de leur bonne volonté et de leur adhésion aux lois républicaines, les autorités musulmanes consultées devaient signer un texte du ministère. Rares sont les clercs musulmans qui jugèrent la démarche consultative illégitime de la part de l'État. En revanche, une franche opposition s'est exprimée sur la nécessité de passer par un serment d'allégeance à la loi républicaine, démarche jugée humiliante pour des citoyens français, ce que sont nombre de musulmans. Ce n'est sans doute pas un

1. Grande fête musulmane, intervenant tous les 10 du douzième mois lunaire, symbolisant le sacrifice d'un mouton par Abraham, à l'occasion de laquelle les familles qui le peuvent ont coutume d'acheter un mouton que le père de famille, ou un sacrificateur habilité, égorge. Le respect de cette tradition pose chaque année des problèmes d'organisation et d'ordre sanitaire (insuffisance des lieux d'abattage réglementaires, directives européennes qui nous ont valu des rappels à l'ordre).

hasard si ce sont des musulmans français nés en France qui ont réagi de la façon la plus vive et ont souhaité rester à l'écart de la consultation. La revue *Islam de France* a publié la réaction du président national de la JMF (Jeunes musulmans de France) et le communiqué de presse d'un groupement d'associations de jeunes musulmans dont faisaient partie la JMF, l'Union des jeunes musulmans de France (UJM) et les Étudiants musulmans de France (EMF), toutes proches de l'UOIF (tendance Frères musulmans) et inspirées par les frères Ramadan. Le président de la JMF jugeait avec raison « inadmissible que l'on considère encore aujourd'hui en France l'islam comme un phénomène étranger et les musulmans comme des citoyens de seconde zone » et que le ministre avait commis là « une grave erreur ». Le communiqué de presse collectif donnait une petite « leçon républicaine » au ministre lui-même : « Une certaine idée de la République nous intime de dire non au serment de la suspicion [...]. La loi républicaine et le cadre laïque s'imposent de fait[1]. » La Ligue des droits de l'homme et la Commission nationale consultative des droits de l'homme ont l'une et l'autre adressé une lettre au Premier ministre dans laquelle, tout en saluant la démarche, elles dénonçaient l'aspect méfiant, stigmatisant et discriminatoire du serment[2]. L'association Organisation de la conférence musulmane de France[3] a critiqué avec plus de virulence encore le caractère « autoritaire, discriminatoire — et au surplus profondément humiliant — de la démarche du ministère de l'Intérieur » et exhorté la « communauté musulmane de France à prendre en main son destin, en décidant de se doter elle-même d'un organisme représentatif[4] ».

Si les grandes fédérations, UOIF et FNMF, ont, elles aussi, dénoncé l'idée du serment, elles n'ont pas claqué la porte mais

1. Réactions de responsables d'associations et de personnalités musulmanes, *Islam de France*, n° 7, 2000.

2. Ces deux lettres ont été publiées par la revue *Islam de France*, n° 7, 2000.

3. Association fondée en 1997 par Ali Merad pour promouvoir un projet de fédération des organismes existant dans une « conférence musulmane de France », sur le modèle de l'Organisation de la conférence islamique (OCI) à laquelle son appellation fait écho. Cf. *Organisation de la Conférence musulmane de France*, janvier 1997-janvier 2000.

4. *Islam de France*, n° 7, 2000.

essayé au contraire d'infléchir la proposition du ministre. À partir du moment où d'autres faisaient bon accueil à son initiative, il n'était pas non plus question pour la mosquée de Paris de demeurer à l'écart, même si elle a émis certaines réserves. La motivation des fédérations a d'abord été négative : empêcher les autres de décider sans elles. La stratégie de l'UOIF est encore plus complexe puisque, si l'association participe à la consultation, ses « satellites » (UJM, JMF et EMF) en ont dénoncé le principe même, s'opposant à toute ingérence de l'État dans les affaires du culte musulman.

Alors que le ministre de l'Intérieur avait lancé la consultation en précisant que le texte à signer était à prendre ou à laisser et qu'il n'y aurait point de correction, les représentants de l'UOIF, les plus hostiles, demandèrent des modifications. L'accueil qui a été fait à leur demande leur a permis de jauger la détermination de l'État. Dans la revue *Islam de France*, Abdallah Ben Mansour, membre du conseil d'administration et ancien secrétaire général de la fédération, s'est déclaré surpris par la reculade du gouvernement : « Nous pensions que les conseillers du ministre allaient téléphoner pour réprouver notre démarche sans ouvrir de possibilités pour un dialogue. Or nous avons été étonnés de voir que le ministre souhaitait rencontrer l'UOIF qui a été la première fédération à avoir été reçue par ce dernier. » L'UOIF s'attendait donc elle-même à une réaction de fermeté de la part de l'État et que ses demandes d'aménagement soient accueillies par une fin de non-recevoir. Or, divine surprise, rien n'apparaissait définitif, tout était négociable, contrairement aux rodomontades gouvernementales. Abdallah Ben Mansour se rengorgeait ainsi de l'accueil particulièrement bienveillant des pouvoirs publics : « Il [le ministre] a consacré une heure et demie à Fouad Alaoui [secrétaire général de l'UOIF] » ! L'État a donc démarré la consultation par une reculade, confondant courtoisie et complaisance. Il a accepté de changer le titre du document que les autorités religieuses consultées devaient signer, d'une manière qui est loin d'être anodine puisqu'on est passé d'une « Déclaration d'intention relative aux droits et obligations des fidèles du culte musulman en France », qui présentait l'avantage de relativiser le religieux, à des « Principes et fondements juridiques régissant les rapports entre les pouvoirs publics et le culte musulman de France », intitulé qui, lui, met sur un pied d'égalité islam et République, encourageant la négociation d'égal à égal et a des allures de concordat. C'est bien ainsi d'ailleurs que l'ont entendu certains participants, si l'on en croit les déclarations de Fouad Alaoui à *Libération* : « De même que l'on demande à l'islam de changer, la laïcité doit changer[1]. »

Le gouvernement céda encore sur un autre point d'une haute valeur symbolique. À la demande de l'UOIF, il supprima du texte la mention du droit à changer de religion et de conviction alors même que, selon les oulémas, l'acte d'apostasie mérite la peine de mort[2]. En 1994, un islamiste avait tenté de tuer Naguib Mahfouz, prix Nobel de littérature, pour un roman écrit en 1959 jugé contraire à l'islam et interdit par Al-Azhar[3]. Il était donc essentiel que les autorités musulmanes consultées renoncent à ces exigences. Dans la revue *Islam de France*, Leïla Babès et Michel Renard ont courageusement dénoncé, « comme citoyens et comme musulmans », ce renoncement du gouvernement : « Force est de constater qu'en opérant cette rectification à la baisse, ces musulmans [les signataires] et, à leur suite, la puissance publique — garante du respect plénier des libertés fondamentales — légitiment l'éventualité d'une interprétation « islamique » du cadre de droit commun [...]. Cet incident

1. Entretien avec Daniel Licht, « Sortir la religion de la sphère privée, Fouad Alaoui, de l'UOIF, promeut un islam identitaire », *Libération*, 18 octobre 2001.

2. La sanction mortelle de l'apostasie constitue un facteur d'immobilisme puisqu'elle menace tout innovateur et donc les intellectuels prônant la modernisation de l'islam. Avant d'être exécuté, l'apostat est déchu de ses droits et n'a plus d'existence juridique. C'est sous la pression islamiste que cette menace est devenue patente. En Égypte, en 1995, la cour d'appel du Caire a « divorcé » Abou Zeid de son épouse en raison des écrits de ce dernier visant à moderniser l'islam. Même si la décision n'a pas été exécutée, les époux Zeid ont dû s'expatrier. Cf. Mohamed Charfi, *Islam et liberté*, *op. cit.* Tout en précisant que la peine de mort pour apostasie ne peut être exécutée que par un État islamique, le Conseil européen de la fatwa et de la recherche (CEFR) la justifie par la nécessité de préserver les droits de la communauté qui « prévalent sur les droits individuels ». Cf. *Islamiya.net*, 31 janvier 2002.

3. Cette mosquée, fondée en 969, s'est rapidement rendue célèbre par son université qui devint le centre des sciences islamiques le plus prestigieux.

augure mal du devenir de l'islam dans ce pays[1]. » La Ligue de l'enseignement, devenue un grand défenseur de l'islam après avoir été celui de la laïcité, s'est au contraire félicitée de la reculade du gouvernement : elle jugea la consultation « très positive et s'en réjouit, d'autant qu'après les rencontres préliminaires avec les différents représentants des sensibilités qui composent le paysage islamique français, le texte officiel a gommé les formulations qui, dans son invitation initiale, pouvaient paraître discriminatoires pour les musulmans[2] » ! Nul doute que l'attitude des pouvoirs publics n'a fait qu'encourager la rivalité entre islam et République[3].

Le texte modifié fut donc paraphé. Deux ans après, Fouad Alaoui, secrétaire de l'UOIF, demandait dans *Libération* une modification de la laïcité pour « sortir la religion de la sphère privée[4] ». Bien d'autres participants à la consultation adhéreraient à ces propos. Il était également troublant d'entendre Bétoule Fekkar-Lambiotte, « personnalité qualifiée » de la consultation, déclarer qu'après le 11 septembre il fallait que les défenseurs de l'islamisme expriment clairement leurs positions à l'égard de la laïcité[5], comme si la signature du texte ministériel n'avait engagé personne. Comme on le verra plus loin, la séparation du religieux et du politique est loin d'être acquise parmi les musulmans, contrairement à ce que déclarait péremptoirement Jean-Pierre Chevènement, lorsqu'il eut recueilli la signature des consultés : « Ainsi se trouvera définitivement tranché par voie de conséquence un débat

1. Leïla Babès, Michel Renard, « Quelle liberté de conscience », *Islam de France*, n° 8, 2000. D'autres l'ont fait avant eux. Cf. « Et la République ? Lettre ouverte à M. Chevènement », une pétition signée par Keltoum Benjouadi-Djelouah, Djeemaa Djoghlal, Andrée Michel et les associations « Citoyennes pour la paix » et « Paroles de femmes », parue dans *Marianne*, 3-9 juillet 2000.

2. Michel Morineau, « La Ligue de l'enseignement, la laïcité et l'islam », *Islam de France*, n° 7, 2000.

3. Comme l'écrit Jocelyne Césari, « le défi de la période contemporaine [...] serait alors moins celui de prévenir un quelconque "clash des civilisations" que d'appréhender les enjeux de concurrence des prétentions à l'universel ». Cf. « La laïcité française et l'islam », *Islam / Islamisme, le particularisme français, op. cit.*

4. Entretien avec Daniel Licht, « Sortir la religion de la sphère privée. Fouad Alaoui, de l'UOIF, promeut un islam identitaire », *Libération*, 18 octobre 2001.

5. Entretien avec Daniel Licht, « Faire surgir un esprit de réforme. Bétoule Fekkar-Lambiotte participe à la création du Conseil du culte musulman », *Libération*, 19 octobre 2001.

qui a mobilisé les intellectuels musulmans et non musulmans pendant des années dans une kyrielle de réunions, de colloques et de symposiums, autour de la question suivante : L'islam est-il compatible avec la République ? Faut-il modifier la loi de 1905 pour tenir compte des spécificités de l'islam ? En vous insérant sereinement dans le cadre juridique de la loi de 1905 qui fonde la laïcité républicaine, vous démontrez de façon éclatante que ses vertus sont intactes. » Plus récemment, Alain Billon se félicitait à son tour de cette soudaine conversion à la laïcité : « En somme, les pouvoirs publics ont donc amené certains courants notoirement rétifs à certains aspects de la laïcité à accepter pour la première fois un engagement vis-à-vis de celle-ci [1]. » Ces propos traduisent, en fait, une sorte de schizophrénie. D'un côté, on prend pour argent comptant les déclarations de principe des uns et des autres ; de l'autre, on constate que presque toutes les associations musulmanes exerçant des activités cultuelles sont en association de type loi de 1901. En quoi la loi de 1905 pourrait-elle gêner les musulmans si ceux-ci ne sont pas obligés de s'y soumettre ?

On en appelle toujours à l'histoire pour alimenter la suspicion vis-à-vis des pouvoirs publics dont les réflexes de contrôle sont en effet tenaces. On pourrait aussi en tirer des leçons concernant les musulmans et la laïcité. Ne peut-on présumer que la reconnaissance de la loi de 1905 par les autorités islamiques de la consultation ne les engage pas plus sur la voie de la laïcité aujourd'hui que la revendication de son application en Algérie du temps des colonies ? Si, pour la plupart des Français, la loi de 1905 est une loi qui a fait triompher la laïcité, elle est aussi une loi qui consacre l'autonomie du religieux par rapport au politique. Notre mémoire historique nous fait privilégier le premier aspect alors que les responsables d'associations religieuses sont d'abord sensibles au second.

1. « L'intégration de l'islam a progressé », propos recueillis par Daniel Licht, *Libération*, 19 novembre 2001.

Les enjeux de pouvoir d'une instance représentative

Dès le départ, la composition de la future instance représentative a fait problème. La FNMF souhaitait qu'on se limite à l'organisation du culte musulman par les autorités religieuses sans consulter au-delà des grandes fédérations, ce qui revenait à exclure les mosquées et les « personnalités qualifiées ». La sélection de mosquées opérée par le ministère de l'Intérieur lui paraissait arbitraire, ce qu'elle était effectivement, et la présence de personnalités « qualifiées [1] » illégitime. Si la FNMF ne voulait retenir que des critères religieux, ce n'est pas parce qu'elle s'était soudainement convertie à un point de vue laïque, mais parce qu'elle se trouvait ainsi en meilleure position pour prendre sa part du pouvoir, son influence se réduisant à un ensemble de mosquées et à des imams, dont on sait que la majorité sont, en France, marocains. Son impact auprès des musulmans de base est relativement faible. Réduire l'islam à un culte, en l'occurrence, l'avantageait. Le point de vue de la FNMF était donc purement stratégique sinon tactique.

La mosquée de Paris a exprimé d'emblée deux préoccupations majeures : éviter l'ingérence de l'État français et conserver la place dominante qu'elle occupait jusqu'alors dans la représentation de l'islam en France. Aussi, Dalil Boubakeur, recteur de la mosquée de Paris, insistait-il, dans un discours prononcé devant les responsables de la mosquée le 2 mars 2000, sur « l'appréhension de la communauté d'éventuelles dérives qui se traduiraient par une ingérence ». Dans une motion rédi-

1. On peut en effet se demander à quel titre certaines d'entre elles étaient « qualifiées » pour s'exprimer sur l'organisation de l'islam. Parmi ces personnalités, Soheib Bencheikh, grand mufti de Marseille, est connu pour son ouverture et le combat qu'il mène afin qu'une réflexion théologique permette d'adapter l'islam à la France laïque (cf. *Marianne et le Prophète, l'islam dans la France laïque*, Grasset, 1998). Bétoule Fekkar-Lambiotte est présidente de l'association Terres d'Europe, dotée d'un journal trimestriel *La Lettre*, et qui organise tous les mois des rencontres « à partir des enseignements coraniques et soufis ». Elle est très liée au cheikh Khaled Bentounès, « guide spirituel » soufi qui est d'ailleurs président d'honneur de l'association Terres d'Europe. Michel Chodkiewicz, converti, est l'ancien président des Éditions du Seuil et directeur d'études à l'École des hautes études en sciences sociales.

gée lors de la réunion organisée au Palais de la Mutualité en avril 2000 par la mosquée de Paris, le « rassemblement des musulmans de France » ainsi formé demandait « l'élargissement des membres de la commission organisation de la consultation afin de prendre en considération toute l'importance de la composante majoritaire des musulmans de France [Algérie] » et *exigeait* « le maintien de la place prépondérante et incontournable de la mosquée de Paris dans la future organisation représentative de l'islam en France ». Alain Billon, présent à cette réunion, avait cherché à rassurer l'assistance : « La mosquée de Paris constitue à jamais le symbole même de la relation entre l'islam et la République française. C'est dire qu'elle ne peut, dans un processus d'organisation du culte musulman en France, qu'y occuper une place majeure [1]. » Abderrahmane Dahmane, vice-président du Conseil supérieur des musulmans de France de la mosquée de Paris, incitait aussi à prendre en compte équitablement la « domination » numérique de la population d'origine algérienne : « Il y a de toute façon un point de proportionnalité démocratique à respecter dans la perspective d'un organe représentatif : c'est la place numérique de la sensibilité d'origine algérienne. Vouloir l'ignorer serait se condamner à la marginalisation [2]. » Ainsi, la mosquée de Paris a cherché à conserver une position de pouvoir en jouant sur le symbole qu'elle représente et sur la prédominance démographique de la population algérienne ou d'origine algérienne. Elle avait tout intérêt à ce que le processus de désignation des responsables de la future instance représentative déborde le simple cadre cultuel. Dalil Boubakeur rappelait aux pouvoirs publics que « le fait d'avoir la majorité au niveau associatif, cela ne veut pas dire que l'on représente la majorité des musulmans ». De fait, il prône un « islam libéral » qu'il est à peu près le seul à représenter dans la consultation, aux côtés de personnalités qualifiées, telles que Soheib Bencheikh et Bétoule Fekkar-Lambiotte, eux-mêmes proches de la mosquée de Paris. Cette modération constitue, surtout depuis le

1. *Islam de France*, n° 8, 2000.
2. « Réactions de responsables d'associations et de personnalités musulmanes », *Islam de France*, n° 7, 2000.

11 septembre 2001, un atout stratégique qui a permis au recteur de chercher à mettre hors jeu les autres fédérations jugées dangereuses : UOIF et Tabligh notamment. La méfiance que la mosquée de Paris a affichée depuis lors vis-à-vis du processus même de la consultation dévoile le caractère ambigu de sa participation : elle préférerait probablement que l'expérience capote afin de retrouver son rôle naturel de leader, qu'elle a d'ailleurs joué lors des attentats aux États-Unis. Au fond, la mosquée de Paris n'a rien à y gagner, mais pourrait y perdre beaucoup. Aussi a-t-elle demandé par deux fois le report des élections.

L'UOIF, à l'inverse, espère se tailler la part du lion dans la prochaine instance et compte probablement sur la mobilisation de ses militants pour parvenir à ses fins. Au départ, elle a refusé, comme la FNMF, la présence de personnalités qualifiées, puis a déclaré avoir obtenu des garanties de Jean-Pierre Chevènement sur leur non-participation à une instance représentative [1]. Si elle a d'abord penché pour une organisation communautaire et critiqué la composition de la consultation qu'elle aurait souhaitée plus large, incluant même les musulmans qui ne prient pas, elle s'est ralliée à un mode de désignation des représentants de l'islam fondé sur les lieux de culte, qui lui est plus favorable [2]. Comme la FNMF, l'UOIF a adopté une stratégie qui ne correspond pas à son idéologie communautariste.

Si le Tabligh s'est peu exprimé sur la sienne (il est généralement peu loquace), on sait qu'il s'est joint à la FNMF et à l'UOIF pour pratiquer la politique de la chaise vide lorsque les discussions ont achoppé sur la présence de personnalités qualifiées et le poids des fédérations dans la future instance représentative [3]. Le Tabligh aussi peut espérer, grâce à une mobilisation plus forte de ses militants, figurer en bonne place dans

1. Déclaration d'Abdallah Ben Mansour, *Islam de France*, n° 7, 2000.

2. « Le risque du suffrage universel, c'est qu'il reproduise plus les origines nationales [les Frères musulmans fondés en Égypte forment un mouvement transnational] que les préoccupations du culte » (Fouad Alaoui, interrogé par Daniel Licht, *Libération*, 22 octobre 2001).

3. Cf. « Au Bourget, les musulmans se mobilisent pour la Palestine », *Le Monde*, 2 mai 2001.

l'instance représentative. D'où sa préférence pour une désignation se limitant aux lieux de culte. Ce sont donc les tendances les plus radicales et les plus favorables à un traitement communautariste de l'islam (UOIF, Tabligh) qui, pour des raisons stratégiques, occupent dans cette consultation les positions les plus conformes à notre conception du religieux (réduite aux aspects cultuels) ; elles se sont d'ailleurs coalisées en Languedoc-Roussillon et dans le Nord-Pas-de-Calais. La consultation a donc eu comme effet paradoxal de placer les consultés « à contre-pied » de leurs positions naturelles !

Islam de France a publié dans son numéro 7 les commentaires d'autres personnalités musulmanes moins en vue dont beaucoup de responsables de mosquées, lieux de prière ou associations de province. Nombreux sont ceux qui souhaitaient étendre la représentation à l'ensemble de la « communauté » sans se limiter aux gens de culte, les uns parce qu'ils doutent que de simples religieux soient en mesure de « gérer les affaires musulmanes », les autres par souci démocratique, comme Amar Dib, président du Conseil supérieur représentatif des musulmans de Rhônes-Alpes-Auvergne (tendance mosquée de Paris), qui affirmait : « Il faut un vote démocratique pour donner une légitimité à une éventuelle instance représentative. » Certains religieux de province dénoncent aussi leur mise à l'écart et l'absence d'information sur la consultation. Toufiq Sid Ali, de la mosquée de Vierzon, a fait part de son scepticisme vis-à-vis d'une initiative dont il ne sait pas grand-chose et dont les ambitions lui paraissent démesurées compte tenu des divisions et des luttes de pouvoir qu'il constate à son niveau :

> Nous ne sommes guère au courant de ce qui se passe au niveau du ministère. Une instance représentative, c'est bien. Elle pourrait tenter de réunir les musulmans, mais je ne vois pas comment. Les musulmans ont déjà du mal à s'entendre pour fixer la date de l'Aïd. Ici, à Vierzon, les musulmans sont divisés. […] Par ailleurs, nous ne savons pas qui est qui et qui fait quoi à l'échelle nationale au nom de la communauté.

La transparence introuvable

À l'occasion de la consultation, le ministère a lancé *Al Istichara*, une modeste publication officielle de quelques pages, dotée d'un titre en arabe et en français (« Consultation » qui est la traduction de « *Al Istichara* »), aux couleurs de l'islam (en vert), et dont le rédacteur en chef n'était autre que le directeur de cabinet de Jean-Pierre Chevènement. Le premier numéro, daté de mars 2000, précisait l'objectif du journal et à qui il était destiné : « L'ensemble des fidèles musulmans doit pouvoir accéder à une information précise et complète sur un processus qui concerne chacun d'entre eux. » La population française, majoritairement non musulmane, n'était pas même mentionnée : *Al Istichara* était conçu comme un outil d'information communautaire ; l'éditorial insistait sur la transparence, « une des conditions de réussite » de la consultation.

En fait, la diffusion d'*Al Istichara* a été plutôt confidentielle [1]. Nombre de journalistes en ignorent jusqu'à l'existence ou l'ont découverte tardivement. Sa lecture donne en outre l'impression que le ministère y a joué un rôle très actif (rédaction des rapports notamment) en animant les groupes thématiques et la commission d'organisation. Très souvent, les rédacteurs semblent ne pas avoir grand-chose à dire : ils meublent les pages avec des photos, diverses allocutions ministérielles ou avec des « marronniers » (sujets d'actualité), ce qui donne à certains numéros un indéniable parfum colonialiste. Le premier a été un modèle du genre. On y trouve, sur huit pages, un éditorial ministériel de présentation, la lettre de Jean-Pierre Chevènement datée du 29 octobre 1999, la liste des groupes et personnes conviés à la consultation, le texte qui leur était proposé, l'allocution du ministre parsemée de références au Coran et une page de garde couverte de photos prises sur le vif, dont deux sont ainsi légendées : « Des participants souriants entourent le ministre après la réunion. » Seul le numéro 6, le dernier en date, rend compte de

1. Le premier numéro a été tiré à 4 000 exemplaires ; les suivants ne précisent pas le tirage.

débats, ceux du 22 mai 2001 qui ont abouti à « l'accord-cadre sur l'organisation future du culte musulman en France », dont les différents articles sont cités. Le lecteur n'aura eu accès qu'à ces éléments sur le processus d'organisation, avec les allocutions ministérielles et le règlement intérieur dont la commission d'organisation s'est dotée. Et encore : ces débats font allusion à des difficultés que seul un lecteur averti, ayant glané quelques informations ailleurs, peut éventuellement décoder. C'est notamment une véritable gageure pour le tout-venant que de tenter de se figurer, d'après la description allusive qui en est faite, le processus de formation de l'organe représentatif — une véritable « usine à gaz », comme le définissent eux-mêmes les deux promoteurs du ministère de l'Intérieur, Alain Billon et Bernard Godard [1]. L'impératif de transparence, tant revendiqué [2], supposait pourtant que le dispositif électoral serait compréhensible par tous.

Une usine à gaz

L'accord-cadre définissant le mode de désignation de l'organe représentatif du culte musulman a été signé le 22 mai 2001 à l'unanimité. Il a été obtenu à l'arraché après deux ans de négociation. Depuis, la commission d'organisation s'est transformée en commission d'organisation des élections sous forme d'une association loi de 1901 : « Son objet est de combler, jusqu'à la mise en place de l'instance représentative, le vide juridique existant, notamment en cas de contestations qui surviendraient durant le processus électoral. » Elle se divise en deux sous-commissions, l'une chargée des modalités d'élection, l'autre de réfléchir aux statuts de la future instance représentative appelée « Conseil français du culte musulman ». À ce dispositif national directement issu de la consultation et suivi de près par le ministre et son cabinet — en fait Alain Billon et Bernard Godard jusqu'en mai 2002 —, a été ajouté un échelon régional appelé comité

1. Lire notamment l'entretien de *La Croix* avec Bernard Godard, 7 septembre 2001.
2. L'article premier de l'accord-cadre précise encore que « la désignation du culte musulman s'effectuera par une démarche transparente et démocratique ».

régional électoral de la consultation, chaperonné par un sous-préfet désigné par le préfet de région et qui exerce la jolie fonction de « facilitateur ». Les comités régionaux comprennent deux représentants par fédération, un par grande mosquée et un par regroupement d'au moins cinq mosquées[1]. D'après les informations que nous avons pu, tant bien que mal, recueillir, la désignation des représentants s'est déroulée comme suit.

Seuls les lieux de prière et mosquées « gérés par une association déclarée[2] » devraient participer à l'élection des délégations régionale et nationale, par l'intermédiaire de délégués désignés selon la procédure de leur choix et dont le nombre dépend de l'importance du lieu de culte qu'ils représentent, évaluée principalement d'après sa superficie. Un statut à part a été réservé à la mosquée de Paris, tenant compte de son « poids symbolique[3] ». Au total ce sont ainsi quatre mille délégués qui ont été désignés par 70 % des mille cinq cents mosquées et lieux de prière.

Cette première étape du dispositif est problématique à plusieurs égards. La principale difficulté tient au fait que de nombreuses associations fonctionnent sans conseil d'administration, ni véritables adhérents. Qui, dans ces conditions, peut légitimement désigner des délégués et qui peut prétendre à cette fonction ? La formulation de l'article 3 de l'accord-cadre est révélatrice du flou juridique. On n'a pas su nommer l'instance décisive autrement que par le bâtiment, comme si les murs allaient parler d'eux-mêmes : « Chaque édifice du culte musulman géré par une association déclarée désignera [...]. » Cette situation a inévitablement généré des foires d'empoigne[4]. Par ailleurs,

1. *Islam*, n° 1, janvier-mars 2002.

2. Mille environ d'après Alain Billon, *La Croix*, 25 mai 2001.

3. La mosquée de Paris compte ainsi dix-huit délégués, celles d'une superficie supérieure à 800 m^2 quinze délégués, celles entre 701 et 800 m^2 huit délégués, etc., jusqu'à un seul délégué pour les lieux de prière de moins de 200 m^2.

4. Celles-ci ont commencé très tôt avec l'intervention de consulats étrangers (Algérie, Maroc, Turquie) visant à faire respecter une discipline d'affiliation nationale. Xavier Ternisien raconte comment un vice-consul est venu visiter un imam et lui a fait signer un « imprimé à en-tête de la mosquée de Paris » sous la menace. *Le Monde*, 30 novembre 2001. *Le Monde* du 4 mai 2002 évoquait la suspicion d'infiltration de mosquées par l'UOIF, stratégie que cette dernière baptise « démarche de rassemblement ».

comme on ne pouvait se fonder sur d'inexistantes listes d'adhérents pour apprécier l'importance des lieux de prière, on a cru régler le problème en se rabattant sur leur superficie. Mais ce critère, non retenu pour la mosquée de Paris, n'est pas plus légitime pour les autres mosquées. Certaines, très spacieuses, sont vides alors que les fidèles débordent de salles de prière plus petites. Comme le faisait remarquer Élie Maréchal dans *Le Figaro* [1] : « Le problème tient également à la nature de la mosquée, à la fois lieu cultuel et culturel. Par exemple, la mosquée Adda'wa de la rue de Tanger [...] d'une surface totale de 5 299 m^2, ne réserve que 700 m^2 au culte. » Établir un tel critère revient en outre à encourager, à l'avenir, des projets de lieux de culte surdimensionnés.

La complexité de la seconde étape du dispositif, les élections régionales, n'est guère plus prometteuse. La proposition faite par l'État d'une liste unique [2] concoctée par le comité régional « qui aura préalablement procédé aux consultations qu'il estimera souhaitables » et censée représenter « l'équilibre existant dans la région entre les différentes familles du culte musulman [3] » n'a pas été retenue par la commission organisation. Pour l'attribution des sièges, le comité devra d'abord établir un quotient électoral correspondant au nombre de suffrages exprimés, divisé par le nombre de sièges à pourvoir. S'il reste des sièges non pourvus, ils le seront « à la plus forte moyenne ». On épargne au lecteur le détail du mode de calcul. Pour sélectionner la délégation régionale ensuite, un classement des délégués sera effectué d'après l'ordre figurant sur la ou les listes, en privilégiant l'élection au quotient, puis la plus forte moyenne si nécessaire. Cette étape décisive, on l'a dit, a été reportée. Les « alliances marocaines » et celles que l'UOIF a su conclure avec des mosquées indépendantes placent en effet celle-ci dans une

1. Daté du 7 septembre 2001.
2. On remarquera à quel point il était maladroit de la part de l'État d'opter pour un scrutin d'approbation d'une liste unique établie sous la haute surveillance du sous-préfet. Nul doute que, pour un certain nombre de ressortissants étrangers, le principe doit rappeler quelques mauvais souvenirs.
3. On est en droit de se demander sur quelles informations fiables l'administration aurait pu se fonder pour apprécier les rapports de force entre les diverses « familles » musulmanes.

position très favorable, au grand dam de la mosquée de Paris qui n'a présenté sous son étiquette que des listes « algériennes » et n'a pas su (voulu, pu ?) rassembler au-delà de son camp [1].

A priori, les délégations régionales devront se réunir au niveau national au sein de l'« assemblée générale constituante » qui désignera les membres du Conseil français du culte musulman selon une procédure prévue dans les statuts élaborés par la sous-commission *ad hoc*. Une fois constituée, cette instance se dotera des statuts de son choix, d'un conseil d'administration, etc., et sera déclarée en association loi de 1901.

Pour être candidat à tout niveau, il faut être musulman et majeur, désigné par une association gérant un édifice de culte, français ou titulaire d'une carte de résident et jouir de ses droits civiques. Dès le premier renouvellement, l'accord-cadre prévoit l'adjonction, aux délégués élus formant l'assemblée, de représentants des fédérations et des grandes mosquées, et de personnalités qualifiées. Pour son premier mandat, ce sont les membres de la commission d'organisation qui se joindront aux délégués élus, avec les mêmes prérogatives. Les délégations régionales devraient devenir les interlocuteurs naturels des pouvoirs publics régionaux, comme l'instance nationale fournira à l'État un interlocuteur légitime pour « traiter [...] des sujets cultuels et de portée nationale ».

Si les élections ont lieu et si les luttes intestines ne viennent pas rapidement à bout de cette instance, deux dérives sont à craindre : qu'elle devienne une représentation instrumentale de l'islam, qui aurait pour fonction d'envoyer à l'ensemble de la société française quelques messages convenus lorsque la situation l'exige, et qui n'aurait pas de réelle influence sur les musulmans, notamment les jeunes, attirés par des appels plus stimulants ; que les militants les plus radicaux, qui sont aussi, très

1. Lors de son congrès en mai 2002, l'UOIF avait annoncé sa détermination d'aller aux élections le 23 juin avec ou sans la mosquée de Paris et avec le soutien du Tabligh, de la FNMF et de la mosquée d'Évry. Youssef Mammeri, de la mosquée de Marseille-Sud, avait appelé les présents à « virer ceux qui ont accaparé la mosquée de Paris » pour la restituer à « tous les musulmans de France » — déclaration saluée par un tonnerre d'applaudissements. (*Le Monde*, 4 et 14 mai 2002 ; *Le Figaro*, 3 mai 2002.) Début juin, l'UOIF a finalement accepté que les élections soient reportées à l'automne.

souvent, les plus actifs, en prennent le contrôle, comme la stratégie de l'UOIF le laisse craindre. Les pouvoirs publics auraient alors créé, par leur volontarisme, un lieu de légitimation des discours prônant une rupture avec la société française et qui en démultiplierait l'impact. Ce risque est d'autant plus réel que les populations élevées ou nées en France s'accommodent mal des luttes de tendances et d'écoles et sont à la recherche d'un islam universel débarrassé des particularismes régionaux. Or, les Frères musulmans sont particulièrement bien placés pour satisfaire cette demande puisque leur doctrine propose de faire table rase des différences cultivées à l'intérieur de l'islam sunnite [1], en retournant aux textes (le Coran et la sunna) qui seuls sont sacrés, *et donc intangibles.* Si Tariq Ramadan parle d'un *fiqh* (jurisprudence) européen (qui reste à définir), c'est précisément parce que les concessions ne sont tolérées qu'à la marge du système doctrinal. Cette tentative de dépoussiérage ne doit donc pas être assimilée à un assouplissement des exigences de l'islam ; il s'agit au contraire de revenir à l'islam des débuts, délesté des emprunts produits par l'osmose avec les cultures locales. Le Tabligh, né en Inde pour résister à toute influence du milieu ambiant en pays majoritairement non musulman, développe aussi en France un islam conçu pour résister à l'assimilation. Partant du principe de l'intangibilité des textes sacrés, ces deux mouvements transnationaux interdisent d'espérer une exégèse un tant soit peu modernisée.

En somme, cette expérimentation consultative pourrait bien se révéler une boîte de Pandore. Après le 11 septembre, plusieurs voix s'élevèrent pour mettre en garde contre le jeu d'apprenti sorcier auquel s'étaient voués Alain Billon et Bernard Godard. Alain Madelin a demandé de « stopper la machine infernale de cette consultation sur l'islam [2] ». Malek Boutih [3],

1. Hassan al-Banna, fondateur des Frères musulmans et grand-père de Tariq Ramadan, pour bien convaincre de l'inanité des divisions internes à l'islam sunnite, a élevé chacun de ses enfants dans une école de pensée différente.

2. « Stopper la machine infernale de cette consultation sur l'islam », propos recueillis par Daniel Licht, *Libération*, 27-28 octobre 2001.

3. « Mon pays la France », entretien de Christine Clerc avec Malek Boutih, *Le Figaro*, 25 octobre 2001.

président de SOS-Racisme, Soheib Bencheikh[1] et le recteur de la mosquée de Paris lui-même[2] ont exprimé la crainte que le processus accouche du pire. C'était peine perdue. Si l'on parle du processus de consultation avec l'islam comme on a parlé du processus de Matignon pour la Corse, c'est que ces deux mésaventures sont marquées par le même syndrome du toboggan : une fuite en avant déclarée « irréversible[3] ». L'État français aurait peut-être dû tirer les leçons de l'expérience belge avant de se lancer dans cette affaire.

L'exemple belge

Le royaume de Belgique n'est pas un régime laïque comme la République française. La reconnaissance du culte musulman par l'État belge date du 19 juillet 1974. Ce n'est que quatre ans après qu'un arrêté royal a prévu une organisation en comités du culte musulman, mais il est resté lettre morte. Comme en France, 1989 a été une année décisive pour la Belgique qui vit les voiles fleurir à l'école et dut trancher sur l'organisation de cours de religion musulmane que refusaient les communes de Saint-Gilles et Schaerbeek. Le tribunal de Bruxelles a autorisé le voile à l'école et obligé les deux communes à remplir leurs obligations conformément à la loi. Ces événements ont relancé la question de la structuration de l'islam qui, après de nombreuses péripéties, n'est toujours pas vraiment réglée aujourd'hui.

Le Centre islamique culturel, fondé en 1968 à Bruxelles par les Saoudiens, jouait le même rôle de leader dans la représentation de l'islam en Belgique que la mosquée de Paris en France. Néanmoins, c'est lui qui a pris l'initiative de créer un « comité

1. « Le mufti de Marseille juge la "Consultation scandaleuse" », propos recueillis par Daniel Licht, *Libération*, 22 octobre 2001.

2. Nous sommes prêts à être des Voltaire de l'islam », propos de Dalil Boubakeur recueillis pas Daniel Licht, *Libération*, 29 octobre 2001.

3. « Ce processus apparaît irréversible », déclarait Bernard Godard, in « De la séparation des cultes et de l'État à la consultation des musulmans de France », *L'engagement spirituel : contemplation et action*, Les Cahiers de l'Institut des hautes études islamiques, n° 10, octobre 2000.

préparatoire à des élections» réunissant divers responsables associatifs et imams. Il suivait en cela les recommandations du commissariat royal à la politique des immigrés, exprimées dans un rapport rédigé en 1989 et proposant l'élection par les musulmans, dans les mosquées, d'un Conseil supérieur des musulmans ayant vocation à supplanter le Centre islamique dans ses rapports avec l'État. Le rapport suggérait que ce conseil fût composé de douze personnes élues et de «cinq personnes cooptées en raison de leur autorité morale, intellectuelle ou scientifique». Les élections organisées le 13 janvier 1991 se sont déroulées dans les mosquées marocaines et turques de tendance Milli Görus, émanation du parti islamiste turc, le Refah[1] (excluant ainsi le DITIB regroupant l'islam modéré dépendant de la Turquie), en dépit de l'appel au boycott de l'ambassade du Maroc. Le Conseil supérieur des musulmans de Belgique ainsi formé comprenait dix-sept membres dont trois cooptés (et non pas cinq comme le recommandait le commissariat royal).

Quelques mois avant les élections, le gouvernement, qui en appréhendait les résultats, entreprit de désigner les membres d'un organisme concurrent appelé Conseil des sages dont l'existence fut éphémère (moins de deux ans). Dès 1993, l'État belge lança de nouvelles négociations qui se révélèrent plus fructueuses puisqu'elles aboutirent à la création d'un Exécutif des musulmans plus influent sur les fidèles que le Conseil des sages. Certains de ses membres siègent également au Conseil supérieur des musulmans de Belgique, dont les activités n'ont pas cessé même si l'État ne lui reconnaît aucune légitimité. La mise à l'écart de l'islam incarné par le DITIB continue de poser un problème aux Turcs qui ne sont représentés que par les mosquées Milli Görus. Si l'expérience belge, que l'on nous vante si souvent, revêt un caractère exemplaire, il faut bien admettre qu'il réside dans les ambiguïtés du pouvoir vis-à-vis de l'auto-organisation des musulmans, puisque l'État belge a tout bonnement désavoué un processus démocratique. L'État français, qui s'est tellement impliqué dans la définition du pro-

1. Cf. Pierre-Yves Lambert, «Les musulmans de Belgique. Quelques aspects de leur histoire politico-institutionnelle», *Gözlem*, septembre 2000.

cessus électoral et qui est, contrairement à l'État belge, privé du droit de reconnaissance, serait en plus mauvaise posture pour le désavouer si, d'aventure, le résultat des élections ne lui convenait pas. Il n'est pas même certain qu'auprès des musulmans eux-mêmes, l'expérience récolte le succès escompté.

Une représentation légitime de l'islam en France est-elle possible ?

Si le mode de désignation de l'instance représentative contente les fédérations que le rôle hégémonique de la mosquée de Paris avait reléguées dans l'ombre, elle laisse de nombreux musulmans insatisfaits. Pour Michel Renard et Saïd Branine, rédacteurs en chef de la revue *Islam de France*, les pratiquants anonymes hors structure associative ne se reconnaîtront pas dans le Conseil français des musulmans qui donnera le monopole de la représentation à un « pseudo-clergé que l'islam ignore ». Pour eux, « la seule représentation légitime en islam est celle que procure le savoir et la piété ».

L'islam sunnite, en effet, n'a pas de clergé hiérarchisé comme l'Église catholique, si tant est qu'il puisse avoir une cléricature. Pour Montgomery Watt, cette absence d'Église officielle structurée ne doit pas masquer pour autant le fait « qu'il existe dans l'islam une institution, peut-être devrait-on dire un ensemble d'institutions par l'intermédiaire desquelles est remplie une grande partie des fonctions de l'Église. [...] L'institution religieuse se composait des interprètes reconnus de la charia et de la structure intellectuelle qui lui était associée, soit les oulémas, ou *'ulama'*, littéralement « savants ». [...] La clef de voûte du plus haut enseignement islamique était la science du droit[1]. » Ces oulémas furent souvent dépendants des dirigeants, nommés et payés par eux le plus souvent, même si le système du *waf* (fondation pieuse) leur procura une certaine autonomie. Cette dépendance aurait favorisé la rigidité croissante du système juridique islamique, censée contrebalancer les pressions des

1. W. Montgomery Watt, *La pensée politique de l'islam*, *op. cit.*

dirigeants et maintenir le « pré carré » des oulémas. Traditionnellement, la cléricature échappe donc, par nature, au vote démocratique et se fonde sur la reconnaissance de qualités et de talents particuliers [1]. D'où la récurrence des exigences de compétence et de qualités morales et spirituelles exprimées par les musulmans au cours de l'enquête menée par *Islam de France* [2]. Trois qualités étaient généralement jugées indispensables pour prétendre représenter les musulmans : l'honnêteté, la compétence et l'indépendance par rapport aux pays étrangers. L'insistance sur ces points dévoile également une certaine méfiance des musulmans vis-à-vis d'un processus qui semble se réduire, pour beaucoup, à une lutte de pouvoir.

Kamel Kabtane, recteur de la mosquée de Lyon participant à la consultation, se montrait aussi très sceptique sur la mobilisation qu'on peut attendre d'une procédure électorale : « Si la moitié acceptent d'entrer dans le jeu, on a de la chance. [...] Car ces pratiques ne font pas partie de leur coutume [3]. »

Plusieurs facteurs se sont opposés à l'émergence spontanée, en France, d'une cléricature islamique conforme à la tradition. Les musulmans arrivés en France étaient trop peu alphabétisés pour prétendre à cette fonction. Quant aux plus instruits de ceux qui sont nés ici, ils ont sans doute choisi d'autres voies plus propices à l'ascension sociale. Il faut aussi mentionner la difficulté de développer une science du droit dans un pays où la loi est déconnectée de la sphère religieuse, et la mondialisation des références savantes qui relativise la nécessité de relais nationaux. D'ailleurs, c'est au niveau européen qu'a vu le jour en 1997, à l'initiative de la Fédération des organisations islamiques d'Europe dont l'UOIF fait partie, le Conseil européen de la fatwa et de la recherche (CEFR) [4]. Les radios, les maisons

1. C'est ce que n'a cessé de dire Soheib Bencheikh qui souhaite la création d'un « groupe de réflexion consultatif, qui ne prétende pas à être représentatif, mais s'impose comme une référence » (*L'Express*, 9 avril 1998).

2. *Islam de France*, n° 7, 2000.

3. Isabelle de Gaulmyn, « Un islam à la française se constitue pas à pas », *La Croix*, 4 juillet 2001.

4. Le Conseil est présidé par Al-Qaradâwî, le célèbre cheikh qatari, secondé par Fayçal Mawlawi, cheikh libanais. Décrit par *Islamophile.org* comme « le savant de l'éveil islamique » et un admirateur de Hassan al-Banna, le cheikh Ûsuf al-Qara-

d'édition, Internet aussi diffusent des textes, des avis, émanant d'autorités religieuses vivant dans des pays musulmans (Syrie, Égypte...) et rompus à l'argumentation savante. On aurait donc dû se demander, avant d'engager la consultation, si l'on avait atteint en France le seuil critique favorable à l'émergence d'une cléricature nationale qui déboucherait sur autre chose qu'une lutte acharnée pour le pouvoir, mêlant les rivalités nationales à celles des mouvements islamiques transnationaux. L'imbrication des domaines temporel et spirituel à laquelle les musulmans sont accoutumés ajoute une difficulté supplémentaire à la transposition de ce type de cléricature en pays laïque et commande aux pouvoirs publics de ne pas s'en mêler. C'est une chose que d'aider un culte à s'organiser, bien que cela soit déjà peu conforme à la neutralité que l'État doit montrer à l'égard de toutes les religions — pourquoi aider l'islam à s'organiser plutôt que d'autres mouvements religieux ? —, c'en est une autre de participer à l'élaboration d'une instance en cherchant à la modeler selon son vœu et de vouloir en faire son interlocuteur unique. Après tout, il n'existe pas d'instance unique représentant l'ensemble des religions chrétiennes de France.

---

dâwî est né en 1926 en Égypte et a été formé à Al-Azhar. Après avoir été interdit de prédication au Caire en 1959, il fut transféré à Al-Azhar qui le détacha au Qatar où il devint doyen de la faculté de la charia islamique. Il est aussi membre de la jurisprudence de la Ligue islamique de La Mecque, du Centre royal de la civilisation islamique de Jordanie, du Centre des études islamiques d'Oxford, et membre du conseil scientifique de l'Institut européen des études islamiques créé par l'UOIF à Château-Chinon ; il est enfin actionnaire de la banque Al-Taqwa, proche de Ben Laden. Mawlawi, quant à lui, a été conseiller religieux de l'UOIF de 1980 à 1985 et membre fondateur de l'institut de Château-Chinon. Sont également membres du CEFR, Ahmad Jaballah, directeur de cet institut, et Rachid Ganouchi, célèbre islamiste tunisien réfugié à Londres où est d'ailleurs basé le CEFR. Celui-ci élabore des recommandations destinées aux musulmans d'Occident. S'il les encourage à respecter les lois du pays où ils résident, il exhorte aussi le musulman « à préserver son identité et sa personnalité islamique en se conformant aux lois du Seigneur [...], à s'évertuer à ce que l'islam soit reconnu [...]. Les musulmans d'Europe doivent créer des corps judiciaires qui s'occupent de leur statut personnel et de leurs affaires religieuses [...]. Ils doivent s'attacher fermement au Coran et à la Sunna [...], s'évertuer à élever leurs enfants dans un environnement islamique en créant des écoles musulmanes, des centres éducatifs et d'animation [...] » (*Islamiya.net.*)

Le rôle de l'État : un « facilitateur » en marge de la laïcité

L'ambiguïté du rôle de l'État dans la consultation a plané sur tout le processus. Premièrement, c'est l'État qui a financé l'ensemble du dispositif, jusqu'à l'organisation des élections et la campagne publicitaire [1]. L'instance représentative sera vraisemblablement aussi financée sur les deniers publics, même si Alain Billon déclarait dans *La Croix* qu'elle ne disposerait « dans un premier temps, d'aucun moyen financier propre [2] ».

Deuxièmement, dans un État laïque, est-il bien légitime que l'administration intervienne dans les modalités d'organisation et de représentation d'un culte ? Daniel Vaillant, ministre de l'Intérieur, reconnaissait lui-même « être parfois aux limites de la laïcité [3] ». Le ministère ne s'est pas contenté d'accueillir les participants dans ses locaux mais les a choisis, leur a fixé en grande partie les modalités et les obligations de l'exercice sans avoir vraiment les moyens de les imposer. La grande ambiguïté de cette aventure administrative tient à la volonté de l'État d'apparaître dans une position de retrait (« témoin de bonne foi ») en conformité avec les exigences de la laïcité qui le contraint aux subterfuges et à l'action en coulisses pour ne pas paraître tirer les ficelles [4].

Lors de la première réunion de la consultation, Jean-Pierre Chevènement déclarait vouloir « privilégier autant qu'il sera possible le dialogue et l'auto-organisation des musulmans ».

1. Alain Billon a déclaré « souhaitable que la plus grande publicité soit faite autour de ces élections pour que le plus grand nombre de musulmans y participe ». Pour en être sûr, le ministère a préparé un dépliant détaillant le processus électoral qu'il s'est chargé de diffuser. *Le Nouvel Observateur*, 8-14 novembre 2001.

2. *La Croix*, 25 mai 2001.

3. Isabelle de Gaulmyn, « Un islam à la française se constitue pas à pas », *La Croix*, 4 juillet 2001.

4. En témoigne paradoxalement l'insistance avec laquelle le ministère a souligné la passivité de son rôle : « Les pouvoirs publics sont extérieurs au processus [...] Les pouvoirs publics n'ont jamais été conduits à prendre des décisions à la place des musulmans [...]. » Cf. « L'intégration de l'islam a progressé », propos d'Alain Billon recueillis par Daniel Licht, *Libération*, 19 novembre 2001.

« L'organisation de l'instance représentative est de votre responsabilité, ajoutait-il : l'État ne lui fixe ni cadre ni délai [1]. » Or, bien évidemment, l'État n'a pas pu s'en tenir à un rôle de « facilitateur », tant il désirait voir émerger une instance à la fois crédible et modérée [2]. Il a manifesté ce vœu dans la composition même de la consultation. S'il l'a élargie au-delà des interlocuteurs habituels de l'État français, il a subtilement sélectionné les mosquées : en métropole, pour moitié sous influence algérienne et pour moitié sous domination marocaine, en évitant celles liées à l'UOIF. Les « personnalités qualifiées » ont été choisies avant tout pour leur modération ou/et leur qualité intellectuelle. De même, pour éviter les mauvaises surprises aux élections régionales, l'État avait souhaité confier à l'administration le soin de concocter des listes d'approbation respectant « l'équilibre existant dans la région entre les différentes familles musulmanes » plutôt que de laisser jouer les candidatures spontanées.

La présence des personnalités qualifiées, contestée dès le départ, est revenue sur la sellette lorsqu'il s'est agi de définir la composition de la future instance représentative. Cela a été un point d'achoppement majeur de la consultation qui a conduit Daniel Vaillant à faire une mise au point. Alors que Jean-Pierre Chevènement avait justifié leur présence par un choix personnel visant à l'aider dans sa démarche et sans incidence particulière sur la suite du processus [3], Daniel Vaillant a dévoilé les arrière-pensées ministérielles dans son allocution du 10 janvier

1. *Al Istichara*, n° 1, ministère de l'Intérieur, mars 2000.

2. *Le Figaro* du 3 mai 2002 décrivait ainsi la stratégie initiale des pouvoirs publics : « Tout en y associant l'UOIF, héritière des Frères musulmans, et même le Tabligh, mouvement piétiste, prosélyte et traditionaliste, il s'agissait de les mettre en minorité face à une coalition de mosquées affiliées à la Grande mosquée de Paris, aux Turcs laïques et aux Africains, lesquels symbolisent un "islam d'ouverture". »

3. « Par ailleurs, en tant que ministre des Cultes, il m'a paru utile de m'entourer des conseils de six personnalités qualifiées à la fois pour leurs compétences et pour le fait qu'elles symbolisent des écoles de pensée ou de recherche qui pourront nous aider à progresser ensemble » (*Al Istichara*, n°1, ministère de l'Intérieur, mars 2000).

2001. Il n'y était plus question de personnalités qualifiées, mais de « personnalités *indépendantes des lieux de culte* [nous soulignons], influentes sur le plan intellectuel ou spirituel ». Le ministre fit aux musulmans une proposition, à prendre ou à laisser, contraire à la position de neutralité affichée au départ par son prédécesseur :

> Il est très important que la très grande majorité des délégués de la future instance qui représentera les musulmans de France (je dirais de l'ordre de 90% pour fixer les esprits) soit désignée à partir de l'ensemble des lieux de culte, mais il est également important que les trois composantes [délégués élus, fédérations et grandes mosquées, personnalités qualifiées] se retrouvent dans cette instance pour rester fidèle au cadre initial tracé par la consultation. À l'intérieur de ce cadre, l'administration peut tout admettre. Mais elle ne peut naturellement admettre de changer le cadre accepté au départ, sans se renier, chacun doit le comprendre [1].

Toujours dans la même allocution, le ministre de l'Intérieur insistait sur l'« obligation de résultat, avec ou sans l'aide des pouvoirs publics » et se déclarait déterminé à poursuivre « l'effort considérable que [l'administration] a consenti dans cette expérience », pourvu qu'il existe « un consensus sur la méthode, la forme et le fond ». Ce coup de force allait se transformer en coup de poker hasardeux. L'administration, qui n'a pas réussi à rallier tous ses interlocuteurs, a dû se contenter, dans un premier temps (7 février 2001), d'un accord à la majorité simple — ratifié par la mosquée de Paris et refusé par l'UOIF, la FNMF et le Tabligh [2] — au lieu d'une majorité qualifiée des trois quarts, comme le prévoyait le règlement intérieur de la commission d'organisation. Le principe même des personnalités qualifiées, leur poids et l'obligation de les recruter en dehors des lieux de culte ont continué d'être discutés. La place des fédérations et grandes mosquées restait également problématique. Lors d'un grand rassemblement organisé au Bourget par l'UOIF du 27 avril au 1er mai 2001, Alain Billon tonnait encore : « Un accord définitif semble enfin en vue. Il faudra qu'il soit ratifié

1. Texte en gras. *Al Istichara*, avril 2001.
2. Daniel Licht, « Les musulmans de France peinent à s'unir », *Libération*, 17-18 février 2001.

rapidement, sinon l'administration devra conclure que la volonté d'aboutir n'existe pas et en tirer les conséquences [1]. » En fait de menaces, Alain Billon et Bernard Godard se sont empressés de trouver un subterfuge permettant à chacun de sauver la face. Le compromis était inévitable, étant donné le désir de l'État, bien plus que des participants, de trouver un accord qui préserve le processus [2]. Les membres de la consultation se sont entendus sur la nécessité de garder les trois composantes, mais en repoussant à plus tard le choix de leurs pondérations respectives et le « vivier » de recrutement des personnalités qualifiées [3]. Ce sera donc à l'assemblée générale de décider lors du premier renouvellement. L'État n'a obtenu aucune garantie. On ne voit même pas ce qui pourra empêcher la nouvelle instance représentative de choisir un autre mode de fonctionnement que le schéma tripartite imposé par l'administration. L'instance sera souveraine. Quels qu'aient été les efforts du gouvernement pour influer sur le processus, l'État sera hors jeu dès que la première assemblée sera constituée.

Une instance représentative, pour quoi faire ?

Deux articles de l'accord-cadre (8 et 9) définissent la fonction de l'instance représentative qui apparaît plus symbolique qu'organisatrice puisqu'elle doit s'interdire toute ingérence dans le fonctionnement interne des fédérations, associations et mosquées. Malgré son assise cultuelle, elle a la vocation de constituer une représentation communautaire. C 'est une sorte d'« ambassade » de l'islam en France : « Symbole de l'unité du culte musulman, l'instance représentative devra défendre la

1. Cf. Xavier Ternisien, « Au Bourget, les musulmans se mobilisent pour la Palestine », *Le Monde*, 2 mai 2001.

2. Ce qui, traduit dans la langue de bois ministérielle, donne : « Les musulmans savaient que les pouvoirs publics souhaitaient un accord et ils ont su surmonter leurs différences. » Cf. « L'intégration de l'islam a progressé », cité *supra*.

3. C'est encore la suggestion de Fouad Alaoui de l'UOIF qui a été retenue. En attendant le premier renouvellement, ce sont les membres de la consultation qui, en se joignant à l'assemblée générale, assureront la représentation de personnalités « qualifiées ».

dignité de ses fidèles et leurs intérêts légitimes. [...] Elle aura aussi à se préoccuper de l'image, de la défense et de la valorisation de l'islam et des musulmans dans l'opinion publique. » Grâce aux deux « artificiers » du ministère de l'Intérieur, les « musulmans culturels » de France seront donc représentés par des autorités religieuses qui, en leur nom, pourront par exemple, avec plus de poids que lors de l'affaire Rushdie, peser sur la liberté d'expression au nom du blasphème[1]. La mosquée de Paris et la FNMF s'étaient alliées à cette occasion à l'UOIF et à l'Association des étudiants islamiques de France (AEIF) au sein d'un comité pour saisir la justice française. Le Conseil français du culte musulman pourra aussi, au nom de la « dignité de ses fidèles » et de « leurs intérêts légitimes », officialiser un discours misérabiliste sur l'islam en France afin d'obtenir des financements.

En revanche, il n'aura aucun pouvoir en matière d'organisation et de dogme sur les lieux de culte et mosquées qu'il représentera. Il est conçu comme impuissant et irresponsable. Il se distingue en cela de l'Église catholique dont un évêque a été récemment condamné pour n'avoir pas dénoncé les agissements pédophiles d'un de ses prêtres, et des associations protestantes dont les synodes prennent des décisions que les associations appliquent ensuite. On pourra continuer, dans certaines mosquées, de désenvoûter par ingestion d'eau salée (à des tarifs prohibitifs et avec certains risques) sans que le Conseil puisse y mettre bon ordre. Le Conseil n'aura pas non plus les moyens d'instaurer la transparence des flux financiers ni d'influer sur leur affectation pour les rendre plus efficaces — mission urgente s'agissant d'un culte que l'on dit pauvre. On ne cesse de déplorer l'ingérence des puissances étrangères dans le financement de l'islam et l'opacité qui entoure la gestion des revenus de la

1. Cf. Alexandre del Valle, *Islamisme et États-Unis, une alliance contre l'Europe*, *op. cit.* Aux État-Unis, Le Council of American-Islamic Relations (CAIR), fondé en 1994 à Washington, est très actif dans la promotion de l'islamisme, notamment en concentrant ses efforts pour réduire au silence toute personne exprimant un point de vue critique sur l'islam. Il obtient des droits de réponse dans la presse, des excuses dans les journaux, fait écrire des e-mails vengeurs et menaçants aux contrevenants ! Cf. Daniel Pipes, « How Dare You Defame Islam », *Commentary*, novembre 1999.

viande halal dont on dit qu'ils sont colossaux [1]. La constitution d'un organe islamique de portée nationale était l'occasion — aujourd'hui perdue — de prendre en main les vrais problèmes qui minent l'islam de France [2].

Dans les rapports malsains qu'entretiennent les pouvoirs publics et l'islam, chacun essaie de tirer son épingle du jeu. Or à quoi aboutissent les manœuvres des uns et des autres ? À déconsidérer la loi de 1905 et les lois républicaines en général, l'État vis-à-vis des musulmans et les autorités religieuses islamiques vis-à-vis des fidèles, découragés par leur dépendance et le spectacle de leurs luttes de pouvoir.

Tout cela démontre que la loi de 1905 doit être revue et précisée. Elle est en outre impuissante à empêcher les dérives sectaires, d'où qu'elles viennent. D'un côté, en accueillant l'islam à bras ouverts, comme il se doit d'une grande religion, l'État n'a aucun moyen de se prémunir contre ses courants les plus durs, dont certaines pratiques n'ont rien à envier aux sectes. De l'autre, en refusant longtemps aux Témoins de Jéhovah le statut de la loi de 1905 et en le refusant encore aujourd'hui à des religions jugées sectaires, il ne les empêche pas d'exister, ni même, apparemment, de prospérer. L'usage concordataire de la loi est donc non seulement illégal mais de surcroît inefficace. Il ne revient pas à l'État de juger de la conformité d'un dogme *a*

1. Estimés à 1,2 milliard d'euros. La France serait un des principaux exportateurs de viande halal (125 614 tonnes comptabilisées par la douane française en 1997). Cf. Alexandre del Valle, « L'argent, les mosquées, les réseaux », *Le Figaro Magazine*, 30 janvier 1999.

2. Nous avions nous-mêmes proposé en vain, dans le cadre du Haut Conseil à l'intégration, la mise sur pied d'un comité national de gestion auquel auraient participé des associations cultuelles et des unions d'associations pour les plus petites. Les principes étaient les suivants : mise au « pot commun » des sources de financement extérieures excluant toute « traçabilité » des sommes apportées par tel ou tel pays ou bienfaiteur étranger ; mise en commun des bénéfices cultuels de la viande halal, avec gel provisoire dans l'attente d'un accord à la Caisse des dépôts et consignations, évitant l'appropriation par quelques-uns de cette manne financière comme c'est le cas aujourd'hui ; redistribution des sommes en fonction des besoins de fonctionnement et d'édification des lieux de culte. Soheib Bencheikh faisait, dès 1998, une proposition voisine : « Si on exigeait une taxe de cinquante centimes par kilo et si une fondation indépendante en gérait le produit, cet argent pourrait servir à la construction de mosquées et d'écoles, à payer des imams, à fonder un Institut d'études islamiques... » (*L'Express*, 9 avril 1998).

priori, mais de sanctionner les abus relevés lors du contrôle de conformité à l'ordre public.

Au lieu d'essayer vaille que vaille d'ajuster une loi mal taillée pour l'islam [1], mieux vaudrait repenser l'ensemble du dispositif juridique régissant les associations de manière à ce que la loi encadrant les cultes ne puisse être ni contournée ni utilisée de façon concordataire. Les parlementaires pourraient dans cette perspective établir une liste, forcément provisoire, des mouvements connus comme religieux ou se reconnaissant comme tels, auxquels le statut cultuel s'appliquerait automatiquement — à charge pour les cultes de confier leurs activités culturelles et sociales à des associations de droit commun et à charge pour l'État d'opérer un contrôle strict de l'ordre public, en se donnant les moyens de juguler d'éventuelles dérives sectaires et en s'assurant que les activités cultuelles sont publiques et non subventionnées par les pouvoirs locaux. Quant à la tentation récurrente de trier entre bons et mauvais cultes en jouant des avantages fiscaux qui leur sont accordés, le moyen de l'écarter définitivement serait d'étendre ceux-ci, quitte à les réduire, aux autres associations de droit commun. Enfin, la définition intuitive que chacun avait de la laïcité avant que l'islam fasse irruption ne va apparemment plus de soi. Une remise à plat des lois sur les associations devrait aussi être l'occasion de préciser explicitement ce qu'on entend aujourd'hui par laïcité (droits et obligations de chacun), ce qui suppose que les politiques fassent leur travail, prennent leurs responsabilités au lieu de s'en décharger sur le Conseil d'État.

1. Même si le Parlement votait, par exemple, cinq ans d'exception à la loi de 1905 pour permettre aux élus locaux de financer la création de lieux de culte musulmans, le pouvoir de choisir les dirigeants des lieux de culte en question resterait entièrement dans les mains des maires.

VI

Le voile et la République

> « Quant à l'islam de France, puisque sa présence ne semble plus éphémère, qu'il ne prétende pas, jamais, sous peine de perdition, passer outre les lois de la République. Elles ont coûté cher au peuple qui les a choisies. Elles permettent à la communauté musulmane de vivre en toute quiétude légale… »
>
> *Jamal Eddine Bencheikh*

L'identité française, c'est d'abord l'esprit des lois qui la régissent. Or l'essentiel des différences entre le droit français et les codes de statut personnel inspirés par l'islam porte sur le droit de la famille et sur le droit des femmes. La femme n'est pas une question, mais LA question. C'est à l'école, endroit précis où la République proclame la nécessité d'une certaine assimilation, qu'a jailli l'étincelle. L'irresponsabilité des dirigeants socialistes a transformé l'incident en une véritable crise du voile à répétition [1], laissant les associations antiracistes tenir le haut du pavé, se déchargeant sur le Conseil d'État d'une question politique, confortant les mouvements islamiques les plus irrespectueux de la République.

1. C'est de « foulard » qu'il s'agissait, mais, afin d'unifier avec la pratique en pays musulman, nous parlerons le plus souvent de « voile », mot qui a aussi l'avantage sur « foulard » de former un verbe.

1989, une année musulmane

Pourquoi des affaires de foulard ou de voile en 1989 en France, mais aussi dans toute l'Europe et jusqu'en Turquie ? La Révolution islamique iranienne secoue l'ensemble du monde musulman, une flambée islamisante sans précédent advient en Algérie. En France, le flux des liaisons téléphoniques entre les deux rives de la Méditerranée étant l'un des plus nourris au monde, tout événement là-bas fait écho de ce côté de la mer. Enfin, la France est devenue un sanctuaire pour un certain nombre d'islamistes — tunisiens entre autres — qui, rejetés de leur pays d'origine, prospèrent à l'abri des lois républicaines.

Au début de l'année, éclate, venue d'Angleterre, l'affaire Rushdie. Une association [1] regroupant quelques dizaines de personnes organise une manifestation hostile aux *Versets sataniques,* livre considéré comme blasphémateur par les musulmans [2]. Des « fous de Dieu » iraniens se glissent parmi les manifestants et appellent au meurtre contre l'écrivain. Dès le lendemain, François Mitterrand condamne fermement ces débordements. Le surlendemain, son Premier ministre Michel Rocard reprend à son compte la condamnation, en mettant cependant en garde contre tout « amalgame » — déjà — entre une poignée d'agités khomeinistes et la France musulmane tranquille. Une manifestation contre l'intolérance réunit dans une belle unanimité tous les futurs acteurs de l'affaire du voile : SOS-Racisme, Fédération indépendante démocratique lycéenne (FIDL), PS, PC, LICRA, MRAP, MRG et Comité national d'action laïque (CNAL).

Le cheikh Abbas, recteur de la mosquée de Paris, prend une position modérée et le calme revient vite. Mais l'événement a suscité une grande émotion et une puissante mobilisation « communautaire », d'où vont procéder nombre d'associations de

1. Selon une information parue dans *Le Figaro* du 30 janvier 1999, l'association organisatrice de cette manifestation aurait reçu l'année suivante 40 000 F du Fonds d'action sociale pour les immigrés.

2. Le dernier blasphémateur condamné en France fut le chevalier de la Barre, décapité en 1766 pour avoir plaisanté et refusé d'ôter son chapeau devant une procession.

jeunes musulmans, en particulier dans la région lyonnaise. Un signe ne trompe pas : le siège de SOS-Avenir Minguettes est remplacé en juin 1989 par une petite salle de prière fréquentée par des jeunes gens, étudiants ou futurs « ex-voyous » repentis, qui tiennent désormais le discours suivant, si doux aux oreilles des élus locaux : « Fini les cartes, la bibine, la dope. » Une nouvelle génération musulmane s'éveille, qui se manifestera pleinement avec la seconde crise du voile en 1994.

L'été 1989 est fertile en événements mobilisateurs : une conférence de musulmans européens réunit trois cents délégués aux Pays-Bas avec une forte participation turque, réunion décisive pour les associations désireuses de faire pression sur les organisations européennes en vue d'obtenir la reconnaissance d'une « communauté » fondée sur un statut juridique dérogatoire[1]. Outre son importance stratégique, cette conférence se veut une réponse symbolique à la visite du pape, qui, l'année précédente au Parlement européen, avait parlé de la religion chrétienne comme de l'« élément unificateur et salvateur de l'Europe contemporaine ». Le cheikh Abbas s'éteint en mai, l'imam Khomeiny en juin, le FIS est légalisé en Algérie en août, en six mois une nuée de voiles va apparaître dans Alger. C'est encore à l'été 1989 qu'une pelleteuse détruit, par erreur, un lieu de culte musulman à Charvieu-Chavagneux, en région lyonnaise. Trois cents personnes manifestent pour le respect de la liberté de culte avant que le maire ait pu prouver sa bonne foi : SOS-Racisme, des représentants de la Ligue islamique mondiale liée à l'Arabie saoudite et, plus inattendu, le groupe PC du conseil général de l'Isère[2].

À l'automne, l'affaire du voile, péripétie dérisoire en apparence, va envahir les écrans de télévision pendant un trimestre,

1. L'article 27 du Pacte international relatif aux droits civils et politiques stipule : « Dans les États où il existe des minorités ethniques, religieuses ou linguistiques les personnes appartenant à ces minorités ne peuvent être privées de professer et de pratiquer leur propre religion ou d'employer leur propre langue. » Bien que régulièrement rappelée à l'ordre par l'ECRI, la France est très réservée sur cet article. Pour Abderrahim Lamchichi, les associations néofondamentalistes espèrent un statut juridique dérogatoire, *L'islam est-il soluble dans la République ?*, *Panoramiques*, 1997.

2. Sur la mauvaise foi des médias dans cette affaire, voir *supra*, chapitre V.

et cela malgré le désintérêt de 53 % des Français, passionnés par la proclamation de la République en Hongrie, la chute du Mur à Berlin, l'abolition du rôle dirigeant du Parti à Prague, le renversement de Ceaucescu le 22 décembre. L'affaire éclate dans *Le Courrier picard* le 3 octobre. Le principal d'un collège de Creil a renvoyé chez elles trois jeunes filles voilées. Trois jours après, les représentants locaux de SOS-Racisme, du MRAP, de la Ligue des droits de l'homme entament une campagne de stigmatisation du principal accusé de porter atteinte à la laïcité (!). Le 9 octobre, le principal parvient, après des heures de discussion, à un accord avec les jeunes filles, leurs pères et les représentants d'associations musulmanes locales : les trois élèves pourront porter le voile partout dans l'établissement, sauf en salle de classe. Le 19 octobre, les familles ayant été poussées à l'intransigeance par des associations musulmanes nationales (FNMF, UOIF et Tabligh) qui ont dépêché sur place leurs principaux responsables, les élèves remettent leur voile pendant les cours. À plusieurs reprises, Danielle Mitterrand déclare qu'il faut accepter les traditions quelles qu'elles soient[1], donnant ainsi sa bénédiction au voile — bénédiction qui sera saluée en Iran et sera pour beaucoup dans le « retournement » des familles et la rupture du compromis négocié au collège.

En moins de trois semaines, le décor est ainsi planté, les principaux acteurs de l'affaire sont réunis pour le pire des scénarios : des associations antiracistes qui enferment l'événement sous le sceau de l'antiracisme et de l'idéologie droit-de-l'hommiste, des associations musulmanes parmi les plus radicales, la première dame de France dont l'intervention était aussi déplacée que mal inspirée, mais dont on admettra qu'elle a fait briller l'absence des hommes politiques. De quoi était-il question, hors des écrans de télévision ?

1. Le hasard fait que, dans les mêmes jours, paraît un jugement à propos d'une excision (qui n'a rien à voir avec l'islam) : une femme est accusée de violence volontaire à enfant de moins de 15 ans ayant entraîné une mutilation. Voir *L'Événement du Jeudi* du 18 octobre 1989.

L'incident vu du terrain

Dès 1985, à Noyon, quelques fillettes arrivent voilées à l'école publique, se bouchent les oreilles en cours de sciences naturelles, refusent d'aller à la piscine ; en 1988, elles rejetteront la musique, « communication intérieure avec Satan ». Le voile, à cette époque, s'accompagne déjà d'une « étiquette » en pointillé : celle de l'appartenance musulmane. Des incidents comparables se multiplient au sein d'autres écoles primaires, collèges, lycées d'enseignement professionnel qui accueillent des enfants appartenant au moins à une vingtaine de nationalités différentes, mais où les élèves « musulmans » sont majoritaires. La mention d'appartenance religieuse étant interdite dans tout questionnaire scolaire, c'est devant leur classe vide le jour de l'Aïd[1] que certains professeurs découvrent cette réalité. (Le corps enseignant de ces établissements est très majoritairement féminin.)

En 1989, l'incendie se prépare la veille de l'été, avec la décision unanime du conseil d'administration d'un collège de Creil de mettre fin à une situation qualifiée d'intolérable : une dizaine d'élèves juifs sont systématiquement en retard de dix jours à chaque rentrée et absents tous les samedis. Certains professeurs évoquent alors le cas de trois jeunes filles voilées auxquelles il convient à cette occasion de rappeler, comme à tous, le respect de la laïcité dans l'enseignement public. La règle est claire et confirmée par l'inspecteur d'académie : la circulaire de 1936, toujours en vigueur, « interdit tout objet dont le port serait susceptible de provoquer des manifestations en sens inverse et recommande de procéder dans toute la mesure du possible par la persuasion plutôt que par la contrainte ». Le décret-loi du 15 mai 1937 « interdit toute proclamation d'appartenance politique ou religieuse ainsi que toute forme de prosélytisme dans les établissements ». Un accord est obtenu à propos du samedi avec les responsables juifs qui s'y tiendront. Un autre est laborieusement négocié avec les musulmans et sera rompu dans les jours à venir.

1. Voir *supra*, chapitre v.

En quoi le principal a-t-il porté atteinte à la laïcité, comme l'ont précipitamment déclaré les représentants locaux de la Ligue des droits de l'homme, du MRAP et de SOS-Racisme ? Me Vergès s'en mêle aussi, qui envisage de porter plainte contre lui pour « discrimination raciale » envers les jeunes filles — accusation évidemment absurde puisque la sanction est conforme au règlement encore en vigueur et frappera dans les jours suivants aussi bien deux blondinettes, françaises de père et de mère, que des jeunes filles d'origine maghrébine. Le climat est tel que certains médias se font un devoir de mentionner les cheveux frisés du principal qui serait d'origine antillaise ou, qui sait, un peu juif et ancien du PC ? Désormais, tout défenseur de la laïcité se croit obligé de préciser son pedigree de non-raciste avant de s'exprimer : « Afin d'éviter tout malentendu, j'ajoute que je suis née dans le franco-judaïsme, etc.[1]. » Quelques jours encore et le principal recevra des menaces de mort ; l'année suivante, il sera poursuivi par l'une des familles qui s'estime diffamée par la qualification d'« intégriste[2] », adjectif dont usent et abusent le pouvoir de la base au sommet ainsi que la presse, à la une et dans ses articles. La Ligue de l'enseignement règlera définitivement son compte au malheureux quelques mois plus tard en le remisant à l'extrême droite. Foin de réfléchir et de controverser, il s'agit de disqualifier !

De nouveaux acteurs musulmans : les conquérants

Dans les affaires de voile, ce ne sont plus les mères[3] qui se manifestent, comme souvent en cas de difficulté scolaire et familiale ; cette fois surgissent les pères[4] et les frères, flanqués

1. Suzanne Citron, « Retour d'un refoulé », *Hommes et Migrations,* février-mars 1990.
2. *Le Figaro*, 3 avril 1990. Le procès tourna court, le père n'étant que le concubin sans autorité parentale.
3. La mère des jeunes Marocaines n'était pas voilée.
4. L'article 19 de la Déclaration universelle des droits de l'homme en islam le rend responsable de l'éducation physique, morale et religieuse des enfants. Même s'il est confié à sa mère, l'enfant doit être élevé dans la religion de son père, ce qui n'est pas conforme à la législation française puisque l'autorité parentale est partagée.

d'imams, de représentants intermittents de grands courants transnationaux d'outre-mer et d'outre-frontières — Tabligh, Frères musulmans, Milligorus pour les Turcs — et de nombreux convertis, venus prodiguer leurs conseils aux parents des jeunes filles. Bien plus tard, Henri Tincq dénoncera « les stratégies provocatrices qui se cachent derrière le port du foulard, surenchère dont la Fédération nationale des musulmans de France (FNMF) tente de tirer profit [1] ». Mais, sur le moment, l'événement apparaît comme spontané et dû au seul zèle intempestif d'un principal aussi agité qu'isolé.

L'un des pères est un imam du Tabligh, très conséquent dans son austérité puisque sa fille n'apparaîtra jamais devant les caméras. Les prêches de la mosquée d'Omar à Paris donnent un aperçu du message Tabligh : le vrai croyant doit vivre comme à l'âge d'or du Prophète — gandoura, babouche et toque blanche, pas de haut-parleur pour la prière, pas de table, ni chaises, ni couverts [2]. Les fidèles piétistes du Tabligh attirent des jeunes qui se cherchent. Radicalement opposés à tout ce qui vient du dehors de l'islam, ils se tiennent à l'écart de la société. À beaucoup d'égards, ils rappellent les Amishs du film *Wittness*, n'était l'ardent prosélytisme qui les rapproche des Témoins de Jéhovah, comme ils le disent eux-mêmes. Ils sont non violents, mais revendiquent leur non-intégration [3]. En 1989, ils passent pour des bigots apolitiques. Depuis lors, il leur est arrivé de se retrouver au Pakistan ou en Afghanistan pour « approfondir leurs connaissances religieuses ».

Autour de la famille marocaine, s'empressent les tout jeunes dirigeants des associations musulmanes « non algériennes », Abdallah Ben Mansour, secrétaire général de l'UOIF, et Ahmed Jaballah, secrétaire général de la FNMF, associations rivales bien que financées toutes deux à l'époque par les mêmes sources saoudiennes. L'UOIF est alors plutôt « tunisienne », proche des Frères musulmans [4]. Dans les années qui suivront, elle jouera un

1. En 1994 dans *Le Monde.*
2. *Cahiers de L'Express*, 1990.
3. Antoine Sfeir, *Les réseaux d'Allah,* Plon, 1997.
4. Mouvement fondé en 1928 par Hassan al-Banna en Égypte qui aspire à résoudre au moyen de l'islam les problèmes sociaux et politiques.

grand rôle auprès des jeunes, avant que ces derniers ne prennent leur autonomie. L'Union des jeunes musulmans de Lyon, par exemple, a fait du port du voile sa principale revendication au nom de la liberté d'expression, tout en demandant l'interdiction des *Versets sataniques*. Ses membres persistent à penser que le laïcisme pur et dur a été inventé pour brimer l'islam[1]. Daniel Youssef Leclerc, sorti comme tant d'autres du vivier Tabligh, a regroupé en 1986 plusieurs tendances dans la FNMF. Sa stratégie consiste à tirer profit de l'incident du voile pour faire de la surenchère de « visibilité » par rapport à la prudente mosquée de Paris, absente du débat, trop algérienne pour ne pas dire trop FLN à son goût. C'est la raison des violents reproches qu'il adressait au recteur cheikh Abbas, disparu au printemps, qui ne faisait pas une obligation absolue de la viande hallal et ne portait pas de « barbe foisonnante ». En cet automne 1989, Daniel Youssef Leclerc manifeste son soutien tapageur aux jeunes filles par quelques déclarations à la fois pudibondes et garçonnières : « un vrai musulman ne peut envoyer sans foulard sa fille à l'école ; le foulard, c'est le préservatif des musulmans ». À chacun sa pudeur. Le secrétaire général adjoint de la FNMF, Abdallah Milcent, médecin strasbourgeois, converti en Afghanistan, deviendra au fil des ans le conseiller technique des familles de fillettes voilées[2].

Au cours des discussions au collège de Creil, les représentants de l'UOIF, FNMF ou adeptes du Tabligh ne cachent pas leur intention d'islamiser la France avec patience. Des collégiens affirment que cinquante à soixante-dix camarades se seraient convertis en un mois, conversions de cour de récréation bien sûr : l'un va à la prière, dix le suivent. N'empêche. Un imam prophétise que les deux cent soixante collégiennes de Creil porteront bientôt le voile, que l'islam sera bientôt la première religion de France et qu'il travaille à cela[3]. Indéniable-

1. *Libération*, 21 octobre 1989.

2. Le philosophe iranien Schayegan n'est pas tendre pour ces convertis, « nouveaux bigots emmitouflés jusqu'aux oreilles dans le refuge des démocraties, à l'abri d'un état laïque, qui préfèrent vivre l'islam en Europe que dans les pays musulmans » (Daruysh Shayegan, *Le regard mutilé*, Albin Michel, 1989).

3. *Le Nouvel Observateur*, 12-18 octobre 1989.

ment, ces effets de manche sont destinés à marquer des points vis-à-vis de la mosquée de Paris, mais ils n'en manifestent pas moins une volonté expansionniste qui ne laisse pas d'inquiéter. « Si un musulman jouit d'un caractère suffisamment trempé pour défendre son identité, il parviendra à la faire prévaloir, déclare l'influent soudanais Hassan Tourabi [1]. À la fin c'est l'État hôte qui changera ses droits, ses lois, quitte à amender sa propre constitution [2]. » Le ton est très viril ; la « *libido dominandi* » surgit dans de nombreux propos : « Interdire les mosquées de minaret, n'est-ce pas tout bonnement les castrer ? Dans notre pays nous sommes des hommes, ici nous sommes presque des femmes [3]. » Hani Ramadan évoque « l'engagement viril de tout l'être dans l'effort de redressement et de retour vers Dieu [4] ». Avec Hassan Tourabi, on accède à l'évacuation du féminin puisqu'il affirme qu'un homme « estime une femme voilée comme son frère ».

Le résultat de telles rodomontades ne se fait pas attendre. À la fin de l'année 1989, alors que pour la population d'origine musulmane l'islam est synonyme de paix, de progrès, de tolérance et de protection de la femme, les « non-musulmans » n'y voient que violence, retour en arrière, abaissement de la femme et fanatisme. Étrangement, ce sont les jeunes, les cadres et les intellectuels qui redoutent le plus une évolution vers l'intégrisme, ceux-là mêmes qui vont défendre le voile à l'école [5].

Le confusionnisme des associations à la une

À tout seigneur tout honneur, cet automne-là, les Français désignent Harlem Désir, avant François Mitterrand, comme le plus apte à résoudre les problèmes de cette fin 1989 [6]. SOS-

1. Congrès des notaires, 1999, p. 48.
2. *L'Express*, 12 mai 1989.
3. *Ibid.*
4. *Bulletin du Centre islamique de Genève*, p. 5.
5. Sondage *La Vie*-CSA, mars 1989.
6. Sondage *Le Nouvel Observateur*-SOFRES, novembre 1989.

Racisme, à sa création en 1984, était contre le droit à la différence[1], tout comme le MRAP, prônant « la communauté de destins rassemblés autour des valeurs de la République ». Son revirement a été spectaculaire. L'association affiche, en 1989, 350 comités et 17 000 adhérents, essentiellement des jeunes, surtout si l'on ajoute les trois mille lycéens de la FIDL qu'elle a rassemblés à la suite des manifestations étudiantes de 1986. Harlem Désir, presque en solitaire, condamne précipitamment les tenants d'une stricte laïcité, « la pire des attitudes étant le rejet en raison des signes extérieurs d'appartenance religieuse » — « même si ce sont des signes de prosélytisme », ajoutera-t-il étourdiment deux semaines plus tard, avant de signer avec Alain Touraine un texte soutenant que l'école doit défendre « la raison, sans oublier la sexualité », et de terminer en apothéose avec un bus contre le racisme. Éric Ghebali, secrétaire général de SOS-Racisme, signe dans *Libération* avec Guy Konopnicki un réquisitoire exemplaire contre Jean-Pierre Chevènement, le précédent ministre de l'Éducation nationale, coupable de défendre la laïcité et accusé de « coloniser son Algérie intérieure ». « Il n'y a pas de problème immigré, il y a le racisme », concluent-ils[2].

Le MRAP, rival de SOS-Racisme, a pris le même tournant idéologique. Avec la vénérable Ligue des droits de l'homme, forte de ses 8 000 membres, il pourchasse sans relâche la part maudite de la nation, étale avec constance ses péchés historiques sur la place publique et condamne sans délai les responsables du collège de Creil. Peu de temps après et avec autant d'empressement, il poursuit pour discrimination raciste la directrice d'un LEP de Marseille qui a refusé une jeune fille voilée. Mais, de façon inattendue, son avocat recule prudemment afin que la « tolérance relative qui a cours ne soit pas mise en question face à une particularité de la religion islamique ». Pas de miracle dans cette palinodie, la présidente marseillaise du MRAP, maghrébine de soixante-dix ans qui fut mère de famille à quatorze ans, a menacé de démissionner.

1. En 1976 dans son *Livre bleu*, Paul Dijoud, secrétaire d'État aux migrations, préconisait la préservation des liens avec la culture d'origine, et il était accusé alors de conforter l'immigré dans son statut social précaire en creusant les différences.
2. Le 19 décembre 1989.

Quant au Comité national d'action laïque (CNAL), il rassemble la Ligue de l'enseignement née en 1866 en plein combat de l'école, sa filiale la Fédération des conseils de parents d'élèves (FCPE), la Fédération de l'éducation nationale (FEN) regroupant cinquante syndicats d'enseignants, le Grand-Orient, tous les syndicats et partis de gauche. En 1959, le CNAL réunissait douze millions de signatures contre la loi Debré[1] et pour la défense de l'école laïque. Sous l'effet du voile, toutes ces antiques alliances vont se défaire. Le cheminement et l'explosion de la Ligue de l'enseignement annoncent un reniement, sans tambour ni trompette. Dès 1982, la Ligue anticipait les engagements du candidat Mitterrand sur l'avènement d'un grand service public unifié et laïque de l'Éducation. Pour amadouer l'enseignement privé, futur « nationalisé », elle proposait d'élargir le champ des connaissances aux philosophies, aux idéologies et même aux religions. Mais le rêve s'est envolé avec la gigantesque manifestation de 1984. Pour la Ligue, le cœur n'y est plus et c'est désormais le syndicalisme enseignant qui reprend le flambeau de l'affrontement légendaire : catholiques contre laïcs. De son côté, la Ligue élargit ses centres d'intérêt aux problèmes sociaux qui affectent désormais l'école. Au contact de la gauche chrétienne, elle s'est laissé convaincre que les religions ne sont plus un facteur de division. Sous la houlette des Verts, elle s'intéresse aux cultures régionales, ou plus exactement à la responsabilité de l'école dans le « génocide culturel », et si elle s'accommode encore du cadre de l'État-nation, ce n'est plus pour longtemps. Elle fait de louables efforts pour comprendre la question de l'islam en France, organise des colloques comme « Donner une âme pour l'Europe » — sur fonds européens — avec des musulmans « de toute sensibilité », elle se grise de la période al-Andalus. Elle devient plurielle, au point d'éclater. Pour les uns, l'identité nationale est relativisée et l'intégration individuelle qualifiée de « rampante ». L'autre courant refuse cette mauvaise conscience post-coloniale condui-

1. Qui finance en partie l'enseignement privé. Notons que de nombreux protagonistes de l'affaire du foulard, comme Julien Dray, étaient âgés d'une trentaine d'années en 1989.

sant au relativisme absolu des valeurs républicaines et occidentales, et surtout il refuse de ne s'intéresser qu'à l'islam.

Les syndicats d'enseignants dans l'ensemble se démarquent de la Ligue de l'enseignement. Si la FCPE est comme Lionel Jospin, le ministre de l'Éducation nationale, hostile à l'exclusion des élèves voilées et le soutiendra, dès qu'une institutrice convertie à l'islam se voilera dans la banlieue de Montpellier, son antenne locale, comme celle du SGEN, prendra parti contre elle. Il y a une fracture entre les instances nationales et la base, entre la province et Paris, entre le terrain et les « quatre colonnes [1] », entre les croyants et les autres, entre les enseignants et les autres professions, entre les sociologues et les philosophes, surtout entre les hommes et les femmes bien plus qu'entre la gauche et la droite — presque absente en tant que telle. On retrouve la même fissure au Grand-Orient, pourtant peu enclin à la mixité en son sein, qui place le débat sur le terrain des droits de la femme. Henri Caillavet ironise à propos du voile : « Et pourquoi pas porter le triangle maçonnique ? » En revanche, la loge Ramadier qui regroupe les parlementaires francs-maçons soutient Jospin. La LICRA [2] sera la seule association antiraciste à s'opposer au voile, et ceci sous Jospin comme sous Bayrou. Sans aller, comme Alain Finkielkraut, jusqu'à reprocher à la plupart de ces associations « leur attitude criminelle », on peut être consterné par leur légèreté.

Le résultat, c'est qu'au nom de la charité chrétienne [3], sacrifiant le troupeau pour trois brebis égarées, ces associations font entrer à l'école des valeurs exactement contraires aux leurs : l'interdit, le pur et l'impur, la vérité toute faite aux dépens de celle que l'on cherche, l'impératif communautaire au nom de la liberté individuelle, la Loi de Dieu passant avant la loi des hommes. Les mêmes libres penseurs, railleurs, frondeurs, qui mettaient un point d'honneur à déguster ostensiblement une andouillette le Vendredi saint, au Café de la Cathédrale, maintenant se soucient dévotement de viande halal [4]. C'est dire com-

1. Salle des pas perdus de l'Assemblée nationale.
2. Ses parrains furent Léon Blum et l'archevêque de Paris.
3. Dont les laïcards ne sont pas moins empreints que les autres, car l'école laïque est nimbée de sensibilité chrétienne, ce que les musulmans ressentent parfaitement.
4. Viande égorgée suivant le rite musulman.

bien le positionnement de ces associations repose sur une étrange interprétation de l'affaire et de ses enjeux, et sur une incompréhension mêlée de désinvolture pour le point de vue de leurs protégées.

D'abord il est bien naïf de croire encore que la raison peut s'opposer à l'irréductible aspiration spirituelle de la foi. C'est le péché mignon des laïcs : grâce à Voltaire, grâce à Rousseau, ils vont arracher les consciences humaines à la croyance, ils vont éteindre dans le ciel, définitivement, des lumières qu'on ne rallumera plus [1] ; avec quelques leçons sur Montaigne, ils feront jeter le foulard aux orties. Or, dans le Maghreb, c'est en Tunisie où le taux d'analphabétisme est le plus bas qu'est apparu l'islamisme. De même, le niveau d'études des jeunes femmes voilées d'aujourd'hui est bien supérieur à celui de leurs mères. En outre, les Frères musulmans tout particulièrement insistent sur la rationalité des choses religieuses en islam, allant jusqu'à une apologétique rationaliste. Ils ne manquent jamais de rappeler l'obscurantisme de l'Église — qu'ils ont appris dans nos manuels scolaires en même temps que les méfaits du clergé ! — et pensent que l'opposition entre la foi et la science est une expérience occidentale [2].

Deuxième naïveté : il est interdit d'interdire. Tel fut le mot d'ordre dans l'affaire du voile, mot d'ordre de vieux soixante-huitards, à l'adresse de jeunes qui aspiraient exactement au contraire. En témoigne le propos du jeune Marseillais Abdelkrim, entré à la confrérie Tabligh de la Butte des Carmes où il trouvait une distinction draconienne entre le bien et le mal, des limites et des frontières décidées par Dieu, accompagnées de harangues peu conciliantes : « Un vrai croyant ne doit jamais consentir, il doit ordonner et interdire mais jamais consentir, jamais [3] ! » L'islam offre ainsi à cette jeunesse un recours. Il lui parle de volonté « à contre-temps », dans une époque de com-

1. Pour parodier la déclaration du député Viviani en 1906.
2. Lorsque en 1895, le réformateur Mohamed Abduh, grand mufti d'Égypte, convaincu de la compatibilité de l'islam et des sciences, tenta d'introduire la géographie comme matière facultative au programme de l'université d'Al-Azhar, il fut rejeté parmi les mécréants qu'on appelait les porteurs de tarbouche (coiffe rouge).
3. *Les Cahiers de L'Express*, 12 mai 1989.

plaisance où l'école laïque, horrifiée par la seule idée de contraindre, choisit le compromis. S'il fallait une preuve de ce malentendu, nous l'aurons dix ans plus tard à Vaux-en-Velin, aux Assises de la ville en 1999, où trente jeunes, montés sur l'estrade, hurlant et insultant, confisquèrent les débats toute la matinée, face à des préfets, des élus, des responsables de la politique de la ville et neuf cents personnes. Malgré la violence de leurs propos, personne ne réagit. « Ils sont fous, dirent ces jeunes gens, à leur place je nous ferais expulser… au lieu de ça, ils nous proposent des RV, ils sont trop culpabilisés, ça les bloque[1]. »

Autre source de malentendu : à côté de ceux qui sont franchement partisans du voile par souci de « respecter les différences », d'autres sont prêts à le tolérer au moins provisoirement, afin que les jeunes musulmanes puissent quand même et sans drame, bénéficier de l'école et, à terme, se libérer de l'« oppression familiale » : les jeunes filles voilées sont les « victimes de l'autoritarisme des pères », écrit Jean Daniel[2]. Or, sur ce point, même la camarade du Cercle des socialistes de culture musulmane, Sultana Cheurfa, proteste : « Avec l'affaire du foulard, on est loin de la neutralité laïque, Régis Debray fait de l'école laïque le plus sûr allié des jeunes musulmans contre l'autoritarisme des pères[3]. » En effet, la place donnée aux jeunes dans notre société choque énormément les familles musulmanes. « Ici, on a donné la parole à nos enfants et nous ne l'avons plus », explique Abdelhafid Hammouche[4]. Lutter contre l'« oppression familiale », c'est aussi aggraver la relégation du père, aiguë de ce côté-ci de la Méditerranée, et chronique sur l'autre rive, quasi ontologique, liée au partage de l'espace entre la maison des femmes et la rue des hommes.

Or, c'est à ce moment, le 20 novembre, qu'est publiée la

1. *Libération*, 11 décembre 1999.
2. *Le Nouvel Observateur*, 2-8 novembre 1989. Comme l'a rappelé alors Mona Ozouf, de 1870 à 1914, la presse anarchiste employait ces termes d'« oppression familiale ».
3. *Le Monde*, 24 novembre 1989.
4. Abdelhafid Hammouche, *Autorité paternelle et puissance publique*, CRESAL/Universités de Saint-Étienne et de Lyon.

Convention internationale des droits de l'enfant. Si, on l'a vu, l'article 13 affirme le droit de l'enfant à la liberté de pensée, de conscience et de religion, l'article 14 ajoute que les parents ont le droit et le devoir de guider leur progéniture d'une manière qui correspond au développement de ses capacités. Faut-il attendre que l'enfant, incapable juridiquement jusqu'à sa majorité, ait atteint le niveau de discernement qui lui permette de choisir librement ? Dans une affaire d'adhésion religieuse concernant une mineure de seize ans — selon le rite baptismal des Témoins de Jéhovah —, la Cour de cassation estimera en 1991 que l'adolescente devait attendre l'âge de sa majorité civile pour exercer son choix, une conviction n'allant pas sans responsabilité. En terre d'islam, l'enfant doit être élevé dans la religion de son père… Voilà des problèmes qui auraient dû donner lieu à des débats, mais qui ont été escamotés.

De même : quand des musulmans parlent avec insistance de pudeur, nul ne les écoute, nul ne se pose la question de l'image qu'ils ont, par médias interposés, de la société occidentale. Sur le plateau de télévision d'une chaîne publique, deux acteurs de porno, mari et femme échangistes, elle bisexuelle, expliquent que leur enfant de huit ans dormant au premier étage n'est pas le moins du monde choqué par la chose. Mieux encore, un vieux monsieur, ancien Premier ministre, répond à une question graveleuse sur sa sexualité. Comment s'étonner que quelques pères musulmans se rebellent contre les « souillures de l'Occident » et que les jeunes parlent d'une « culture occidentale en pleine décomposition[1] » ? Comment défendre à la fois *Baise-moi* et les jeunes filles voilées ? L'Église, elle, cohérente et fidèle à son message, recevra les « brebis égarées » avec leur voile, soutenue en cela par l'opinion des catholiques pratiquants qui se montrent les plus favorables aux musulmans (sondage IFOP de novembre 1989[2]).

1. Porte-parole de l'UJM, *Libération*, 7 février 1994.

2. De même ce sont les départements catholiques traditionnels qui sont les plus résistants au Front National, même si certains d'entre eux ont été légèrement entamés lors de l'élection présidentielle d'avril-mai 2002.

Qu'en pensent les musulmans « transigeants[1] » ?

Cette année-là, selon les sondages, presque les trois quarts des personnes se déclarant musulmanes disent vivre leur religion de façon satisfaisante ; une petite moitié, 45 %, sont opposés au port du foulard, 22 % y sont favorables[2]. Leurs imams sont à cette époque de modestes conducteurs d'autobus, ouvriers chez Renault, maçons, restaurateurs, immigrés de « première génération » d'origine rurale. Mgr Lustiger suggère qu'ils expliquent clairement la signification du voile pour savoir si oui ou non elle contredit la laïcité. Michel Rocard, « nouvel ouléma » décrète : « Le Coran n'impose pas le foulard. » L'Inspection des finances préparerait-elle à l'exégèse coranique ? Le cheikh Haddam, nouveau recteur de la mosquée de Paris, plus républicain que notre Premier ministre, se garde bien de citer le Coran. À l'entendre, si des jeunes filles veulent se couvrir les cheveux, c'est leur droit le plus absolu, au nom des droits de l'homme. Il sait bien sûr qu'on débat du port du voile depuis toujours en islam. Concerne-t-il toutes les femmes, ou seulement les femmes du Prophète, puisque Sakina, sa petite-fille, tenait salon tête nue[3] ? Haytham Manna, médecin anthropologue syrien, propose deux traductions absolument contradictoires du fameux verset : « Prophète, dis à tes femmes et à tes filles et aux femmes des croyants de se couvrir de leur voile. C'est le meilleur moyen pour elles d'être reconnues et de n'être pas offensées[4]. » Certains comprennent : « n'étant pas reconnues, elles ne seront pas importunées » ; d'autres : « pour les faire reconnaître à d'autres femmes ». Mystères et richesses de l'exégèse.

Hadj Alili, imam de Marseille[5], tout comme Abdel Amil

1. On appelle « transigeants » les catholiques qui en 1905 ont accepté la loi de séparation. Cf. Jean-Marie Mayeur, *La séparation des l'Églises et de l'État*, Éditions ouvrières, 1991.
2. Sondage *Le Nouvel Observateur*, 15 novembre 1989 ; *Le Monde*, 30 novembre 1989.
3. Fereydoun Hoveida, *L'islam bloqué*, Robert Laffont, 1992.
4. Verset 53 de la sourate XXXIII.
5. Et futur membre du CORIF.

YouYou, imam fort cultivé de Strasbourg, déclarent catégoriquement : « Interdire le foulard, c'est comme arracher une page du Coran. » En revanche, pour l'imam de Lyon Abdelkader Chihane — dont les filles sont voilées —, le port du foulard n'est pas obligatoire[1]. Driss Ichou, alors imam de Mantes, en veut pour preuve que le Coran ne prévoit pas de sanction pour celles qui ne le portent pas[2].

Sans préjuger d'aucune position sur le voile, certains comme Kamel Mansour, aumônier de prison, et Kamel Kebtane, gestionnaire de la grande mosquée de Lyon, rappellent que le Coran conseille de se plier aux lois du pays où l'on vit : « C'est notre religion qui nous impose de nous conduire conformément aux lois de l'État où nous résidons et dont nous sommes citoyens[3]. » Dans un de ses premiers livres[4], Tariq Ramadan cite le verset : « Ô vous qui croyez, n'entrez pas dans des maisons qui ne sont pas les vôtres sans en demander la permission », et il en déduit qu'il faut faire allégeance aux lois fondamentales du pays où l'on vit[5].

Quelques intellectuels s'expriment : l'universitaire Mohamed Harbi, héros du FLN, adjure les musulmans de soutenir les forces laïques ; Jamel Eddine Bencheikh, professeur à la Sorbonne, indique les raisons précises de sa réticence au port du voile : « Aucun islam n'est imaginable en France sans que la femme y tienne toute sa place. Aucune disposition juridique fût-elle coranique ne saurait s'opposer au principe d'égalité absolue qui doit régir les rapports entre les deux sexes[6]. » C'est aussi

1. *La Gazette de Montpellier*, 28 octobre 1989.
2. Notons que sur ce point, le CEFR fera preuve de modération : « Si le foulard (ou hidjab) est une obligation pour les musulmans, il n'en demeure pas moins qu'il s'agit d'une branche secondaire de la religion. Bien que ce soit un haram indéniable [qu'il soit illicite de ne pas le porter], il s'agit d'un péché mineur. [...] On peut fermer l'œil sur les petits péchés, alors qu'on ne peut ignorer les péchés majeurs. » (Fatwa du CEFR, *Islamiya.net*, 31 janvier 2002.)
3. Colloque IHESI, 23 juin 2000.
4. Tariq Ramadan, *Les musulmans dans la laïcité*, *op. cit.*
5. En 1998, lors d'un entretien avec Jean-Pierre Chevènement, le cheikh Tantaoui, imam d'Al-Azhar, confirmera ce point de vue : « Les musulmans ont le devoir de se conformer aux lois du pays où ils vivent ; ils ont le choix de s'y plier ou de quitter le pays. » « L'esprit de cette fatwa est à connotation plus ou moins lepéniste », s'indignera Mohamed Telhine dans *Libération* du 23 avril 1998.
6. *Le Nouvel Observateur*, février 1996.

l'opinion de Jacques Berque, célèbre traducteur du Coran et ami de l'islam ; à ses yeux, le voile est « une conciliation de mauvais aloi entre le rigorisme du statut féminin [1] et les nécessités de la vie moderne, d'où sa signification plus politique que religieuse, d'où son aspect profondément réactionnaire même et surtout du point de vue des pays musulmans où la position prise par tels de nos responsables a créé bien des déceptions ». La Tunisie vient à peine de renouveler l'interdiction du port du hijab au lycée, « moyen de recrutement et de visibilité des islamistes ». Quant au roi du Maroc, il constate avec un détachement feint et amusé la situation dans son pays : « La plupart des femmes marocaines ne portent pas le voile. Nous n'avons pas l'impression qu'en cela elles contreviennent aux commandements de l'islam qui sont définis dans le temps et dans l'espace. » Il a l'habileté de ne pas rappeler qu'en 1953 la France reprochait violemment à son père Sidi Mohamed d'avoir dévoilé sa fille.

D'autres déclarations dénotent une réelle compréhension de la laïcité dans ce qu'elle comporte de scrupule, de réserve, de civilité, dans l'intérêt de tous. Abdelhaï Benyahia, imam de Franche-Comté, demande le respect des lois de la République, non seulement parce que le Coran l'exige, mais parce qu'objectivement il voit dans la laïcité une forme de politesse, comme l'ambassadeur de la Ligue arabe : « Le dogme, c'est important, mais l'homme est doté de raison et doit surtout ne pas gêner les autres. »

Peu de femmes s'expriment sur le sujet, pressentant sans doute que les jeunes filles seront en tout état de cause les perdantes de ce conflit d'hommes. Dans son roman *L'amour la fantasia* l'écrivain Assia Djebbar, la première normalienne musulmane, citée par le général de Gaulle dans ses *Mémoires*, atteste la parenté entre la fonction du « chaperon » et celle du voile. Elle y décrit des Algériennes qui se réemmitouflent dans leur hijab à chaque approche d'un homme, dans les années soixante sur le Chenoua en Algérie :

> « Voyons, remarque l'une, c'est un Français ! » La pudeur habituelle n'était plus nécessaire. Le voile n'était pas destiné à préserver les jeunes

1. Enfermement, inégalité testimoniale et successorale, polygamie.

filles du clan doublement opposé des mâles européens, mais du regard de ceux qu'elles pouvaient épouser, ou plus exactement, à protéger ces jeunes gens du dérangement qu'elles leur procuraient.

Quel que soit leur avis, pour ou contre le port du voile, signe religieux ou culturel, politique ou coutumier, les musulmans lui donnent un sens relatif aux rapports entre les hommes et les femmes. Symbole de l'inégalité des sexes, moyen collectif de la perpétuer[1], fonction coercitive[2] pour les uns, protection de la pudeur féminine pour les autres, le voile relève en tout cas d'une stratégie conjugale de stricte endogamie.

Il convient d'ajouter, pour être complet, qu'en 1994 une tout autre attitude se fera jour. Soheib Bencheikh, grand mufti de Marseille, et Larbi Kechat, l'un des imams parisiens les plus courtisés par l'intelligentsia, feront du foulard un « référent identitaire ». Une croyance se discute tandis qu'une identité se respecte[3]. Les prêches dans la mosquée de Larbi Kechat ne laissent cependant guère de doute sur son intime conviction : « De quelle liberté est-il question quand la femme fait comme elle veut, se pavane, quitte son domicile, comme si Allah ne lui avait pas fixé une ligne de conduite ! » Dalil Boubakeur, recteur de la mosquée de Paris, estimera lui aussi que « le foulard n'est pas un signe religieux, ce n'est ni un croissant ni une étoile, il n'est nullement un signe d'intégrisme ou de fondamentalisme[4] ».

Une dérobade politique

Dans cette affaire, ce n'est pas l'État qui a conduit la politique pour le bien commun, ce sont les associations de la mouvance PS, démesurément valorisées par les médias, qui ont occupé tout le terrain. Il ne tenait pourtant qu'aux dirigeants

1. Selon Noria Allami, psychanalyste musulmane.
2. Malek Chebel, *Libération*, 8 février 1995.
3. Cette interprétation du foulard semble avoir gagné du terrain à mesure que les voiles se sont multipliés dans les écoles. Les musulmans modérés ont-ils cherché par là à récupérer le phénomène pour ne pas en laisser le monopole aux « plus militants » ?
4. La lettre du *Monde de l'éducation*, n° 98, 19 septembre 1994.

socialistes d'assumer leur rôle plutôt que de se comporter en spectateurs indécis et inconstants, se contentant de se proclamer laïques comme au bon vieux temps tout en ratissant l'électorat « multiculturel » par le biais des associations [1].

D'une manière générale, les partis politiques ne parviennent pas à rassembler leurs troupes sur une position claire vis-à-vis du voile. Au centre, on balance comme d'habitude entre chèvre et chou. À droite, parmi des voix discordantes, des catholiques déclarés se manifestent en faveur du voile ; ceux qui s'y opposent se font immédiatement reprocher d'avoir soutenu effrontément l'enseignement catholique en 1984. Plusieurs députés de droite demandent un débat parlementaire.

Le PC pour sa part est en plein désarroi. Non seulement le mur de Berlin s'écroule, mais dans le même temps un sondage IFOP vient confirmer que l'image de l'islam est très négative chez les militants du PC, et plus généralement dans les classes populaires FN et PC, raison pour laquelle le maire communiste de Clichy-sous-Bois soutient le maire de Montfermeil « dans la voie de la xénophobie ». Aussi *L'Humanité* tâtonne, dénonce la « paranoïa tranquille » du principal, puis approuve prestement son compromis avec les jeunes filles, et dix jours plus tard, non sans courage, stigmatise le voile comme une « marque évidente de prosélytisme religieux ». Les Verts en revanche, dont la posture est plus morale que politique, à l'instar des associations de gauche aux côtés desquelles ils manifestent, sont pour le voile.

Quand l'affaire a éclaté, Lionel Jospin, ministre de l'Éducation nationale, redoutant avant tout une mobilisation violente des jeunes de type NRJ, a recommandé de les écouter. Et en effet, 64 % d'entre eux approuveront son attitude vis-à-vis des jeunes filles voilées [2]. La plupart des dirigeants du PS sont en revanche tout naturellement hostiles au voile. La laïcité est leur conviction, leur cri de ralliement en cas de vague à l'âme, la ligne de démar-

1. Le président de la Ligue de l'enseignement dénonce cette nouvelle habitude : « Peu à peu à l'insu du citoyen moyen, on assiste, par une sorte de détournement de sa vocation initiale, à la substitution de l'association au parti politique, elle devient instrument de la conquête ou de la défausse des pouvoirs » (*Panoramique*, 1991).

2. Sondage commandé par le PS, 4 novembre 1989.

cation la plus éprouvée entre gauche et droite. Dans un premier temps, Lionel Jospin se force à ne voir dans le foulard qu'« un signe de ferveur et d'orthodoxie religieuse [1] ». Il se rétracte le lendemain sous la contrainte du bureau du PS qui déclare que « le voile est un symbole d'oppression si contraignant que des millions de femmes ont lutté contre pendant des décennies ». C'est pourquoi il comprend « la légitime émotion soulevée par l'expérience tentée par de petits groupes intégristes. Une reconnaissance officielle ferait peser sur l'immense majorité des jeunes filles musulmanes une contrainte dont elles pouvaient légitimement espérer êtres libérées en France ». Voilà qui est bien dit. 53 % des Français refusent le foulard. La FEN demande un débat

Les députés socialistes vont pourtant être convertis l'un après l'autre par les jospinistes à la solution d'accueillir les jeunes filles voilées, mais avec d'autant plus de réticence qu'après les vacances de Toussaint, ils ont rencontré leurs électeurs et appris que les Français refusent maintenant le voile à 83 %, plus de la moitié estimant qu'il s'agit d'« une manipulation des islamistes [2] » ou, comme le dit Bruno Étienne, que « des petits malins essaient de voir jusqu'où on va aller [3] ». Le bureau exécutif du PS demande à son tour un débat parlementaire.

Jospin ne tient plus ses troupes. Dans la perspective du prochain congrès du PS en mars 1990, il ne veut pas prendre de risque. Pour calmer le jeu, il demande un avis au Conseil d'État [4]. La question est ainsi formulée : « Compte tenu des principes posés par la Constitution et les lois de la République et eu égard à l'ensemble des règles d'organisation et de fonctionnement de l'école publique, le port de signes d'appartenance à une communauté religieuse est-il ou non compatible avec le principe de laïcité [5] ? » La question en elle-même offense par sa mau-

1. *Le Nouvel Observateur*, 26 octobre 1989.
2. Sondage IPSOS-*Le Point*, 26 octobre 1989.
3. *Le Quotidien*, 25 octobre 1989.
4. Rappelons que les avis du Conseil d'État n'ont pas l'autorité de la chose jugée ; ce ne sont que des conseils que le gouvernement est libre de suivre ou non. On apprendra par *Le Figaro* du 7 mai 2002 que Lionel Jospin aurait avoué plus tard à Jean-Pierre Chevènement « qu'avec le recul, il regrettait de s'être défaussé de la décision qu'il aurait dû prendre ».
5. Quelle est la couleur noire du cheval blanc d'Henri IV ?

vaise foi puisque, sans le nommer, elle classe d'emblée le foulard dans la même catégorie que les autres signes religieux [1]. Mauvaise foi parce que lorsque deux journalistes en reportage arrivent dans la grande cour ensoleillée du collège Lamartine à Vaulx-en-Velin, elles écrivent : « Nous apercevons en effet plusieurs adolescentes coiffées d'un foulard. » Le voile, comme la kippa, est très visible, tandis que dès 1938 le Conseil d'État avait jugé que la petite croix d'une institutrice ne justifiait pas de sanction disciplinaire [2]. En outre, le caractère commun des pendentifs, croix, médailles, étoiles de David, croissants, mains de Fatma, croix huguenotes, c'est d'abord qu'ils peuvent être portés par les deux sexes, à tout âge et à leur gré. Rien de commun avec le foulard dont le docteur Abdallah Milcent, conseiller ès jeunes filles voilées, dit très bien : « Le hijab n'est pas la même chose qu'un crucifix, le porter est une obligation, c'est la première fois qu'une *pratique* d'une obligation religieuse de l'islam est attaquée. » La croix ne renvoie qu'à elle-même, et suscite d'ailleurs la commisération des jeunes musulmans qui s'étonnent du choix de cet instrument de torture. L'étoile n'évoque rien que la nuit, à moins d'être obligatoire, jaune et cousue sur un vêtement [3]. Le croissant n'est pas plus chargé de sens que chez le boulanger (alors qu'il fut pétri pour la première fois il y a trois cents ans à Vienne quand l'armée turque campait sous les murailles). La croix huguenote est une croix de Malte aux branches reliées par quatre fleurs de lys, signe de fidélité au roi, cerclée par la couronne d'épines du Christ et agrémentée de l'ampoule contenant le saint chrême de Reims, apportée par une colombe le jour du baptême de Clovis ! Ces signes tournent court, ils n'ont aucune fonction, aucune utilité et se suffisent à eux-mêmes. Le voile au contraire n'a de signification que sur sa « marotte » vivante. Sans jeune fille à voiler, il n'est qu'un chiffon et ne signifie rien ; sans voile, elle n'est qu'une petite fille. Tout comme un é sans accent aigu est un e. D'une

1. Qui comportent aussi le prénom et la circoncision (ce n'est pas une obligation religieuse chez les musulmans).
2. Rappelé par *Le Figaro* du 23 novembre 1993.
3. Le mufti Ben Abdullah d'Arabie saoudite a émis une fatwa contre les cartes Pokémon sur lesquelles il décèle des étoiles de David.

rive à l'autre de la Méditerranée, le voile rappelle que la femme appartient plus ou moins à l'ordre du privé et qu'elle reste à l'intérieur y compris quand elle sort.

Quant au principe de laïcité évoqué dans le même texte, on peut dire à son propos ce que disait Paul Valéry de la fraternité : il a plus de valeur que de sens. La laïcité s'éprouve plus qu'elle ne se démontre, elle n'est pas lestée d'un droit suffisamment clair et parlant, elle est implicite ; et ce qui est difficile à comprendre, surtout pour un nouveau venu, ce sont des règles implicites dont il ignore de quelles crises leur adoption a été précédée. Ni la loi de 1882 — « dans l'enseignement primaire l'instruction religieuse est donnée en dehors des édifices et des programmes scolaires » —, ni la loi Goblet de 1886 — « dans les écoles publiques de tout ordre [1] l'enseignement est exclusivement confié à un personnel laïque » — ne permettent de définir la laïcité et encore moins de l'expliquer, par exemple à un anglais pragmatique d'intelligence moyenne. Ce qui a changé, ce ne sont pas tant les mœurs [2], que les hommes politiques et les enfants des écoles : enfants turcs sunnites et kurdes alévis qui ne se portent pas une chaude amitié, marocains et algériens, musulmans « hindous », enfants de policiers FLN et de députés du FIS, réfugiés les uns et les autres pour des motifs opposés, raison de plus pour faire régner la paix dans l'intérêt de tous, pour faire vivre en bonne intelligence « cet agrégat de peuples désunis », disait Mirabeau. L'affaire du foulard ne posait pas une question de droit mais constituait *une authentique question politique*.

La veille de l'avis du Conseil d'État, Michel Rocard affirme encore qu'une école multiconfessionnelle n'est pas une école laïque. Et le fameux avis est rendu le 27 novembre, qui autorise le voile contre l'avis de 83 % des citoyens [3]. Le lendemain encore, inaugurant les locaux du secrétariat aux droits de la femme, Rocard fait la sourde oreille et déclare, imperturbable :

1. Il s'agissait du primaire.
2. Un sondage déjà cité le prouve : pour 70 % des Français, la laïcité, c'est éviter d'affirmer ouvertement ses convictions religieuses en classe (*Le Nouvel Observateur*, 23 novembre 1989).
3. Ils seront 85 % en 1990 et 86 % en 1994 à être hostiles au voile.

> La laïcité de l'école est plus exigeante que celle de l'État. Les différences doivent s'incliner devant la volonté commune, l'ensemble de la collectivité française, son système législatif, ses autorités publiques n'acceptent plus sur le sol français de signes de domination de l'homme sur les femmes [...] à ce titre-là également, le port du foulard ne peut être que très fermement dissuadé [1].

Mais il conclut étrangement : « La ligne choisie est probablement la bonne. » De quelle ligne parle-t-il ? De celle du Conseil d'État ? Le 1er décembre à l'Assemblée, Jospin, non moins étonnant, déclare : « Le Conseil d'État a donné plus de force encore à la laïcité qui ne peut être négociée avec personne. » Et il ajoute faussement ingénu qu'« un débat parlementaire est possible, au Premier ministre de le décider [2] ». Mais le Premier ministre ne décidera rien, il n'y aura pas de débat parlementaire [3].

Dans la même journée, il suffit que le roi du Maroc prononce un mot, une bulle, une fatwa, peu importe le terme, et les filles quittent leur foulard, trente jeunes Marocaines qui s'entêtaient à Noyon depuis des mois, et bien avant l'affaire de Creil, font de même. Comme les papes d'antan, le roi du Maroc a prouvé son autorité spirituelle sur des citoyens français et des sujets marocains.

Et c'est alors seulement que le président Mitterrand, qui jusqu'alors s'était dérobé à sa fonction, sort du silence. Bien qu'il ait promu l'idée de multiculturalisme dès 1981, il est réticent vis-à-vis du voile, mais malgré sa crainte du prosélytisme, il s'est laissé catéchiser par Jospin, et il a attendu deux mois pour s'exprimer. Deux jours avant des élections législatives partielles à Dreux et à Marseille, il tient dans *Paris-Match* un langage rassembleur et ambigu : « Quand on bénéficie du travail des immigrés, on doit reconnaître leurs droits. » Mais il évoque aussitôt « la violence qu'on tente de nous imposer » avec le voile, et conclut : « L'intégrisme est dangereux. » Il était cependant un peu tard pour mobiliser : le FN obtient plus de 61 % des suffrages à Dreux le 3 décembre.

1. *Le Monde*, 30 novembre 1989.
2. *Le Monde*, 1er décembre 1989.
3. Dix ans plus tard, Lionel Jospin devenu Premier ministre, fera gommer de la Charte européenne des droits fondamentaux et au nom de la laïcité de la République toute référence à l'héritage religieux de l'Europe.

Ce jour-là, Rocard s'enferre encore un peu plus à l'émission «7 sur 7» : «Le Conseil d'État a dit le droit, au gouvernement de trancher politiquement. Le foulard est une manière de penser les rapports entre les hommes et les femmes que nous n'acceptons pas et qui doit être fermement dissuadée.» Le gouvernement ne tranchera pas. Le 12 décembre, la circulaire Jospin adressée aux membres du corps enseignant et censée expliquer l'avis du Conseil d'État reste marquée par la réticence. Elle «recommande» que dans l'intérêt de l'élève et le souci du bon fonctionnement de l'école, «il soit renoncé au port de ces signes» et répète que «le respect de la conscience d'autrui appelle de la part de chacun une réserve personnelle». Elle se contente de définir un cadre de droit en négligeant le côté spirituel, le souffle des bâtisseurs de l'école publique qui, après tout, ne leur avait pas si mal réussi.

Les dits et non-dits du Conseil d'État

À l'insu de la majorité des citoyens, deux éléments juridiques nouveaux, on l'a dit, sont intervenus auxquels s'est référé le Conseil d'État dans son avis. En premier lieu, la loi d'orientation sur l'Éducation du 10 juillet 1989[1] dont l'article 10 concerne les élèves : «Dans les collèges et les lycées, les élèves disposent, dans le respect du pluralisme et du principe de *neutralité*, de la liberté d'information et de la liberté d'expression [nous soulignons].» Ce sont bien les élèves — et pas seulement les professeurs — qui doivent respecter le pluralisme et le principe de neutralité. Ils ont désormais la liberté d'expression certes, mais comment peut-on imaginer qu'avec notre passé, si cette liberté concernait la liberté d'expression religieuse, le législateur n'aurait pas précisé d'un mot une telle révolution culturelle, en l'étendant, comme les grands ancêtres de 1789, à la liberté d'expression *même* religieuse ? L'article premier de cette loi est volontiers passé sous silence : «Les écoles, les collèges, les lycées et les établissements d'enseignement supérieur contri-

1. Les décrets d'application de cette loi n'étaient pas encore publiés.

buent à garantir et favoriser l'égalité des hommes et des femmes » (ce que disent aussi les textes internationaux). Or l'avis conclut que « la liberté ainsi reconnue aux élèves comporte pour eux le droit d'exprimer et de manifester leurs croyances religieuses à l'intérieur des établissements scolaires dans le respect du pluralisme et de la liberté d'autrui sans qu'il soit porté atteinte aux activités d'enseignement, au contenu des programmes, à l'obligation d'assiduité ». La liberté d'expression est devenue liberté d'expression religieuse et même de *manifestation* religieuse ; le principe de neutralité a disparu, ou plus exactement il ne concerne plus que *les programmes et les enseignants*.

Quelques remarques à propos de cette neutralité. Aujourd'hui encore, aucun prêtre, aucun jésuite ou dominicain ne peut enseigner dans une école publique primaire et — tout comme en 1912 l'abbé Bouteyre [1] — ne peut passer l'agrégation. Les imams n'ayant pas de statut de ministre du culte enseignent parfois en toute innocence dans des lycées (ce fut le cas à Woippy, à Mantes-la-Jolie, à Lille, à Dreux, ce fut le cas aussi pour l'un des plus prestigieux maître à penser des jeunes musulmans du nord de la France, Hassan Iquioussen). Il a même été suggéré au cours de la consultation Chevènement que les imams puissent obtenir le statut d'enseignant [2]. En second lieu, il faut rappeler le jugement du tribunal administratif de Paris en janvier 1989 estimant que la tenue d'un débat sur le code de la nationalité avec Harlem Désir au lycée Paul-Valéry à Paris était contraire à « la neutralité politique, idéologique et religieuse [3] » garantie par la loi Haby du 11 juillet 1976. Enfin, puisque la fameuse circulaire de Jules Ferry aux instituteurs sur la neutralité est rappelée abondamment pour illustrer le respect nécessaire de la conscience de l'enfant et des familles, il faut préci-

1. Arrêt Bouteyre : le commissaire du gouvernement estime que « le manque de maturité des élèves ne permettait pas de confier une charge d'enseignement au ministre d'un culte dont on ne pouvait attendre qu'il respectât le principe de neutralité ».

2. Réunion plénière du groupe de travail, *Al Istichara*, n° 3.

3. Assez bien définie dans l'art. 25, titre V, de la loi de 1905, qui interdit aux Églises les manifestations de leur culte sur la voie publique pour épargner « les indifférents et les adeptes des autres confessions religieuses du spectacle inévitable de leurs rites particuliers ».

ser qu'elle est venue mettre un terme à la querelle des manuels d'instruction civique de 1883. Pour l'Église, quatre d'entre eux étaient contraires à la neutralité religieuse et à la modération politique. Deux mille curés et cinq évêques furent condamnés « pour abus » par le Conseil d'État et privés de traitement ou déplacés pour avoir violemment critiqué en particulier le manuel de Paul Bert, que Jules Ferry lui-même disait « plein de choses irréligieuses et absurdes ». Or, à la dernière rentrée scolaire, il s'est trouvé un ouléma d'Al-Azhar pour se plaindre auprès du ministère de l'Éducation nationale que des manuels (Nathan, Belin, Magnard, Hachette, Hatier, Bordas, etc.) « donnent une image barbare de l'islam et humilient les élèves musulmans en définissant à tort le djihad comme une agression pour défendre ou étendre l'islam ». L'Histoire se répète et promet d'autres querelles.

Second élément juridique nouveau dans la définition de la laïcité : les textes internationaux. Entre autres, l'article 9 de la Convention européenne des droits de l'homme [1] déclare la liberté de pensée, de conscience, de religion. Mais la manifestation de la religion et des convictions peut faire l'objet de restrictions, par exemple en cas de prosélytisme. L'alinéa 2 du même article 9 est plus sévère que le droit interne français puisque la liberté des uns doit respecter les convictions des autres : « Lorsque plusieurs religions coexistent au sein d'une même population, il peut se révéler nécessaire d'assortir cette liberté de limitations propres à concilier les intérêts des divers groupes. » De plus, il est aussi précisé concernant la liberté de pratiquer sa religion que « le terme "pratiques" ne désigne pas n'importe quel acte inspiré par une religion mais "des pratiques déterminées et des rites selon un rituel bien établi et *une substantielle similitude de convictions*" [nous soulignons] [2] ».

La Cour européenne fait preuve dans ses décisions d'une grande prudence, en particulier en ce qui concerne les législa-

1. Ratifiée en 1981.
2. Nous renvoyons le lecteur aux diverses positions des musulmans « transigeants » sur le voile pour juger s'il fait l'objet d'une « substantielle similitude de convictions » au sein de l'islam.

tions nationales. En outre, statuant récemment sur une affaire d'institutrice voilée en Suisse, elle a conclu qu'il est difficile de « concilier le port du foulard islamique avec le message de tolérance, de respect d'autrui, d'égalité et de non-discrimination que dans une démocratie tout enseignant doit transmettre à ses élèves ». Certes, il ne s'agissait pas du foulard d'une élève mais d'une institutrice. Reste que l'appréciation de la Cour est sans ambiguïté. Elle a aussi rejeté la requête d'un instituteur musulman qui demandait à être libéré le vendredi pour la prière et décidé que les convictions religieuses d'un militaire ne peuvent l'emporter sur la laïcité des armées. En 1992, à propos de la requête d'une étudiante contre la Turquie, la Commission européenne a été d'avis qu'une réglementation universitaire peut « soumettre la liberté de manifester sa religion à des limitations de lieu et de forme destinées à assurer la mixité des étudiants de croyances diverses [...] les universités laïques peuvent veiller à ce que certains courants fondamentalistes ne troublent pas l'ordre public et ne portent pas atteinte aux croyances d'autrui ».

Les conventions internationales — en particulier celle relative aux droits de l'enfant — renferment donc certaines clauses qui confortaient la loi d'orientation de l'Éducation nationale. On comprend que le conseil d'État s'y soit référé ; mais ces textes ne l'obligeaient nullement à autoriser le port du foulard. S'il autorise la manifestation des convictions religieuses, son avis précise dans un second temps les limites imposées à cette liberté :

> Le port de signes par lesquels les élèves entendent manifester leur appartenance religieuse n'est pas par lui-même incompatible avec le principe de laïcité [...] mais cette liberté ne saurait permettre aux élèves d'arborer des signes qui par leur nature, par les conditions dans lesquelles ils seraient portés [...] ou par leur caractère ostentatoire ou revendicatif constitueraient un acte de pression, de provocation, de prosélytisme ou de propagande, porterait atteinte à la dignité ou à la liberté de l'élève.

Le voile est-il ou non un acte de prosélytisme ou de propagande ? Porte-t-il atteinte à la dignité ou à la liberté des jeunes filles ? En tout cas, loin de calmer les esprits, l'avis du Conseil d'État a été considéré comme une autorisation du voile et répercuté comme une victoire chez les bailleurs de fonds saoudiens de certaines associations musulmanes[1]. Pourtant, les exclusions d'élèves vont se succéder, les procédures traîner pendant plusieurs années. Une affaire notamment durera six ans, troublant un collège, puis un lycée, et donnant le feu vert au port du foulard : c'est l'affaire Kherouaa.

L'affaire Kherouaa, acte I

Dans la prison, l'armée, les établissements secondaires, c'est le règlement intérieur qui fait office de loi. Le chef d'établissement peut renvoyer un élève pendant huit jours ou le convoquer sous huit jours devant le conseil de discipline[2]. En cas d'exclusion, il est possible de faire appel auprès du rectorat dans les huit jours. La commission rectorale d'appel conseille le recteur qui a un mois pour prendre sa décision. Si le recteur confirme l'exclusion, il est encore possible de faire appel auprès du tribunal administratif dans les deux mois, cette fois avec un avocat, donc avec des frais. La dernière instance de recours en France est le Conseil d'État. Six mois après épuisement des voies de recours internes, si le Conseil d'État confirme l'exclusion, il est possible de faire un ultime recours auprès de la Commission européenne des droits de l'homme qui juge de la recevabilité des dossiers. La Commission transmet son rapport au Comité des ministres qui le transmet à son tour dans les trois mois à la Cour européenne des droits de l'homme dont l'arrêt cette fois est définitif[3].

Le 14 décembre 1990, le conseil de discipline du collège Jean-Jaurès de Montfermeil décide d'exclure Mlle Kherouaa

1. Selon Georges Corm, historien du Moyen-Orient, des fondations pieuses allouent des subsides aux femmes qui prennent le voile, ce qu'il appelle « convertir les pétro-dollars en islamo-dollars ».

2. Accompagné de son représentant légal, de la personne chargée de l'assister, de la personne ayant demandé sa comparution et des témoins.

3. Une seule affaire de voile lui est parvenue et la requête a été déclarée irrecevable parce qu'une étape du processus avait été sautée, l'appel du conseil de discipline n'avait pas été fait auprès du rectorat.

ainsi que deux autres élèves, exclusion confirmée le 11 mars par le recteur et le 2 juillet par le tribunal administratif de Paris. La requête des parents, demandant l'annulation du règlement intérieur du lycée et de l'exclusion de leur fille, est examinée par le Conseil d'État le 11 novembre 1992. Pour la première fois, le Conseil va statuer.

L'arrêt Kherouaa rappelle les passages importants de l'avis de 1989 : « La liberté de conscience dans le domaine de l'enseignement, la mission du service public de l'éducation, lequel doit inculquer le respect de l'individu, de ses origines, de ses différences, garantir et favoriser l'égalité entre les hommes et les femmes. » Son originalité, pour David Kessler, commissaire du gouvernement, est d'admettre le principe du port d'insignes religieux, mais en même temps de reconnaître de nombreuses exceptions, ce qui lui paraît essentiel. Il rappelle que si le règlement intérieur concerne la police interne du collège, dont le Conseil d'État n'a pas à se mêler, dans le cas précis il s'agit d'une règle générale concernant l'élève porteur de droits qui doivent être respectés par ce règlement. David Kessler propose donc un renversement de jurisprudence, le Conseil d'État se réservant désormais de contrôler que le règlement intérieur respecte pleinement les droits des élèves.

Or le premier règlement intérieur du collège Jean-Jaurès « interdit le foulard dans les salles de cours, les réfectoires et en cours d'éducation physique ». Selon le commissaire, le règlement est illégal parce que trop particulier — voire discriminatoire —, les responsables du collège semblant considérer que seul le foulard, par nature, porte atteinte à la dignité ou à la liberté de l'élève, alors que l'avis mentionne les signes religieux en général. Mais un deuxième règlement, adopté ultérieurement, et interdisant « tout signe en tout lieu » est aussi jugé contraire à l'avis parce qu'il interdit purement et simplement et en tout lieu une liberté publique de l'élève : il est illégal parce que trop général[1].

David Kessler reconnaît que les professeurs ne sont pas les

1. À Nantes le règlement interdisant d'entrer la tête couverte était aussi illégal car il ne s'appliquait qu'au foulard.

seuls à penser que le foulard, par nature, porte atteinte à la dignité des femmes, mais il estime qu'ils auraient dû se poser la question de savoir si d'autres signes n'avaient pas le même caractère. On peut penser, suggère-t-il, aux signes constituant une provocation à la haine [1]. Le foulard en lui-même n'est pas contraire aux principes que l'école doit protéger, estime David Kessler ; c'est sa perception qui est en cause, « certains » (dont le Premier ministre et le ministre de l'Éducation nationale) y voyant, à tort ou à raison, un instrument d'oppression [2].

David Kessler a aussi un point de vue personnel sur la laïcité. Lorsqu'il résume, pour recadrer sa position, la première affaire de voile à Creil, il décrit un principal « particulièrement décidé » face à une France soumise à un déchaînement de passions sans commune mesure avec l'extension réelle de la question, limitée à quelques cas singuliers [3]. « Les partisans farouches d'une certaine conception de la laïcité se sont indignés dans un article virulent [4], leur approche est trop rigoureuse, le corps enseignant a une idée fort noble de la laïcité, mais elle paraît erronée. Face à ce déchaînement, le ministre Jospin a adopté une attitude nuancée. » Voilà donc en quels termes — « farouches, déchaînés, virulents » — sont dépeints les tenants de la laïcité d'antan. Le commissaire poursuit :

> La laïcité n'apparaît plus comme un principe qui justifie l'interdiction de toute manifestation religieuse, l'enseignement est laïc, non parce qu'il

1. Il vise la croix gammée, qui est un signe politique.

2. « Fondée ou non, l'incrimination du foulard comme marque d'abaissement de la femme suppose une interprétation du signe religieux, dira-t-il en 1993. Par lui-même, le foulard n'exprime rien. [...] Pour savoir si le port par une femme d'un foulard est un signe d'abaissement, il faut passer par une interprétation de la symbolique religieuse qui est attentatoire à la liberté de conscience » (« Laïcité : du combat au droit. Entretien avec David Kessler », *Le Débat*, n° 77, novembre-décembre 1993, p. 99).

3. Depuis 1987 il y avait une trentaine de voiles à Mantes.

4. Il s'agit de la lettre à Lionel Jospin, ministre de l'Éducation nationale (publiée dans *Le Nouvel Observateur* du 2 novembre 1989), au nom des enseignants et signée par Élisabeth Badinter, Régis Debray, Alain Finkielkraut, Élisabeth de Fontenay et Catherine Kintzler, pour protester contre le « Munich de l'école » que constitue la tolérance du port du foulard et pour défendre la laïcité.

interdit l'expression des différentes fois, mais au contraire parce qu'il les tolère toutes. La liberté est le principe et l'interdit est l'exception.

C'est un véritable changement de paradigme qui apparaît en dehors de tout processus démocratique, et dans une telle discrétion qu'aujourd'hui encore il est totalement inconnu des enseignants de nombreuses petites villes de province. « Les musulmans confondent laïcité et pluralisme religieux », a écrit Sami Fraih, universitaire jordanien. Ils ne sont pas les seuls.

Le principal du collège de Montfermeil, Ali Boumadhi, avait bien mentionné des troubles, en particulier l'attitude d'une des élèves traitant de mauvaises musulmanes celles qui ne portaient pas de foulard et refusant l'éducation physique comme la natation. Mais ces incidents n'ayant pas été établis ni même allégués dans le dossier sont considérés comme inexistants. Le Conseil d'État donne donc raison aux parents Kherouaa. Le règlement intérieur du collège est annulé, ainsi que l'exclusion de leur fille. La question du signe n'a pas été abordée, la sanction étant entachée d'une erreur de droit en raison de l'illégalité des deux règlements. Le 27 mars 1995, cinq ans plus tard, au lycée Albert-Schweitzer du Raincy cette fois, le même marathon de contentieux administratif se reproduira avec la même famille.

Le retour en force des conquérants

Entre la première et la seconde crise du voile en 1994-1996, il y a eu la guerre du Golfe. Nous retrouvons Jaballah et Ben Mansour, président de l'UOIF[1], qui réunit à présent chaque année au Bourget des milliers de personnes. Lors de cette « fête de l'Huma » musulmane, Ben Mansour se permet quelques « boutades islamiques », du genre : « Si l'intégrisme, c'est défendre intégralement ses lois, le premier intégriste est M. Mitterrand qui défend intégralement la Constitution[2]. » Les deux

1. Depuis 1989 elle n'est plus Union des organisations islamiques *en* France mais *de* France.

2. Hassan al-Banna, créateur des Frères musulmans, disait : « Notre constitution, c'est le Coran. »

hommes sont maintenant responsables de l'Institut européen des sciences humaines de Saint-Léger-du-Fougeret, inauguré en octobre 1992 pour former les imams des communautés musulmanes d'Europe. Au moment de l'enlèvement de diplomates français à Alger et du coup de filet de Pasqua contre le FIS, 17 % des jeunes hommes musulmans et 12 % des jeunes femmes disent « participer[1] » à l'intégrisme musulman ou l'approuver. Depuis 1989, l'Union des jeunes musulmans (UJM) est en pleine ascension, surtout à Lyon. Après l'affaire Rushdie, la manifestation à Charvieu-Chavagneux, la première affaire du voile, une démonstration de force en février 1994 à Grenoble confirme leur implantation. Mille personnes défilent, en majorité des hommes, pour soutenir Schéhérazade qui refuse d'enlever son foulard pendant le cours de gymnastique — il est admis dans les autres matières — avec l'UJM, la FNMF et la Fondation islamique de Genève. Les manifestants portent un brassard noir à croissant jaune. Au contact des antiracistes les plus acharnés, ils ont appris à manier l'amalgame. On dira d'une fille de douze ans exclue du lycée de Nantua qu'elle a été « traitée comme Klaus Barbie, comme l'ennemie qui menace la France entière ». À Goussainville, Rachid A. s'inquiète : « Si on laisse faire cela, on finira demain dans des fours crématoires. » Pour certains chercheurs, l'ombre de Vichy n'est pas sans rapport avec la réticence de la France à l'égard du voile : la France n'a-t-elle pas développé, comme la Belgique et l'Autriche, une collaboration officielle avec le nazisme[2] ? Henri Tincq écrit dans *Le Monde* du 30 novembre 1994 :

> Les musulmans sont silencieux après une série de mauvais coups : cinq Français assassinés en Algérie (août 1994), Folembray, exclusions de soixante-dix jeunes filles, imams inquiétés, voire expulsés[3]. La politique de répression anti-islamiste de Pasqua qui se relâche d'autant moins qu'il se sait porté par l'opinion, l'incapacité de l'Occident à secourir les Bosniaques, le voyage de Taslima Nasreen renforcent l'amalgame entre islam

1. Ce sont les termes du sondage publié dans *Le Nouvel Observateur*, 2-8 décembre 1993.
2. Françoise Lorcerie, *Hommes et Migrations*, n° 1207.
3. Celui de Woippy sera expulsé en urgence absolue.

et intégrisme, toute expression visible et traditionnelle du sentiment religieux est aussitôt taxée d'intégrisme[1].

Ajoutons à ces « mauvais coups » que le GIA vient de réouvrir les écoles en Algérie avec port du voile obligatoire et interdiction de la mixité ; six cent dix écoles « non voilées » y ont été incendiées en trois mois.

La circulaire Bayrou dans le rideau de fumée associatif

François Bayrou, comme beaucoup de catholiques et de centristes, était plutôt favorable au foulard en 1989. Effarouché à l'époque par les mots mêmes d'« identité nationale », le voici ministre de l'Éducation nationale. À la rentrée 1994, les méchantes langues disent que la proximité des présidentielles n'est pas tout à fait étrangère à son revirement : d'après les sondages, 80 % des Français étaient contre le voile en juillet, 86 % le sont en septembre. À son arrivée au ministère, ses services dénombraient trois mille foulards dans l'école publique[2].

La circulaire Bayrou s'adresse aux membres du corps enseignant qui, touché directement par ces affaires, implore des instructions claires. Elle se distingue de celle de Jospin en cela qu'elle rappelle l'ambition de l'école dans sa dimension spirituelle. On y retrouve les accents de la religion civile à la française :

> Le système français exclut l'éclatement de la nation en communautés séparées, indifférentes les unes aux autres, ne considérant que leurs propres règles et leurs propres lois, engagées dans une simple coexistence [...]. Il n'est pas possible d'accepter la multiplication de signes si ostentatoires que leur signification est précisément de séparer certains élèves des règles de vie communes.

La circulaire reprend l'avis du Conseil d'État, à ceci près qu'elle autorise des signes *discrets* manifestant un attachement personnel à des convictions notamment religieuses et refuse les signes *si*

1. *Le Monde*, numéro spécial, février 1997. Malgré tout, en 1997, 72 % des musulmans pensent que la laïcité permet à l'islam de s'exprimer et 78 % que les lois doivent être les mêmes pour tous.
2. *Islam de France*, n° 2.

ostentatoires qu'ils sont en eux-mêmes des éléments de prosélytisme. Tout est dans le « si », commente Dalil Boubakeur. Et, de fait, cette précision aboutit pratiquement à l'interdiction du voile. Un modèle de règlement intérieur, conforme à l'avis du Conseil d'État, est proposé à tous les établissements. Cette circulaire sera contestée par l'association musulmane « Un Sisyphe », mais le Conseil d'État confirmera sa validité en 1995, rendant même hommage « à la séduisante analyse de la laïcité du ministre ».

Alternance oblige, les associations de gauche et leurs ouailles réagissent d'autant plus violemment. On ne parle plus d'exclusions mais de la « charrette de Bayrou », lequel « s'est fendu » d'une circulaire condamnée par la Ligue des droits de l'homme ! Ressortent les vieux démons qui ne s'étaient pas manifestés ou pas assez défoulés sous la gauche. Plus que jamais : à bas la famille, vive la part maudite de nous-mêmes, à bas les profs et surtout à bas les cathos et le pape ! Un florilège de déclarations le montre, on n'est plus anticlérical comme sous la IIIe République mais franchement anticatholique : « on tolère les signes catholiques parce que les convictions qu'ils expriment sont moribondes[1] », « les discours de Jean-Paul II sont délirants[2] », « les catholiques oublieraient-ils que le voile est également porté par les religieuses[3] » ? Et toujours ces mêmes amalgames politiquement corrects : « Arracher ce foulard, n'est-ce pas vouloir refouler ce rappel des heures pénibles du colonialisme et de la décolonisation ? » écrit un agrégé de philosophie dans *Libération*.

La FCPE se prononce contre la circulaire, mais ce faisant une fois de plus contre sa base. Nouveau président de SOS-Racisme depuis 1992, Fodé Sylla est contre le voile, contre Bayrou et pour une loi. Il s'inquiète en effet de voir les jeunes filles commencer à faire du prosélytisme à l'école et redoute qu'elles contestent le contenu même des cours — ce qui se produira en

1. *Libération*, 24 novembre 1994.
2. Jean-François Revel décrira en 1996 sur RTL le défilé à Tours d'un grand préservatif sur roulette transportant un faux pape singeant la bénédiction en lançant des capotes alentour. Contre les catholiques tout est permis dans l'invective.
3. *Libération*, 11 novembre 1994. Eh non, justement, l'expression « prendre le voile » signifie aussi quelque chose de fort en français.

effet. En juillet 1995, lors de l'attentat à la station Saint-Michel, son association est promue par les médias cinquième culte de la République : Fodé Sylla apparaît à la télévision flanqué de l'archevêque de Paris, du grand rabbin de France, du président de la Fédération protestante et du recteur de la mosquée de Paris.

Nantua, 1995 :
première exclusion acceptée par le Conseil d'État

Au collège Xavier-Bichat de Nantua, en novembre 1993, quinze élèves sont venues voilées, deux sœurs ont refusé d'enlever leur voile en éducation physique, le père a distribué des tracts rédigés par ses « conseillers [1] ». Le recteur a confirmé l'exclusion mais oublié de la motiver, un nouvel arrêté a donc été rédigé, motivé cette fois, puis en mai 1994 le tribunal administratif l'a confirmé, ce que fait aussi le Conseil d'État en 1995. Le commissaire du gouvernement commente :

> C'est un problème que l'on croyait clos depuis longtemps. [...] La première conception de la laïcité, celle de Jules Ferry, suppose l'absence de toute manifestation d'appartenance religieuse dans les établissements, elle a une mission d'intégration qui par elle-même est porteuse de réduction des diversités. La seconde privilégie la tolérance, elle implique le respect de la différence, facteur d'enrichissement de la collectivité nationale. Dès lors la position du Conseil d'État est très claire : la liberté de conscience implique la liberté de porter un signe d'appartenance religieuse. Mais en contrepartie, l'assiduité, l'ordre dans l'établissement, la sécurité ne sont pas négociables. Comme dans toute l'Europe occidentale il ne faut pas prendre de risque en gymnastique, par exemple un sikh ne pourra pas porter de turban sur sa moto à la place du casque obligatoire [2]. Or voilà des parents qui utilisent leurs enfants pour déstabiliser l'école, qui font une affaire de principe d'une question limitée au cours de gymnastique, s'agi-

1. Les parents qui ne parlent pas français ont distribué des tracts écrits par Thomas Abdallah Milcent.
2. Commission européenne des droits de l'homme, juillet 1978. En Angleterre sikhs et juifs constituent un groupe racial mais pas les musulmans. Contre des Pakistanais un comportement racial serait coupable compte tenu de leur couleur, mais pas de leur islam.

tent, font de la provocation et du prosélytisme. La sagesse qui a prévalu dans l'affaire Kherouaa a ses limites. D'ailleurs les parents font partie de la communauté scolaire ou communauté éducative définie par la loi de juillet 1983, et qui dit communauté, dit acceptation d'un certain nombre de règles communes. Sur les conseils de tierces personnes, ils font passer la loi de Dieu avant la loi de la République ! [...] Il ne s'agit surtout pas de revirement de jurisprudence, au contraire de cohérence.

Mlles Aoukili sont exclues. *Libération* commente : « Réunis ce week-end, *les* musulmans français dénoncent une laïcité qui les exclut [nous soulignons] [1]. »

1996 : affaire Kherouaa, acte II

Mlle Kherouaa est exclue du lycée Albert-Schweitzer dont le règlement intérieur, copié sur le modèle Bayrou, est parfaitement légal. Ni elle ni ses parents n'avaient provoqué le moindre trouble, elle était dispensée d'éducation physique et assistait à tous les cours, mais elle portait le voile obstinément, considérant que l'expression de sa foi prévalait sur le respect des lois et règlements de la République. Il s'agit d'une question de foulard à l'état pur. Le commissaire du gouvernement au tribunal administratif de Paris, Michel Bouleau, plaide que si le port du foulard islamique n'est que le légitime exercice d'une liberté publique fondamentale, les professeurs qui le refusent sont proprement liberticides et devraient être condamnés (de même, ajouterons-nous, que la médiatrice Hanifa Chérifi nommée par le gouvernement pour dissuader de le porter !). Il rappelle que, le 8 novembre 1985, le Conseil d'État a interdit aux groupements politiques d'élèves d'organiser des réunions à l'intérieur du lycée au motif que « la présence des élèves au sein de l'établissement scolaire et les activités qui de leur fait s'y déroulent ne peuvent pas être dissociés du fonctionnement de l'établissement ». L'élève est donc beaucoup plus qu'un simple usager. Il

1. Le 27 décembre 1993. Il s'agit en fait du rassemblement de l'UOIF : il y a plusieurs milliers de personnes au Bourget mais ce ne sont pas LES musulmans français.

ne peut exister une laïcité à l'usage des élèves et une autre à l'usage des professeurs : deux définitions ne peuvent convenir à une même notion juridique. Les jeunes filles voilées, si elles deviennent professeurs, revendiqueront de conserver leur foulard pour enseigner[1].

Plus fondamentalement, Michel Bouleau estime que le port du foulard est contraire à l'« ordre public » pris comme « l'ensemble des normes qui correspondent aux exigences fondamentales, sociales, politiques et morales que notre société considère comme lui étant consubstantielles ». Ordre public au nom duquel le privilège de masculinité et d'islamité de certains codes de statut personnel musulmans est refusé en droit international privé. Le tribunal administratif de Paris rejette donc la requête de Mlle Kherouaa.

Le Conseil d'État fait son bilan

En 1996, à la demande du Conseil d'État, Rémy Schwartz, maître des requêtes, résume quatre ans de jurisprudence sur le voile dans l'école publique. Sa note, datée du 27 novembre, est circonspecte et présente quelques approximations. Par exemple, dans les deux premières lignes, il qualifie à deux reprises l'élève d'« usager du service public », comme on parle d'une usagère de la Poste ou de la SNCF, laquelle peut bien sûr porter librement le foulard ou tout autre couvre-chef. Il n'est pas question de la « communauté éducative » se pliant à un certain nombre de règles communes évoquée avec insistance dans le jugement de l'affaire de Nantua. Cette approximation est-elle due à l'auteur ou à la logique quelque peu fluctuante du Conseil d'État ? En 1991, un article du décret sur les droits et devoirs des élèves prévoyant que le proviseur devait être consulté sur la diffusion d'un journal dans l'établissement a été invalidé par le Conseil

1. Cette perspective n'a pas semblé rebuter Claude Bartolone. Lors d'une conférence-débat organisée par l'Union des associations musulmanes de Seine-Saint-Denis (UAM 93) en février 2002 à l'intention des candidats à l'élection présidentielle, celui-ci, représentant le parti socialiste, a déclaré « tout à fait normal que les femmes musulmanes puissent travailler dans les services publics tout en portant le foulard » (*Islamiya.net*, févier 2002).

au nom de la loi de 1881[1], comme si le lycée était une salle des pas perdus ou une place publique.

L'essentiel du résumé de Rémy Schwartz commence ainsi :

Pendant très longtemps, l'école a obéi à une logique égalitaire ; cette longue pratique édulcorée au fil du temps ne vous est pas apparue comme découlant des principes constitutionnels de laïcité et de liberté de conscience, confirmés par les engagements internationaux de la France et les lois sur l'enseignement. Par contre vous avez estimé que la laïcité rejoint le principe de liberté de conscience pour les « usagers du service ». Cependant, cette liberté est fortement encadrée, pas de pression, provocation, prosélytisme, pas d'atteinte à la liberté, la dignité de tous les membres de la « communauté éducative » [la revoilà !]... Les affaires jugées jusqu'alors ont souvent concerné des règlements intérieurs illégaux[2]. La validité de la circulaire Bayrou ayant été confirmée[3], les règlements intérieurs la prennent pour modèle et sont légaux désormais. Dans la plupart des cas, les sanctions ont été mal ou non motivées, les procédures juridiques mal engagées, les rectorats ont commis des erreurs juridiques. L'essentiel des dossiers[4] a concerné des règlements illégaux, des manques d'assiduité en cours, des refus de cours de biologie ou d'éducation physique, mais rien concernant les signes religieux.

Le maître des requêtes se garde bien de commenter les deux commodes prétextes invoqués pour exclure les jeunes filles voilées : danger du voile en gymnastique et manque d'assiduité — prétextes qui manifestent une grande ignorance de ce qui se passe « au-delà du périphérique » et un zeste de mauvaise foi. En Grande-Bretagne, le foulard des filles est maintenu serré autour du cou pour le sport et la chimie. Par conséquent, le fameux danger qu'il représentait en éducation physique est une finasserie. Sinon combien d'infirmières, combien de sœurs augustines et autres sœurs de Saint-Vincent-de-Paul auraient été

1. Qui a supprimé le régime de l'autorisation préalable jusqu'alors appliqué à la presse.

2. Comme on l'a vu dans l'affaire Kherouaa, les conseils de discipline affolés ont improvisé des règlements comme ils pouvaient.

3. Quand le Conseil d'État a confirmé sa validité, donnant tort à l'association musulmane « Un Sisyphe », Rémy Schwartz était commissaire du gouvernement.

4. Sur quarante-neuf affaires contentieuses parvenues au Conseil d'État entre 1992 et 1999, huit seulement ont confirmé la décision de l'administration à l'encontre d'une jeune fille.

blessées, étranglées par leurs cornettes ou brûlées vives dans les ambulances pendant les guerres ? Le tribunal administratif de Nancy a d'ailleurs refusé de prendre en compte le danger du foulard en gymnastique, ce pourquoi le Conseil d'État a cassé sa décision en 1999 pour « erreur de droit » : « Il n'appartient pas à chaque administration d'apporter à chaque fois la preuve que la tenue est incompatible avec le bon déroulement de l'enseignement. Pour des enseignements spécifiques, les établissements peuvent exiger une tenue spécifique. » Pour le sport, il n'y aura plus de décision au cas par cas, les jeunes filles ayant avec beaucoup de malice arboré une coiffure ignifugée ou encore un bonnet phrygien. Pas d'interdiction générale du foulard donc, mais l'injonction générale de l'enlever en gymnastique.

Quant à l'absentéisme dans les établissements scolaires ! Combien d'élèves s'absentent pendant des semaines, combien n'apparaissent que pour récupérer leur carte d'identité scolaire, combien de professeurs ne voient même pas certains élèves, ceux que l'on appelle les « décrocheurs ». L'absentéisme est LE problème des collèges et lycées : selon l'entourage de Jack Lang, il concernerait près de 100 000 élèves [1]. Pourquoi n'exclut-on alors que les jeunes filles voilées qui s'absentent, si ce n'est, précisément, parce qu'elles sont voilées ? Ces échappatoires ne sont guère honorables.

Rémy Schwartz reconnaît que la question du foulard a toujours été éludée et manifeste une certaine gêne : « Une des finalités de l'école est de favoriser l'égalité entre les hommes et les femmes, vous vous refusez à interpréter un signe : c'est sans doute une des limites de votre jurisprudence. » À titre personnel, il pense que le port d'une grande croix de croisé en pendentif [2] ou un habillement à l'iranienne pourraient être considérés comme prosélytes et ostentatoires [3].

1. *Le Parisien*, 24 octobre 2000.

2. De 996 à 1021, le calife Hakim d'Égypte obligea en effet les chrétiens à porter une croix de cinq livres.

3. À Montréal, un élève sikh âgé de dix ans, qui souhaitait porter à la ceinture un poignard de douze pouces, a été réintégré dans son école primaire par décision de justice : ce poignard étant considéré comme un signe religieux propre aux Sikhs du Cachemire, l'enfant était autorisé à le porter en classe en attendant la décision de la Cour Supprême. (Rapporté par Denise Bombardier sur la chaîne de l'Assemblée Nationale, le 15 mai 2002.)

Les révélations de Mme Chérifi

Hanifa Chérifi, médiatrice pour les affaires de voile, a inauguré sa mission fin 1994 auprès de François Bayrou en déclarant : « Il est pour le moins curieux de transformer en signe d'intégration ce qui n'est rien d'autre que le signe d'une absence d'intégration manipulée par l'intégrisme. » Hanifa Chérifi, on l'a vu, considère l'assimilation comme une politique de « déculturation programmée », qu'elle rend responsable du regain des revendications identitaires musulmanes ; mais, en 1996, grâce à son expérience, nous en apprenons enfin un peu plus sur les jeunes filles voilées. Citons-la :

Elles rejettent leur culture qu'elles considèrent comme obscurantiste, elles déclarent leurs parents analphabètes et ignorants, affichent du mépris pour leurs pratiques, en particulier pour leur mère qui bafoue les « vraies règles » de la religion en ne portant pas de voile. Elles sont donc fréquemment en conflit avec leur famille qui n'est pour rien dans leur décision, ignorante des procédures juridiques en cours. Les mouvements radicaux se substituent largement aux parents dans les affaires contentieuses, en particulier pour les dépenses engagées en cas de procès [1]. Certains parents supplient qu'on les aide face à leur fille convaincue que « c'est un commandement de Dieu et qu'il n'y a pas d'obéissance à la créature sans obéissance au créateur ». Mais, la plupart, résignés, démissionnent et répondent : « C'est son choix. »

Hanifa Chérifi poursuit :

Majoritairement françaises, studieuses et disciplinées, elles ont découvert l'islam dans des mosquées ou des réunions de « Frères », dans le livre de Malika Dib [2] ou du docteur Abdallah Milcent. Elles ne parlent pas l'arabe. ON leur résume l'« essentiel » : le port du voile « est un devoir

1. Depuis 1989, avec la montée de l'islamisme, l'« oppression familiale » a changé de sens. C'est cet aspect des choses qui a ouvert les yeux à quelqu'un comme le père Delorme, abbé des Minguettes, qui a fini par déclarer le 16 octobre 2001 : « J'ai compris qu'ils étaient dangereux quand j'ai vu qu'ils coupaient les filiations des jeunes avec leurs parents. » Saluons ce courage et aussi celui de l'actuel président de SOS-Racisme Malek Boutih qui a admis en 2001 que son association avait sous-estimé en 1989 l'ampleur de la question et les enjeux qu'elle représentait.

2. Convertie à l'islam, elle publie aux éditions Tawhid.

mais pas une obligation », il libère la femme, selon Tariq Ramadan[1]. La misogynie ne vient pas de l'islam mais de la tradition, la mixité est réprouvée jusqu'à refuser de serrer la main d'un professeur de l'autre sexe. L'égalité entre homme et femme est incompatible avec la différence biologique et responsable de la dépravation des mœurs occidentales. Le mariage mixte est interdit, ainsi que le calendrier calqué sur les fêtes chrétiennes. Les adolescentes dûment chapitrées citent la loi d'orientation de 1989.

Hanifa Chérifi ajoute que, dans le milieu turc, des familles toucheraient 1 000 F pour faire porter le voile. Une jeune fille de Lyon a avoué qu'elle avait obtenu ainsi un soutien pour son père chômeur.

Dans le cas d'élèves très jeunes, il s'agit parfois de filles d'imams, certaines craignent de mourir si elles enlèvent leur voile : « je ne peux pas l'enlever sinon je vais mourir[2] », d'autres sont renvoyées au bled. [...] Les professeurs n'osent s'en prendre à une population défavorisée, mais parfois aussi ils ont peur, menacés jusqu'à leur domicile, maudits par des imams, dévalorisés par les interventions extérieures de « médiateurs ».

Cela a conduit la médiatrice officielle à conclure ainsi son premier rapport en 1996 : « Le voile est le signe de l'adhésion à un islam rigoriste [ce dont on se doutait tout de même un peu]. Les jeunes filles sont contre l'école, contre la société, contre leurs parents, elles jettent le trouble, provoquent des controverses. »

Dans une nouvelle note au ministère de l'Éducation nationale datée de novembre 1998, Hanifa Chérifi regrette cette fois les dérobades du corps enseignant. Dans huit académies en effet, des proviseurs refusent l'inscription de nouvelles jeunes filles voilées au nom de la circulaire Bayrou. S'agissant des fillettes voilées déjà intégrées dans l'école, certaines ne fréquentent ni l'éducation physique ni la piscine, pour lesquelles il y a même des demandes collectives de dispense dès l'âge de huit ans, au prétexte qu'elles ne doivent pas prendre goût à la baignade puisqu'elles devront y renoncer tôt ou tard. Or les proviseurs dans ces cas ferment souvent les yeux pour éviter aux jeunes filles la

1. Très prestigieux conférencier pour les jeunes musulmans et les médias français, déjà nommé *supra*.
2. Champy à Épinal, *Le Quotidien*, 13 juin 1989.

procédure disciplinaire, confortant ainsi la position des parents qui ne veulent pas que leur fille soit socialisée en milieu mixte. Ils finissent de guerre lasse par envoyer les enfants au CNED[1], conformément à la volonté des parents. « Les garçons [musulmans] encouragent le port du voile, or les professeurs sont majoritairement des femmes et cela provoque une tension dans la communauté scolaire. Ainsi la discrimination sexuelle à laquelle obéit le courant islamique se trouve involontairement entérinée à l'école. »

En 1999, dans *Libération*[2], Hanifa Chérifi rapporte que les chiffres seraient passés de 2 000 élèves voilées, au début de 1990, à 400 environ, dont une centaine pourraient poser problème. Mais le climat se durcit. À La Grand-Combe, deux blondes adolescentes de famille fraîchement convertie gardent interminablement leur voile ; leur mère, jusqu'au-boutiste, a commandé une capuche ignifugée pour les travaux pratiques et renvoie la médiatrice qui décrit les adolescentes comme les « proies d'un enfermement psychologique ». Désormais, des manifestations diverses s'ajoutent au port du voile : des sentences religieuses sont notées en haut des copies en arabe ou français (« Il n'y a de dieu que Dieu »), les garçons font des tracts, des pétitions, des rassemblements publics en faveur de l'ouverture de mosquées, des toques blanches apparaissent çà et là, etc. Juifs, musulmans et turcs se regroupent dans la cour ou à la cantine et exigent tables et couverts séparés, on voit des élèves en prière dans les couloirs, certains convainquent des camarades de suivre le jeûne, y compris par la violence[3]. On refuse Ronsard, Rabelais, Chateaubriand qui évoque l'Orient de manière raciste, Voltaire à cause de l'athéisme ; on refuse le théâtre, le cours sur l'Europe chrétienne en seconde parce que l'histoire ne parle pas de l'islam — « De toute façon, de quel droit posez-vous des questions sur l'islam puisque vous n'êtes pas musulman[4] ? » — ; on refuse également la piscine parce que

1. Centre national d'éducation à distance. Coût : 900 F par an.
2. 9-10 janvier 1999.
3. *Libération*, 27 décembre 1989 : un jeune a reçu un coup de poing parce qu'il n'a pas suivi le ramadan.
4. Propos d'un élève de la région lyonnaise rapportés par Françoise Lorcerie, *Le Monde*, 21 janvier 1999.

« souillée par des personnes impies » ; et lors du dernier congrès de l'UOIF, Fouad Alaoui a réclamé le droit pour les jeunes filles musulmanes « de ne pas assister aux séances de natation mixtes [1] ». À l'université de Paris-XIII, l'association Unir, qui a obtenu 40 % des voix aux élections étudiantes de décembre 2001, souhaite que l'évaluation prenne en compte les spécificité culturelles :

> Un professeur de culture occidentale peut ne pas juger équitablement le travail d'un étudiant croyant et musulman dont l'approche des questions historiques, sociales, économiques, philosophiques sera influencée par son adhésion à la foi musulmane [2].

Quelques mois plus tard, dans une revue, Hanifa Chérifi étrenne la notion d'« identité de substitution », pour la critiquer, en s'appuyant sur les propos d'une élève voilée du lycée d'Albertville [3] : « Je ne suis ni Française ni Marocaine, mais musulmane », affirme la jeune fille, reprenant les mots de Khaled Kelkal [4]. Pour la médiatrice, cette identité de substitution est un

> préambule à la désobéissance civique dangereuse. La banalisation du discours intégriste a des conséquences dramatiques sur l'équilibre mental et identitaire de la jeunesse. La revendication du voile ébranle peut-être plus qu'on ne pense le socle sur lequel s'est édifié le modèle français d'intégration, et démontre l'influence du prosélytisme islamiste qui propose à chacun un projet personnel et un projet collectif. Tarik Ramadan appelle les musulmans à fonder une société sur les préceptes de l'islam par opposition à la société occidentale décadente. Amar Lasfar [5], lui aussi, désire « appliquer nos propres lois à nos propres communautés ». Tel est l'objectif affiché de l'islam orthodoxe. Le voile, symbole de cette idéologie, structure l'exclusion en soulignant les frontières visibles du ghetto, ce comportement sert essentiellement des courants réactionnaires politiques et religieux. Le décrochage scolaire est un comportement à risque.

1. *Le Figaro*, 13 mai 2002.
2. *Le Point*, 12 avril 2002.
3. Dans *Hommes et Migrations*, « Impact de l'islamisme à l'école », avril 1999.
4. Ce n'est pas du tout ce que proclament des associations comme l'Union des jeunes musulmans qui affirment au contraire être Français et musulmans.
5. Imam de la mosquée de Lille-Sud, déjà nommé *supra*.

La médiatrice charge encore la barque : « Les islamistes cultivent le ressentiment, il ne s'agit pas de la guerre d'Algérie puisque cela se passe ainsi partout en Europe, mais seul l'islamisme cherche à imposer un ordre social et juridique fondé sur la religion. »

Néanmoins, d'après le rapport du Haut Conseil à l'intégration, publié en l'an 2000, c'est auprès des non-musulmans qu'il faudrait faire œuvre de pédagogie « pour permettre à l'opinion publique de modifier sa perception de l'islam, en améliorant la connaissance qu'elle doit avoir d'une religion dont le rôle au sein de la société française est destiné à s'affirmer ». Quant aux revendications des jeunes filles voilées, toujours selon le rapport du HCI, « il faudra leur apporter des réponses différentes suivant qu'elles renvoient à la dimension spirituelle de l'islam — il s'agit alors du nécessaire respect de la liberté de conscience — ou à l'identité et à la culture des populations concernées ». Mais qui, sinon un inquisiteur, pourrait sonder les reins et les cœurs de ces jeunes filles ?

Enfin, dans *Le Monde* du 17 décembre 2001, Hanifa Chérifi estime qu'il n'y a qu'une différence de degré entre le voile et la burka afghane, et que ni le Conseil d'État ni les autorités publiques n'ayant pris leurs responsabilités, les « beurettes » sont renvoyées « à un mode de socialisation plus conforme à la société saoudienne qu'à la société française égalitaire ». Et de conclure : « Le principe de laïcité impose la neutralité ! » On croirait à présent entendre Quinet parlant de l'école « refuge au milieu des dissentiments inexorables des croyances et des Églises ».

Des filles comme les autres ?

« Des filles comme les autres », titre *L'Humanité* du 5 juin 1999, qui a retrouvé deux jeunes filles voilées, l'une exclue du lycée Faidherbe à Lille en 1994, et l'autre du lycée de Nevers en 1995. Toutes deux, reprenant une expression de Françoise Gaspard, parlent de « crime contre la liberté d'apprendre », de la volonté de « gommage total de nos racines arabes [1] ». Elles sont

1. Dix mille élèves seulement apprennent l'arabe en France.

à l'IESH de Bouteloin où elles s'instruisent «pour mieux résister aux traditions qui, elles, oppriment la femme». Elles pensent que les exclusions ont radicalisé quelques-unes de leurs «sœurs victimes d'un ethnocide[1]» à Mantes. Elles décrivent leurs voisins de palier comme des «handicapés culturels prêts à dépenser 2 000 F pour franciser leur nom sans réaliser qu'ils resteront toujours des sous-citoyens». Kadidja s'est mariée sans passion car le Coran place la raison au-dessus de tout. Elles rejettent le raï, «éloge de l'alcool et de la séduction interprété par des demeurés».

Consultons pour finir le site Internet Nassira Network[2], qui «combat l'incompréhension et le rejet d'un des symboles *les plus voyants* de l'islam : le voile». On peut y lire des échanges entre jeunes filles comme les extraits suivants :

Le 2 février 2001 : «Pourquoi se contenter de miettes alors qu'on peut avoir la place du lion? Imaginons qu'ils disent d'accord pour le voile ou la barbe, d'accord pour le vendredi, d'accord pour les fêtes, d'accord pour la prière, il restera la non-mixité, et leurs fêtes contraires à l'islam.» Réponse à ce message : «La place du lion, tu l'obtiens comment? Je ne suis pas contre les miettes tant que cela ne nous distrait pas de l'objectif. OK, réformons la société en douceur en faisant petit pas par petit pas mais sans reculer.»

Le 5 mars 2001 : «Le port du voile agit presque comme une résistance aux valeurs dominantes en Occident qui sont aujourd'hui les valeurs capitalistes.»

«Le plus grand enjeu pour nous est que tout le monde sache ce qu'est l'islam pour que plus de personnes l'acceptent : je suis musulmane, je veux qu'ils le sachent, je m'en fiche si je suis acceptée par les autres, je le ferai quand même…»

«Le hijab est un moyen de communication non verbal représentant l'identité musulmane, une image vaut mieux que 1 000 mots, la Ummah doit cultiver une identité distincte.»

«On trouve beaucoup de gens qui se font "coloniser le cerveau", à pro-

1. À rapprocher de la «purification ethnique» évoquée en 1994 par la présidente de la Ligue des droits de l'homme à propos de l'expulsion en urgence de l'imam de Woippy.

2. Édition du 2 août 2001.

pos des gens du Livre il y en a qui ont la foi mais la plupart sont des pervers. »

« Si je ne pouvais pas montrer ma foi alors quel est le but de dire que j'ai la foi ? Le hijab est devenu une déclaration politique. »

Pression, provocation, prosélytisme, propagande ? Laïcité, « il faut t'avoir perdue pour connaître ton nom ! [1] ».

1. Inspiré de la phrase d'Adam Mickiewicz, inscrite au bas de sa statue à Paris : « Liberté, il faut t'avoir perdue pour connaître ton nom. »

VII

À l'écoute de l'islam de France

> « Le Coran contient cent fois plus de versets concernant les problèmes sociaux que de versets sur les sujets de dévotion. Si l'on prend cinquante livres sur la tradition musulmane, il y en a peut-être trois qui traitent des devoirs des hommes envers Dieu. Tout le reste roule sur la société, l'économie, le droit, la politique de l'État [1]. »

De nombreux auteurs cherchent à nous présenter certaines pratiques ou certains aspects de l'islam comme une déviance relativement à un islam beaucoup plus sympathique et évolué que nous avons tort de méconnaître et avec lequel nous devrions nous familiariser. Il y aurait donc le bon islam et ses dérives, toute critique de l'islam en tant que tel étant rejetée dans la catégorie des amalgames. Il est de bon ton de dénoncer l'islamisme et ses avatars, mais de très mauvais goût de chercher à dépasser ce stade primaire de la pensée. Le respect de cet interdit permet d'échapper à l'accusation infamante d'islamophobie et de racisme. Mais, si l'on s'intéresse à l'islam, c'est pour essayer d'y voir clair et non pour se voir décerner des brevets d'antiracisme. Or la dichotomie entre le bon islam et ses dérives n'est

1. Khomeiny, cité par Jean-François Revel, « Les Arabes malades de l'islam », *Le Point*, n° 762, 27 avril 1987.

pas toujours opérante. Insister sur un islam déviant, souvent qualifié à tort d'orthodoxe[1], peut laisser penser qu'il existe un islam « assoupli ». Où se trouve, dans le monde, cet islam conciliant ? Les prémices de cet islam amendé sont-elles détectables en France ?

L'épouvantail de l'amalgame

Des philosophes ou des juristes écrivant sur la République et la laïcité, et traitant de l'islam de manière souvent indirecte, utilisent le présupposé de l'amalgame et condamnent tout examen critique de l'islam seul, démarche qui leur semble suspecte d'islamophobie. Ainsi, Henri Pena-Ruiz renvoie les problèmes rencontrés avec l'islam à l'instrumentalisation d'une « détresse essentiellement socio-économique qui concerne les populations maghrébines » par les tenants du communautarisme, lesquels suggèrent, « de façon mensongère, que l'islam est incompatible avec le cadre laïc[2] ». Jean-Michel Ducomte n'aborde l'islam que chaperonné par les orthodoxes, les bouddhistes, les mormons et autres cultes exotiques, au titre des religions d'apparition récente en France. Pour lui, pas question de traiter de l'islam en tant que tel. Toute attention privilégiée à l'islam « se condamnerait à n'avoir qu'une vue tronquée et inutilement passionnelle d'un phénomène plus large » ; elle est également dangereuse car elle montre du doigt une composante de la communauté nationale qui, transformée en bouc émissaire, serait fragilisée et ainsi jetée dans les bras des mouvements « intégristes ». Jean-Michel Ducomte ne se contente donc pas de renvoyer à l'« intégrisme » tout ce qui paraît gênant dans l'islam, comme il est habituel et recommandé de le faire aujourd'hui ; il déclare suspect et

1. Ainsi Hanifa Chérifi parle d'option orthodoxe pour décrire l'islam déviant, ce qui est parfaitement paradoxal puisque l'orthodoxie désigne, en principe, « l'ensemble des doctrines, des opinions considérées comme vraies par la fraction dominante d'une Église et enseignées officiellement » (cf. *Petit Robert*). Les divergences en sont, d'habitude, les hérésies. L'orthodoxie ne peut donc être une « option » de l'islam, ni même une « version » comme elle le laisse entendre. Hanifa Chérifi, « Les enjeux de l'intégration », *Éducations*, n° 16, 1998.

2. Henri Pena-Ruiz, *La laïcité pour l'égalité, op. cit*

politiquement dangereux de s'interroger à propos de l'islam seul[1]. À l'analyse lucide, il préfère la pédagogie, en évitant à tout prix d'aller dans le sens d'une opinion publique rétive à l'islam. Pour Patrick Kessel non plus, dont la position laïque ne souffre pas le moindre soupçon de mollesse, l'islam ne peut être un objet d'étude en soi : « Toute analyse qui se contenterait de ne s'intéresser qu'à l'islam prêterait le flanc à des interprétations de type raciste[2]. » La revue *Panoramiques* a pourtant bravé cet interdit en se posant une question directe : « L'islam est-il rebelle à la libre critique ? », et en ouvrant ses pages aux avis les plus divers dans un numéro codirigé et coédité avec la revue *Islam de France*[3].

On reproche à l'opinion publique ses amalgames et son inculture en matière d'islam. Son implantation en France ne poserait aucun problème. Tout ce qui ne nous convient pas dans l'islam relèverait de l'islamisme. Ce repli derrière l'épouvantail de l'islamisme est pratiqué par des responsables religieux français, mais surtout par les ardents défenseurs de l'islam en France — d'où la requête récurrente qu'il faut éduquer le peuple français pour lui faire découvrir l'islam véritable, notamment à l'école, dès le plus jeune âge. Les colloques sur l'islam, nombreux, deviennent de véritables entreprises de redressement idéologique. Citons-en quelques-uns aux titres évocateurs : « Les lumières de l'islam », organisés en 1998, 1999 et 2001 par l'association « D'un monde à l'autre » présidée par Michel David, par ailleurs responsable de la direction générale Ville renouvelée Éducation et Culture, à la mairie de Roubaix. Cette association déclare vouloir « diffuser une meilleure connaissance de la culture arabo-islamique et de la religion musulmane [...], moyen de lutter contre toutes sortes de préjugés qui alimentent par ignorance le racisme et la xénophobie[4] ». Autre colloque :

1. Jean-Michel Ducomte, « Les limites et incertitudes du modèle laïque français », in *Permanence de la laïcité en France et dans le monde*, *op. cit.*

2. Débat entre Patrick Kessel et Jean-Marc Roirant animé par Alain Seksig, « Ni plurielle, ni de combat : la laïcité », *Hommes et Migrations*, n° 1218, mars-avril 1999.

3. *Panoramiques*, dirigé par Saïd Branine et Michel Renard, de la revue *Islam de France*, et par Halim Chergui, alias Guy Hennebelle, n° 50, 1er trimestre 2001.

4. Présentation du colloque de 1998.

« Pour un islam de paix. La rencontre Islam-Occident », organisé en janvier 2000 à l'Unesco, et qui avait, d'après la revue *Hawwa,* « pour fil conducteur une question cruciale, à savoir "comment sortir de l'amalgame islam, intégrisme, terrorisme, banlieues, pour rendre possible un véritable débat autour de l'islam européen [1]" ». Imaginerait-on, pour prendre une analogie qui fâche, des financements publics aussi divers [2] et un tel succès pour un colloque qui s'intitulerait « Les lumières des Témoins de Jéhovah », organisé sous des patronages prestigieux et par une association qui afficherait sa volonté de diffuser une meilleure connaissance des Témoins de Jéhovah afin de lutter contre toutes sortes de préjugés… Un colloque sur « Les lumières du catholicisme » ferait aujourd'hui sourire tout le monde.

On confond le dogme et la pratique de l'islam. Que les musulmans de France n'aient pas tous une connaissance parfaite du dogme et que beaucoup aient une pratique relâchée n'implique pas que le dogme de référence, s'ils y revenaient, serait assoupli. C'est un peu comme si l'on jugeait de la religion catholique à partir de la pratique extrêmement distanciée de la plupart des Français appartenant à cette « tradition ». Il est même à craindre qu'un certain œcuménisme ambiant tienne davantage à l'affadissement général des pratiques qu'à un véritable dialogue de fond entre religieux d'une part, et entre musulmans et laïcs de l'autre. Or, comme l'explique clairement Catherine Kintzler, « ce n'est pas un islam modéré que la République appelle : elle appelle un islam amputé de ses prétentions à régler la vie publique ». Il n'y a pas de lien de principe, souligne-t-elle, entre tiédeur religieuse et ralliement à la République :

> Nous connaissons tous des chrétiens fervents, qui ne badinent pas avec la pratique religieuse et qui, cependant, appliquent sans ambiguïté la distinction entre ordre privé et ordre public […]. Nous connaissons tous aussi des chrétiens à la foi modérée, qui ne pratiquent guère et qui,

1. *Hawwa*, n° 3, automne 2000.
2. L'État à travers la direction interministérielle à la Ville, le conseil régional Nord-Pas-de-Calais, le conseil général du Nord, le FAS, les villes de Lille, Roubaix, Villeneuve-d'Ascq, pour le colloque « Les lumières de l'islam », du 20 janvier 2001.

cependant, ne sont nullement choqués par une législation réprimant le blasphème [1].

Pour se forger une opinion sur l'islam et sur sa compatibilité avec la République, il faut éviter de réduire l'analyse à celle des pratiques. En effet, cette dernière ne permet pas d'anticiper un certain nombre de problèmes qui risquent de se poser si la distance entre dogme et pratique vient à se resserrer. C'est donc les invariants de l'islam tels qu'ils nous sont présentés par les leaders d'opinion musulmans qu'il faut analyser pour pouvoir appréhender les discordances entre les principes de l'islam de France et ceux de la République.

L'islam, c'est plus qu'un culte, plus qu'une religion...

Si l'opinion publique ne comprend pas toujours bien l'islam, ce n'est pas sans raisons objectives. Si l'on considère comme « musulmans » tous ceux qui sont originaires de pays musulmans, on nous reproche, non sans justesse, d'avoir une vision totalisante. Si on s'en tient prudemment à un registre strictement religieux, on nous répond presque immanquablement que l'islam ne saurait se réduire à ses seuls aspects cultuels. D'un côté, les musulmans réclament à la République un traitement égalitaire des religions, de l'autre, ils revendiquent un statut d'exception au motif que l'islam est davantage qu'un culte.

Ce caractère exceptionnel de l'islam n'est pas seulement revendiqué par les musulmans proches de l'islamisme ou passant pour tels, mais aussi par nombre de musulmans « modérés » dont le lyrisme vaut bien celui des premiers. Ainsi, Michel Renard, directeur de publication de la revue trimestrielle *Islam de France*, qui a eu le courage de dénoncer la reculade de Jean-Pierre Chevènement sur la question de l'apostasie dans sa revue et dans *Libération*, décrit pourtant le caractère englobant de l'islam, qui le rend incomparable :

1. Catherine Kintzler, *La République en question*, *op. cit.*

L'islam ne se réduit pas à un culte. C'est une religion suscitant une conduite globale qui ne peut se résumer à l'exécution des cinq piliers du culte mais interpelle chacun dans tous les moments de sa vie et de ses relations sociales qu'il doit conformer aux prescriptions morales et spirituelles de la Révélation.

Pour lui, en islam, la séparation n'a pas lieu d'être entre pratiquants et non-pratiquants, séparation qui, dit-il, « n'a rien d'islamique ». Il distingue l'observance de la pratique : on peut ne rien observer du culte et rester pratiquant. Même une personne née dans une famille musulmane mais qui n'observerait pas les rites et ne pratiquerait pas serait musulmane. Il suffit donc de naître musulman pour le rester toute sa vie ! Michel Renard ne voit-il pas que c'est ce type de raisonnement qui débouche tout droit sur la notion d'apostasie ? En effet, que devient alors la liberté de changer de religion si c'est se renier soi-même ? Nous retombons ici sur la singularité de la foi musulmane décrite par Alain Besançon et évoquée plus haut [1], et que Michel Renard illustre parfaitement en reprenant les paroles de Tareq Oubrou, imam de Bordeaux :

Je tiens à préciser un point au sujet des personnes qui ne se considèrent pas comme musulmans parce qu'ils ne sont pas « pratiquants » ou encore parce qu'ils ne connaissent pas les détails de la foi et de la pratique de l'islam. C'est une erreur grave. Nous confirmons qu'est musulman celui qui a la foi musulmane même s'il n'est pas « pratiquant ». Il n'est pas tenu, non plus, de connaître les détails de l'islam pour l'être (qui d'ailleurs le pourrait ?). Est musulman celui qui se considère comme tel [2].

N'y a-t-il pas quelque contradiction à déclarer qu'un musulman peut n'être obligé à rien, pourvu qu'il déclare croire en l'unicité de Dieu et en son messager, et exiger de la part de la société française des entorses à ce qui la fonde politiquement pour garantir la possibilité d'une observance intégrale de tous les rites et impératifs liés au Coran et à la sunna, voire à la jurisprudence accumulée au fil des siècles ?

Si Tariq Ramadan exhorte les musulmans à pratiquer plus, il

1. Cf. *supra*, chapitre II.
2. Michel Renard, « Organiser le culte c'est bien, mais ce n'est pas représenter l'islam », *Islam de France*, n° 7, 2000.

décrit lui aussi un islam englobant qui ne saurait se réduire à ses aspects cultuels. Voyons ce qu'il en dit dans son tout premier livre, *Les musulmans dans la laïcité* :

> De nombreux orientalistes ont relevé que l'une des spécificités de l'islam était la priorité donnée, dès l'origine, à la réflexion juridique plutôt qu'aux considérations théologiques pures parce que, *dans son essence* [nous soulignons], l'islam mariait la sphère privée et la sphère publique et qu'une recherche de réponses concrètes s'imposait. Ainsi, l'islam entre difficilement dans les limites de l'acception du mot « religion »[1].

On ne saurait être plus clair. Le Coran, d'origine divine, et la sunna, rassemblant les hadiths[2] également considérés comme d'inspiration divine depuis le travail juridique d'Al-Shâfi'i[3], ne

1. Tariq Ramadan, *Les musulmans dans la laïcité*, *op. cit.*

2. Ils sont pourtant œuvre humaine puisque les traditions ont été accumulées au cours des premiers siècles de l'islam mais assez tardivement. La sunna qui, avant l'islam, désignait déjà pour les Arabes les traditions de leurs ancêtres, a fini par se rapporter exclusivement aux hadiths, c'est-à-dire aux « communications faites par le Prophète notamment en matière religieuse et juridique », rapportés par l'entourage du Prophète et transmis ensuite par une chaîne de « garants ». Sa fiabilité est appréciée principalement en fonction de la continuité des garants et de l'honorabilité de ces derniers. La recherche de hadith, par le voyage (Talab), source de prestige, mais aussi de gains matériels, a fini par devenir « un véritable sport, pratiqué sans aucun scrupule religieux, sans aucun souci d'authenticité des traditions ainsi acquises ». L'authenticité de nombreux hadiths est donc reconnue comme hautement problématique. Godziher cite l'exemple d'un « mendiant-traditionniste » dont on disait que, « si quelqu'un lui avait donné deux sous, il aurait livré soixante-dix traditions » et qui figure néanmoins comme autorité dans les recueils canoniques. Les hadiths ont été aussi l'instrument des joutes entre partisans d'Ali et ceux d'Othman, chaque camp concoctant des traditions tendant à accréditer sa thèse. Plus généralement, les hadiths ont été un moyen de rendre licites les pratiques existantes, notamment celles des puissants. Mais le hadith a été plus qu'une codification sociale des conduites. C'est devenu un véritable genre littéraire, puisque les histoires racontées par les baladins autour desquels la foule s'attroupait prenaient la forme du hadith. Six livres au IIIe siècle ont « obtenu une consécration canonique », dont les deux plus célèbres sont ceux d'Al-Bukari et de Muslim. Cf. I. Goldziher, *Études sur la tradition islamique*, extraites du t. II des *Muhammedanische Studien*, traduites par Léon Bercher, Librairie d'Amérique et d'Orient, 1984.

3. La thèse fondamentale d'Al-Shâfi'i (très grand juriste né trente-cinq ans après la mort du Prophète et dont la théorie juridique figure dans un ouvrage intitulé la *Risâla*) était que « l'expression de la volonté divine était plus précisément indiquée qu'on ne l'avait reconnu jusque-là, que sa suprême manifestation se trouvait dans la sunna ou pratique de Muhammad et que la fonction du raisonnement humain en matière juridique était subsidiaire et complémentaire, [thèse] qui ne fut jamais sérieusement remise en cause après lui » (Noël J. Coulson, *Histoire du droit islamique*, traduit en 1995 par Dominique Anvar, texte de 1964 dans sa version anglaise, coll. Islamiques, PUF)

sauraient faire l'objet d'une interprétation. Seule une reprise de la réflexion juridique (*ijtihâd*), interrompue pendant des siècles, serait envisageable, et encore ne pourrait-elle porter que sur les sujets que n'abordent pas les textes sacrés. Les impératifs de l'islam, tels que les conçoit Tariq Ramadan, ont donc vocation à réguler la vie sociale des musulmans, même dans les pays européens.

Le point de vue de Kamel Kabtane, recteur de la grande mosquée de Lyon, est d'autant plus significatif qu'il fait partie des autorités religieuses conviées à la consultation Chevènement et qu'il est généralement considéré comme modéré. Pour lui, « les obstacles rencontrés auprès des pouvoirs publics relèvent souvent d'une méconnaissance de la religion islamique et de la méfiance à son égard, tant chez les élus de la nation que chez certains fonctionnaires de l'État et des collectivités territoriales ». Kamel Kabtane affirme vouloir « dissiper un certain nombre de malentendus sur l'islam, ses principes et ses rites ». Et en effet, il faut être aveugle pour ne pas comprendre, lorsqu'il montre que les devoirs et obligations des musulmans ont pour source et référence la charia, et qu'il précise ce qu'elle implique :

> La Loi religieuse, ou sharï'ah, concrétise, sous la forme de *normes juridiques*, les principes spirituels définissant la relation de l'homme à Dieu, et les valeurs éthiques régissant les rapports entre les hommes [nous soulignons].

Cette conception globalisante de l'islam n'est, bien entendu, pas nouvelle. On aurait pu s'en soucier depuis longtemps si on prenait la peine de lire et d'écouter les textes et déclarations qui sont publiés. Ainsi, dans le premier numéro de la revue *Islam et Occident* éditée par l'association française du même nom [1], on trouvait, après un texte de présentation des buts de l'association bien optimiste [2], le texte de clôture d'un colloque organisé par

1. Cette association a été fondée en 1980 avec Jean-Pierre Fourcade comme président. Elle n'était que la branche française de l'association internationale du même nom, fondée à Genève en octobre 1979 et dont le président, saoudien, était lui-même président du Congrès islamique mondial.

2. Jean-Pierre Fourcade déclarait que « l'Islam et l'Occident représentent un patrimoine de valeurs culturelles universelles qui peuvent, par leur complémentarité, assurer le dépassement des antagonismes et jeter les bases d'une culture mondiale ». Il pensait alors qu'il était urgent de réduire la diversité des types de société

l'Organisation de la conférence islamique[1] (OCI) à l'Unesco qui affirmait cette idée totalisante de l'islam :

> L'islam, étayé sur ses deux piliers principaux, la révélation divine exprimée par le Coran et la tradition prophétique (sunna), constitue davantage qu'une religion, au sens occidental du terme, et plus qu'une « idéologie », même dans l'acception la plus noble du terme. [...] L'islam [lie] de manière insécable le profane et le sacré, le spirituel et le temporel.

Publié en mars 1981, ce texte n'a apparemment pas été compris pour ce qu'il disait réellement. Il annonçait les revendications que nous allions voir émerger à la fin de la décennie dans l'institution scolaire. Alors que nous n'en étions pas encore à fustiger, comme aujourd'hui, l'idée d'assimilation, il affirmait que l'amélioration des rapports entre islam et Occident impliquait notamment « le droit pour les minorités musulmanes vivant en pays non musulman à pratiquer leur religion et à résister au processus d'acculturation ». À cette fin, le texte demandait que soient envisagées des solutions « dans le système éducatif en particulier [...] pour permettre aux enfants de musulmans expatriés de s'intégrer loyalement dans leur nouveau pays d'accueil, sans perdre leurs racines spirituelles et culturelles[2] ». C'est la même organisation (OCI) qui a financé, en novembre 1998, à hauteur d'un demi-million de dollars, un séminaire du Haut Commissariat des Nations unies à Genève joliment intitulé « Enrichissement de l'universalité des droits de l'homme : des perspectives islamiques de la Déclaration universelle des droits de l'homme ». Les Nations unies sont, d'après David Littman, frappées de la

sources d'affrontements et incitait à l'élaboration d'« un ensemble de normes qui composeront le nouvel ordre mondial ». Cf. « Pourquoi "Islam et Occident" », Jean-Pierre Fourcade, *Islam et Occident*, n° 1, mars 1981.

1. L'OCI « représente une sorte d'ONU du monde musulman », créée à l'initiative de l'Arabie saoudite en 1969 pour concurrencer la Ligue arabe et rassemblant une cinquantaine de pays musulmans. Elle doublonne les agences des Nations unies avec, par exemple, une Organisation islamique pour l'éducation, la science et la culture, « sorte d'Unesco islamique ». Cf. Richard Labévière, *Les dollars de la terreur. Les États-Unis et les islamistes*, Grasset, 1999.

2. « Déclaration finale publiée par l'Organisation de la conférence islamique à l'issue des travaux », Séminaire international sur l'islam réuni par l'Organisation de la conférence islamique, Unesco, 4-6 décembre 1980, *Islam et Occident*, n° 1, mars 1981.

même surdité et du même aveuglement que nous le sommes vis-à-vis des positions défendues par nombre de représentants des pays musulmans, Iran en tête, qui appellent à une révision de ladite déclaration et à sa relativisation culturelle[1].

L'islam de France, un conflit d'allégeances ?

Si l'islam est un « tout », que représente la France au regard des leaders d'opinion de l'islam… de France ? L'intervention de Kamel Kabtane lors d'un colloque organisé par l'Institut des hautes études en sécurité intérieure (IHESI) les 22 et 23 juin 2000, nous donne quelques éléments de réponse[2]. Tout d'abord, Kamel Kabtane déplace les pions. Il ne pose pas le problème de la compatibilité entre la République et l'islam, mais entre l'islam et la culture française, en faisant en quelque sorte abstraction de la République et en mettant l'islam en position de surplomb. Le point phare, la référence, c'est l'islam. Comme le font souvent les clercs musulmans, on l'a vu, il invoque les temps glorieux de la conquête musulmane pour démontrer l'adaptabilité de l'islam :

> Faut-il rappeler ici que, tout au long de l'histoire de l'islam, le musulman a toujours adapté ses conceptions religieuses aux éléments de la culture qu'il a assimilée ? La jurisprudence islamique (ou *fiqh*) n'a jamais perdu de vue la nécessité d'une adaptation aux coutumes locales […]. L'islam est une religion à vocation universelle, et a donc toujours pris en compte les conditions locales.

1. Sous couvert de favoriser la compréhension entre les peuples, les Nations unies ménagent les représentants des pays musulmans. C'est ainsi qu'a été publiée, en décembre 1997, dans leur volume II consacré aux instruments régionaux, la Déclaration des droits de l'homme en islam du Caire dans une section consacrée à l'Organisation de la conférence islamique (OCI) alors même que cette dernière n'est pas un organe des Nations unies. Par ailleurs, les Nations unies acceptent d'ajouter des correctifs pour blasphème et attaques de l'islam aux rapports sur le respect des droits de l'homme dans les pays musulmans, et le Soudan notamment, sur la demande de représentants de ces derniers. Cf. David Littman, « Universal Human Rigths and "Human Rights in Islam" », *Midstream*, février-mars 1999.

2. Ce colloque a fait l'objet d'une publication, *L'islam dans un espace laïque*, IHESI, Département des actions internationales. Malheureusement, la précieuse intervention de Kamel Kabtane n'y figure pas. Le titre de son intervention était le suivant : « Les besoins rituels des musulmans dans l'espace laïque ».

La comparaison laisse pour le moins pantois puisqu'elle présente l'islam comme un englobant capable de s'adapter à la France certes, mais une France réduite à un ensemble de coutumes locales. Kamel Kabtane ne semble pas voir d'obstacle à l'application d'une jurisprudence islamique en France ; il ne semble pas non plus faire de distinguo entre un territoire islamisé par la conquête et une implantation minoritaire dans la République française.

On le retrouve sur la même ligne lorsqu'il évoque les travaux accomplis dans le cadre de la consultation Chevènement. Si l'on pensait que cette consultation devait avoir, dans son principe, un effet pédagogique indirect, celui de faire toucher les limites du cadre dans lequel le « culte » musulman aurait à s'exercer, il n'en est rien. Pour Kamel Kabtane, les discussions ont permis « la connaissance réciproque des lois de la République et des impératifs de notre religion ». Si les musulmans acceptent de se conformer aux lois républicaines, ce n'est pas tant parce qu'ils y adhèrent mais parce que Dieu leur recommande : « C'est notre religion qui nous impose de nous conduire en nous conformant aux lois de l'État où nous résidons, ou dont nous sommes citoyens. » Pour Kamel Kabtane donc, comme pour la plupart des clercs musulmans, l'islam est la référence suprême. Les propos suivants le prouvent encore : « Parce que "Dieu est le seigneur de l'Orient et de l'Occident", le musulman peut très bien accomplir la plupart de ses rites en tout lieu, car l'immensité terrestre est, d'une certaine façon, "une mosquée". »

Amar Lasfar, recteur de la mosquée de Lille-Sud, président de la Ligue islamique du Nord, n'hésite pas à dire :

> La loi française ne reconnaît pas la communauté, seulement la citoyenneté. Dans l'islam, la notion de citoyenneté n'existe pas, mais la notion de communauté est très importante car reconnaître une communauté c'est reconnaître les lois qui la régissent. Nous travaillons à ce que la notion de communauté soit reconnue par la République. Alors nous pourrons constituer une communauté islamique appuyée sur les lois que nous avons en commun avec la République, et ensuite appliquer nos propres lois à notre communauté. Il y a les lois que nous avons en commun et celles qui nous différencient [1].

1. Conférence à l'Alliance régionale du Nord, Amiens, 9 octobre 1997.

Le propos est on ne peut plus clair : les musulmans appliqueraient les lois de la République lorsqu'elles sont conformes à l'islam, mais leurs propres lois en cas de divergence. On comprend mal, dans ces conditions, comment la revue *Islam de France* peut déclarer que l'UOIF[1], dont Amar Lasfar est décrit comme un proche par la fédération elle-même, « a choisi le travail en profondeur pour implanter un islam de France en symbiose avec la République laïque[2] ».

La rivalité affleure aussi de manière récurrente dans les propos de cheikh Ahmed Khettab de la mosquée d'Asnières, décédé en 1999, qui assimilait la langue française à un idiome et concevait les rapports entre Français et musulmans comme une cohabitation entre deux communautés, deux clans :

> Le Français peut être à même de parfaire sa personnalité en cohabitant avec le musulman qui, lui, peut s'élever dans sa conception de la vie et du progrès en se mettant en rapport avec le Français sans rejet de ses principes et de ses qualités d'origine. Les deux communautés, vouées à vivre ensemble, peuvent donc tirer profit l'une de l'autre [...] pourvu qu'elles se débarrassent du complexe de supériorité ou d'infériorité qui anime quelques individus des deux clans. [...] la France est devenue notre deuxième patrie, l'idiome français notre deuxième langue après notre belle et riche langue maternelle, l'arabe musical[3].

Assez souvent, le terme « République » est soigneusement évité ou réduit à sa devise « Liberté, égalité, fraternité » qui, elle, ne « mange pas de pain » et se prête à toutes les transpositions. On lui préfère aussi celui de « société française », comme si la République n'était qu'une option parmi d'autres. C'est le cas de l'association Union islamique des étudiants de France (UISEF), qui s'appelle aujourd'hui Étudiants musulmans de France (EMF) et qui, bien que censée défendre les intérêts de tous les étudiants, justifiait son appellation religieuse en soutenant que

1. Rappelons qu'elle a signé, dans le cadre de la consultation Chevènement, le texte ministériel « prouvant » l'adhésion aux lois républicaines.
2. Saïd Branine et Michel Renard, « Bilan d'une introuvable "représentation". État des lieux du paysage islamique en France », *Islam de France*, n° 1, 1998.
3. Cheikh Ahmed Khettab, « L'honneur de l'homme et le droit de l'homme », avril 1993, bulletin « Approches islamo-chrétiennes dans les Hauts-de-Seine », *Islam de France*, n° 5, 1999.

« l'islam ne contredit pas les principes fondamentaux de la laïcité que sont la neutralité et l'égalité, ni ceux de la République que sont la liberté, l'égalité et la fraternité » ; l'UISEF était présentée comme une association « dont la philosophie d'action est musulmane tout comme d'autres ont une philosophie socialiste ou républicaine ». L'islam serait donc à la fois « une éthique et un mode de vie » compatible avec la République *et* une alternative. L'analogie avec la « philosophie socialiste » positionne d'ailleurs l'islam sur le registre politique, ce qui ajoute à l'ambiguïté.

Le recours à la notion de « contexte » pour évoquer la France est répandu parmi les mouvements qui se présentent, au-delà des variantes, sous l'étiquette « Jeunes musulmans », et qui sont sous l'influence des frères Ramadan ou de Hassan Iquioussen, fondateur des Jeunes musulmans de France (JMF). L'islam est le phénomène premier, tout le reste est renvoyé à l'arrière-plan, fait paysage. Louisa Latrache, qui a participé à l'Association des étudiants islamiques de France, présente ainsi l'association qu'elle a créée, l'Union nationale des femmes musulmanes de France (UNFMF) où interviennent des conférenciers tels que Hani Ramadan, directeur du Centre islamique de Genève, et, toujours, Hassan Iquioussen : il s'agit de former des jeunes femmes musulmanes pour, notamment, que « cessent les comportements lunatiques dus à des personnalités instables à l'instar de nombreuses jeunes sœurs qui finissent par retirer leur voile parce qu'elles n'en ont pas véritablement saisi la signification profonde ». L'enseignement comprend trois composantes : la foi, « l'enseignement religieux sous ses aspects juridiques et historiques dans le *contexte socioculturel français* [nous soulignons] et la connaissance du contexte social, politique, culturel et artistique à différents niveaux [1] ».

L'association EMF emprunte à Tariq Ramadan l'expression d'« intégration légale » qui, associée à l'idée de contexte, aboutit au même effet de relativisation.

1. « Louisa Latrache, femme, musulmane, militante », interview recueillie par Abdallah Sindonino, *Islam de France*, n° 5, 1999.

L'intégration légale [requiert], en amont, un travail sur le droit et la jurisprudence qui, à partir des textes islamiques de référence, permette de déterminer les principes fondamentaux, les adaptations et les limites à respecter pour les musulmans vivant dans un contexte européen [l'effet relativisant lié à l'emploi du terme contexte est ici redoublé par l'impasse sur le cadre national à travers la référence directe à l'Europe dont on sait que certains clercs musulmans attendent beaucoup [1]]. Cette étude est récente mais impérative : l'intégration légale est un préalable incontournable pour permettre un enracinement fidèle, profond et sérieux [2].

L'adjectif « légale » indique, à l'évidence, la volonté d'intégrer, même partiellement, la jurisprudence islamique et non de l'adapter aux lois existantes. Là encore, la référence n'est pas la nation française dans laquelle résident les musulmans, mais l'islam. Tariq Ramadan utilise aussi souvent une notion voisine : celle d'intégration positive. Il parle d'« intégration positive des intimités [qui] pourra demander quelques aménagements mais aucune révolution [3] ».

Juifs et chrétiens : des musulmans qui s'ignorent

Les commentaires de Kamel Kabtane sur le premier des piliers de l'islam, le témoignage de foi, ou *shahâdah*, révèlent la position de musulmans par rapport aux autres religions, chrétiennes et juive :

Ici, on ne peut éviter de rappeler ce qui est une évidence, à savoir que le Dieu auquel les musulmans rendent un culte n'est autre que celui auquel s'adressent les autres croyants, qu'il n'y a qu'un seul Dieu dont Allah est la dénomination en langue arabe. Et si les musulmans sont attachés à la

1. L'objectif des associations « néofondamentalistes » est de « faire pression sur les États européens pour obtenir la reconnaissance de la "communauté" définie à partir d'une lecture "intégraliste" et dogmatique de la charia et dont l'identité commune devrait être fondée exclusivement sur l'appartenance religieuse. Ce qui revient, concrètement, à négocier avec les autorités européennes un statut dérogatoire […] pour les musulmans » (Abderrahim Lamchichi, « Franciser et moderniser l'islam », *L'islam est-il soluble dans la République ?*, *Panoramiques*, 1997).

2. *La lettre de l'EMF*, n° 6, octobre 1999.

3. Tariq Ramadan, « Pour une laïcité ouverte », *Le Monde*, 13 octobre 1994. Hani Ramadan parle de « climat laïque ».

langue arabe, c'est parce qu'il s'agit d'une langue sacrée dans laquelle Dieu s'est adressé *aux hommes* [nous soulignons]. La révélation islamique ne vient pas contredire les révélations précédentes mais, au contraire, en confirmer le contenu. Les musulmans savent aussi qu'au-delà des différentes formes religieuses, la Révélation est unique dans l'Unité de Dieu, et que Jésus et Moïse sont des prophètes islamiques. La succession des révélations et des envoyés de Dieu est rendue nécessaire par l'usure du temps qui fait, peu à peu, oublier à l'homme, dans le déroulement du cycle, le but de son existence qui n'est autre que la connaissance de Dieu, dont il vient et auquel il retourne.

Si, comme on l'a vu, l'islam a tendance à être pensé en position de surplomb par rapport à la sphère politique et sociale non islamique, il en va *a fortiori* de même par rapport aux religions chrétiennes et juive.

Nous sommes souvent troublés par certains éléments de proximité entre ces religions et l'islam, car on y retrouve des personnages connus, Marie, Jésus, Moïse et d'autres, dont on pourrait penser qu'ils valident les religions chrétiennes et juive, les intègrent dans une histoire religieuse et apparentent ainsi entre elles ce qu'il est convenu d'appeler les trois religions monothéistes. C'est d'autant plus troublant que les musulmans eux-mêmes insistent vivement sur l'idée de filiation religieuse. Ainsi, Luis-Nourredine Pita, docteur en philosophie et président de l'Association française des convertis à l'islam (AFCI), présente celui-ci comme étant « avant tout une religion monothéiste, membre de la famille abrahamique, au même titre que le judaïsme et le christianisme ; pour l'islam, la Bible demeure un livre sacré, une loi antérieurement valable, modifiée, complétée par la révélation au prophète Mohammad[1] ». La plupart des auteurs traitant de l'islam répètent à l'envi cette idée de filiation. Ainsi, Jocelyne Césari juge centrale la question suivante qui d'après elle permettrait de « déghettoïser » l'islam :

Les musulmans ne sont pas sur la planète Mars. Les musulmans sont des frères ou des cousins en croyance, et l'islam n'est jamais que la troisième branche du tronc monothéiste. [...] Un musulman a bien souvent

1. Luis-Nourredine Pita, « "Islam et Europe" : les auditions au Parlement européen », *Islam de France*, n°2, mars-avril 1997.

l'impression d'être projeté hors de la sphère croyante ou de la sphère religieuse française alors que lui pense être dedans parce qu'il se réfère à une filiation croyante, à une généalogie croyante qui a les mêmes référents : Abraham, Moïse, Jésus [1].

Or ce que nous dit clairement Kamel Kabtane, c'est qu'il n'y a qu'une seule religion, l'islam, que nous appelons autrement, et que les prophètes des autres religions sont en fait ceux de l'islam. Il dit de manière plus ou moins explicite que la révélation coranique est ahistorique, que le message divin est un — le Coran — mais que sa transmission a été déformée ensuite par les chrétiens et les juifs, d'où la nécessité, pour Dieu, d'envoyer un troisième prophète, Mahomet. Celui-ci reçut la parole même de Dieu et ferma ainsi le ban. Le « sceau des prophètes » est la formule consacrée.

C'est donc le Coran qui détient le seul et unique vrai message de Dieu, même si la question de savoir si le Coran a été créé ou incréé est encore débattue aujourd'hui. Mais elle l'est le plus souvent pour développer les arguments qui sont censés prouver son caractère incréé, car la menace de l'apostasie n'est jamais bien loin. Ces débats rappellent en outre de mauvais souvenirs puisque le pouvoir abbasside, au IXe siècle, fit plier une grande majorité de l'institution religieuse en exigeant des fonctionnaires (dont les emplois avaient été ouverts aux oulémas) qu'ils se rallient publiquement à la doctrine du caractère créé du Coran [2]. Certains ont résisté, tel « Ibn Hanbal, représentant d'une des deux écoles les plus dures, [qui fut] emprisonné et fouetté [3] ».

Citons enfin, sur ce même registre, un courrier de lecteur très évocateur paru dans la revue *Islam de France* :

Je suis sidéré de l'image qu'a la religion musulmane, malgré les efforts des revues comme la vôtre, pour expliquer ce dont il s'agit. Il faut dire aux gens qu'il s'agit de la même religion depuis le début des temps, que

1. « Islam, jeunesse et banlieues : des liaisons dangereuses ».
2. W. Montgomery Watt, *La pensée politique de l'islam*, *op. cit.*
3. Leila Babès, « Incroyance, apostasie et hérésie », *L'islam est-il rebelle à la libre critique ?*, *Panoramiques*, n° 50, 1er trimestre 2001.

le prophète Mohamed était le prophète qu'attendaient les juifs, mais qu'ils ne l'ont pas reconnu parce qu'il n'était pas israélite [1].

Comment s'étonner dès lors que certains professeurs d'histoire et de géographie soient confrontés à des élèves qui ne comprennent pas pourquoi le cours d'histoire religieuse commence par la religion juive ? Comment s'étonner aussi que les chrétiens et les juifs ne reconnaissent pas la révélation coranique puisque cela reviendrait pour eux à se faire hara-kiri ? Ainsi, tout le cœur de la religion chrétienne serait à passer par pertes et profits puisque le Coran raconte, à sa manière, le récit du Christ : celui-ci n'a jamais été crucifié, un prophète ne pouvant pas finir de manière aussi piteuse. Certains parlent même de « crucifiction ».

Un article intitulé « Jésus, annonciateur d'Ahmad [2] », publié dans *Le Message de l'islam*, revue iranienne en français, donne un exemple édifiant de la lecture coranique de l'histoire du Christ. Dans cet article, l'auteur déclare vouloir « réfuter les accusations mensongères portées, par ignorance, par les juifs et, involontairement, par les chrétiens, dans les Évangiles mêmes ». On y décrit l'histoire coranique de Marie et démontre, sourates à l'appui, que « Jésus est né sur ordre de Dieu Tout-puissant, sur le "verbe de Dieu", de façon surnaturelle », preuve que « la pensée du "fils de Dieu" devient automatiquement nulle et non avenue ». Voyons ce que nous dit l'auteur sur la crucifixion, toujours sourates à l'appui :

1. *Islam de France*, n° 8, 2000.

2. Article de M. Sarmadi, *Le Message de l'islam*, n° 146, 1997. Cette revue traite avant tout des questions internationales, vilipendant Israël et les États-Unis, et plus généralement les Occidentaux. Elle traite bien sûr de religion, mais comprend aussi des rubriques culturelles. Cette revue n'incite pas, on s'en doute, à la modération et fustige les précautions prises en Europe par certains mouvements musulmans qu'elle cherche plutôt à radicaliser. Dans le même numéro, un éditorial intitulé « Les Occidentaux, des intégristes ? » y décrit le désarroi de l'Occident qu'il chercherait à conjurer par un retour au religieux : « Alors que le monde occidental s'efforce aujourd'hui d'endiguer ses crises, en recourant à la religion, on voit se constituer, en Occident, de prétendus groupes musulmans, présentant l'islam comme une religion qui s'incline devant les valeurs occidentales. Plusieurs siècles auparavant, Ibn-é Khaldoun avait dit : "La vraie défaite d'une société devant ses ennemis n'est pas une défaite militaire. La société vaincue est celle qui adopte les us et coutumes de son ennemi." »

Ainsi, la question de la crucifixion et de la mort de Jésus est totalement écartée. […] Il est dit que l'un des apôtres, en raison de l'amour profond qu'il portait à Jésus, s'est habillé de ses vêtements. Les soldats romains n'ont arrêté, sur la dénonciation traîtreuse de Judas, qu'un apôtre et c'est lui qu'on a mis sur la croix.

Dans un numéro plus ancien de la même revue, un article intitulé « Jésus, béni soit-il, selon les hadiths islamiques » racontait la fin de l'histoire terrestre du Christ dans ces termes : « Finalement, une nuit où les juifs en voulaient à sa vie, Dieu le prit par la main et le fit monter au ciel pour le mettre à l'abri des gens de la terre[1]. » Ce type de récits n'a pas seulement cours dans les cercles extrémistes mais est largement diffusé dans le monde musulman. En France, on les trouve dans de petits opuscules accessibles, peu coûteux et en français[2]. On peut imaginer la considération que les jeunes musulmans lisant ces lignes en France peuvent porter aux chrétiens présentés comme ne connaissant pas même leur « vraie » religion.

Cette lecture musulmane des religions chrétiennes est très ancienne. Elle date des premiers temps de la conquête musulmane, lorsque les nomades arabes entrèrent en contact avec des populations cultivées qui ne se privaient pas d'argumenter avec dédain sur les croyances islamiques :

L'expansion au-delà des frontières de l'Arabie conduisit à des rapports d'hostilité avec les chrétiens. Devenus entre-temps une armée d'occupation sur des territoires majoritairement chrétiens, les musulmans étaient désormais enclins à se méfier des idées et des arguments chrétiens. Des intellectuels musulmans inconnus élaborèrent à partir d'allusions trouvées dans le Coran une théorie affirmant la « corruption » (*tahrîf*) des Écritures juives et chrétiennes[3].

Cette version des Évangiles est forcément la bonne puisque, comme l'écrit Alain Besançon, « le Coran "descend" du ciel

1. « Pour la première fois l'Égypte a dit… Non », *Le Message de l'islam*, n° 126-127, mai-juin 1995.

2. Par exemple dans *Comprendre l'islam* d'Abdul al-Maudoudi, wilaya de Constantine, 1986 ; ou encore dans les volumes consacrées à « l'histoire des prophètes dans le Coran », bourrés de fautes d'orthographe, Word Book Publishing, Beyrouth, Liban.

3. W. Montgomery Watt, *La pensée politique de l'islam*, *op. cit.*

directement. Le Texte est le seul intermédiaire entre l'homme et Dieu. Il n'y a point de magistère interprétatif». Pour cet auteur, «les musulmans n'ont pas de difficulté à penser le christianisme : une religion dépassée, une révélation trahie, que Dieu, par l'entremise de Mahomet, le sceau des prophètes, a tout à la fois abrogée, rétablie dans son vrai sens et portée sur un plan supérieur dans le Coran définitif. L'islam au contraire trouble et désoriente le chrétien [...]. Si le chrétien et le musulman peuvent s'aimer, c'est en vertu de leur commune nature humaine, et il vaut mieux dans ce cas laisser la religion en dehors, comme le prouvent quatorze siècles de relations difficiles[1]». La difficulté du dialogue islamo-chrétien tiendrait principalement à ce que le chrétien recherche dans l'islam l'écho de sa propre religion en s'en tenant aux vérités professées et croit ainsi qu'elle en est proche, faute de prêter suffisamment attention à l'histoire de la Révélation[2].

Les écueils à la modernisation de l'islam

Si le désir d'appliquer la charia en France ressort aussi bien des propos de certains leaders d'opinion musulmans dits modérés que de ceux qui seraient de tendance islamiste — la différence résidant essentiellement dans le ton —, ni les uns ni les autres ne précisent clairement quelles revendications concrètes cela recouvre.

Les premières élaborations doctrinales du CEFR, sous la responsabilité de Al-Qaradâwî et Mawlawi, sont publiées, et elles étaient disponibles au congrès de l'UOIF en mai 2002. Les

1. La revue *Le Message de l'islam*, toujours elle, nous offrait, dans son numéro 118 de septembre 1994, un résumé de la conception qu'ont les musulmans de la religion chrétienne, confirmant en tous points les propos d'Alain Besançon : «Jésus, fils de Marie, béni soit-il, a été désigné messager de Dieu [...] Après son ascension au ciel, sa religion, comme les deux autres religions [celles de Moïse et d'Abraham], a été sévèrement dénaturée, au point que ses disciples se mirent à croire en un Dieu triple : le Père, le Fils Jésus et le Saint-Esprit et fixèrent le dimanche au lieu du samedi comme jour chômé. Il ne resta plus du christianisme que quelques slogans comme la qibla, la levée de la croix sur laquelle, croyait-on, Jésus avait été crucifié [...] Les oulémas chrétiens annonçaient la nouvelle venue du dernier des prophètes.»

2. Alain Besançon, *Trois tentations dans l'Église*, *op. cit.*

fatwas du CEFR, en ligne sur *Islamyia.net*, ne laissent présager aucune réforme en profondeur.

Cela fait des années, ponctuées par de nombreux livres et articles, que l'on appelle à la « réouverture de l'ijtihâd » ou à un « nouvel ijtihâd », sans qu'on n'en voie jamais les prémices. La revue *Islam de France* en parle à longueur de pages et de numéros sans donner un élément de réponse. Malek Chebel a lui-même écrit de nombreux articles sur le sujet. Pas plus que Tariq Ramadan, il ne dessine les aménagements qu'apporterait une interprétation moderne des textes sacrés. Sadek Sellam se pose la question : « Peut-on être un bon musulman quand on est citoyen d'un État non musulman ? » Mais il se contente de dresser la liste des études à entreprendre pour y répondre sérieusement. Il suggère de réexaminer des débats et décisions théologiques anciens, comprenant des fatwas des juristes maghrébins du temps de la présence musulmane en Espagne après la reconquête espagnole, ou encore des arguments qui ont justifié le fait de rester en Algérie après 1830 [1].

Apparemment, si beaucoup recommandent ce travail de relecture et de réinterprétation, personne n'ose vraiment s'y lancer. On pressent que les positions des uns et des autres sont susceptibles de diverger fortement. Si Tariq Ramadan aménage un nouveau concept pour parler, non plus de terre de guerre, mais de terre de prédication ou de témoignage, Amar Lasfar en reste, lui, à la formulation classique : « Aujourd'hui, la question pour nous est de savoir si la France est une terre d'islam ou une terre de guerre [2]. »

En outre, bien que certains auteurs s'en défendent, la confusion est habilement cultivée entre la charia et le fiqh, c'est-à-dire entre les textes dits sacrés, ayant surtout une portée morale, d'après le haut magistrat égyptien Muhammad Saïd al-Ashmawi, et la jurisprudence qui a été élaborée par la suite avec des variations suivant les pays et les époques [3]. Cela revient à faire

1. Sadek Sellam, « Peut-on être un bon musulman quand on est citoyen d'un État non musulman ? », *Islam de France*, n° 1, 1998.

2. « Conférence à l'Alliance régionale du Nord », Amiens, 9 octobre 1997.

3. Si l'on se limite aux prescriptions légales en matière de relations entre les hommes (*mu'âmalât*), le Coran n'en comprend que « deux cents, soit un trentième du Coran, et si on écarte de ces deux cents versets ceux qui sont abrogés par les

du fiqh une extension des textes sacrés et donc à rendre intangibles toutes les prescriptions régulant la vie sociale accumulées au fil des siècles.

Le terme de *sharî'a* n'est plus employé aujourd'hui dans son sens originel : il signifie, dans la langue ancienne et dans le Coran, la voie, le chemin tracé. Par extension, il en est venu à désigner les prescriptions coraniques et celles contenues dans la sunna, pour finalement inclure l'ensemble de la jurisprudence islamique (*fiqh*) telle qu'elle s'est développée dans l'histoire, dans toute sa diversité. Du coup, pour la plupart des musulmans, appliquer la *sharî'a*, c'est appliquer ce *fiqh* tel qu'il résulte de l'histoire islamique.

On a vu que Tariq Ramadan, dont l'influence n'est plus à décrire, déclare sacrés et intouchables à la fois le Coran et la sunna, cantonnant ainsi la réforme au fiqh. S'il se présente lui-même comme un réformiste, il est en retrait par rapport à Muhammad 'Abdûh qui préconisait une réinterprétation des textes sacrés afin d'adapter l'islam au monde moderne et avait donné un élan à la réflexion juridique que Noël J. Coulson appelle le néo-ijtihâd. La position de Tariq Ramadan est également en retrait sur le Coran lui-même si l'on en croit Muhammad Saïd al-Ashmawi, pour qui « l'ijtihâd est un principe dont le fondement réside dans la notion coranique d'abrogation. [...] Le principe même d'abrogation, récurrent dans les règles coraniques relatives au mu'âmalât [relation entre les hommes], et en vertu duquel la règle nouvellement révélée abroge l'ancienne, atteste de la relativité du temps [1] ». La position de Tariq Ramadan ressort très nettement de ses ouvrages sans qu'apparemment on l'ait bien comprise, tant la posture réformiste du personnage a tendance à faire écran [2]. Il lui arrive d'ailleurs de se référer aux exégèses de savants et de juristes, et donc à la jurisprudence élaborée dans un contexte ancien, pour justifier l'obligation du port du foulard.

---

révélations ultérieures, il n'en reste plus que quatre-vingts qui soient toujours en vigueur », Muhammad Saïd al-Ashmawiy, *L'islamisme contre l'islam*, *op. cit.*

1. *Ibid.*

2. Lire à ce propos l'éclairante analyse de Leila Babès : « L'identité islamique européenne d'après Tariq Ramadan », *Islam de France*, n° 8, 2000.

La position de Malek Chebel est à l'opposé. En outre, son discours met en évidence le caractère périlleux de l'entreprise : « Il faut permettre à tout un chacun, y compris les femmes, d'apporter un éclairage singulier sur les pratiques cultuelles de l'islam [...]. Par conséquent, il faut leur permettre d'accéder à la dignité du corps des oulémas sans que cela ne remette en question la divinité du Coran ni la stabilité de l'islam [1]. » On peut se demander, dans cette perspective, si la « fermeture de l'ijtihâd », au XIe siècle, ne répondait pas en partie à la volonté de maintenir la stabilité de l'islam qui comprenait déjà plusieurs écoles et des hérésies. Les hésitations à reprendre ce travail ne reflètent-elles pas l'appréhension du saut dans l'inconnu et la crainte d'un emballement difficilement maîtrisable ? D'après Jean-Paul Charnay, « toutes ces propositions soulèvent les mêmes difficultés théologiques et existentielles : ces systèmes sont-ils assez puissants pour entraîner l'adhésion d'une large majorité. [...] En sa pulsion originaire, la foi s'avive par la tradition, éthique, affectivité, espoir dans une vie future et crainte d'un châtiment éternel si on ne respecte pas telle ou telle prescription. Hors d'une structure musulmane, le croyant perdra-t-il sa morale et son assurance psychologique [2] ? »

S'il faut avoir conscience des difficultés que soulève cette démarche de réinterprétation, il n'en faut pas moins avoir le courage de chercher à clarifier ce que les uns et les autres mettent concrètement sous le terme charia. Ce n'est pas aux pouvoirs publics de déclarer ce qu'est réellement la charia mais, quand ils consultent des autorités musulmanes, ils ont le devoir de leur faire préciser par le menu.

Si la charia, telle que l'entendent les clercs musulmans qui font autorité en France, était compatible avec les lois de la République, pourquoi la France aurait-elle à établir une jurisprudence spécifique pour les musulmans, comme nombre de ces clercs le réclament ?

1. Malek Chebel, « Réflexions : pour un nouvel ijtihâd », *Islam de France*, n° 4, 1999.

2. Jean-Paul Charnay, « L'islam sans institutions musulmanes est-il possible ? Que devient une religion réduite à l'observance rituelle ? », *Islam de France*, n° 1, 1998.

Le pur et l'impur

Si la charia n'est pas bien définie, les revendications s'y référant se multiplient, qui remettent en cause concrètement l'unicité de la communauté nationale. Le « modéré » Kamel Kabtane fait ainsi des recommandations très explicites sur la nourriture. Il classe « toute viande non égorgée rituellement » parmi les interdits alimentaires même si, précise-t-il, « la viande préparée par les ahl al-kitâb (les "gens du Livre", juifs et chrétiens) est considérée comme licite par certains exégètes ». Il demande « que tous les efforts soient faits dans les cantines scolaires, ainsi que dans la restauration assurée par les armées, les prisons, les hôpitaux et les asiles, pour offrir aux musulmans la possibilité de consommer des aliments en conformité avec les prescriptions de leur religion ».

Cette revendication a cours dans de nombreuses écoles, comme l'indiquait Hanifa Chérifi dans le cadre du Haut Conseil à l'intégration : « À l'interdit du porc s'ajoute, de plus en plus fréquemment l'exigence de la viande halal à la cantine[1]. » C'est aussi le cas dans les organismes municipaux (maisons de quartier, centres de loisir...) où les enfants sont accueillis. Cette exigence semble dépasser, dans un certain nombre de cas, le problème de la viande pour s'étendre à l'ensemble des aliments et notamment les goûters des enfants. D'après Christian Delorme, le « curé des Minguettes », « dans certaines villes de banlieues, des maires, aujourd'hui, pour avoir la paix, en viennent à commander de la viande halal pour tout le monde dans leurs cantines scolaires. [...] Dans l'agglomération lyonnaise, un inspecteur de l'académie a fait supprimer les goûters pour tous les enfants dans les écoles primaires dont il avait la responsabilité, parce que les familles musulmanes manipulées par les fondamentalistes dénonçaient la présence de graisses animales illicites dans les biscuits des goû-

1. Hanifa Chérifi, *Islam et intégration*, 1er juin 1999. Lors du congrès de l'UOIF de mai 2002, son président Fouad Alawi a réclamé le droit « de manger de la viande halal dans les cantines » (*Le Figaro*, 13 mai 2002).

ters... » Et il ajoute : « N'y a-t-il pas là une forme de démission devant une forme de harcèlement moral ? » Mais, là encore, si les associations de tendance islamiste sont mobilisées, elles ne sont pas seules car, comme le souligne encore Christian Delorme, « il y a des intérêts financiers énormes derrière cette question de la viande halal. Qui dit "viande halal" dit, en effet, fournisseurs bénéficiant d'agréments par des autorités ou des instances religieuses. Et qui dit "agrément" dit pourcentage financier versé aux autorités, aux instances et aux sacrificateurs mandatés [1] ». Kamel Kabtane en convenait luimême, dans *L'Express* du 14 décembre 2000 : « Nous fonctionnons avec nos propres ressources : les dons des fidèles, la certification halal, les cours d'arabe et les pèlerinages [2]. » Or c'est justement l'aspect financier qui doit poser problème aux autorités françaises. L'« impôt » religieux sur la viande halal ne peut être acquitté par l'État ou les collectivités locales puisque le financement public des cultes est interdit. En outre, si l'on n'y prend garde, la multiplication des concessions dans les établissements scolaires risque de devenir inévitable du fait du mimétisme des comportements et de la stratégie du « toujours plus ».

Même si certaines demandes peuvent susciter des réponses de courtoisie, comme cela a été le cas avec l'introduction de repas sans porc à la cantine, les pouvoirs publics ont le devoir d'être vigilants sur les logiques sécessionnistes qu'ils mettraient euxmêmes en œuvre s'ils en venaient à introduire, dans le fonctionnement des institutions, des régimes séparés. Si, au-delà de la courtoisie, ils reconnaissaient officiellement la légitimité des demandes portant sur la viande halal, ils finiraient par être confrontés, comme c'est déjà le cas localement, à la totalité des exigences liées à la licéité des aliments, dépassant largement la viande et interdisant toute proximité avec une nourriture

1. Christian Delorme, « Point de vue : l'islam dans la république, la question de la viande halal », *La Médina*, n° 5, octobre-novembre 2000.

2. Rappelons que la grande mosquée de Lyon (dont Kamel Kabtane est le recteur) a, en principe, avec celle de Paris et d'Évry, le monopole de la certification de la viande halal. À Lyon, la mosquée subit pourtant la concurrence du circuit AVS qui certifie la viande halal au profit de l'UJM.

impure[1]. Dans les collectivités où l'on vend du vin et de la bière, il faudrait aussi séparer les « buveurs » des autres car, comme le recommande une fatwa diffusée sur *Islamyia.net*, « il n'est pas permis de s'asseoir avec des buveurs ni de les traiter avec courtoisie, même si l'on ne boit pas. Car en restant avec eux, on devient comme un démon muet qui voit le mal et se tait. Celui qui voit les gens boire doit le leur interdire. S'ils ne lui répondent pas favorablement, il doit se séparer d'eux ». Les pouvoirs publics auraient à organiser des services séparés, dans des vaisselles séparées, puisque la vaisselle ne doit pas avoir été le réceptacle d'aliments impurs. C'est ainsi qu'on a vu, lors d'un colloque organisé par le Conseil national des Français musulmans à Lons-le-Saulnier en 1996, une participante se plaindre du fait qu'elle devait acheter son pain dans une boulangerie où l'on cuisait aussi des quiches lorraines ! Et si les interdits alimentaires étaient considérés par les pouvoirs publics comme des revendications légitimes, alors même qu'ils ne figurent pas dans les cinq piliers de l'islam, ils auraient à satisfaire ensuite des demandes diverses se référant, elles, aux cinq piliers de l'islam (lieux de prière à l'école, horaires aménagés en fonction des heures de prière, dispositions diverses pendant le ramadan[2]...).

1. On trouve ainsi sur de nombreux sites Internet la liste des produits à éviter et notamment de conservateurs susceptibles d'être à base de porc. C'est le cas de *IslamFrance.free*, qui titre « les E » et explique que « vivre dans un pays où l'on n'applique pas les lois de l'islam n'est pas une chose facile. Le musulman doit, tous les jours, faire attention et être sur ses gardes, tant le nombre d'occasions de tomber dans le péché est important [...] Certains aliments tels que les biscuits, la margarine, le pain, etc. se composent d'éléments qui ne sont pas autorisés à la consommation pour un musulman ». Il y ajoute « les graisses animales : les animaux n'ayant pas été égorgés au nom de Dieu, [...] des adjuvants qui sont indiqués par la lettre E ». Le CEFR se révèle moins tatillon sur ce point puisqu'il considère parfaitement licites les additifs, fussent-ils dérivés du porc ou de l'alcool, au motif de la transformation qu'ils subissent, et que l'islam « est une religion de facilité et il nous interdit de rendre les choses difficiles ». (*Islamiya.net*, 16 février 2002.)

2. Un internaute du forum de *Quibla.com*, Nourredine, décrivait ainsi récemment la stratégie que les musulmans doivent adopter : « La priorité est à la mobilisation autour de la pratique, de l'éducation et de la possibilité de respecter les lois islamiques dans toutes les activités sociales et économiques : prier, même au travail ou à l'école, acheter sa maison ou sa voiture en évitant l'usure, pouvoir aller à la Joumoua le vendredi [prière collective], même si l'on travaille, permettre aux

Certaines libertés sont d'ores et déjà prises puisqu'il arrive que des élèves, et même des professeurs, fassent la prière dans l'enceinte d'un établissement scolaire pendant la période de ramadan. Les « représentants » de l'islam en France ont eux-mêmes fait leur prière dans les locaux du ministère de l'Intérieur, en pleine réunion, lors de la première séance de travail de la Consultation lancée par Jean-Pierre Chevènement ! Lors d'une manifestation de soutien aux sans-papiers à l'université de Paris-VIII, des étudiants marocains « se sont mis à faire leur prière » dans les locaux [1]. Ne voit-on pas déjà des professeurs supprimer des contrôles pendant le mois de ramadan ? Plus nous cèderons, plus nous courrons le risque de devoir affronter des revendications sur les contenus scolaires, dont certaines pointent ici ou là, comme le refus d'étudier certains auteurs ou certaines périodes de notre histoire. Le Parlement de Turquie s'est ainsi vu demander récemment, à deux reprises, par deux membres du parti de la Vertu [2], une révision des manuels scolaires qui font trop de cas de la théorie de l'évolution de Darwin réfutée par Harun Yahya [3].

L'État et les collectivités locales n'interdisent à personne de respecter scrupuleusement, chez soi, les interdits alimentaires ou toute pratique de sa fantaisie qui ne nuit pas à autrui. La logique commerciale est là pour répondre, si la demande existe, à la fourniture des produits que l'on souhaite consommer. En revanche, la restauration scolaire ou professionnelle n'a pas à répondre à ces exigences puisque chacun peut y échapper : personne n'est obligé de manger à la cantine. Si les institutions devaient légitimer toutes ces demandes, elles introduiraient subrepticement une sorte d'ordre religieux dans leur organisation, de nature à conforter les prétentions globalisantes que la République a justement le devoir de dissuader.

Enfin, qu'aurions-nous encore en commun si nos enfants fré-

---

sœurs qui portent le voile d'aller à l'école, de travailler, etc. Il faut aussi mettre la pression sur les municipalités pour aménager les horaires des piscines, revoir les affichages publicitaires dans la ville », etc.

1. *Le Point*, 12 avril 2002.
2. Texte non signé proposé sur *Quibla.com.*
3. Qui a créé son propre site sur Internet.

quentant les mêmes écoles ne pouvaient s'asseoir à la même table et partager la même vaisselle et les mêmes nourritures ? Rappelons que, s'ils souhaitent soumettre leurs enfants à leur religion dans toute sa rigueur et ses prescriptions, les musulmans peuvent, comme l'ont fait les juifs, créer des écoles privées. Ce n'est en aucun cas à l'État de pallier les carences d'organisation des musulmans en la matière.

Autres revendications courantes aujourd'hui : celles liées à l'inhumation. La République a déjà consenti plusieurs entorses au principe de neutralité des cimetières : le principe du carré musulman est acquis [1] et les communes sont incitées à créer des ossuaires séparés [2]. Mais l'engrenage de la surenchère a déjà fait apparaître de nouvelles exigences. Kamel Kabtane rappelle que « la communauté musulmane perdure au-delà de la mort », ce qu'il faut traduire par la nécessité de la séparation et de la licéité après la mort. Il demande, outre les recommandations d'usage (orientation du corps…), qu'un « espace [soit] réservé à l'inhumation des musulmans dans une commune [et qu'il soit] délimité du reste des autres tombes par une construction […], un local pour les ablutions, voire un petit lieu cultuel […], des concessions perpétuelles, ou au moins de longue durée ». Enfin, « reste l'interdiction d'inhumation à même la terre, pour des raisons relatives à l'hygiène et à la salubrité, alors que la tradition islamique la recommande ». Un réexamen de cette interdiction lui paraît « incontournable ».

Pour Kamel Kabtane, la question du coût ou de l'équité dans le traitement des divers cultes ne se pose pas, tout est affaire de volonté politique. Devra-t-on ouvrir une petite chapelle, un petit

1. La circulaire de Philippe Marchand du 14 février 1991 a étendu la possibilité de créer des carrés musulmans contenue dans la circulaire du 28 novembre 1975 pour tous les défunts de confession islamique et plus seulement pour les « Français musulmans ». Le regroupement des sépultures peut se faire « sous réserve que la neutralité du cimetière soit alors particulièrement préservée ». Ainsi, l'article 28 de la loi de 1905 interdit d'apposer aucun signe ou emblème religieux dans les parties publiques. De même, il ne s'agit que d'un espace réservé dont la disposition générale permet l'orientation des tombes dans une direction déterminée.

2. Dans la même circulaire il est précisé que « les communes dotées d'un carré musulman devront, dans toute la mesure du possible, être invitées à créer un ossuaire réservé aux restes des défunts de confession islamique ».

temple, une petite synagogue, etc. dans chaque cimetière pour éviter un traitement discriminatoire ? En l'état, comme l'ont rappelé deux circulaires, celle de 1975 et celle de 1991, la neutralité du cimetière doit être particulièrement préservée et notamment l'aspect extérieur des parties publiques. Les musulmans, qui appellent les Français à plus d'ouverture et de compréhension, se rendent-ils compte du message qu'ils leur envoient en demandant de tels aménagements dans les cimetières ? C'est au nom de la séparation entre le pur et l'impur qu'ils réclament la matérialisation des frontières des carrés musulmans et les concessions perpétuelles, pour éviter le risque d'un dépôt intempestif de leurs restes aux côtés de ceux de non-musulmans. Les concitoyens non musulmans auront certainement beaucoup de mal à croire aux discours de fraternité et de dialogue des musulmans s'ils sont à ce point infréquentables même lorsqu'il ne reste plus d'eux qu'un petit tas d'os. Comment expliquer, par ailleurs, que cette répulsion à côtoyer des non-musulmans une fois que toute vie s'est retirée du corps s'accommode de la licéité des transplantations d'organes appartenant aux « adeptes des autres religions révélées et des incroyants [1] » ?

Le droit familial, noyau dur de la charia

Si l'on se réfère à l'histoire du droit islamique, on peut s'attendre à une demande de droit familial séparé. Selon Noël J. Coulson, « le droit familial, [...] avait toujours été le bastion de la charia et l'accueil des lois séculières occidentales dans d'autres domaines engendra une dichotomie aiguë entre les deux systèmes qui se traduisit par une importance de plus en plus grande accordée à la signification religieuse et islamique de la

1. Le prélèvement d'organes et leur transplantation sont conditionnés par un certain nombre d'exigences, dont aucune ne fait intervenir la religion du donneur ou du transplanté (thérapeutique ultime, agrément explicite du donneur, interdiction de la commercialisation...). La seule restriction d'importance porte sur les condamnés à mort qui ne peuvent recevoir d'organes. Cf. Nadeem Atta Elyas, « Éthique et limites des sciences », *La Médina*, n° 3, décembre-janvier 2000.

charia qui se traduisit par un renforcement de son influence dans les affaires qui demeuraient sous son emprise ». Les codes commercial, pénal, etc. ont évolué dans la plupart des pays islamiques, souvent dès la fin du XIXe siècle, par assimilation de codes étrangers (droit civil anglais, par exemple, dans le sous-continent indien) et le « droit islamique fut confiné, dans le sous-continent indien comme ailleurs, au droit familial [1] ». Il est donc prévisible qu'en Occident les demandes d'islamisation du droit vont se concentrer sur le droit familial (mariage, rapports hommes/femmes, héritage...). La plupart des pays musulmans ont fini par abolir le système du tribunal avec un cadi unique pour l'application du droit familial de la charia, laquelle est désormais généralement du ressort des tribunaux civils ordinaires [2]. Des adaptations de la charia ont eu lieu dans de nombreux pays, sans aller aussi loin que la Turquie qui l'abandonna purement et simplement en 1927 pour un code familial inspiré du code suisse. Dans tous les autres pays, les modifications qui intervinrent restèrent dans la logique du droit islamique, y compris en Tunisie où l'on reprit les arguments de Muhammad 'Abdûh, grande figure du réformisme, pour interdire la polygamie et la répudiation (loi du statut personnel de 1957) [3]. Aucun autre pays n'est allé aussi loin dans la réinterprétation du Coran.

D'après une enquête réalisée par Salah Bariki à Marseille en 1998, « aucun imam [4] ne déclare reconnaître un statut égalitaire

1. Noël J. Coulson, *Histoire du droit islamique*, *op. cit.*

2. Ont fait exception l'Afghanistan, les différents États de la péninsule Arabique et le Nigeria du Nord. Cf. Noël J. Coulson, *op. cit.*

3. Pour la polygamie, « l'injonction coranique [au traitement équitable des épouses] ne devait pas être entendue comme une simple exhortation morale, mais comme une stipulation légale conditionnant la polygamie. [...] Or dans les conditions économiques et sociales modernes, déclarèrent les réformateurs, un traitement équitable était irréalisable ». C'est à ce motif que la polygamie fut interdite. En matière de répudiation, le motif coranique fut tiré du Coran qui prescrit, en cas de discorde entre les époux, la désignation d' arbitres. L'argument des réformateurs fut de déclarer la déclaration de répudiation du mari cas flagrant de discorde nécessitant l'intervention d'un arbitre, les tribunaux officiels étant tout désignés pour occuper cette fonction. C'est ainsi que le droit tunisien déclara que le divorce, à la requête d'un des époux, deviendrait le mode unique de règlement des différends. Cf. Noël J. Coulson, *op. cit.*

4. Y compris l'imam Bachir Dahmani qui a fait partie de la délégation des imams choisie par l'Élysée pour les vœux 2001.

à la femme. Pour eux, la sunna et la charia prévalent sur le droit français car la religion est supérieure aux principes républicains ». Salah Bariki ajoute en note que, « sur toutes ces questions, Soheib Bencheikh [mufti de Marseille] se distingue en proclamant le contraire. Certains représentants non religieux de la mosquée de Paris aussi. Mais, ni l'un ni les autres ne sont sur le terrain pour appliquer ce qu'ils proclament. On attend la célébration d'un mariage d'une musulmane avec un non-musulman même converti comme passage à l'acte [1] ». L'imam Amar Saïdi, qui développe une conception moderne de l'islam (cf. chapitre II), ne dispose plus d'une mosquée où officier depuis qu'en 1993 il a été congédié de celle de Rouen pour avoir célébré des mariages mixtes, prêché en français et toiletté des musulmans morts du sida [2].

Vers la communautarisation ?

En France, la laïcité du code civil était acquise bien avant 1905 puisqu'en 1792 l'état civil était passé dans les mains de l'officier municipal — la Constitution de 1791 ayant, par exemple, complètement laïcisé le mariage [3] — et que Napoléon avait établi un code civil entièrement indépendant des prescriptions religieuses. Cela fait donc deux siècles qu'en France la religion est écartée des affaires civiles. Or les quelques points que nous avons examinés révèlent à l'inverse que se développe parmi les autorités islamiques de France et au sein de la société elle-même une culture de la séparation à laquelle on consent ici ou là. Il faudra tôt ou tard avoir le courage de dire non. L'application de la charia en France, quoi qu'elle recouvre, est inconcevable. Les droits doivent rester les mêmes pour tous, que l'on naisse dans un foyer musulman ou dans un autre foyer. La cha-

1. Salah Bariki, « Les imams marseillais, acteurs juridiques privés », *Islam de France*, n° 8, 2000.
2. *Le Figaro*, 25 mars 2002.
3. Louis XVI avait ouvert la marche avec un édit de 1787 permettant aux non-catholiques de se marier en dehors de l'Église (Jean-Michel Ducomte, « La laïcité et le droit », in *Permanence de la laïcité en France et dans le monde*, *op. cit.*

ria est contraire à l'égalité entre les citoyens et entre les hommes et les femmes, et elle participe à la constitution de groupes ethniques fermés avec tout ce que cela comporte de pressions (et donc d'atteintes aux libertés individuelles [1]) sur leurs membres pour maintenir la frontière avec les autres. L'accepter serait tomber dans un relativisme absolu qui nous laisserait démunis, privés de valeurs, et nous enfermerait dans une logique d'affrontement identitaire. Jean-Paul Charnay, sociologue des religions, voit aussi comme une régression la reconnaissance éventuelle d'un statut personnel musulman :

> Comme le font la plupart des pays musulmans à l'égard de leurs ressortissants chrétiens ou juifs bénéficiant du maintien de leur statut personnel, les États non musulmans doivent-ils introduire dans leur législation interne des dispositions permettant à leurs citoyens musulmans de jouir du statut personnel musulman ? Ce serait régresser à l'époque des lois personnelles, contraires à l'unité juridique minimale, à la laïcité et aux principes généraux du droit exigeant l'égalité des personnes [2].

En outre, on voit mal quelle autorité juridique en France pourrait faire appliquer un statut personnel musulman. Reviendrait-il aux tribunaux français d'appliquer une juridiction spéciale, religieuse, échappant au droit commun ou faudrait-il la confier à des « juristes musulmans », du type des cadis, alors que la plupart des pays musulmans ont recours aux tribunaux civils ? Enfin, un tel statut communautaire serait contraire au processus d'individualisation qui touche aussi le droit, notamment à travers la Convention européenne des droits de l'homme. Rappelons que l'article 14 de cette Convention interdit toute discrimination fondée sur la religion.

Il faut aussi refuser de croire que ce qui est applicable aux

1. *Le Figaro* du 8 février 2002 signalait qu'à Niort une femme française d'origine marocaine a été empêchée, par un groupe de Marocains et l'intervention du consulat du Maroc, d'inhumer son défunt mari par crémation selon les vœux de ce dernier, au motif que c'était « contraire aux coutumes islamiques ». Elle a dû se résoudre à l'enterrer dans le carré musulman. L'État français n'est donc pas en mesure de garantir les dernières volontés d'un défunt français d'origine marocaine en France !

2. Jean-Paul Charnay, « L'islam sans institutions musulmanes est-il possible ? Que devient une religion réduite à l'observance rituelle ? », *Islam de France*, n° 1, 1998.

autres religions ne le serait pas à l'islam au nom de sa différence « ontologique ». L'islam ce serait « autre chose », qui n'aurait pas d'équivalent. Un musulman le serait de tout son être et nous serions priés de l'accepter comme tel, en toutes circonstances, qui plus est sans projection totalisante de notre part. Voilà un défi qui épuise nos ressources de compréhension de *la différence ou de l'autre*, au choix, comme on dit aujourd'hui. L'État a, vis-à-vis de l'islam, le devoir de lui faire sentir les limites de sa sphère d'influence. Ce travail d'humilité, l'Église catholique l'a fait, dans la douleur et même l'humiliation. Il lui a fallu en ravaler et apprendre à restreindre son domaine d'expression et d'intervention. Croit-on qu'un chrétien ne se sentait pas lui aussi vocation à l'être pleinement, en toutes circonstances, et n'avait pas le désir d'être accepté comme tel ?

Les musulmans évoquent volontiers les prétentions anciennes et actuelles de l'Église catholique à peser sur la vie sociale, comme on le voit, par exemple, dans le texte suivant :

> Cela n'est pas spécifique aux musulmans. Pour d'autres confessions, les valeurs qui fondent l'ordre social ne relèvent pas du seul consensus républicain à un moment donné : « Le fondement de ces valeurs ne peut se trouver dans des "majorités" d'opinion provisoires et fluctuantes, mais seulement dans la reconnaissance d'une loi morale objective qui, en tant que "loi naturelle" inscrite dans le cœur de l'homme, est une référence normative pour la loi civile elle-même » (Jean-Paul II, *Évangile de la vie*, Cerf/Flammarion, p. 112). La loi morale est donc située à la source de la loi civile pour la plus haute autorité catholique [1].

Faire une telle comparaison, c'est oublier un peu vite que l'intervention de l'Église catholique est aujourd'hui strictement cantonnée dans le champ moral, sans que cela se traduise par aucun ajustement juridique. Le pape peut se prononcer contre le recours au préservatif, il n'a aucun moyen pour exiger une conformité des comportements. Il peut être contre l'avortement, sans entraîner aucun effet juridique. Les commandos anti-avortement peuvent se recommander de la Bible, ils font les frais de la loi républicaine chaque fois qu'ils troublent l'ordre public. Le

1. « Faux débat. Pasqua, le Coran et la République », encadré de la rédaction, *Islam de France*, n° 1, 1998.

pape donne son avis, censé exprimer la position de la hiérarchie ecclésiastique sur des pratiques sociales, sans être en mesure d'en attendre autre chose qu'une adhésion volontaire des plus fidèles parmi les pratiquants. Si l'islam veut bien se contenter de donner des avis sur la manière d'être un bon musulman, sans exiger aucun ajustement législatif, et sans troubler l'ordre public, nous recevrons les fatwas des futures autorités islamiques comme nous recevons les encycliques du pape aujourd'hui : avec respect pour certains, avec ironie pour d'autres, sans plus.

VIII

L'islam des internautes

> « Les amateurs de djihad trouvent [dans le Coran], comme dans un self-service, tout ce dont ils ont besoin pour jouer les kamikazes et prendre pied au paradis. Les commentateurs du Coran, les exégètes ont au cours des siècles ajouté leur part ; leurs écrits sont de véritables bombes aux mains des ignorants [1]. »

> « Les hommes du GIA [...] agissent de manière canonique, c'est pourquoi on les voit aussi bien en train de prier que de violer [2]. »

Les enfants des « musulmans » venus travailler en France ou les jeunes convertis qui se tournent vers l'islam sont à la recherche d'informations que souvent leurs parents sont bien incapables de leur donner, soit parce qu'ils pratiquent l'islam populaire qu'ils ont connu dans leur pays, soit parce que l'islam leur est étranger. Au hasard de leurs rencontres et de leurs pérégrinations dans les librairies islamiques, ils se « forment » sur le tas. Pas toujours très

1. Boualem Sansal, « Journal intime de l'invité », *Les Inrockuptibles*, 25 septembre 2001.

2. Soheib Bencheikh, propos rapportés par Alexandre del Valle, « Les bases du terrorisme islamiste », *Le Figaro*, 25 septembre 2001.

heureux de leurs conditions de vie en France, ils ont toutes les chances d'être séduits par des discours radicaux offrant d'autres perspectives, et peu importe, pour ces jeunes, qu'il s'agisse d'écrits s'inspirant du wahhabisme ou du salafisme[1].

Internet constitue, à cet égard, un outil commode puisqu'il met à la disposition des jeunes musulmans français un très grand nombre d'écrits (articles de presse, bulletins, extraits d'ouvrages...) pour s'informer sur l'islam, ainsi que des forums où ils peuvent entrer en communication avec d'autres. Selon *Top-islam.com*, qui tient à jour un index des sites consacrés à l'islam, il y en avait en septembre 2001 deux cent cinquante-huit en langue française. Beaucoup de ces sites sont peu fréquentés et peu attrayants. C'est par exemple le cas du site des Jeunes musulmans de France dont le programme d'activités et les écrits datent de 1997-1998, ou encore du site de l'Union des jeunes musulmans qui ne diffuse en ligne qu'une présentation très générale de ses activités d'édition à Lyon (Tawhid et bulletin *Présence musulmane*). Les sites des mosquées sont également insignifiants.

Les sites les plus visités sont très souvent les plus dynamiques, offrant une information importante et mise à jour. Citons quelques exemples : *Aslim-Taslam*, *Islamiya.net*, *Nassira.net*, le site du *Centre islamique de Genève*, *Quibla.com* et *stcom.net*. *Aslim-Taslam* se présente comme la « vitrine d'une association active sur le terrain » en France, l'Association culturelle éducative islamique (ACEI). *Nassira Network*, fermé provisoirement, revêtait un caractère plus spécialisé. C'était un outil de propagande visant à

1. Le wahhabisme est une école sunnite très rigoriste et littéraliste, se fondant sur les enseignements d'Ibn Hanbal et d'Ibn Taymiyya, implantée en Arabie saoudite au XVIIIe siècle par l'alliance entre le cheikh Muhammad ibn Abd al-Wahhab et le chef Muhammad ibn Saoud. Cf. Antoine Basbous, *L'islamisme, une révolution avortée ?*, Hachette Littératures, 2000. En France, le salafisme semble aujourd'hui occuper une place de choix dans l'« échelle de Richter » des appellations islamiques angoissantes (Xavier Ternisien, « L'essor des salafistes en banlieue inquiète policiers et musulmans », *Le Monde*, 25 janvier 2002). Si la radicalité de ses adeptes ne fait aucun doute, le salafisme, dont se réclament aussi les wahhabites, n'est pourtant pas nouveau. Il regroupe ceux qui imitent les « pieux ancêtres (*salaf*) qui avaient formé leurs habitudes de vie sous les yeux et d'après le modèle du Prophète ». Ils sont apparus très tôt dans l'islam et l'épithète salafi « devint avec le temps un inégalable titre de gloire dans la société pieuse ». Cf. I. Goldziher, *Études sur la tradition islamique*, *op. cit.*

répandre le port du foulard ou du voile islamique en Occident. On trouvait ainsi en ligne le livre du docteur Milcent, véritable guide à destination des familles sur la stratégie à suivre pour imposer à l'école l'accueil de filles voilées et des conseils pratiques destinés aux activistes musulmans cherchant à amener des jeunes filles à se voiler [1]. *Nassira Network* disposait d'un forum, *islamie.com*. *Quibla.com* annonçait en septembre 2001 plus nettement la couleur : il a pour objet de dénoncer « les nationalismes, l'impérialisme russe et occidental, le sionisme et la mondialisation par le vice ». Enfin, *Islamiya.net* présente la particularité, outre ses rubriques d'actualité, de mettre en ligne des fatwas (avis juridiques) répondant à des questions précises et diverses, notamment sur des sujets d'actualité, et délivrées par le CEFR.

Le site du *Centre islamique de Genève* mérite une attention toute particulière parce qu'il est tenu par la famille Ramadan, bien connue des musulmans français. Il déclare dans ses statuts ne s'intéresser qu'à Dieu. Créé en 1999, il repose sur des bases solides puisque le Centre a quarante ans d'existence derrière lui. Saïd Ramadan, son fondateur, était le gendre et compagnon de lutte de Hassan al-Banna, celui-là même qui créa en 1928 la confrérie des Frères musulmans en Égypte. On reconnaît généralement le rôle important que le Centre islamique de Genève a joué dans l'implantation et le déploiement des Frères musulmans en Europe. Saïd Ramadan est mort en 1995 et c'est l'un de ses cinq fils, Hani Ramadan, qui lui a succédé à la présidence du Centre. Hani Ramadan, promu (comme son frère Tariq) par l'Union des organisations islamiques de France (UOIF), les Jeunes musulmans de France (JMF) et l'Union des jeunes musulmans (UJM), a été interdit de séjour en France en février 1997 [2]. En juin 2001, il a gagné son recours administratif et peut

1. « Dix conseils pour les activistes musulmans ayant affaire à la question du hijab », *Nassira.net*.

2. La police des frontières avait interdit, le 1er février 1997, à Hani Ramadan d'entrer en France sur ordre du ministère de l'Intérieur qui ne souhaitait pas sa présence, compte tenu des attentats que la France avait connus et « de la personnalité de M. Ramadan, son rayonnement intellectuel devant être pris en considération, alors que l'on assiste en France à une montée en puissance des groupes fondamentalistes ». Cf. *La Tribune de Genève*, 12 juin 2001.

à nouveau circuler librement à travers le pays[1], ce qu'il ne se prive pas de faire, notamment dans la région lyonnaise où lui et son frère bénéficient d'un accueil enthousiaste lorsqu'ils interviennent dans les cycles de conférences de l'UJM. Mais l'essentiel des activités et des nombreuses interventions de Hani Ramadan a lieu en Suisse, avec la publicité du Centre islamique et de la grande presse suisse, surface médiatique que doivent lui envier nombre d'intellectuels helvétiques. S'il cultive l'ambiguïté sur son appartenance aux Frères musulmans, déclarant la question sans objet, il lui est arrivé d'intervenir dans « un rassemblement organisé par le FIS algérien » ou d'accueillir dans son centre à Genève des personnes « surveillées par plusieurs polices européennes[2] ». Depuis les attentats du 11 septembre, le Centre islamique de Genève est également soupçonné par les Américains « d'être un lieu de recrutement pour organisations islamistes radicales[3] ». Tariq Ramadan, le frère de Hani, coqueluche des jeunes musulmans français, lui aussi interdit un temps en France (1995)[4], harangue les musulmans français dans des cycles de conférences et bénéficie d'un accès facile au journal *Le Monde*, au *Monde diplomatique*, à France Culture, etc. À la

1. Dans *La Tribune de Genève* du 12 juin, qui se félicitait de la décision, Hani Ramadan déclarait envisager de « saisir la Cour européenne des droits de l'homme à Strasbourg [pour] que la France soit condamnée pour [l']avoir privé de [sa] liberté d'expression et de déplacement pendant plus de quatre ans ».

2. « Le 11 mars 1995, Hani Ramadan prend ainsi la parole lors d'un rassemblement officiellement organisé par le FIS algérien. La manifestation regroupe en fait les soutiens européens des Groupes islamiques armés (GIA). Et le Centre [islamique de Genève] sert, par ailleurs, de plaque tournante aux représentants européens de différentes organisations surveillées par plusieurs polices d'Europe. » Hani Ramadan apprécie, comme son frère, l'avantage de séjourner en Europe, qui leur permet « de profiter de l'espace de liberté des régimes démocratiques » (Richard Labévière, *Les dollars de la terreur. Les États-Unis et les islamistes*, *op. cit.*).

3. *Le Monde*, 4 mai 2002.

4. Interdit par le ministère de l'Intérieur pour des raisons voisines à celles avancées plus tard pour son frère. Son interdiction avait déclenché un tollé et la formation d'un comité de soutien dans lequel figurait l'abbé Pierre, Albert Jacquard, Bruno Étienne, le père Gilles Couvreur et Henri Leclerc, président de la Ligue des droits de l'homme. Le père Delorme, qui en est aujourd'hui revenu, faisait partie de ses plus ardents défenseurs : « On est en train de couper tous les relais entre la jeunesse musulmane et la société française. » Cf. *L'islam est-il soluble dans la République ?*, *Panoramiques*, 1997.

mairie de Roubaix, on est fier de lui offrir la plus belle salle lorsqu'il vient faire une conférence dans la ville. Il est bien rare qu'un colloque traitant de l'islam ou de la laïcité ait lieu sans qu'il y participe. Il a fait partie de la commission « Islam et laïcité » de la Ligue de l'enseignement qui, généralement, le recommande chaleureusement et fait figure, on l'a vu, d'« idiot utile » — selon l'heureuse formule de Lénine pour désigner les « compagnons de route ignorants [1] ». Les frères Ramadan, dont Hani dit lui-même qu'ils « sont les deux faces d'une même pièce [2] », appliquent scrupuleusement, dans la droite ligne des recommandations de la confrérie des Frères musulmans, la stratégie d'entrisme dans le socle des valeurs occidentales pour les retourner à leur profit. D'après Richard Labévière, « la stratégie des frères Ramadan vise, semble-t-il, essentiellement à se faire reconnaître auprès de riches donateurs saoudiens une capacité d'influence et d'action auprès de certains milieux intellectuels, médiatiques et universitaires suisses, français et européens [3] ». Écoutons ce qu'en dit un élu lyonnais : « Les frères Ramadan sont les rois de l'ambiguïté. En public, Tariq tient un discours très cadré en s'abritant derrière des citations du Coran. En revanche, son frère est beaucoup plus discret, mais ouvertement radical. Bref les deux frères se sont réparti les rôles [4]. »

Autre site prospère, *stcom.net*, qui avait été visité par plusieurs millions de personnes en juillet 2001, c'est-à-dire en moins de trois ans. Dès sa naissance en 1998, il créé deux autres sites : *qoqaz.fr* et *moudjahideen.com* [5]. Ces trois sites prônent explicitement le recours à la violence. *Stcom.net* avait ouvert un forum de discussion à l'été 2000 ; nous en avons capté l'essen-

1. Richard Labévière, *op. cit.*
2. « Faut-il avoir peur des réseaux islamistes à Lyon ? », *Lyon Mag'*, n° 107, octobre 2001.
3. Richard Labévière, *op. cit.*
4. « Faut-il avoir peur des réseaux islamistes à Lyon ? », *op. cit.*
5. Les liens entre ces sites affiliés et *stcom.net* sont nombreux, nous y ferons généralement référence sous la seule appellation *stcom.net*. Par ailleurs, une douzaine de sites *qoqaz* existent en Europe.

tiel avant sa disparition. Le portail *stcom.net* a été localisé à Sardent, un village du département de la Creuse[1], par Marc Knobel, président de l'association « J'accuse » qui, le 9 juillet 2001, a alerté le procureur de la République de Paris. L'avocat et le secrétaire général de « J'accuse » ont reçu des menaces de mort. Inactif, suite à un piratage par des *hackers*[2], ce site a rapidement repris son activité, sous une présentation entièrement refondue. Là où on voyait en surimpression sur une photo de la Quibla une animation du type « 5, 4, 3, 2, 1, 0 », d'un goût douteux après les attentats du 11 septembre, on trouve maintenant une présentation d'une grande sobriété pour un contenu qui reste à peu près le même. Il s'est même rebaptisé « la voix des opprimés », tandis que *Islamiya.net* se veut la voix des sans voix.

Des liens existent entre ces sites, y compris *stcom.net*. Ainsi, *Aslim-Taslam* renvoie certes à *Nassira.net*, mais aussi à *stcom.net* répertorié parmi ses nouveaux liens[3]. Par ailleurs, l'in-

1. Le site était « hébergé outre-Atlantique auprès de la société américaine OLM installée à Milford (Connecticut) ». Cf. Jean Fleurier, « Sur Internet, un portail islamiste intégriste », *Le Figaro*, 13 septembre 2001.

2. Pirates informatiques qui mettent en défaut la sécurité des systèmes informatiques d'institutions prestigieuses. La direction du site, dans un texte accessible sur *stcom.net*, et datant du 6 novembre, contestait sa fermeture par la suite d'un piratage mais prétendait avoir changé de serveur « pour répondre aux besoins des lecteurs, sans cesse plus nombreux (dépassant les 600 000 visites par jour) ». Smaïn Bedrouni n'aurait pas été mis en cause pour apologie de crime mais pour « son combat actif contre les réseaux pédophiles » et avait l'intention de riposter en portant plainte pour diffamation. En mars 2002, *stcom.net* donnait une autre version. On l'aurait diffamé auprès de l'opinion afin de « bombarder sans contestation les civils afghans innocents ». *Stcom.net* ne se contente pas d'être un site islamiste. Il diffuse des rubriques traitant de sujets apparemment éloignés de l'islam. Ainsi, sous la rubrique FLIP, de nombreux textes délirants sur l'implication de personnalités diverses dans des affaires pédophiles sont diffusés, en connexion avec l'association du même nom présidée par Christian Cotten, qui a défrayé la chronique en janvier 2002 pour avoir appuyé Antoine Schuller dans les révélations de ce dernier sur la cache de son père recherché par la justice. *Stcom.net* fait également des « révélations » sur les véritables auteurs du meurtre des adeptes du Temple solaire dans le Vercors en 1995, autre « cheval de bataille » de Christian Cotten. Ces sujets « exotiques » concourent à dépeindre une société française rongée par la débauche et l'amoralité. Cf. Marie-Amélie Lombard, « Schuller, le fils de l'homme politique en fuite s'est associé à un étrange "conseiller en communication" », *Le Figaro*, 25 janvier 2002.

3. Pour ceux qui n'utiliseraient pas Internet, un lien entre deux sites signifie que l'on peut passer de l'un à l'autre simplement en cliquant. Proposer un site en lien peut donc être interprété comme une recommandation.

dex fourni par *top-islam.com* référence *stcom.net* et ses affiliés, et il arrive que cet index soit repris intégralement par un autre site dans la rubrique « liens », comme c'est le cas du site de la mosquée de Mantes-la-Jolie. *Quibla.com* a des liens avec *Islamya.net* et avec *stcom.net* nouvelle formule. Sur *eDaama.org*, « cyberassociation dont le but principal est la promotion gratuite des sites web qui font connaître l'islam sur Internet », en septembre 2001, *Quibla.com* et *stcom.net* figuraient respectivement au premier et au quatrième rang, en termes de fréquentation.

Nous avons consulté plusieurs centaines de pages issues de ces sites, en juillet et septembre 2001 principalement, mais aussi dans les mois qui ont suivi, ainsi que d'autres textes plus rares provenant de sites moins dynamiques. Nous disposions aussi de certains documents en français copiés sur Internet il y a quelques années, comme ceux diffusés par *Al-Ansar*, organe de propagande du GIA [1]. Il ressort de ce matériau un fonds idéologique commun qui, loin de contredire la conception de l'islam et de ses rapports avec le monde extérieur tels que nous les avons décrits dans le chapitre précédent, montre au contraire que cette version courante comporte les germes d'une radicalisation pouvant mener à la subversion, voire à la lutte armée, au crime.

L'argument de l'amalgame, s'il dissuade toute attitude critique envers l'islam « ordinaire », empêche *a fortiori* de penser qu'une proximité idéologique pourrait exister entre islam [2], islamisme et terrorisme. Nous n'avons pour notre part aucune compétence pour dire ce qu'est l'islam vrai. On ne peut néanmoins ignorer le fait que, sur le web, les trois termes composent une trilogie logique et sans barrière.

La perfection de l'islam

L'islam est parfait. Telle doit être la conviction première du musulman, comme le rappelle un savant sur le site *Nassira.net*,

1. Documents que nous a aimablement communiqués Marc Knobel.
2. Nous ne parlons toujours ici que d'islam incarné, tel qu'il apparaît, et non de l'islam idéal auquel certains se réfèrent

avant de répondre aux questions des internautes : « Avant de répondre à cette question, il faut que tu saches que l'islam est un tout, un système parfait qui répond à tous les besoins des hommes et des femmes. » En quelques mots, tout est dit. L'islam est un système clos, la grille unique et universelle d'appréhension du réel qui condamne comme un « péché d'innovation » tout ce qui n'entre pas dans ses divines limites.

Cet islam s'oppose naturellement à toute démarche critique. Si l'opinion individuelle ne lui est pas une notion étrangère, elle ne saurait porter sur l'essentiel, qui est dicté par le Coran et la sunna [1] ; elle est cantonnée aux interstices laissés vacants par les versets et les hadiths. Il faut que la situation soit absolument nouvelle ou que les textes sacrés soient ambigus pour qu'une opinion individuelle puisse légitimement s'exprimer. Si l'on s'en remet aux écrits publiés par le Centre islamique de Genève, seuls les savants peuvent prendre cette liberté car prononcer des avis juridiques (sur ce qu'il est bon de faire ou de ne pas faire) nécessite une connaissance parfaite des textes sacrés et des facultés particulières (raisonnement déductif, maîtrise du principe d'abrogation, distinction du général et du particulier...) [2]. Le « débat » islamique ne peut s'engager que dans le cadre de cette rhétorique obligée, comme l'indique cette remarque trouvée sur le forum de *stcom.net* :

> Nous demandons à nos frères qui recherchent la vérité de ne pas nous critiquer sur quoi que ce soit sans appuyer leurs critiques sur l'avis des savants et surtout sur la compréhension des Pieux Prédécesseurs.

La sacralisation des moindres gestes et paroles du Prophète et des savants de l'islam pousse à l'imitation en rejetant toute initiative personnelle et en interdisant la moindre influence du monde occidental. Bref, on y prône souvent les vertus politiques de l'islam, et en particulier son caractère universel. L'universalité de l'islam est une donnée incontestée. Oussama Ben Laden

1. Saïd Ramadan, *La sharî'a. Le droit islamique, son envergure, son équité*, éd. Al-Qalam, Paris, 1997.
2. Tâhâ Jâbir al-Alwânî, extrait de « Conflits d'opinions pour une éthique du désaccord », éd. Al-Qalam, Paris 1995, *Bulletin du Centre islamique de Genève*, mai 1998, site Internet.

notamment, diffusé par *stcom.net*, insistait sur cette dimension; dans une conférence de savants à Peshawar en mai 2001, il s'adressait ainsi à l'assistance : « Aujourd'hui vous êtes rassemblés ici, venant de plusieurs pays, de régions éloignées et de continents différents afin de représenter l'islam qui n'admet pas de différenciation basée sur la nationalité, la couleur, le dogme, les frontières ou le langage [1]. » La contrepartie de cette universalité de l'islam est que sa loi « est valable pour tous les peuples et pour chacun d'entre nous ». Aussi Abd-ul Jalîd B. rend-il sur *Aslim-Taslam* un hommage, « qui n'a que trop tardé en Occident, au message véridique final que Dieu a adressé à la race humaine ». Or que propose l'islam ? Il offre « au monde la vision d'une organisation politique dans laquelle la conscience de Dieu serait la source principale du comportement pratique de l'homme et la seule base de toutes les institutions sociales [2] », alors que le christianisme, lui, se serait en quelque sorte arrêté en cours de chemin.

Comme l'écrit Muhammad Asad, « il est avant tout indispensable de se rendre compte que l'islam a pour but d'influencer et de diriger non seulement les relations de l'homme avec Dieu mais également, et avec non moins d'insistance, les relations entre les hommes [3] ». Pour Hani Ramadan aussi, « l'islam [...] touche autant l'espace public que la sphère privée, [...] est religion et État, foi et loi, doctrine et mode de vie ; l'islam [...] comprend dans son système les principes d'un gouvernement et aussi des prescriptions de guerre, appelant les croyants au combat pour défendre leurs droits [4] ». C'est pourquoi Hani Ramadan affirmait en mai 2000, dans la presse suisse, que la distinction entre islam et islamisme n'avait pas de raison d'être, l'islam

1. « Message passionné du cheikh Oussama Ben Laden au monde musulman à l'occasion de la conférence Daroul 'Uloum qui s'est récemment tenue à Peshawar », *stcom.net*, semaine du 4 au 10 mai 2001.

2. Muhammad Asad, extrait du livre *Le chemin de La Mecque*, Fayard, 1976, Centre islamique de Genève, site Internet.

3. Muhammad Asad, « L'islam et la politique », *Bulletin du Centre islamique de Genève*, janvier 1999, site Internet.

4. Hani Ramadan, « Le dialogue interreligieux en climat laïque », *Bulletin du Centre islamique de Genève*, décembre 1999, site Internet.

étant par nature aussi politique. Cette distinction serait le fait de l'« ethnocentrisme des Occidentaux » ; « César et ce qui appartient à César appartiennent à Dieu, expliquait-il, ce que sait tout musulman qui connaît et pratique sa religion [1] ».

Non seulement l'islam élargit la sphère dans laquelle s'était cantonné le christianisme (le spirituel), mais il marque aussi le point ultime de l'histoire législative de l'humanité, la législation humaine ne devant intervenir par la suite que pour traiter des situations non explicitement abordées par la législation islamique et avec l'impérieux devoir de ne pas contredire le Coran et les milliers de hadiths retraçant la vie du prophète. Le progrès n'est pas devant mais derrière nous, incarné historiquement dans les premiers siècles de l'islam. Le « grand soir » islamique, c'est donc la perspective d'une application de la charia à l'ensemble de l'humanité. C'est bien ce qu'exprime Hani Ramadan dans son bulletin :

> La loi islamique abroge les législations précédentes, d'où ce double avantage de l'islam qui nous enseigne un monothéisme authentique, évident, et aussi une loi qui constitue désormais un système complet reposant sur des sources authentiques applicables en tout temps et en tout lieu [2].

Aslim-Taslam, empruntant la pensée d'Abdul al-Maudoudi [3], nous dévoile sa vision du mode d'organisation politique de l'islam :

> L'Unicité, le Message et le Califat (succession) sont les trois fondements qui soutiennent la structure de l'organisation politique dans l'Islam. [...]. L'Unicité renie le pouvoir des êtres et vise à l'annuler définitivement. [...] Dieu seul mérite le pouvoir. [...] Le Coran [...] et la Sunna

1. Hani Ramadan, « Il n'y a pas d'"islamistes" ou d'"islamisme" ! », *La Tribune de Genève*, 24 mai 2000, site du Centre islamique de Genève.

2. Hani Ramadan, « Le Coran et la sunna », extrait du livre *Articles sur l'islam et la barbarie*, *Bulletin du Centre islamique de Genève*, octobre 2000, site Internet.

3. Illustre islamiste indien né au début du siècle, fondateur en 1941 de la Jammat-i-Islami à Lahore, et partisan d'un État islamique qui finira par voir le jour avec la scission en 1947, mais qui ne trouva pas grâce à ses yeux car il jugeait l'islamisation du pays insuffisante. Il est l'auteur d'un petit fascicule traduit en français et très lu, *Comprendre l'islam*, *op. cit.*

[…] représentent la constitution fondamentale, le noyau de l'État. […] La république islamique est donc une république idéale. […] En Islam, les rênes du pouvoir sont détenues par Dieu, les lois sont déjà votées car la législation est de source divine. L'homme, quant à lui, applique ces Lois en tant qu'exécutant et n'a pas à adopter à sa propre initiative d'autres règles personnelles.

Sur le site *IslamFrance.free*, on insiste aussi sur la légitimité exclusive de la loi divine :

Dieu donne un sens à notre vie en nous montrant la voie à suivre et en nous mettant en garde contre la séduction de la pseudo-liberté que nous proposent les systèmes actuels, créés par l'homme.

Si la situation des musulmans en Europe n'est guère favorable à l'instauration de cette société idéale, ne pas chercher à atteindre cet objectif n'en est pas moins considéré comme un péché. L'observance inconditionnelle de la loi divine est dans le droit fil du postulat unanimement reconnu que « l'islam, c'est plus qu'un culte, plus qu'une religion ».

Le péché d'innovation dans la vie quotidienne

Sur le net, les injonctions des savants s'étendent, conformément à la charia, aux moindres faits et gestes de l'existence. Sur le site *Aslim-Taslam*, un sujet est entièrement consacré aux divers aspects possibles de l'« innovation » dans les comportements des musulmans en Europe ; il est introduit par les propos suivants extraits du *Fiqh al-Sira* de Mohammed al-Bouti, directeur du département des croyances et religions à l'université de Damas [1] : « Le musulman a tendance à pencher vers de nouvelles mœurs ou traditions créant ainsi une innovation […]. Tout musulman est tenu de suivre ce que le Prophète et ses compa-

1. *Islamophilie.org* le présente comme un « savant distingué », né en Turquie, ayant fait ses études à Al-Azhar (la grande mosquée du Caire), où il soutint une thèse, « Fondements de la loi islamique ». Il serait, d'après *Islamophilie.org*, aussi membre de l'Assemblée royale des recherches et civilisation islamique à Amman et du High Council of Oxford Academy.

gnons faisaient sans innover. » Notre juriste reproche donc aux musulmans d'avoir ajouté des fêtes à celles prévues par la charia. Ainsi, fêter l'anniversaire du Prophète ferait tomber dans l'associationnisme et l'imprévoyance par des dépenses inutiles qui « ne profitent à personne sinon aux négateurs » et sont assimilées à un « gaspillage suggéré par le Démon ». Seules deux fêtes seraient licites : celle qui marque la fin du ramadan et celle du sacrifice. *A fortiori* les fêtes chrétiennes (Noël) ou païennes (nouvel an, carnaval, Halloween) sont strictement interdites.

Mohammed al-Bouti donne également la liste des objets et des actes réprouvés dans les maisons : télévision, vidéo, radio, laxisme des femmes qui enlèvent leur voile en présence d'hommes, proches parents ou amis, au risque d'« engendrer des regards lascifs » ; les portraits qu'on accroche au mur, surtout ceux de sa femme ou de ses filles, ainsi que toute les représentations figurées d'êtres vivants ; la célébration des anniversaires par imitation des « gens du Livre ». Notre juriste blâme également la visite des femmes chez un couturier qui sera inévitablement amené à prendre ses mensurations, la fréquentation du salon de coiffure où l'on se fait coiffer d'après des modèles, la manucure qui nuit aux ablutions, sans même parler des faux ongles, l'épilation qui cherche à modifier ce que Dieu a créé. Mohammed al-Bouti met aussi en garde les musulmans contre le goût du faste dans leurs maisons et les mosquées, ces dernières devant inciter à la dévotion et non aux visites artistiques. D'après lui, et selon les recommandations du Prophète, une mosquée doit susciter, par la modestie de ses dimensions et de ses décorations, l'humilité et non la fierté[1]. Notre juriste reproche encore aux musulmans d'être subvertis par l'imitation des non-musulmans dans les actes les plus quotidiens comme celui de dire bonjour, au revoir, salut, au lieu des formules consacrées, et d'oublier de dire « inch Allah ». Il énumère aussi toutes les innovations en matière de funérailles, dont le déroulement doit suivre en tous points les comportements observés

1. Ainsi, à Lyon, on préférerait le lieu de prière de proximité à la grande mosquée de Lyon que l'on trouve « trop belle ». Cf. *Lyon Mag'*, octobre 2001.

du temps du Prophète ou recommandés par lui. Rien d'étonnant à ce que les invectives pleuvent et que la suspicion se déclare sur le forum de *stcom.net* dès qu'un intervenant substitue quelque formule occidentale aux impératifs musulmans en matière de civilité. Il est ainsi vertement conseillé à Lila la Parisienne de se présenter comme il convient si elle veut être entendue : « Si tu connaissais les sciences religieuses, tu aurais commencé ton message en nous saluant à la manière d'une musulmane et non comme tu l'as fait ! »

Cette longue liste des innovations courantes auxquelles tout bon musulman doit s'efforcer d'échapper rappelle inévitablement les modes de vie que prescrivaient les talibans en Afghanistan, où à peu près toutes les distractions modernes étaient interdites, particulièrement pour les femmes. On comprend que les quelques manifestations autorisées — matchs de foot ou exécutions publiques — rassemblaient, si l'on en croit les comptes-rendus de *stcom.net*, des foules nombreuses.

La menace du péché d'innovation suppose que les musulmans « occidentaux », moins au fait des traditions que ceux qui vivent en pays musulmans, s'en remettent à l'avis des savants pour le moindre de leurs gestes. Sur le web, on leur répond, dans les règles de la rhétorique, avec référence aux anciens et à leur science, en évitant soigneusement d'avoir recours à la réflexion. Ainsi, à propos du caractère obligatoire du port de la barbe, Hani Ramadan répond en se référant au Coran et à la sunna. Rien dans le Coran n'évoque le port de la barbe, mais deux traditions s'y réfèrent qui sont rapportées dans les recueils de hadiths établis par Al-Bukhârî et Muslim, ce qui suffit à les considérer comme authentiques : « Distinguez-vous des polythéistes : taillez vos moustaches et laissez vos barbes pousser » ; « Dix choses font partie de la religion naturelle : se tailler la moustache (au-dessus des lèvres), laisser la barbe pousser, se brosser les dents… » Hani Ramadan se tourne ensuite vers les avis des anciens, partagés entre les malékites et les hanbalites d'une part, qui considèrent illicite le fait de se raser la barbe, les hanafites et shaféites d'autre part, qui déclarent que se raser la barbe est chose détestable si elle n'est pas illicite. De cet examen, Hani Ramadan conclut que « le port de la barbe fait donc bien partie des prescriptions islamiques, soit en tant qu'obligation, soit en tant que recommandation [1] ». À aucun moment n'est expliqué, comme c'est généralement le cas lorsqu'il s'agit du foulard ou du voile islamique, le sens positif de la barbe en islam. Le port de la barbe sert manifestement à se compter, comme le suggère le premier hadith. Mais que devient cette prescription si la mode, chez les non-musulmans, est au port de la barbe ?

Sur le site *Islamonline*, dans la rubrique «*fatwas on line*», le très célèbre cheikh Qaradâwî [2] répond sur le même mode aux questions des internautes. Un intervenant veut savoir s'il est autorisé à se teindre les cheveux, quelle couleur est permise et s'il peut utiliser les produits synthétiques disponibles sur le marché. Le cheikh Qaradâwî se réfère lui aussi aux traditions pour constater que les chrétiens et les juifs semblaient hostiles à la teinture des cheveux et que le Prophète aurait dit qu'en conséquence il fallait se teindre les cheveux pour s'en différencier, qu'Abu Bakr et Omar (compagnons du Prophète qui lui succédèrent dans la conduite des affaires musulmanes) avaient l'habitude de le faire, que la teinture noire semblait déconseillée pour les hommes âgés, sauf en temps de guerre pour paraître plus jeune et impressionner l'ennemi, qu'à l'époque du Prophète on utilisait le henné (roux) et le katm (noir). En conséquence, il est non seulement possible, mais recommandé aux hommes musulmans de se teindre les cheveux, mais avec les produits utilisés il y a mille quatre cents ans.

Et puisque l'islam répond à toutes les questions, voyons encore les recommandations qu'un cheikh fait sur *Islamya.net* à un musulman qui se plaint de perdre la mémoire : s'éloigner des péchés qui « détériorent la mémoire et affaiblissent la faculté d'acquérir du savoir » (d'après Al-Shâfi), ne pas trop manger ni boire, absorber du miel et des raisins, éviter la consommation d'agrumes dont les oulémas affirment qu'elle « alourdit l'esprit et affaiblit la mémoire ». Que ne dirait-on pas si ces conseils étaient émis par une secte !

Ces exemples peuvent paraître anodins ou dérisoires, mais ils

1. Hani Ramadan, « Question-Réponse : Considérations sur le port de la barbe », *Bulletin du Centre islamique de Genève*, septembre 1998, site Internet.
2. Voir *supra* note 4, p 178.

montrent à quel point la liberté d'opinion et d'initiative reste captive de la jurisprudence et des oulémas qui sacralisent tous les gestes et recommandations du Prophète comme de ses compagnons. Un point de vue relevé sur le site *Nassira.net* synthétise à merveille la sclérose de la pensée à laquelle conduit cette sacralisation :

> La foi du musulman [...] doit lui dicter sa conduite, que ce soit en matière de culte, de relations sociales ou de n'importe quel autre aspect de la vie. C'est pourquoi, pour un musulman, il ne peut être concevable de minimiser n'importe quelle obligation divine (quel que soit le domaine auquel elle se rattache) ; auquel cas cela reviendrait pour lui à s'octroyer le droit de « faire le tri » entre les prescriptions d'Allah et de déterminer lesquelles peuvent être abandonnées, car sans importance. Son titre de « musulman » ou « musulmane » (littéralement soumis(e)) perdrait alors tout son sens.

Et il ne s'agit pas là de considérations confinées dans les pays musulmans mais d'injonctions, de recommandations s'adressant, via Internet, aux musulmans francophones d'Occident.

L'islam, la science et les arts

Tout ce qui se passe dans le monde figure dans le Coran ou trouve son explication à la lumière de ses versets. La concordance du Coran avec les découvertes scientifiques est l'argument clef censé convaincre définitivement ceux qui doutent de son caractère incréé[1]. Pour Hani Ramadan, par exemple, « le Coran se caractérise aussi par le fait qu'il est inimitable ; rien dans son contenu n'a été contredit par les découvertes scientifiques ». Ainsi *Aslim-Taslam* consacre une bonne partie de son site à la démonstration du caractère scientifique de certains versets du Coran. On y donne, par discipline scientifique (mathématiques, physique, physique nucléaire, relativité...), le nombre de versets concernés. Nous épargnerons au lecteur le contenu

1. Question pourtant encore débattue et qui a trouvé un rebondissement récent dans la découverte de manuscrits du Coran inconnus jusqu'alors. Cf. Xavier Ternisien, « Le Coran en question », *Le Monde*, 7 septembre 2001.

desdites démonstrations sur les connaissances de Mahomet en matière de cristallographie, astronomie, empreintes digitales, etc. Cette énergie dépensée à montrer que tout, absolument tout, est dans le Coran dénote sans doute aussi une certaine inquiétude vis-à-vis de ce qui ne s'accorderait pas avec le livre sacré et devrait ainsi être rejeté. Sur le site *La Maison de l'islam*, on explique que si certains éléments de la civilisation occidentale sont universels, « d'autres doivent leur existence à l'histoire particulière de l'Europe de l'Ouest » — tels que « la laïcité, la conception occidentale de la vie et certaines théories scientifiques » — et que, pour trancher, la méthode d'Al-Ghazâlî, grand penseur musulman mort au début du XIIe siècle, visant à ne garder des idées occidentales que celles qui ne contredisent pas la foi musulmane, est encore valide. Si l'islam a tout prévu, tout ce qui n'a pas été prévu par l'islam est suspect.

Si les inventions et techniques occidentales sont ainsi admises, la contribution de l'Occident au patrimoine artistique universel n'est, elle, absolument pas reconnue. Mohammed al-Bouti expose, toujours dans son *Fiqh al-Sira*, la vision islamique des arts :

> L'islam refuse certains aspects de l'art et les interdit parce qu'il a une autre façon de concevoir la culture, unique, se suffisant à elle-même, ne s'accordant guère avec la logique de la civilisation occidentale qui s'imposa de force à l'islam. [...] L'art possède dans la logique de l'islam un sens distinct. [...] L'islam dénigre les images, les dessins qu'ils soient en relief ou qu'ils ne le soient pas [...] car cela équivaut à rivaliser avec le créateur.

L'interdiction de représenter des « créatures animées », hommes et animaux, vaudrait pour les objets décoratifs (tableaux, tissus accrochés au mur, vêtements) mais pas pour des objets d'usage tels que natte et coussins. Cette interdiction s'étendrait à la photographie : « L'islam interdit de photographier des femmes par exemple ou d'autres objets défendus, mais il permet de photographier des objets par besoin ou par intérêt [1]. » Bien que n'exis-

1. Souvent, une exception est faite pour les documents d'identité, comme c'est le cas en Arabie saoudite. Cf. Antoine Basbous, *L'islamisme, une révolution avortée ?*, *op. cit.*

tant pas du temps du Prophète, la photographie est traitée comme la peinture, par analogie. Cette jurisprudence islamique que l'on croyait réservée aux talibans est facilement accessible sur le site *Aslim-Taslam*. Elle éclaire les raisons de la destruction des bouddhas d'Afghanistan : non seulement ils ne constitueraient pas un objet d'art pour l'islam mais ils étaient en plus strictement interdits pour « délit » d'associationnisme et d'idolâtrie. On trouve sur *stcom.net* une « carte des idoles détruites à l'époque du Prophète » qui accrédite la conformité de ces actes avec l'islam.

Rien d'étonnant si les talibans étaient encensés, tant sur le forum que dans les autres rubriques du site *stcom.net*. On y mesurait la puissance de l'« État » islamique à leur succès dans la lutte contre la culture de l'opium qu'ils disaient avoir éradiquée. Ce qui se passait en Afghanistan était très important pour les islamistes sunnites car ils y voyaient s'incarner, pour la première fois, le retour au califat. *Stcom.net* donnait ainsi des nouvelles régulières de l'avancée des talibans face aux commandants rebelles. On y racontait comment ils avaient pu « restaurer et protéger les dignités et les droits des hommes et des femmes » ! Sous le titre « Rien ne ressemble à l'Émirat islamique sur terre », Maulana Saleem Ullah Khan, autorité afghane, décrivait « les ministres et les autres fonctionnaires du gouvernement des talibans [qui] consult[aient] les 'oulémas avant d'agir pour toute action à entreprendre », preuve que « les officiels des talibans [étaient] l'incarnation de la courtoisie et de l'humilité » ; tout visiteur devait constater que « l'Émirat islamique s'orient[ait] d'une manière satisfaisante vers l'ère des [...] califes bien guidés ». Après avoir salué les progrès spectaculaires accomplis par l'Afghanistan, notamment en matière d'éducation, il en concluait que *dans aucune région* le progrès n'est possible sans le djihad, car « l'islam ne peut jamais être imposé par des élections et la démocratie », l'Afghanistan en fournissant un excellent exemple. Depuis la déroute militaire des Talibans, sur le site l'amertume le dispute à l'espoir ; les combats sont suivis par le menu et l'on attend le sursaut qui donnera la victoire. *Stcom* diffuse des « informations » sous la rubrique « Emirat islamique d'Afghanistan occupé », sur le modèle d'une autre rubrique « La Palestine occupée ». Hamid Karzaï, le nouveau Président afghan y est traité de marionnette pédophile ou d'apostat.

Quibla.com ne cachait pas non plus sa sympathie pour le gouvernement taliban :

> Les Afghans veulent diriger leur pays suivant les préceptes de la charia, abolir les préjugés raciaux et les modèles occidentaux, et la grande majorité des musulmans ne prêtent aucune attention à ce qui est la première expérience d'État islamique depuis la décomposition de l'empire ottoman[1].

Les préceptes de l'islam : recommandations ou obligations ?

La sacralisation du passé musulman et des paroles du Prophète conduit tout droit à ce qu'on a observé en Afghanistan : ce qui est recommandé par l'islam devient nécessairement obligatoire. *Stcom.net* relatait par exemple l'arrestation, par les fonctionnaires chargés de la promotion du bien et de la prévention du mal, de quatre-vingt-dix-huit hommes « pour s'être rasé la barbe [ou n'avoir pas] une barbe convenable ».

Le grand atout des activistes musulmans, qui se plaignent que l'Occident force les consciences en interdisant certaines manifestations religieuses, est précisément qu'ils vivent en Occident. Ils peuvent tout à la fois bénéficier de la grande liberté de propagande qu'il leur offre, s'y adonner au nom de la liberté, des droits de l'homme et de la liberté de conscience auxquels ils n'adhèrent pas, sans risquer de se voir reprocher la pression à laquelle ils soumettent leur entourage.

Néanmoins, un échange sur *Nassira.net* montre que la question de la contrainte ne va pas de soi. Une jeune femme por-

1. « XXIe siècle, le nouveau temps des colonies? Sur les pas du cheikh Hassan al-Banna », *Quibla.com*. Le même s'est offusqué depuis des reportages occidentaux qui dédaignent les « femmes respectables » pour ne s'intéresser qu'aux « prostituées de Kaboul qu'on nous présente comme des femmes de la haute société aux mœurs libérées et modernes ».

tant le voile livre un témoignage, assez émouvant d'ailleurs, dans lequel elle fait part de sa perplexité devant l'imposition du voile dans certains États musulmans. Que répondre à la forme de violence qui lui est associée et qui vient contredire la prescription du Prophète que l'on agite si facilement quand besoin est : « pas de contrainte en religion » ? *Nassira.net* résume les considérations de Jawal Badawi, membre du conseil du fiqh d'Amérique du Nord, afin de donner des arguments aux jeunes femmes amenées à répondre à cette interrogation. D'après lui, rien dans la loi islamique n'autorise l'État à imposer le port du voile, mais « la pression positive et l'encouragement à le porter existent ». Néanmoins, il s'empresse d'ajouter que l'on ne doit jamais soutenir quoi que ce soit qui contredise l'islam et qu'on ne peut donc pas dire : « Je soutiens le droit d'ignorer les préceptes de l'islam. » Ensuite notre juriste relativise la notion de liberté :

> La liberté absolue n'existe en aucune société. [...] Par exemple, même dans le monde occidental, si un homme ou une femme veut, par « choix » se promener nu dans une place publique, nous savons que ce n'est pas un choix acceptable. [...] Dans le même esprit, il serait approprié qu'un État islamique impose aussi des limites raisonnables. [...] Les États musulmans doivent tolérer les différences d'interprétation du hijab, notamment si le visage doit être voilé ou non. S'il y a plusieurs interprétations possibles, on ne doit pas imposer une préférence aux autres.

Ainsi la marge de liberté vestimentaire des femmes se réduirait à choisir entre la tenue des femmes afghanes et le simple voile. Le grand avantage de l'État islamique résiderait dans le monopole de la coercition par l'État, à l'exclusion des « individus ou des groupes » !

De nombreux écrits figurant sur le net décrivent un islam marqué par une sclérose de l'esprit critique, par un bouclage de la pensée, provenant de la sacralisation du passé islamique, et qui s'oppose clairement à une participation loyale à la société française. Et cela d'autant plus que la perfection présupposée de l'islam voue les non-musulmans à un statut inférieur.

La notion de mécréance

Lorsqu'il s'agit de vanter la grande époque de l'islam, on fait référence aux versets et hadiths qui invitent à la clémence envers les juifs et les chrétiens, et l'on évoque volontiers la période al-Andalus [1]. Pourtant, de très nombreux écrits accessibles en ligne rangent explicitement les juifs et les chrétiens au nombre des mécréants, polythéistes et adorateurs d'idoles que le Coran condamne aux feux de l'enfer. C'est le cas, par exemple, des écrits publiés dans les bulletins du Centre islamique de Genève, souvent signés par son président Hani Ramadan, sous des titres anodins tels que « Le monothéisme musulman », « Le sens de la soumission », « Engager sa foi », « Une sourate du Coran » ou encore « Le dialogue religieux en climat laïque ». On retrouve des propos voisins dans les articles qu'il destine à la presse suisse. Le site *Aslim-Taslam* propose des textes quelquefois du même auteur, et de même teneur, mais avec des titres plus explicites tels que « Le succès de l'islam ? » ou « La vraie raison de l'inimitié entre les musulmans et les juifs ».

Hani Ramadan s'applique à démontrer que seul l'islam est véritablement monothéiste. Les chrétiens sont des polythéistes, ou en termes islamiques des « associateurs [2] » en raison de la Trinité. Ils pèchent aussi par idolâtrie en se prosternant devant la croix, au même titre que les adorateurs du veau, des astres ou d'idoles sculptées. Ils pèchent encore par anthropomorphisme en conférant à Dieu des caractéristiques purement humaines, comme celle d'engendrer — Dieu étant censé être le père de Jésus. Autant de péchés qui font tomber les chrétiens dans la « mécréance [3] ». Mais Hani Ramadan va plus loin : c'est la raison qui commande de croire au monothéisme musulman, inscrit « de façon naturelle dans le cœur de tout être humain [4] ». Or un

1. Voir *supra*, chapitre III, p. 80.
2. Ceux qui associent d'autres divinités à Dieu.
3. « Le monothéisme musulman », *Bulletin du Centre islamique de Genève*, janvier 1996, site Internet.
4. « Une sourate du Coran », *Bulletin du Centre islamique de Genève*, janvier 1996, site Internet.

homme reste-t-il un homme digne de ce nom s'il sort de l'univers de la raison ? Non, puisque, pour Hani Ramadan, « les hommes, quelles que soient leur race et leur couleur, ne peuvent réellement devenir humains que s'ils choisissent de se conformer librement à cette volonté divine [1] ». En 1999, dans un article de la presse genevoise, Hani Ramadan développait une argumentation similaire en reprochant à l'école laïque de « réduire l'homme à un animal doué d'une intelligence purement instrumentale ». On retrouve encore cette idée dans un *Bulletin du Centre islamique de Genève* [2] signé par Yacoub Roty, lequel se livre à une démonstration logique imparable.

> [Puisque c'est l'intelligence qui distingue l'homme de l'animal,] l'homme ne mérite donc, à proprement parler, le nom d'« homme » que s'il se sert de son intelligence ; et il ne se sert valablement de celle-ci que s'il affirme une vérité [...]. Or la vérité c'est Dieu ! Vérité unique, absolue, éternelle, dont dépend toute vérité secondaire et relative en quelque domaine que ce soit. Celui qui nie Dieu nie la vérité essentielle et n'est donc qu'un être en état d'ignorance et non pas un homme au plein sens du terme. La foi [et là il faut entendre la « vraie » foi, l'islam] est le statut *naturel* de l'homme [nous soulignons]. [...] En islam le mot *koufr* désigne l'état d'occultation de l'intelligence de l'homme, c'est-à-dire l'état de l'homme déchu ; et ce mot sert de ce fait à désigner également la mécréance et l'ingratitude [3].

Sur le site *Aslim-Taslam* aussi, on explique le succès de l'islam par le fait que « son appel est conforme à la nature humaine » et « c'est pourquoi il est accepté par les gens doués de raison et d'une nature droite ». Et l'on donne à lire la prose, traduite par les bons soins de l'ACEI, du cheikh Muhammad al-Munajjid Saalih qui détaille à l'envi la mécréance des juifs et des chrétiens — des premiers surtout — en citant abondamment les versets du Coran qui les traitent de corrupteurs de la parole des prophètes, d'associateurs, de négateurs, comme dans la sourate 9 où il serait dit :

1. « Le dialogue interreligieux en climat laïque », *Bulletin du Centre islamique de Genève*, mars 2000, site Internet.
2. Daté de 1996.
3. « Engager sa foi », extrait de *L'attestation de foi*, éd. Astérie, Évry, *Bulletin du Centre islamique de Genève*, janvier 1996, site Internet.

> Ils ont pris leurs rabbins et leurs moines comme seigneur et maître à la place de Dieu, ainsi que le Messie fils de Marie […] Ils veulent éteindre la lumière de Dieu avec leur bouche et Dieu tient absolument à accomplir Sa Lumière, n'en déplaise aux négateurs !

Les « fausses » croyances religieuses ne conduisent pas seules à la mécréance ; la prétention des hommes à faire des lois non soumises à la loi religieuse, ou le seul fait de s'y soumettre, y mènent également. Dans le *Bulletin du Centre islamique de Genève* de janvier 1998, un extrait du livre de Hani Ramadan, *Aspects du monothéisme musulman*, affirme que « le seul fait d'admettre qu'un quelconque régime politique puisse légitimement remettre en cause la loi divine est un acte d'idolâtrie ». Les musulmans ne sauraient donc obéir aux lois des hommes qui ne se conforment pas aux exigences de l'islam, sous peine du pire (*taghût*) : se mettre dans les mains de Satan par la transgression, l'associationnisme et l'idolâtrie [1]. Voilà des propos qui éclairent d'un jour nouveau ceux que le même auteur et son frère tiennent si souvent sur le respect des lois par les musulmans vivant dans des pays occidentaux.

Cette idée de mécréance ouvre la voie à tous les excès. Sur le forum de discussion de *stcom.net*, il va de soi que tous ceux qui ne font pas allégeance à l'islam sont des mécréants. Les propos échangés sont à cet égard éloquents. Le webmaster, qui fait en principe fonction de modérateur et présente son forum comme un espace « dédié à ceux qui viennent y rechercher la paix et la courtoisie », ne parle des non-musulmans que sous l'appellation de « koufars » (mécréants). Un exemple suffira à montrer la modération et la courtoisie qui le caractérisent : « Lisez ce que nous avons reçu par e-mail et qui fait suite à une longue attaque de la part des koufars, qu'Allah les maudisse tous et qu'il me donne la possibilité de rencontrer ceux qui se cachent derrière leur clavier pour insulter les soldats d'Allah […] » Citons aussi les propos des participants au forum, pour lesquels la mécréance est une notion acquise, habituelle. Un intervenant

1. « La shahada (il n'y a de Dieu que Dieu) et le taghût (la divinité rebelle) », *Bulletin du Centre islamique de Genève*, janvier 1998, site Internet.

rappelle les versets du Coran qui évoquent la supériorité des « croyants » et en déduit : « Ceci montre clairement que le musulman a un rang à part dans l'échelle humaine. Il est supérieur au kaffir, car il croit en Allah, il ne se renie pas. Chaque musulman doit être fier de cela, et agir avec cela [...] » On retrouve aussi l'idée que les mécréants ont trahi le message divin : les juifs auraient travesti le message de Dieu en faisant croire aux chrétiens (appelés « croisés » pour la circonstance) que Jésus a été sacrifié par la volonté de Dieu pour racheter les péchés des hommes. Voyons ce qu'en dit Ismaïl sur le forum : « [Les chrétiens] sont aujourd'hui tellement lobotomisés qu'ils ne peuvent plus réfléchir sur cette question et se rendre compte qu'ils ont rabaissé Jésus au rang d'un animal qui se nommait bouc émissaire. » La haine des koufars est de rigueur. On condamne donc aussi ceux qui se disent musulmans mais ne s'opposent pas aux non-musulmans, comme le montre l'intervention d'Abdehnour dans une discussion titrée « Alerte à l'ignorance » : « Les plus grands ennemis de l'islam, en dehors des juifs, ce sont nos “dirigeants” et ces soi-disant savants musulmans à la botte de ces mêmes dirigeants qui proclament la modération et le respect des koufars. » Abouldriss s'est fait traiter de koufar parce qu'il montrait un peu d'esprit critique vis-à-vis des talibans ; or, comme le « messager d'Allah » l'a dit, « celui qui s'allie aux mécréants en fait partie ». Un militant de la Communauté utopiste révolutionnaire (CUR) ayant fait incursion, en février 2001, sur le site habituellement fréquenté par des moudjahidine en herbe, a fait les frais d'un incident à la fois risible et symptomatique de la haine des koufars qui règne sur le forum. L'incompréhension est totale. Le militant de la CUR avait déclaré « franc et admirable » le combat des adeptes du site, en essayant toutefois de les dissuader de lutter au nom de Dieu pour étendre leur combat à l'ensemble des opprimés. Il se fit injurier copieusement : « Va donc propager tes inepties ailleurs, ici c'est le djihad, le djihad uniquement. L'islam n'a rien d'anarchique et nous n'avons rien à voir avec vos idéologies nauséabondes. L'islam n'est pas un parti, mais un mode de vie. Nous combattons pour Allah et non pour le désordre. Les musulmans n'ont pas besoin de votre sympathie, car vous êtes des koufars ».

Voilà comment Ismaël décrit les koufars : « Chez eux tout est paraître et mensonge. Chez les musulmans, tout est être et vérité. Les koufars commettent des actes immoraux et mettent cela sur le dos des musulmans [...] Nous avons affaire aux pires hypocrites de l'histoire. » Faut-il encore s'étonner qu'une unité de scouts de Belgique envoie aux moudjahidine, par l'intermédiaire du forum, le message de soutien suivant : « On demande à Allah qu'il vous vienne en aide et qu'il anéantisse tous les koufars de cette planète pour ne laisser que les muslims. »

Le ton n'est pas plus avenant sur le reste du site *stcom.net*[1] où tous les combats décrits opposent la puissance du mal (les koufars) aux musulmans. Il est même question de la « violence du koufr » en général. On y ressasse toujours les mêmes idées : « Les chrétiens adorent un homme mort qu'ils ont déifié et leur pape. [...] Les juifs quant à eux [...] adorent Uzaïr, un de leurs prophètes qu'ils ont déifié aussi et leurs rabbins. » Peu de pays trouvent grâce aux yeux de l'animateur du site puisque, « sauf l'Afghanistan, tous les dirigeants de ces pays [à prédominance musulmane] sont des mécréants. Ils se disent musulmans uniquement pour tromper leur peuple et sont tous serviteurs des puissances impies ». On trouve également sur *stcom.net* des déclarations d'islamistes terroristes notoires comme Oussama Ben Laden qui conférait une charge politique et historique forte à la notion de mécréance, en désignant ainsi l'ennemi : les « croisés sionistes et chrétiens et leurs alliés[2] ». La mécréance guette les musulmans eux-mêmes s'ils suivent les lois établies par les hommes, point de vue développé également, on l'a vu, par Hani Ramadan. Comme le déclarait en effet Oussama Ben Laden : « Il a été confirmé par les gens de science, et cela n'est pas un secret, que le fait d'utiliser des lois de fabrication humaine au lieu de la charia et d'aider les impies contre les

1. Les textes ne sont généralement pas signés.
2. « Déclaration de guerre. Contre l'occupation américaine de la terre des deux lieux saints », message d'Oussama Ben Laden des montagnes de l'Hindu Kush Khurasan, Afghanistan, vendredi 9/4/1417 AH (23 août 1996), site *stcom.net.*

musulmans est un des dix “actes annulatoires” qui font sortir quelqu'un du statut islamique (transforme le croyant en *moushrik*, non-croyant). » Pour lui, comme pour Hani Ramadan, est polythéiste celui qui a l'audace de « partager avec Allah son droit à la souveraineté et son droit de faire les lois ». L'Arabie saoudite, en ouvrant son pays aux « croisés » (guerre du Golfe et ses suites), aurait « trahi la Oumma et rejoint le koufr en les assistant et en les aidant contre les musulmans ».

Il y a quelque temps (mai 1998), on pouvait lire sur le site *Al-ansar.org* une série de textes mettant en garde les musulmans contre les contacts avec les mécréants, qui rappellent certains des péchés d'innovation dont *Aslim-Taslam* avait diffusé la liste : « Craignez Allah, gardez votre islam intact et protégez-vous et vos familles en étant disciplinés en ces jours de fêtes des koufars » qui prennent Jésus pour Dieu lui-même et déclarent qu'« Allah est l'un des trois, dans la Trinité ». Il est tout autant déconseillé de féliciter ses voisins chrétiens, fût-ce par politesse, notamment « lorsqu'ils se prosternent devant le crucifix », au risque de « devenir comme ceux qui sont influencés par le diable ». *A fortiori*, il est hors de question de s'associer à Noël ou aux fêtes païennes sous une forme ou sous une autre car « celui qui imite quelqu'un devient l'un d'eux ».

L'idée d'un dialogue interreligieux prête donc à sourire. C'est pourtant ce que propose Hani Ramadan, arguant du fait que le Coran l'admet. Mais la supériorité de l'islam, démontrée par un examen rationnel, est si indéniable qu'elle conduit à une vision caricaturale du dialogue puisqu'on ne voit guère d'autre issue que la conversion à l'islam, ce qui donne crédit aux mises en garde d'Alain Besançon. Quant à l'impact que ce dialogue pourrait avoir sur l'islam, que les musulmans sourcilleux se rassurent : aucun. En effet, pour Hani Ramadan : « la perspective de dialogue ne signifie pas que les musulmans deviennent un jour des partisans d'« un relativisme religieux », où l'on considère que toutes les spiritualités se valent, qu'elles ne sont finalement que des expressions tout humaines d'une vérité divine qui dépasse nos imparfaites représentations. Elle ne signifie pas non plus que l'islam puisse être laïcisé, en séparant la raison et la foi, la science et la religion, le temporel et le spirituel.

Mais alors quel pourrait être le contenu d'un dialogue interreligieux à l'issue si certaine ? Hani Ramadan l'exprime sous la forme de « Questions pour un champion » :

1) Où trouve-t-on l'expression la plus pure et la plus affirmée du monothéisme ? Celle qui condamne les idoles et rejette l'anthropomorphisme ? 2) De tous les messages révélés dont il nous est resté une trace écrite, lequel a aujourd'hui conservé son authenticité ? 3) Et enfin, comment définir le statut et comprendre le rôle de Moïse, Jésus et Muhammad[1] ?

Les réponses vont de soi.

Si Kamel Kebtane, lui, n'utilise pas les termes de koufars ou de mécréants, ses propos sur l'islam englobant, unique religion, y compris des chrétiens et des juifs à leur insu, ne contredisent en rien les fondements idéologiques de la notion de mécréance. Or cette conception de l'islam et de ses rapports avec les autres, qui est prise très au sérieux par les internautes, appliquée à la réalité de la scène internationale, a des implications politiques fortes. La contradiction qui éclate entre l'idée de la supériorité absolue de l'islam et la situation des musulmans dans le monde qu'ils vivent comme une humiliation est souvent expliquée par un complot diabolique des koufars ; et celui-ci pousserait les musulmans à la violence au nom de la légitime défense. Cette lecture paranoïaque des relations internationales flatte l'amour-propre des islamistes en leur permettant de désigner un ennemi extérieur puissant contre lequel engager un combat valeureux en conformité avec les instructions du Prophète. Cette sacralisation du conflit entre islam et Occident présente aussi l'avantage d'offrir à ceux qui y croient la certitude qu'existe une issue positive, la victoire de l'islam sur les mécréants ayant été annoncée par le Prophète lui-même.

Pour expliquer la situation des musulmans dans le monde, une autre cause est souvent évoquée, qui ne s'oppose nullement à la thèse du complot : la soumission trop partielle des musulmans

1. Hani Ramadan, « Le dialogue interreligieux en climat laïque », *Bulletin du Centre islamique de Genève*, décembre 1999, site Internet.

aux injonctions de l'islam « par imitation des traditions de l'Europe non croyante [1] ». Elle expliquerait en partie « la faiblesse des musulmans, leur domination et leur colonisation ». L'argument permet aux promoteurs de l'ordre islamique mondial de justifier leur appel à l'observance inconditionnelle de la charia.

Le complot des koufars contre l'islam

Lorsqu'on traite, sur le web, des conflits actuels qui concernent d'une manière ou d'une autre les musulmans à travers le monde, les intervenants ont tendance à radicaliser les positions, notamment en dépolitisant les conflits et en les internationalisant. *Stcom.net* et ses sites affiliés (*Moudjahideen.com* et *qoqaz.fr*) s'y emploient à titre principal et dans une tonalité particulièrement belliqueuse, mais c'est également vrai de *Quibla com.* et du site du Centre islamique de Genève. Bien que cette association annonce dans ses statuts (en ligne sur le site) que le centre est « consacré au service de Dieu », qu'il « se maintiendra au-dessus et à l'écart de toute considération ethnique ou territoriale et ne se laissera jamais entraîner dans la moindre controverse de nature politique », près de 60 % des articles figurant dans la rubrique « Actualités », presque tous signés par Hani Ramadan, traitent de politique internationale ; et près de 30 % abordent la question du voile, en France ou en Suisse, qui a été l'objet des controverses politiques que l'on sait. Parmi les articles de politique internationale, plus de la moitié concernent Israël [2].

1. Cheikh al-Albani, « Normes du vêtement de la femme », source : *islam-qa.com*, présent sur *Aslim-Taslam*.

2. Le Centre islamique de Genève n'est pas à une contradiction près et peut déclarer de manière récurrente que l'islam inclut le politique et jouer de la séparation des pouvoirs lorsqu'il s'agit d'argumenter sur le voile. Ainsi, on trouve sur son site un article de Latifa Benhattat-Camfferman, « Gare à la laïcité intransigeante », publié dans *Le Courrier* du 20 août 1999 qui dit ceci : « Une interprétation moins extrémiste de la laïcité cela doit être possible. Une information honnête et non biaisée sur la religion musulmane, sans mélanger avec la politique, cela doit être possible. » On croit rêver, tant on nous explique en toute circonstance, sur ce site, qu'il y a entre islam et politique un lien consubstantiel.

Première donnée : l'Occident est systématiquement présenté comme un bloc compact en pleine décadence, mené par les États-Unis et son allié sioniste, et en opposition totale avec l'islam qui devient la seule issue pour l'humanité. Sur *Aslim-Taslam*, on donne à lire Hani Ramadan qui ne ménage pas ses efforts pour démontrer que l'Occident est dépourvu de valeurs morales [1]. Tout d'abord, l'Occident n'a pas inventé les droits de l'homme comme il le prétend puisque c'est « l'islam, en fait, sur bien des points, [qui] l'a devancé en cette idée d'égalité, de justice entre les hommes. Il a devancé les principes même de la déclaration des droits de l'homme ». Mais, en outre, les Occidentaux ont toujours trahi cette déclaration. La rhétorique humanitaire n'est qu'une façade et sert à camoufler une « volonté de puissance et de domination » qui fait régner partout l'injustice : racisme persistant, « exploitation de l'homme par l'homme », « course folle aux armements », « domination injuste des puissances militaires », « destruction des ressources humaines », « camps de concentration en Bosnie », « viols et massacres collectifs ». Pour ne pas sombrer définitivement dans cet enfer, il faut s'en remettre au génie de l'islam, seul capable de « permettre à l'homme de s'ouvrir sur le monde sans perdre la finalité spirituelle de cette existence [2] ». L'islam est donc *le* recours pour la terre entière :

> La décadence de la culture occidentale caractérisée par l'absence de plus en plus évidente de valeurs morales et de dynamisme spirituel menace aujourd'hui les Hommes de tous les pays et nous pensons nous autres que seul l'islam peut sauver les êtres humains de cette décadence [3].

Quibla.com donne à lire un document non signé intitulé « XXIe siècle, le nouveau temps des colonies » traitant de la

1. Sur *stcom.net*, le 27 janvier 2002, le cheikh Salah Al-Bidû de Médine déclarait dans un prêche : la société occidentale « n'est que problème, malheur, mal, corruption, désobéissance, trouble, diffamation, assassinat, suicide, enlèvement, fatigue, homosexualité et alcoolisme ».
2. Hani Ramadan, « Occident et droits de l'homme », site *Aslim-Taslam*.
3. Hani Ramadan, « Politique de l'Occident à l'égard de l'islam », site *Aslim-Taslam*. Ce site présente ce texte de Hani Ramadan comme un dévoilement de la vérité de la politique occidentale qui « se permet d'aider des Salman Rushdie ou des Taslima Nasreen qui salissent la religion d'autrui mais ne tolère pas que la vérité de sa politique étrangère éclate au grand jour ».

« reconquête des pays du bassin méditerranéen par une Europe de plus en plus arrogante ». On y décrit l'Europe comme « un ramassis de peuples hétéroclites en mal de fêtes, de musique et de stupéfiants » qui cherche à priver tout opposant de ses droits et de ses biens. Si l'islam est le seul recours contre cette décadence, il devient naturellement l'ennemi numéro un à abattre. L'Europe n'aurait qu'une idée en tête, depuis la première croisade, liquider l'islam, idée que l'auteur exprime par un lapsus inquiétant : « débarrasser l'islam de la planète ». Il y a des signes qui ne trompent pas, considère-t-il ; et de mentionner la préparation d'une armée européenne unifiée et un arrêt de la Cour européenne des droits de l'homme qui a donné raison à la Turquie lorsque celle-ci a interdit le parti du Réfah. Pour mettre en œuvre ce projet diabolique, les Européens doivent « affaiblir ce qui reste de la Oumma. De faux cheikhs ont été chargés de propager des idées subversives, de diviser les musulmans et de les détourner du djihad ». C'est le cheikh Bentounès [1] qui en fait les frais.

Hani Ramadan, sur *Aslim-Taslam*, n'épargne pas les Nations unies : « Quant à l'Organisation des nations unies, elle entre parfaitement dans cette logique puisqu'elle interdit à l'Irak ce qu'elle permet encore aux Israéliens, puisqu'elle encourage sciemment, Boutros Ghali en tête, le massacre des musulmans en Bosnie. » Qu'il s'agisse de la Bosnie ou de la Somalie, c'est l'islam que combat l'Occident :

> Dans les deux cas, et il faut en avoir conscience, c'est l'islam qui est visé [...] Contre la force idéologique et démographique que représente l'Islam, les puissances occidentales ne peuvent qu'opposer la force militaire brutale et bestiale.

En mai 2001, Oussama Ben Laden dressait le même constat, à l'occasion d'une conférence donnée à Peshawar au Pakistan devant un parterre de « savants » et dont *stcom.net* s'est fait l'écho bienveillant :

1. Maître soufi, il participe à la consultation lancée par Jean-Pierre Chevènement, dans la catégorie des personnalités.

> C'est une grande épreuve de la part d'Allah qu'Il vous a envoyé en ce monde à un moment où la révolte est à son plus haut point, le sacré piétiné et le haram [ce qui est interdit] considéré comme halal [permis] [...] Il n'y a pas un centimètre carré du corps de la Oumma musulmane qui ne soit transpercé par les flèches et les épées empoisonnées [...]. Le *génocide* [nous soulignons] des musulmans est un acte légal pour la charte mondiale des Nations unies [...] Tout ce qui est sacré en islam est ouvertement déshonoré. C'est un système dans lequel les koufars fanatiques s'obligent à annihiler des millions de musulmans en les assiégeant. [...] Les nations du koufr avouent ouvertement leurs conspirations contre les musulmans. Et c'est l'Organisation des nations unies qui continue de jouer le rôle d'esclave dans leur exécution. Les peuples occidentaux n'ont pas honte d'eux-mêmes et scandent inlassablement les slogans des droits de l'homme[1].

Si Hani Ramadan voue l'Occident aux gémonies, il condamne également les États musulmans qui s'en font les complices, par leur passivité et leur crédulité :

> J'accuse surtout les chefs des États arabes qui sont encore à négocier avec l'ONU dans des conditions qui sont plus qu'humiliantes, qui négocient encore avec l'agresseur sioniste dans des conditions qui sont *anti-islamiques*. [...] Je les accuse de ce *génocide* organisé contre les musulmans [nous soulignons].

Un message du « conseil de commandement militaire des moudjahidine en Tchétchénie », diffusé sur le forum *stcom.net*, illustre encore l'idée d'un islam assiégé par les forces du koufr, auxquelles se joignent des organisations islamiques internationales et des États musulmans :

> Le conseil international de sécurité, les organisations des droits de l'homme et les autres organisations mécréantes ne sont rien que des outils de torture des musulmans [...]. Des rencontres des sommets de l'OCI [...] accentuent notre douleur et notre outrage.

Les intervenants du forum *stcom.net* ont parfaitement intégré la rhétorique paranoïaque anti-occidentale et la ressortent avec

1. « Message passionné du cheikh Oussama Ben Laden au monde musulman à l'occasion de la conférence Daroul 'Uloum qui s'est récemment tenue à Peshawar », *stcom.net*, semaine du 4 au 10 mai 2001.

violence, en abusant des majuscules et des points d'exclamation, comme le montrent ces propos tenus durant l'été 2001 :

« On nous traite de tous les mots, on nous espionne, on nous traque partout » ; « Solidarité avec tous les khaouas qui sont au habss ou qui se font massacrer juste parce qu'ils sont mouslims et grande HAINE contre les décideurs du nouvel ordre mondial anti mouslim ! ! ! ! TAKBIR, TAKBIR, TAKBIR ! ! ! ! ! ! ! » ; « Ce monde est vraiment dirigé par une bande de salopards qui veulent nous soumettre à tout prix à leurs idées de merde ! ! ONU + G7 + BANQUE MONDIALE + FMI… La puissance n'est pas éternelle, mais le feu qui consommera ces salauds l'est ! ! ! ! ! ! Exprimez votre mépris et votre colère contre cette pourriture ! ! ! ! » ; « Ce grand musulman, notre frère en islam, Notre Cheikh Oussama Ben Laden, qu'Allah lui accorde les meilleures récompenses… » ; « Je soutiens de tout mon cœur les efforts de nos frères talibans qui vont bientôt, d'après les dernières dépêches, devoir faire face à l'alliance judéo-chrétienne. »

Si l'Occident ennemi apparaît comme un bloc monolithique, les États-Unis, plus grande puissance du monde occidental, et Israël, ennemi déclaré du monde arabe depuis sa création, font souvent l'objet d'une mention spéciale. Par exemple, dans un article détaillant « toutes les formes du mal » contre lesquelles les musulmans doivent lutter pour échapper à la « divinité rebelle », Hani Ramadan mentionne celles qui « conduisent des nations à dominer et asservir d'autres nations, celles qui autorisent le massacre de populations entières, et qui organisent des génocides par des embargos dont les victimes sont les innocents ». Pour les esprits lents qui n'auraient pas compris de qui il s'agit, il ajoute :

Lorsque les hommes et leurs gouvernements sont ainsi obnubilés par la recherche du pouvoir et par le culte de la grande Amérique, ou du grand Israël (pour ne prendre que ces deux exemples), alors décidément oui, ils ne sont que les suppôts de Satan [1].

Le conflit israélo-palestinien, qui met en scène ces deux alliés honnis, fait naturellement partie des sujets de prédilection des sites les plus actifs. Il présente l'avantage d'opposer deux enti-

1. Hani Ramadan, « La shahada (il n'y a de dieu que Dieu) et le taghût (la divinité rebelle) », extrait d'*Aspects du monothéisme musulman*, *op. cit.*

tés à la fois très marquées sur le plan religieux et représentatives des cultures occidentale et islamique, et de se prêter aisément à une mondialisation par le biais des alliances internationales et des diasporas. Enfin, le conflit israélo-palestinien ne sort jamais de l'actualité.

Les modes de radicalisation du conflit israélo-palestinien

La prose diffusée sur *stcom.net* cherche systématiquement à donner à ce conflit une portée internationale pour le transporter en Europe. Peu de temps avant sa fermeture (provisoire), le site annonçait par exemple l'ouverture en juillet 2001 de bureaux de recrutement aux États-Unis, en France et en Grande-Bretagne visant à rappeler sous les drapeaux les réservistes israéliens censés grossir « l'armée sioniste de 200 000 à 450 000 hommes ». Il ajoutait, avec une partie du message en capitales : « N'oublions pas que ces mêmes réservistes sont ceux qui, en toute impunité, partent une à dix fois par an pour endosser M16 et Uzi sur l'épaule, semant la terreur dans les villages de Palestine dans des randonnées sauvages et meurtrières… » Pire, ce recrutement se serait étendu à des mercenaires non israéliens et la France se trouverait ainsi partie prenante dans le conflit au Proche-Orient. On ne peut s'étonner, devant de tels délires, que des agressions antijuives aient fait écho, en France, au déclenchement de la deuxième intifada[1].

Dans un texte déjà évoqué du site *Aslim-Taslam*, « La vraie raison de l'inimitié entre les musulmans et les juifs », on retrouve une argumentation virulente, à l'encontre d'Israël et

1. Ces incidents et agressions n'ont pas cessé depuis le 1er octobre 2000, avec un nouveau pic après le 11 septembre : menaces, insultes téléphoniques, incendies, jets de projectiles et notamment de cocktails Molotov. Cf. Marc Knobel, *De la permanence et de la violence des agressions antijuives en France, octobre 2000-octobre 2001*, Fondation Simon Wiesenthal. Lire aussi Pierre-André Taguieff, *La nouvelle judéophobie*, Fondation du 2 mars/Mille et une nuits, 2002. De telles violences antijuives se sont produites dans de nombreux pays, mais sans atteindre la fréquence constatée en France. Cf. *Observatoire du monde juif*, bulletin n° 1, novembre 2001. Ce qui permet aux « belles âmes » de parler d'une remontée alarmante de l'antisémitisme dans notre pays, sans en préciser la nature et l'origine.

des juifs en général ; et l'auteur, le cheikh Muhamad al-Munajjid Saalih, se félicitait que les accords de paix aient capoté. Ce texte, mis en ligne en anglais par web.logipro.com/acei, a été traduit par l'association ACEI qui tient le site *Aslim-Taslam* afin de le proposer à ses visiteurs francophones. C'est par une analyse du Talmud et des versets guerriers du Coran, et donc par des arguments relevant du sacré que le cheikh justifie d'abord la haine que les musulmans vouent aux juifs : « Notre inimitié envers eux est une inimitié idéologique et non une inimitié politique. Nous ne les détestons pas seulement parce qu'ils sont les occupants. Nous les détestons aussi pour leurs infractions contre la Maison d'Allah. » Le cheikh invite ainsi à une relecture du conflit israélo-palestinien à la lumière des textes sacrés : la manière dont le musulman envisage ces événements et les évalue doit être fondée sur le Coran et la Sunna. Il change ensuite de registre, radicalisant le conflit par une propagande délirante :

> Et nous les détestons parce qu'ils tuent nos frères en utilisant des armes mortelles dont les balles sont explosives et arrachent les membres (têtes) des musulmans [...] Ils utilisent des gaz, soi-disant antimanifestation, qui sont en réalité des poisons, entraînant la suffocation et parfois la mort. Ils tirent sur les ambulances [...]. Des produits chimiques sont volontairement ajoutés dans les réserves en eau des Palestiniens et cela dans le but de rendre les femmes stériles. Le programme d'éducation scolaire palestinien est également corrigé.

Le cheikh voit dans « ce mal démoniaque » certains aspects positifs dont l'un, et non des moindres, est l'engagement croissant des musulmans dans le djihad :

> Une profonde conviction au sein des musulmans est que la seule issue pour vaincre les juifs est le djihad dans le chemin d'Allah [qui permet d'entrevoir] les chutes du nationalisme, de la révolution, de la démocratie et toutes les autres formes d'ignorance pour amener le relèvement de la bannière de « La ihala illa Allah » parmi les musulmans.

La rhétorique de la Oumma qui serre les rangs est omniprésente : les atrocités commises par Israël entraîneraient le « retour à ce principe que les musulmans sont comme un corps ». Autre contrepartie bénéfique de la terreur qu'exercerait Israël, la cessation du « processus de normalisation des relations avec les juifs », que le cheikh décrit comme « l'un des plus grands dangers pour la Communauté ». Il se déclare satisfait que les « voix de la paix » se soient tues et termine son propos en affirmant que le djihad contre les juifs reçoit la plus grande récompense. En 2002, *Islamiya.net* diffusait un prêche du cheikh al-Qaradâwî, président du CEFR, faisant le bilan de l'année écoulée. Pour lui, la seule action positive de la Oumma, c'est « la résistance palestinienne qui est devenue aujourd'hui une obligation individuelle pour tout musulman et n'est plus un devoir collectif pour les Palestiniens uniquement ». Et il louait l'héroïsme des « martyrs palestiniens, indûment appelés terroristes [1] ».

Des délires similaires étaient véhiculés par le site *stcom.net* où l'on faisait courir le bruit qu'Israël utilisait un gaz toxique, le sarin. Le 25 janvier 2001, sur le forum, était diffusée l'information suivante :

> Des sources médicales palestiniennes ont révélé que les agents innervants qu'Israël a utilisés contre des centres de populations palestiniennes dans la Bande de Gaza est une forme allégée de l'agent « sarin » qui attaque le système nerveux central et provoque souvent la mort.

Cette propagande sur un prétendu recours aux armes chimiques ne peut qu'entretenir la paranoïa chez les jeunes Français qui fréquentent le site. Elle permet aussi de banaliser dans leur esprit le recours à de telles armes [2].

La lecture du conflit israélo-palestinien diffusée par Hani Ramadan revient à le dépolitiser et à l'internationaliser mais cette fois en le « racialisant ». Ses propos, repris sur *Aslim-Taslam*, dénoncent « l'Occident [qui] défend aujourd'hui l'État terroriste d'Israël » et révèle ainsi « la seule logique que connaissent les maîtres du monde occidental, [...] celle du maître et de l'esclave, de *l'élu* et de l'exclu [nous soulignons] ». Sur le site

1. Daniel Pipes a rappelé ses déclarations lors de la conférence annuelle de la Société islamique de l'Amérique du Nord à laquelle il participait à Kansas City en 1989 : « À l'heure du jugement dernier, les musulmans se battront avec les Juifs et les tueront. » Cf. « America's Muslim Against America's Jews », *Commentary*, mai 1999.

2. Rappelons que les Américains ont retrouvé, notamment, du gaz sarin en flacon dans une cache de Ben Laden en Afghanistan.

du Centre islamique de Genève, il met en parallèle Israël et l'Afrique du Sud : « Quel espoir reste-t-il aux Palestiniens dans ces "bantoustans" écrasés par les colonies ? » Cet argument est censé justifier les attaques de kamikazes [1]. Et il ajoute : « Israël est le symbole même d'un particularisme racial qui va à l'encontre des intérêts du monde musulman, mais encore à l'encontre des intérêts du monde entier [2]. » Hani Ramadan utilise maintes fois cette référence au peuple élu raciste pour en faire l'explication majeure de la position d'Israël, qu'il s'ingénie à ramener à une question d'ordre religieux et racial : « Derrière sa façade d'État moderne démocratique, l'essence et la motivation même de l'entité sioniste sont non seulement d'ordre religieux, mais encore sont déterminées par l'excellence supposée d'une appartenance raciale [3]. » La diatribe anti-israélienne de Hani Ramadan fait étrangement écho au coup de force de certaines ONG à la conférence contre le racisme à Durban qui ont mis Israël sur la sellette [4]. Parfois taxé d'antisémitisme, Hani Ramadan ne voit dans cette accusation qu'un argument facile pour défendre les intérêts d'Israël et il n'hésite pas à invoquer l'impossibilité, pour le sémite qu'il est, d'être antisémite [5].

Mais cette pirouette facile ne peut abuser personne : l'assimilation des juifs aujourd'hui avec les nazis est monnaie cou-

1. « Palestine occupée, les colons doivent s'en aller », *La Tribune de Genève*, 20 juin 2001.

2. Hani Ramadan, « Politique de l'Occident à l'égard de l'islam », site *Aslim-Taslam.*

3. Hani Ramadan, « Position illégitime d'Israël », *Le Courrier*, 4 septembre 2000.

4. C'est à Durban que s'est tenue, du 31 août au 7 septembre 2001, la conférence de l'ONU contre le racisme. De nombreuses ONG et pays musulmans représentés ont tenté de faire condamner Israël et de faire adopter une résolution assimilant le sionisme à une forme de racisme, ce qui a provoqué le départ des représentants des États-Unis et d'Israël. Dans la déclaration finale adoptée par le forum des ONG (3000), l'État d'Israël était qualifié d'État raciste et accusé de génocide. Les propos antisémites tenus lors de ce forum ont fait dire à Élie Wiesel : « Cette conférence contre la haine est devenu une conférence de la haine » (*Le Monde*, 6 septembre 2001).

5. Dans une réponse à la secrétaire générale de la Coordination intercommunautaire contre l'antisémitisme et la diffamation (CICAD), il lui proposait son adhésion. Cf. Hani Ramadan, « Les vraies questions sont éludées », *Le Courrier*, 10 octobre 2000.

rante sur Internet. Dans une brève intitulée « Après les rafles, la solution finale », datée du 13 mars 2002, *Quibla* commentait ainsi les opérations militaires israéliennes : « Les rafles, façon Vichy, ne sont que les préliminaires à une opération radicale qui s'apparente à la solution finale préconisée par le troisième Reich. » Cette rhétorique a été étendue aux « alliés américains » d'Israël, qui ont installé à Guantanamo « le camp de concentraion X-Ray », où ils détiennent des talibans et des membres d'Al-Qaida. Ceux-ci sont « séquestrés » et « torturés » dans de « véritables camps de la mort ». À la question « Guantanamo = Auschwitz » *Stcom* répond : « Non, c'est pire. »

Une haine des juifs récurrente

La haine des juifs sur le web dépasse largement le cadre du conflit israélo-palestinien. Allusive seulement sur certains sites, elle transpire sur *stcom.net*. Quelques exemples pris sur le forum en témoignent :

> « Les maudits juifs, on souillera la terre de leur sang [...] Le conflit est INÉVITABLE. ALLLLLLLAHOU AKBAR » ; « Un seul souhait, arroser la terre de leur sang puant tel le porc [...] soulager la terre de ce Cancer qu'est les juifs » ; « Que ces chiens de juifs arrêtent de se faire passer pour des pauvres victimes. JUIFS ASSASSINS, JUIFS TORTIONNAIRES, JUIFS TUEURS DE VIEILLARDS, DE FEMMES ET D'ENFANTS ! ! ! ! ! ! VOUS ÊTES MAUDITS POUR L'ÉTERNITÉ ALLAHOU... »

Certains participants empruntent une rhétorique bien connue, du style « ils sont partout » :

> « Les juifs sont des mutants, ils changent de nom, de couleur de cheveux, de couleur des yeux, bref ils s'intègrent dans la masse. Vous pouvez en avoir près de vous dans les mosquées, en rang pour la prière. »

Al-Ansar diffusait sur son site, en 1998, un texte signé Isa Abdallah al-Kanadi, « The Secret World », où l'on trouvait, au-delà du refrain rabâché sur l'islam, unique religion monothéiste, l'idée d'une infiltration de la franc-maçonnerie par les juifs qui visent à dominer le monde afin de reconstruire le temple de Salomon. Karl Marx lui-même aurait été commandité par la franc-maçonnerie pour écrire *Le capital*, afin de créer l'« empire rouge ». Le culte matérialiste de la science n'aurait servi qu'à développer des armes sophistiquées pour lutter contre l'islam et la théorie de la relativité d'Einstein n'aurait elle-même eu comme autre but que de répandre l'idée de tolérance, si contraire à l'islam qui a toujours raison. L'imposture est grandiose puisque « le roi Fahad d'Arabie saoudite est un juif, le roi du Maroc Hassan II est un juif, comme le furent Tito en Yougoslavie, Lénine et l'ayatollah Khomeiny. Il y a de fortes raisons de penser que Jean-Paul II serait lui aussi un juif ». Le seul obstacle qui demeurerait sur le chemin des sionistes, dans le contrôle absolu de la marche du monde, serait l'islam qu'il leur faut détruire. La guerre froide elle-même (menée par les États-Unis infiltrés par les juifs) n'aurait été qu'un prétexte pour constituer un armement massif destiné à cet affrontement final. On retrouve là la vision du monde propagée par les *Protocoles des Sages de Sion*, ce faux célèbre, édité d'abord en Russie au début du XXe siècle, qui décrit la stratégie des juifs pour parvenir à la domination mondiale. On sait le succès qu'il connaît toujours dans le monde arabe, et de nombreux propos diffusés sur Internet en témoignent. *Quibla* dispose d'une rubrique « Protocoles » dans laquelle il en donne une analyse pour le moins ambiguë. L'absence de référence aux musulmans rend les *Protocoles* suspects : « Il n'y a pas une seule mesure pour museler les peuples musulmans, ni pour détruire l'islam. Ce qui prouverait que le livre n'a pas été écrit par un juif, encore moins par un sioniste. » Pourtant, certains griefs proférés par les antisémites « reposent sur des faits tellement réels que leur négation revient à justifier le livre ». *Quibla* offre la possibilité de le consulter dans l'instant, par un lien électronique avec *fm.fr.org*, censé être le site de la franc-maçonnerie française. Les *Protocoles* y sont accompagnés d'un commentaire que nul n'est tenu de lire. Par ailleurs *Quibla* donne ce conseil : « Que les Palestiniens restent unis et qu'ils demandent de l'aide à Allah et le sionisme suivra le même sort que la noblesse franque à la fin du

XIIIe siècle : à la mer ! » Plus troublant, sur le forum de *Quibla* a été diffusé un texte de *Kaukaz-center* attestant l'authenticité des *Protocoles* et manifestant le négationnisme le plus pur.

La haine du juif voisine en effet, sur certains sites islamiques, avec les thèses négationnistes d'extrême droite. Cette proximité s'exprime soit en prenant la défense de négationnistes « injustement » poursuivis, soit en ironisant sur la Shoah ou en la relativisant par des comparaisons historiques déplacées. Une visite des archives de *stcom.net*, accessibles en ligne, permettait de s'en convaincre. Les négationnistes sont présentés comme les victimes des milices juives agissant avec la complicité de la police et de la justice, sévissant à Paris, dans le palais de justice ou à ses abords : « Gardes et policiers ont, durant ces dernières années, laissé se perpétuer de nombreuses violences, en particulier contre des révisionnistes convoqués au tribunal ou venus assister à un procès. » Une autre fois, *stcom.net* commentait ainsi la venue de Bouteflika à Paris : « On attend de tous les grands célébrateurs du Souvenir et de la mémoire de la Deuxième Guerre et de la Shose Haulostiquée, qu'ils viennent aussi célébrer les massacres des villages algériens, le napalm, les commandos aéroportés, les "nettoyages de metchas", les baignoires de la villa Susini. » Sous un titre à visée humoristique sans doute, « La grande réserve de criminels nazis », *stcom.net* épiloguait sur la décision de juger par contumace Aloïs Brunner : « La France judiciaire va encore entrer en transe [...]. Il est vrai qu'on commence à manquer de criminels des années 40 et que les jeunes générations étant de plus en plus ignorantes, il convient de leur bourrer de plus en plus le mou. » Dans un autre billet, où il prenait la défense de Haider, le site ironisait sur les vaines tentatives faites par la justice belge pour poursuivre un libraire qui diffusait des livres négationnistes :

> « Déçus nous sommes. Mais l'espoir renaît quand on apprend que des délégations de futurs policiers belges sont envoyées à Mauthausen et Dachau, pour entretenir le "devoir de mémoire" (*Le Soir*, 7 février). Grâce à ces instructives visites, les flics sauront maintenant comment on monte un camp de concentration en moins de deux. »

Non seulement *stcom.net* conteste la réalité de l'Holocauste [1] (le « prétendu "génocide des juifs" » que raconte l'« histoire officielle », véritable entreprise d'« asservissement de la pensée »), mais il se complaît dans le cliché de leur appétit financier inextinguible. Ainsi, les juifs tireraient des bénéfices du « montage » historique de la Shoah, en faisant « travailler les cadavres » afin de financer des constructions dans les territoires occupés par Israël. Dans un billet titré « Boulimiques », ce site déclarait que « les juifs sont les héritiers des juifs qui sont morts sans héritiers et sont aussi les héritiers naturels des nazis. On gagnerait du temps en admettant une fois pour toute que les juifs sont les héritiers de toutes les richesses de la terre ». Les juifs sont appelés dans les éditoriaux les « plus jamais ça », les « survivants qui pleurnichent et tendent la sébile », les « juifs inhumains et pathétiques », les « tueurs d'enfants et tueurs de tout », les « chiens enragés juifs », les « piranhas » [2]. En matière de détestation des Juifs, la France ne se retrouve pas là dans une position si singulière. Daniel Pipes rappelait dans un numéro de la revue américaine *Commentary* des propos tenus aux États-Unis incitant au djihad et au meurtre des juifs qui ne datent pas d'aujourd'hui [3].

Un djihad à deux faces

Le site du Centre islamique de Genève cultive une certaine ambiguïté sur le djihad. Selon l'habitude des frères Ramadan,

1. Dans un autre document, diffusé par *qoqaz.fr*, et appelant à soutenir financièrement la Tchétchénie, on y affirmait que « la plupart de ceux qui ont subi le nettoyage ethnique durant ce siècle sont des musulmans, surnombrant le médiatique Holocauste juif de plusieurs millions ».

2. Pour une analyse détaillée de cette islamojudéophobie, on lira avec profit l'ouvrage récent de Pierre-André Taguieff, *op. cit.*

3. Il cite ainsi une anecdote racontée en 1994, par Bassam Alamoush, un « fondamentaliste jordanien » devant l'association de la jeunesse arabe musulmane de Chicago. Bassam Alamoush raconte qu'un jeune l'a questionné, dans la mosquée d'Amman, pour savoir s'il devait tuer un juif s'il en rencontrait un dans la rue et fait rire l'auditoire en rapportant la réponse qu'il lui a faite : « Ne me demande pas et reviens me voir une fois que tu l'auras tué. Qu'est-ce que tu veux de moi, une fatwa ? Franchement, une bonne action n'en a pas besoin. » Cf. « America's Muslim Against America'Jews », *Commentary,* mai 1999.

on tient un double langage selon qu'on s'adresse aux musulmans ou à la presse occidentale. Dans les articles du site qui s'adressent aux Suisses inquiets, Hani Ramadan définit le djihad comme une lutte contre soi-même et, à l'extrême limite, comme une légitime défense qui, en Europe, ne pourrait prendre la forme que d'une aide financière. L'extrême limite semble atteinte, si l'on se fie à cet appel au djihad du même auteur :

> À une armée qui tue des enfants et des civils qui n'ont que des pierres, on ne répond pas avec des discours et des négociations, mais par le djihad […] Mes frères et sœurs en islam, souvenez-vous que le djihad est une obligation pour chacune et chacun d'entre vous. Si nous ne pouvons l'entreprendre avec des armes, nous pouvons le soutenir avec nos biens, pour soulager la détresse des Palestiniens.

Puisque telle est la définition du djihad que Hani Ramadan privilégie auprès des Suisses, voyons comment son frère Tariq décrivait aux jeunes en 1994 le djihad intérieur :

> Vous avez entendu parler de la colonisation ? Hier, elle était politique. Aujourd'hui, nous sommes dans une colonisation économique et culturelle. Il y a un autre type de colonisation : c'est la colonisation intérieure, qui entre en vous et vous colonise la tête. Pour lutter contre la colonisation intérieure, même quand vous faites vos cinq prières, c'est un djihad permanent. Et les jeunes qui sont à l'extérieur, ils ont la tête colonisée de références, de vocabulaire… Nous sommes pris au piège d'un pouvoir mental. C'est le pire qui peut arriver à un enfant, c'est le pire de ce qui peut arriver à l'un d'entre vous.

Si Tariq Ramadan parle de lutte intérieure, il s'agit d'un combat non pas contre soi-même mais contre l'intrusion, dans les têtes des jeunes musulmans élevés en Europe, des valeurs et modes de vie occidentaux. L'ennemi, s'il est à l'intérieur de soi, vient d'ailleurs et reste le même et c'est bien de « guerre » qu'il s'agit, comme en atteste la métaphore de la colonisation [1].

1. Tariq Ramadan, « La déviance des jeunes », Saint-Martin-d'Hères, janvier 1994. Propos rapportés par Jérôme Bellion-Jourdan, « Un cas : les "Jeunes Musulmans" de Grenoble », *L'islam est-il soluble dans la République ?, Panoramiques*, 1997. Dans le bulletin *Présence musulmane* de novembre 1999, diffusé par un groupement d'associations Jeunes musulmans, Tariq Ramadan décrivait ainsi le calvaire vécu par les jeunes musulmans en France : « Mon frère, ma sœur, tu as

Comment encore ne pas interpréter comme un appel à la guerre sainte cette nouvelle exhortation de Hani Ramadan sur *Aslim-Taslam* : « Quant à nous, chers frères en islam, il est important de prendre conscience à travers ces événements que le monde occidental s'organise contre nous et il s'organise contre le danger que représente l'islamisme [1]. » Face à cette menace permanente, une seule solution, resserrer les rangs de la Oumma, l'union sacrée, où les islamistes engagés dans la lutte armée et le terrorisme ont toute leur place :

> Nous n'avons d'autres voies que de rechercher premièrement l'union, l'union de *toutes* les tendances islamiques [...], nous n'avons d'autres voies que de nous organiser dans le but de représenter une force aussi bien spirituelle, idéologique que *matérielle* [nous soulignons].

Les musulmans qui fréquentent le Centre islamique de Genève ne semblent d'ailleurs pas avoir de conflits d'interprétations s'agissant du djihad. L'un d'eux, interrogé sur ce thème par un journaliste suisse, a déclaré : « Le Coran dit : "Tuez ceux qui vous tuent [2]". »

En tant que non-musulmans, il ne nous appartient pas de dire

---

peur, ton malaise est profond [...] Dans la rue tu perçois très souvent des signes d'agressivité et de rejet et tu fais face aux célèbres délits de faciès, de tenues vestimentaires ou d'origine. Tu n'es pas comme les autres [...] On te transforme, jour après jour, en citadelle assiégée, crispée, retranchée. Le malaise est là. Et la crainte. C'est une véritable épreuve, il faut le reconnaître sans détour. [...] mieux vaut disparaître dans la foule que de vivre l'enfer du malaise quotidien, de leurs jugements, de leur arrogance. [...] Que faire ? Faire comme eux, penser comme eux, se soumettre aux représentations symboliques d'une société libérale très oppressive. [...] on voudrait te noyer sous l'agressivité. Ta force, ta libération : offrir l'amour et le respect lorsque l'on veut t'imposer la haine et le rejet. » C'est le même Tariq Ramadan qui, à l'émission « Réplique » sur *France Culture* le 9 février 2002, disait à Alain Finkielkraut lutter contre ce réflexe minoritaire qui fait de la société un ennemi. Dans un article du *Monde* du 23 décembre 2001, il recommandait de lutter contre ce sentiment de victimisation qui « colonise » de « nombreux esprits parmi les citoyens français musulmans et notamment parmi les plus marginalisés ». Autre usage de la référence à la colonisation !

1. Hani Ramadan, qui a écrit dans la presse suisse un long article sur l'inconsistance du concept d'islamisme, n'est pas à une contradiction près puisqu'il en fait lui-même usage.

2. Hani Ramadan, « Qu'entendons-nous par le mot "djihad" ? », *Le Courrier*, 21 octobre 2000, site du Centre islamique de Genève.

quelle est la « vraie » nature du djihad, mais il va de soi que le profane l'interprétera selon son usage le plus fréquent[1]. Or, un jeune musulman qui chercherait à s'instruire sur le sens du djihad trouverait infiniment plus d'informations sur le djihad compris comme une guerre au nom de Dieu, que sur le djihad intérieur. Si, hormis quelques échos de presse, le site du Centre islamique de Genève est muet sur le djihad, les liens avec d'autres sites conduisent à de nombreux développements sur ce thème. Ceux-ci se présentent le plus souvent sous forme savante, faisant référence aux hadiths et versets qui traitent de la question et aux travaux juridiques des « savants ». Ils se fondent sur la logique binaire opposant le *haram* (illicite) au *halal* (licite), particulièrement infantilisante puisqu'elle implique châtiment ou récompense et peut donc avoir un effet de conditionnement évident sur des jeunes qui ont été éduqués à coups de « c'est haram ! ». En outre, la médiation par le « savant », on l'a vu, s'impose à la libre opinion. L'enjeu consiste à faire du djihad, non seulement une action licite, mais une obligation dont il serait illicite de s'abstenir et qui, par ailleurs, promet les plus belles récompenses.

C'est par exemple le cas de *islam.com*, site anglophone, qui diffuse les réflexions de Ibn Taymiyya (mort en 1274), sur « la doctrine religieuse et morale du djihad » et d'Al-Qathaani sur « les différents niveaux du djihad, ses mérites et la cause de la victoire sur les ennemis ». On y vante ses mérites, s'étendant à l'ensemble de la communauté, au-delà du combattant lui-même. La mort d'un martyr y est présentée comme « la meilleure façon de mourir ». On y cite l'opinion des juristes dont certains pensent que le djihad doit s'étendre aux femmes et aux enfants que les combattants sont alors en droit de tuer, tandis que d'autres, majoritaires, insistent sur le fait que les femmes et les enfants sont alors propriété des musulmans. Mais tous affirmeraient que ceux qui propagent des innovations contraires au Coran et à la

1. Comme l'indique Maxime Rodinson, si djihad « désigne proprement tout effort et dans l'histoire et dans la doctrine générale, la traduction habituelle par "guerre sainte" est justifiée, quoi qu'en disent les apologistes contemporains ». Cf. « L'éthique privée et l'engagement politique comme commandements religieux (communautaires) en Islam », *L'Islam : politique et croyance*, Fayard, 1993.

sunna méritent d'être combattus, au même titre que ceux qui refusent de se plier aux obligations islamiques universellement reconnues. La seule profession de foi ne saurait offrir une protection. Le djihad serait obligatoire. On est très loin de la formule « pas de contrainte en religion ». *IntroductionTop-islam.com*, autre site anglophone, donne la définition suivante du djihad :

> Le mot « djihad » signifie la lutte, ou plus spécifiquement, l'effort pour la cause de Dieu. Toute lutte accomplie dans la vie de tous les jours pour plaire à Dieu peut être considérée comme un djihad. L'un des plus hauts niveaux du djihad est de se lever contre un tyran pour dire une parole de vérité. Le contrôle de soi, en évitant le mal, est aussi un grand djihad Une des formes du djihad est de prendre les armes pour défendre l'islam ou un pays musulman lorsque l'islam est attaqué. Cette forme de djihad doit être déclarée par le chef religieux ou par le dirigeant d'un État musulman qui suit le Coran et la sunna.

Ainsi, d'après cette définition, la « guerre sainte » existe bien et lorsque, à Peshawar (Pakistan) en mai 2001, Ben Laden demandait aux musulmans du monde entier de se ranger derrière le mollah Omar, devant un parterre de « savants » de divers pays assistant à sa conférence, il respectait très exactement les modalités juridiques de déclaration de la guerre sainte. Les internautes francophones pouvaient lire ce discours de Ben Laden sur *stcom.net :* « C'est un *fard* [une obligation [1]] pour vous d'appeler le peuple vers l'Émirat islamique et de l'aider avec vos vies et vos biens face au débordement du koufr international et de combattre avec lui, épaule contre épaule. » Oussama Ben Laden développait ensuite divers « points relatifs au combat des koufars ». D'abord il faut convaincre les jeunes hommes que « le djihad est le *fard* le plus grand et le plus important de nos jours », encourager les riches à payer la *zakat* [2] à l'Émirat islamique d'Afghanistan, publier des fatwas demandant à tous de faire allégeance à l'« Émir-ul-Mu'minin Mulla Muhammad 'Omar », le chef des talibans d'alors. Pour convaincre son auditoire de cette nécessité, Oussama Ben Laden procédait à une démons-

1. Malek Chebel, *Dictionnaire des symboles musulmans. Rites, mystique et civilisation*, Albin Michel, 1995.
2. Aumône légale qui figure parmi les cinq piliers de l'islam.

tration en trois points : puisque le djihad est une obligation divine seule à même d'apporter honneur et succès (pour preuve le djihad mené glorieusement par le Prophète lui-même), puisque le djihad est un devoir pour améliorer le sort de tous les musulmans qui verront la fin de leurs souffrances et leur pauvreté, puisque « le vrai objectif du djihad ne peut être atteint à moins qu'il ne soit déclaré par la Oumma autour d'un seul émir qu'ils écoutent sans poser de questions », tous les musulmans devaient devenir les sujets obéissants du chef des talibans d'Afghanistan. Et il précisait encore pour ceux qui n'auraient pas compris : « L'islam ne peut pas être souverain jusqu'à ce que les musulmans ne deviennent qu'un seul groupe et que ce groupe choisisse un émir et un émir ne peut pas naître parmi eux avant qu'il ne soit obéi à tout ordre qu'il donne si petit soit-il. » Ainsi, quelques mois avant les attentats du 11 septembre, au Pakistan, Oussama Ben Laden incitait les autorités religieuses assistant à sa conférence à préparer le djihad contre les koufars à partir de l'Afghanistan, sous l'autorité absolue du chef des talibans qui devenait ainsi « gouvernant de la charia ».

Deux mois plus tard, *stcom.net* rendait compte d'une autre conférence tenue à Karachi à laquelle auraient participé plus de quatre cent cinquante oulémas :

> [Les] orateurs ont réitéré que le djihad continuerait pour la sainte vertu de l'islam [...]. Le chargé de la recommandation du bien et de la désapprobation du mal du vice-bureau de Jaish-Muhammad [autorité afghane] a indiqué que le djihad était la seule source qui a fourni un centre de puissance à l'Émirat islamique d'Afghanistan, [...] que le dirigeant le plus puissant sur terre était l'émir [...] 'Umar Mujahid qui n'a peur de personne d'autre qu'Allah.

Le même intervenant se disait convaincu que le Pakistan pouvait « travailler pour la Renaissance islamique » et tous les oulémas étaient appelés à « exclusivement guider les moudjahidine pour vaincre les éléments anti-islam ».

Les musulmans francophones ont pu, et peuvent toujours lire d'autres propos d'Oussama Ben Laden, se référant lui aussi à Ibn Taymiyya pour justifier la guerre qu'il avait déclarée aux Américains stationnant en Arabie saoudite et encourageant au martyre : « Nos jeunes savent que leur récompense pour vous [USA] combattre est le double de celle pour combattre d'autres [...]. Ils n'ont d'autres intentions que d'entrer au Paradis en vous tuant. » Les internautes pouvaient aussi trouver différentes exégèses juridiques, dont l'une datant du 3 novembre 1914 qui, tout en distinguant les deux djihads, parle explicitement de guerre sainte. Ils pouvaient aussi lire les « dernières volontés d'Abdallah Yussuf 'Azzam [1], simple serviteur d'Allah [2] ».

Selon lui, « le verset de l'épée, abrogeant 140 versets concernant le djihad et qui avaient été révélés avant, est une réponse définitive [...] pour quiconque essaie d'en changer les significations claires ». « Il n'y a pas de différence entre celui qui ne combat pas et celui qui ne prie pas ou ne jeûne pas ou ne paie pas la zakat [...]. Chaque musulman qui trépasse sans fusil entre les mains fera face à Allah avec le péché d'avoir abandonné le combat. » Le djihad étant obligatoire, « il porte avec lui la récompense et le châtiment ». En sont exemptés, « l'aveugle, le malade en phase terminale, l'invalide, l'homme, la femme ou l'enfant opprimés qui ne peuvent pas partir rejoindre le champ de bataille ». Tous les musulmans doivent être solidaires et se porter volontaires pour défendre les « terres musulmanes » menacées par les infidèles.

D'après Abdallah Yussuf 'Azzam, celui qui part au djihad n'aurait besoin d'aucune permission, pas même celle de l'émir, et les savants seraient d'accord sur ce point. Les jeunes musulmans sont ainsi encouragés à se passer de l'avis des parents ou de toute forme d'autorité [3]. Abdallah Yussuf 'Azzam donne ensuite des conseils pour rester prêt à combattre, les mêmes que ceux reçus par les « Afghans » qui ont été de tous les combats et qui, après s'être battus en Afghanistan, ont été « semer » le djihad ici

1. Dirigeant du « bureau des services islamiques », la première structure chargée en Égypte de l'enrôlement, de l'accueil et de l'affectation des volontaires arabes en Afghanistan. Cf. Richard Labévière, *Les dollars de la terreur. Les États-Unis et les islamistes, op. cit.*
2. Daté du 20 avril 1986.
3. Le *webmaster* du forum de *stcom.net* diffusait le 2 octobre 2000 des propos attribués au frère du commandant Khattab (abattu en avril 2002 par les Russes), qui sont censés enlever tout scrupule aux prétendants au djihad vis-à-vis de leur famille : « Khattab dit ceci aux musulmans dans le monde : "Ce qui nous retient le plus du djihad c'est notre famille. Aucun de ceux qui viennent ici sont venus avec l'autorisation de leur famille. Si nous, nous avions aussi écouté notre famille et serions retournés, qui allait se battre pour notre cause ?" »

ou là (en Algérie par exemple). Aux femmes musulmanes, il donne les conseils éducatifs suivants :

> « Élevez vos enfants pour qu'ils soient braves et courageux. Faites de vos maisons des endroits pour les lions. [...] Instillez dans les cœurs de vos fils l'amour du djihad et des champs de batailles. [...] Vivez un jour par semaine comme les réfugiés et les moudjahidine. Ils vivent de pain sec et de thé. »

Il exhorte les jeunes musulmans à s'habituer « au bruit des bombes, des bombardements au mortier, aux bruits des combattants et des tanks et évitez le luxe ». Bref, son programme éducatif est un conditionnement de chaque instant à la guerre sainte.

Un autre texte, signé par Muhammad Mas'oud Azhar, Pakistanais ayant participé au djihad en Afghanistan, affichait un titre explicite : « Les vertus du djihad, le chemin le plus court pour accéder au Paradis ». L'auteur était présenté par le site comme une voix importante dans la propagation du djihad : « Quand il parlait du djihad ou du martyr, on aurait dit qu'il ensorcelait l'auditoire. » Son message aurait touché l'Afrique, l'Europe et la péninsule Arabique[1]. « Des milliers de personnes ont participé au djihad après avoir entendu ses discours. » Muhammad Mas'oud Azhar décrit dans son texte la position des quatre écoles sunnites (malékite, hanbalite, hanafite et shaféite), ce qui ne peut manquer de cautionner son discours auprès de la jeunesse qui le lit. Il énonce deux types de djihad contre les koufars : le djihad offensif, qui aurait été celui du Prophète, « dont le but est d'assurer que les koufars restent terrorisés » et ne fassent pas obstruction à la propagation de l'islam ; et le djihad défensif auquel sont contraints les musulmans lorsqu'ils négligent de faire la guerre aux koufars, comme ce serait le cas aujourd'hui. Muhammad Mas'oud Azhar, en se fondant sur des hadiths, présente le djihad à la fois comme une nécessité pour la survie collective (« Quand le djihad est négligé, il est inévitable que les koufars soumettent les musulmans et le résultat en

1. Expression utilisée par *stcom.net* pour désigner l'Arabie Saoudite, le prince Saoud étant un « usurpateur ».

sera la rupture de leur mode de vie islamique ») et la source de la plus haute récompense.

Le site *stcom.net* diffusait aussi un document non signé et non daté, provenant apparemment d'un combattant en Tchétchénie, qui a beaucoup contribué à l'action juridique entreprise par « J'accuse » contre le site et qui s'intitulait pompeusement « L'avis islamique concernant la permission de réaliser des opérations martyres ». Ce document passait en revue nombre de hadiths et récapitulait lui aussi l'avis des quatre écoles sunnites en matière de djihad et de *chaheed* (martyre). Il allait bien au-delà de ce qu'on trouve habituellement puisqu'il s'employait à justifier et à recommander, d'après les textes sacrés, des modes d'action violente précis qu'un moudjahid doit conduire avec la bénédiction de Dieu, par exemple « charger son corps, un véhicule d'explosifs et ensuite percuter une masse d'ennemis ou ses équipements vitaux ». L'auteur assimilait ces actions à « un contrat de vente contenant des clauses entre Allah et le moudjahid : en échange de la marchandise (le paradis), le moudjahid paye le prix (le sacrifice de sa vie) ». Les arguties juridiques se réduisent bien souvent à la maxime bien connue : la fin justifie les moyens. Il est ainsi permis de tirer sur les « femmes et enfants d'infidèles » en cas de nécessité, pourvu que l'objectif ne soit pas de tuer des non-combattants. La démonstration juridique s'achevait ainsi :

> Le martyr tué par ce moyen [opération suicide] est meilleur que celui qui est tué en combattant dans les rangs de l'armée [...] les opérations martyres sont des actions de moindre coût pour les moudjahidine et de celles qui causent le plus de dégâts à l'ennemi [...] la plupart des savants aujourd'hui permettent ce genre d'opération. Plus de trente fatwas ont été émises à cet effet.

L'animateur du forum n'hésite pas à donner son avis personnel sur les attentats suicides, y voyant une réponse appropriée au conflit mondial engagé par l'Occident à l'encontre de l'islam :

> L'augmentation des atrocités des koufars à l'encontre des musulmans [...] n'a pas laissé d'autre choix aux musulmans que d'organiser des opérations aussi audacieuses et courageuses que cela, plutôt que de se laisser tuer comme des rats.

Il faut imaginer l'impact que peuvent avoir de tels propos sur les jeunes Français passant d'un site à l'autre, ce qui est d'autant plus facile que *stcom.net* est répertorié dans les index. Sur le forum *stcom.net*, on veut absolument devenir un moudjahid et on rêve d'en découdre avec la puissance du koufr. On s'échange aussi des informations pour parvenir sur les lieux d'entraînement et de combat :

« Je te conseille d'aller en AFGHANISTAN. Il y a plusieurs JAMAAT JIHADIA ISLAMIA. Là-bas tu pourras t'entraîner et te préparer à la vie de Moudjahid (c'est une vie exceptionnelle qui demande beaucoup de patience). [...] Pour aller en AFGHANISTAN, il faut se renseigner auprès des frères qui vivent en Europe. Je te propose d'aller tout seul et tu peux entrer par l'Iran ou le Pakistan. Une fois que tu es rendu là-bas tu te renseignes auprès des TALIBANS » ; « Je vis en Allemagne et je voudrais partir pour le djihad. Aidez-moi » ; « L'Afghanistan est l'endroit le plus sûr actuellement pour se préparer au djihad. C'est pourquoi il faut que tu prennes contact avec les frères à Londres qui sauront plus qu'ailleurs te renseigner. Personnellement en Europe, je ne connais pas d'autres endroits. »

Le 25 août 2000, un internaute conseillait très précisément le parcours suivant pour rejoindre l'Afghanistan :

« Ma réponse sera brève car sur un site il vaut mieux ne pas tout divulguer... Deux possibilités s'offrent à toi. La première est de partir à Londres. Là-bas, tu rencontreras des frères qui auront des moyens de te renseigner. Demande Abu Hamza. Il est invalide. Il a perdu son œil et son bras au djihad en Afghanistan... L'autre méthode est d'aller en Bosnie dans un village nommé Bocinja (Botchinja). Là-bas, les moudjahidine pourront t'aider... La première solution est la meilleure car les chayatine [un chaytan est un démon[1]] d'Américains font pression en Bosnie pour vider et disperser les frères du village en ce moment même[2]. »

Le *webmaster* n'était pas en reste. Synthétisant pour les participants du forum un rapport du commandant Khattab de Tchét-

1. Malek Chebel, *Dictionnaire des symboles musulmans*, *op. cit.*
2. *Le Monde* a publié un reportage sur cette ville bosniaque, attestant l'implantation des moudjahidine squattant les maisons de Serbes et que la nouvelle mairie s'est employée à déloger en mai 2000. Cf. Antoine Jacob, « Bocinja "moudjahidine" », *Le Monde*, 13 décembre 2001.

chénie, il rappelait, le 14 juillet 2001, que « le monde entier devrait savoir, les musulmans en particulier, que le djihad continuera jusqu'au jour du jugement. [...] Je demande à Allah de nous faire tous moudjahidine pour son égard et pour son plaisir ». Le même webmaster diffusait le 29 octobre 2000 sur le forum un « appel pour cesser les manifestations contre Israël » (celles-ci étant jugées comme un moyen d'action trop faible), édité par les publications Azzam liées à Ben Laden, et encourageait sa diffusion « partout où vous pouvez », tout en déclarant n'encourager « personne à réaliser des actions illégales » et décliner « toute responsabilité en ce sens ». On citera simplement la conclusion figurant en capitales sur le message : « Seul le djihad et les armes : aucune négociation, aucune conférence, aucun dialogue... »

Le site *stcom.net* accompagnait sa prose d'images et de son. On y voyait par exemple, en visitant un domaine appelé « hall des flammes », un montage d'images montrant alternativement Vladimir Poutine, des commandants russes et le pape, avec des flash indiquant « *wanted* ». Ce petit montage était précédé d'un texte haineux et vengeur se terminant par : « Point n'est la peine de les nommer, leur vue suffit à vous écœurer. » On pouvait s'y abreuver d'images détaillant à l'envi les corps blessés ou tués par « les juifs ». Citons simplement le sous-titre d'une photo d'enfants palestiniens prise de leur vivant : « Tués par une bombe des terroristes juifs. » On y montrait aussi des combattants en armes enthousiastes et les dommages infligés à l'ennemi, particulièrement en Tchétchénie. Voici ce qu'en disait Yastile sur le forum en août 2000 :

> « Voyez, mes frères, la puissance d'Allah, notre créateur... Quand j'ai vu les images des moudjahidine et des Russes sur le site *stcom.net*, j'ai ressenti un profond plaisir rien qu'en entendant le cri "Allah ù Akbar" et les tirs tchétchènes... »

Depuis l'action en justice entreprise contre le site, celui-ci se « contente », si l'on peut dire, de diffuser des conseils sur la manière de s'entraîner pour le djihad en Occident en recourant aux moyens légaux (salles de sport, centres de tir, exercices d'endurance...) et d'éduquer les enfants pour en faire des moudjahidine (en les intéressant aux jeux de guerre par exemple).

Stcom propose aussi aux internautes des biographies de martyrs avec journaux intimes et photos.

Quelques lectures attendues des attentats

Les attentats du World Trade Center à New York le 11 septembre 2001 ont donné lieu à des réactions diverses. Certains sites ont diffusé des positions contradictoires, d'autres ne se sont employés qu'à innocenter les terroristes musulmans en menant à son terme la thèse du complot.

Sur *Islamiya.net*, l'ambiguïté était totale. Le site a diffusé un communiqué de condamnation dès le 12 septembre. Pourtant, une fatwa juridique, intitulée « L'attitude des musulmans à l'égard de la violence » et répondant à une question d'un internaute le 20 septembre, développait des arguments moins nets. Le cheikh n'avait aucune parole charitable à l'intention des Américains, dont le drame était simplement qualifié de « nuisance ». Il vitupérait au contraire les opinions publiques occidentales en recourant à l'argument des « causes profondes » — dont la presse française nous a tellement gavés — et en leur conseillant de s'en prendre aux vrais instigateurs dont on devinait sans mal qui ils étaient : « Si la rue occidentale était équitable même vis-à-vis d'elle-même, elle serait allée se venger de ceux qui ont planifié, contribué et participé à la nuisance qui l'a frappée. » Après avoir recommandé un « bon traitement du mécréant pacifique, [...] surtout si cela vise à se familiariser avec lui et à l'appeler à l'islam », le cheikh épiloguait sur les raisons qui pouvaient justifier le recours à la force et à la violence contre les « mécréants » : les musulmans ne peuvent en prendre l'initiative « sans un motif créé par les mécréants comme un combat livré aux musulmans ou une assistance apportée aux ennemis d'Allah ou un effort pour détourner ces derniers du chemin d'Allah sur terre ». Il poursuivait ainsi, ajoutant à l'ambiguïté de ses propos : « Nous rappelons à ces mécréants les massacres perpétrés et ceux en cours contre les musulmans dans différentes parties du monde [...], massacres perpétrés avec l'assistance de beaucoup de juifs et de chrétiens et d'autres. » Ne doit-on pas en déduire que les attentats contre les États-Unis, alliés d'Israël, étaient légitimes ? S'appuyant sur l'analyse d'Ibn Taymiyya, apologiste du djihad, le cheikh déclarait qu'en pays mécréant il est recommandé au musulman de partager les apparences de la vie des mécréants « si cela comporte un intérêt religieux comme [...] la connaissance de leurs secrets pour en informer les musulmans ». Voilà qui éclaire la stratégie des auteurs des attentats dont rien dans le comportement ne trahissait leur ferveur religieuse.

Islamiya.net a aussi fait écho à l'analyse d'un dénommé Abou Amar Saada fondée sur divers organes de presse, diffusée par *Islamonline.net* dès le 18 septembre : « Les Israéliens se sont absentés... et les attentats se sont produits » : « Quatre mille Israéliens qui travaillaient au Word Trade Center à New York ne se sont pas rendus à leur travail le jour de l'attentat. » Dans le même esprit, *stcom* « dévoilait » que « les femmes et les enfants des militaires du Pentagone et les habitants des villas autour du Pentagone auraient été priés de partir en vacances les 10 et 11 septembre 2001 et de ne pas dormir chez eux dans la nuit du 10 au 11 ». Le Mossad serait à l'origine des attentats, Israël désirant ainsi « stimuler l'opinion populaire afin qu'elle prenne parti pour lui ». Compte tenu de l'influence déterminante des Israéliens aux États-Unis, George Bush était à la recherche d'un bouc émissaire, d'où la piste Ben Laden...

Cette interprétation de l'événement a été fortement plébiscitée par *Quibla.com* qui, le 1er octobre, annonçait : « *Islamiya.net* diffuse un article capital pour connaître les vrais commanditaires des attentats. » *Quibla.com* voyait aussi dans ces attentats un prétexte bien utile pour justifier une attaque contre un régime accusé « de longue date, par les médias d'Occident, d'appliquer avec entêtement la charia. Les alliés ont décidé de supprimer par la force ce foyer qu'ils qualifient d'intégriste [1] ».

Stcom.net n'a pas hésité à désigner nommément les États-Unis et leurs « acolytes juifs » comme auteurs des attentats, arguments techniques et géopolitiques à l'appui. Les Améri-

1. Une brève du 25 septembre 2001.

cains se seraient « tiré dans le pied » pour stimuler leur économie qui repose sur la vente d'armes et divers trafics, dont celui de la drogue, à la tête desquels se trouvent les services secrets. Ces attentats auraient permis aux États-Unis de faire la guerre aux talibans qui ont arrêté la culture du pavot et de « justifier aux yeux de l'opinion internationale les massacres de populations musulmanes dans le monde ». La thèse d'un complot interne au gouvernement américain, dédouanant Ben Laden, que Thierry Meyssan a exposé dans *L'effroyable imposture* (Carnot, 2002), a évidemment été diffusée sur les sites islamiques. En avril 2002, *Quibla* donnait à lire la conférence prononcée par l'auteur à Abou Dahbi, à l'initiative de la Ligue arabe. Le même site ironisait en se demandant si, après avoir découvert qu'aucun avion ne s'était jeté sur le Pentagone, on n'allait pas apprendre « qu'il n'y [avait] pas eu de détournement à New York, les pilotes des deux avions ayant été traités pour des troubles psychologiques après la guerre du Viet-Nâm. Tout est possible ! » Dans le genre humoristique, *stcom* titrait le 12 mars 2002, à propos d'un fait divers : « Un échafaudage terroriste fait trois morts à Chicago. »

Dans sa première réaction, Tariq Ramadan ne s'est guère démarqué de ce type d'analyse, si ce n'est par un ton plus policé et une habileté incontestable. Dans un article au titre trompeur publié par *Le Monde* : « Condamner et résister ensemble », il s'est fait la voix du doute en mettant en cause l'enquête américaine qui désignait Ben Laden comme l'instigateur des attentats du 11 septembre. Lui aussi nous invitait à nous poser « la vraie question : à qui ces attentats vont-ils profiter ? » Il donnait la réponse qu'on attendait (les États-Unis) sous couvert d'analyse géostratégique, sachant que celle-ci nourrit la réflexion de nombreux analystes français opposés à la stratégie impériale américaine. On retrouvait également l'argument invoquant les intérêts économiques américains : les attentats allaient redonner un nouveau souffle à l'industrie de l'armement. Le deuxième bénéficiaire de ces attentats était Ariel Sharon. Et le nouvel ennemi qui se profilait à l'Occident était bien l'islam. Ainsi, ce que Tariq Ramadan condamnait, c'était la superpuissance américaine — « qui dicte unilatéralement ses décisions politiques, sa logique économique, ses aspirations de guerre ou ses embargos de la mort» — et, s'il appelait à résister, c'était contre «la logique de guerre et de surveillance généralisée des individus à une échelle jamais atteinte jusqu'à ce jour[1] ».

Dans le même esprit, *stcom.net* n'hésitait pas, quelques jours plus tôt, à attribuer aux juifs la responsabilité de l'assassinat du chef du cabinet du maire de Béziers par un jeune «tireur fou» armé jusqu'aux dents. (Ses armes, on l'a su peu après, venaient de Bosnie...) La médiatisation du fait divers visait à justifier «l'État totalitaire, fasciste et policier où nous vivons», etc., le site, s'interrogeant sur les instigateurs et «profiteurs» du trafic d'armes en France, y voyait la main d'une secte qui, «issue d'une soi-disant élite juive appelée par exemple franc-maçonnerie, aurait infiltré la police et le gouvernement».

Dans un autre article au titre évocateur, «Des clous!», le même site dressait un parallèle entre les attentats attribués aux islamistes (celui de 1995 au métro Saint-Michel notamment) et ceux imputés *a priori* à l'extrême droite, qui auraient la particularité commune de n'avoir jamais été élucidés. À qui profite le crime? Aux juifs. Qui a fait le coup? Les juifs. Les juifs sont à l'origine de tout, conformément au postulat.

Dans la même veine, plus récemment, les attentats contre des synagogues et des juifs, qui ont connu une recrudescence à Pâques 2002, étaient eux aussi attribués aux Juifs. Sur *stcom.net*, un rédacteur anonyme écrivait : «On a compris que les faux attentats des synagogues en France et la rumeur d'antisémitisme sont là pour faire diversion à ce que Sharon fait en ce moment en Palestine.» Le 1er avril 2002, suite à l'incendie de la synagogue de Marseille, *stcom* déclarait que ce coup monté était destiné à «permettre une nouvelle fois de prendre des mesures antiarabes et antimusulmanes, même de manière cachée». Il y voyait l'œuvre du Mossad (les services secrets israéliens). Les sites que nous avons visités sont tentés de mettre en symétrie juifs et musulmans, aidés en cela par les méfaits de quelques extrémistes juifs et par les attaques du printemps 2002 contre

1. Tariq Ramadan, «Condamner et résister ensemble», *Le Monde*, 13 octobre 2001.

des mosquées, dont, à l'heure où nous écrivons, on ignore toujours la signature. Le 21 avril, *Quibla* appelait à la création d'une milice d'autodéfense islamique.

Cet islam des internautes, s'il se propage, risque de conduire en Europe, dans le meilleur des cas, au développement séparé d'entités musulmanes sans liens avec les « mécréants » et à la déstabilisation, sinon au détournement des valeurs qui fondent les sociétés laïques ; dans le pire, on peut craindre une rébellion contre les lois qui pourrait se traduire par des actes de violence au nom du djihad. Si les attentats du 11 septembre n'y suffisaient pas, l'attentat meurtrier contre la synagogue de Djerba en avril 2002 a de nouveau montré que le djihad peut frapper ailleurs qu'en Israël, et qu'il est d'abord le produit d'un endoctrinement.

De toute évidence, ce qui ne peut plus être écrit aujourd'hui dans la presse ou les livres, on le trouve sur Internet, instrument par excellence de la mise en réseau et de mise en circulation de rumeurs [1]. Comment ignorer désormais le pouvoir multiplicateur de ce média qui véhicule impunément une propagande irresponsable ? La volonté d'éviter la « fracture numérique » a facilité l'accès à ce nouvel outil. Ce sont les jeunes, principalement, qui l'utilisent, les plus susceptibles sans doute de répondre à l'appel de la passion et de l'action. Frédéric Chambon a décrit dans un article du *Monde* l'emploi du temps d'un jeune converti de Corbeil-Essonnes interpellé fin septembre 2001 pour son appartenance supposée à un réseau islamiste qui préparait des attentats contre des intérêts américains en France : il « cumulait les emplois par intérim. À ses heures perdues, il fréquentait le club multimédia de la salle de quartier [2] ». Notre police et notre justice ne sont manifestement pas préparées aux implications de cet outil dans l'incitation au terrorisme. Ce sont des hackers qui, jouant les Robins des Bois, ont piraté un temps *stcom.net* pour le bénéfice de la sûreté publique.

1. Rappelons cet exemple édifiant de rumeur trouvé sur *stcom* : les partis politiques, R.P.R. en tête, paient de jeunes musulmans pour brûler des voitures, afin de faire campagne sur l'insécurité.

2. *Le Monde*, 27 septembre 2001.

Si l'islam présenté sur les sites visités ne se démarque guère de l'islamisme et de son extension violente, le terrorisme, cela tient au rapport que les clercs islamiques qui s'y épanchent entretiennent avec les textes « sacrés ». Soheib Bencheikh et Boualem Sansal, qu'on ne peut suspecter d'islamophobie, nous avaient déjà mis en garde contre l'exploitation des liens idéologiques qui permettent de passer de l'islam au terrorisme [1]. Mohamed Charfi aussi, qui montre dans son livre *Islam et liberté* [2] comment la rigidité des oulémas, en sacralisant les décisions de leurs prédécesseurs, ont enfanté l'islamisme (ou l'intégrisme, termes qu'il emploie alternativement [3]), notamment en Tunisie où il s'est développé de manière endogène par le renforcement de l'enseignement traditionnel religieux à l'école, le pouvoir pensant ainsi se protéger des nuisances de la gauche contestataire. Pour lui, « entre l'islam traditionnel et officiel, d'une part, et les intégristes, d'autre part, s'il y a une différence de comportement, il n'y en a aucune sur le plan de l'analyse, de la théorie, du fondement. Dès lors, se créent nécessairement des liens et des passerelles ». Mohamed Charfi ne fait pas non plus de différence notable entre l'islamiste et le terroriste, et récuse l'appellation d'« islamiste modéré » car, « même si le style paisible et le rejet de la violence sont sincères, du moment que le mouvement est toujours attaché à la charia et à la sacralisation de l'histoire, la modération reste provisoire et indique une stratégie d'attente, car les ingrédients de la radicalisation n'ont pas disparu ». Il en va ainsi du Tabligh qui ne vise pas la prise du pouvoir et dont sont pourtant issus « la plupart des dirigeants de l'islamisme armé algérien », car la « base théorique est la même ». Richard Labévière fait une observation similaire à propos des Frères musulmans [4] dont il relève la duplicité : « L'his-

1. Voir les épigraphes de ce chapitre, p. 269
2. *op. cit.*
3. Et qu'il faudrait distinguer d'après Alexandre del Valle : « L'intégrisme désigne une mouvance du catholicisme qui revendique le retour à la tradition et condamne la progression des idées modernes à l'intérieur de l'Église. Cette notion n'a rien à voir avec l'islamisme qui est avant tout une réalité politique ». (*Islamisme et États-Unis, Une alliance contre l'Europe*, *op. cit.*)
4. Tariq Ramadan a consacré sa thèse à l apologie de son grand-père (*Aux sources du renouveau musulman, D'Al-Afghami à Hassan al-Banna, un siècle de réformisme islamique*, Bayard, 1998). Il y présente la confrérie sous un jour « front

toire des Frères musulmans montre qu'ils n'hésitent pas à utiliser le meurtre en politique. La confrérie opta tour à tour pour la violence ou la légalité. Ses responsables ont souvent pratiqué le double langage au point d'être surnommés les "jésuites de l'islam". »

La duplicité peut aller plus loin. Hassan al-Tourabi, maître spirituel du Soudan islamiste, aujourd'hui en résidence surveillée, conseillait d'adopter en Europe la stratégie de la ruse : invoquer le droit, mettre en avant le dialogue. L'Organisation de la conférence islamique recommande elle aussi de présenter les revendications des musulmans en Europe sous « des formes appropriées » invoquant « le droit à la différence », « l'ouverture et le dialogue [1] ». Mohamed Charfi en convient encore : « Les dirigeants islamistes ont appris à parler à l'Occident le langage qu'il comprend et affectionne à juste titre : celui de la démocratie et des droits de l'homme. C'est un fonds de commerce rentable, une bonne couverture. » Déjà au XIIIe siècle, Ibn Taymiyya recommandait l'hypocrisie dans les contacts avec les non-musulmans.

Ces observations sont généralement niées par l'embryon de « cléricature musulmane » en France et par nos élites politico-médiatiques. *Le Monde*, après avoir accueilli les propos douteux de Tariq Ramadan sur les attentats du 11 septembre, titrait, quelques mois après : « Les imams de France prêchent un islam moralisateur et non belliqueux [2] » pour rendre compte des résul-

---

populaire » très idéalisé puisque, comme nous le rappelle la revue *Islam de France*, le programme des Frères musulmans de 1936 prônait en fait des mesures totalitaires : « multiplier les phalanges de jeunes en les éduquant à la guerre sainte, [...] contrôler le comportement des fonctionnaires sans distinguer l'aspect privé de la responsabilité publique, [...] interdire la mixité entre étudiants et étudiantes, [...] considérer tout contact mixte en tête-à-tête comme un crime susceptible d'être sanctionné, [...] revivifier le rôle de la "hisba" [police des mœurs] et réprimer tous ceux qui ne respectent pas les préceptes de l'islam ou ceux qui n'observent pas ses obligations telles le jeûne du mois de ramadan, la prière, ou encore ceux qui insultent la religion, [...] mettre fin à l'esprit étranger, [...] orienter la presse vers le bien [...] » (*Islam de France*, n° 8, 2000).

1. Richard Labévière, *Les dollars de la terreur. Les États-Unis et les islamistes*, *op. cit.*

2. Daté du 8 février 2002.

tats d'une enquête menée auprès de vingt-trois mosquées à la demande de l'Institut des hautes études de la sécurité intérieure (IHESI). Non seulement les prêches ont été enregistrés « avec l'accord préalable de l'imam », mais, contrairement à ce qu'annonçait le titre, les extraits proposés aux lecteurs, sans commentaire du journaliste, ne faisaient que confirmer la thèse d'un fonds idéologique qui se prêtait aux radicalisations et n'encourageait guère les fidèles à s'intégrer dans la société française [1]. Le magazine *Lyon Mag'*, qui a mené une excellente enquête dans la région lyonnaise, notait explicitement que certains prêches incitent « les jeunes à ne pas s'intégrer dans la société française mais, au contraire, à se replier sur leur religion [2] ». Il citait notamment cette menace d'un imam, qui ne nous change guère du web : « Les musulmans qui fêtent le jour de l'an finiront au milieu des flammes de l'enfer [3]. » Les prêches, il est vrai, étaient enregistrés à l'insu des imams. L'enquête s'étendait aussi aux conférences. *Lyon Mag'* rapportait ainsi une intervention de Hani Ramadan, le 28 septembre 2001, lors d'une conférence organisée par l'UJM dans les locaux de la mairie du VIe arrondissement de Lyon :

« Il va inciter à s'engager dans les mouvements radicaux. "Il n'y a pas le choix, c'est écrit dans le Coran", insistera le frère de Tariq, en s'appuyant sur des versets du Coran. Et il aborde le thème du djihad. Évo-

1. « L'islam, grâce à l'unicité divine et à la voie prophétique, a établi un système mondial unique. Il n'y a pas eu et il n'y aura pas de système qui lui sera égal. [...] Chacun d'eux [les musulmans] se préoccupe de la dignité de l'autre et s'affecte de toute agression ou injustice qui aliène les droits des autres » ; « Frère honorable, tu vis dans une société qui t'est étrangère par ses valeurs, ses coutumes, sa morale et même par sa façon de pensée et sa vision de la vie. Alors que tu es seul parmi eux, il y a en toi tout ce que ressent un étranger [...]. Tu dois rechercher la compagnie de tes frères en religion et t'attacher à leur assemblée. Car la Main d'Allah est avec la communauté. » Un troisième imam présentait dans cet ordre les cinq devoirs des musulmans en France : « 1) Le devoir de se corriger soi-même. 2) Le devoir envers sa famille. 3) Le devoir envers les musulmans du monde entier. 4) Le devoir envers la communauté musulmane qui vit en France. 5) Le devoir envers la société française. Le Pen ne disait-il pas, lui aussi, aimer plus sa cousine que sa voisine, etc. ? »

2. « Faut-il avoir peur des réseaux islamistes à Lyon ? », *Lyon Mag'*, n° 107, octobre 2001.

3. Mosquée Bilal de Vaulx-en-Velin (banlieue de Lyon).

quant la riposte américaine après les attentats, il lancera même : "Tous les musulmans doivent entrer dans la lutte armée quand un État musulman est attaqué [1]". »

Les hommes politiques français se sont contentés après le 11 septembre des discours lénifiants de la cléricature musulmane sur la tolérance de l'islam, préférant s'aveugler plutôt que d'appeler l'islam de France à opérer des révisions profondes de son idéologie. La préoccupation essentielle de ceux qui, sous l'Ancien Régime, fréquentaient la Cour était d'éviter à tout prix le ridicule. (Patrice Leconte en a fait un film.) Aujourd'hui, la devise d'une certaine élite politique et médiatique, parisienne tout particulièrement, c'est « éviter à tout prix de paraître raciste ». L'antiracisme est devenu *la* grande cause nationale, disions-nous. L'insistance avec laquelle aux lendemains des attentats on a, sous peine de pratiquer un dangereux « amalgame », nié et même rejeté l'idée qu'il pût y avoir un lien entre islam, islamisme et terrorisme a surtout dénoté une peur du racisme anti-arabe, une défiance méprisante à l'égard du peuple français duquel on craint toujours le pire et qu'on renvoie à la honte de lui-même. Se méfier de l'islam, en craindre les dérives, n'est pas de bon ton. Cette attitude des élites les installe dans l'hypocrisie mais il serait bien étonnant qu'elle n'apparaisse pas telle aux yeux de la nation. Comme l'a dit Boualem Sansal, « la première lâcheté est de rouler des yeux comme un toutou pour dire le contraire de ce que l'on pense ».

1. Un des chercheurs de l'enquête de l'IHESI [bien inspiré] désirait prendre en compte « les autres "tribunes" existant autour de la mosquée : conférences, revues, cassettes [...] ».

Conclusion

C'est beaucoup plus d'une absence de volonté politique que d'une duplicité qui serait inhérente à l'islam que provient notre inaptitude à porter sur lui un regard lucide. Cette absence de volonté n'est que le symptôme d'un mal plus étendu et plus profond que nous avons déjà identifié : la dépolitisation, qui conduit à sacrifier aux droits individuels l'idée même d'intérêt général. Par comparaison avec cette exigence aujourd'hui de plus en plus disqualifiée, les droits de l'homme constituent un objectif apparemment plus modeste ; mais il est aussi plus dévorant, parce qu'il se nourrit d'une insatisfaction permanente qui entraîne une extension indéfinie des motifs de « lutte ». Les libertés individuelles paraissent y gagner, mais la dépendance des Français s'en trouve également accrue, vis-à-vis d'un État dont on attend tout[1]. Et si l'« État-guichet », en apparence, demeure puissant, il navigue à vue. Il tend à repousser la résolution des contradictions qu'engendrent inévitablement les revendications droit-de-l'hommistes — aussi longtemps, du moins, qu'il peut donner à la fois « le beurre et l'argent du beurre ». Autant dire qu'il éteint le feu en fabriquant des bombes à retardement.

Pourtant, au pied du mur, il n'y aura que deux façons de régler les problèmes : soit entériner un rapport de forces et donc appliquer la loi du plus fort, ce qui est plus proche de la barbarie que

1. Sur ces questions, cf. Marcel Gauchet, « Quand les droits de l'homme deviennent une politique », *Le Débat*, n° 110, mai-août 2000, repris dans Marcel Gauchet, *La démocratie contre elle-même*, *op. cit.*

de la politique, soit trancher en fonction d'un intérêt supérieur, quitte à décevoir tout le monde, ce qui nous ramènerait à la politique dans sa définition et sa pratique véritables. Il y a fort à parier, étant donné les succès obtenus par les droits de l'homme, qu'on ne s'engage pas dans la voie la plus civilisée.

Pour l'instant, nous nous en sommes tirés par des pirouettes en négligeant les contradictions et en théorisant nos lâchetés pour les rendre plus avenantes. Le modèle politique assimilationniste correspondait à un réel choix de société. Si nous l'avons abandonné, c'est à l'insu et dans le mépris du peuple français [1], sous les anathèmes et les oukases d'une partie de l'élite et d'assemblées technocratiques. Ce qui constituait le cœur de notre politique d'intégration, allant de pair avec un code de la nationalité très généreux, fait aujourd'hui figure de repoussoir. Le mot « assimilation » est devenu quasiment imprononçable. Pour s'adapter aux exigences de l'islam, la laïcité a connu le même sort et on ne peut guère plus la revendiquer sans être taxé d'intégrisme républicain, à moins d'en proposer une version modernisée qui la vide de son sens. Le Conseil d'État, en entérinant ces innovations théoriques et en leur donnant un contenu juridique, a rempli la mission normalement dévolue aux élus, lesquels, il est vrai, n'étaient que trop contents de se débarrasser de la « patate chaude ». En somme, les élus se sont défaussés sur les experts des plus hautes instances juridictionnelles pour infléchir de façon décisive le modèle politique français.

L'attitude des pouvoirs publics et des élites vis-à-vis de l'islam est fortement marquée par la dépolitisation. On ne sait plus au nom de quelles raisons supérieures on serait fondé à lui demander légitimement quelques efforts, comme on l'a fait, trop durement parfois, avec l'Église catholique. Sans motivation, l'énergie manque. L'islam s'enracine en France à une

1. Ce mépris des élites, le peuple le ressent, comme l'a montré l'élection présidentielle. Jacky Hénin, maire communiste de Calais, en donnait, dans *Le Monde* du 25 avril 2002, une description saisissante : « Je refuse d'être candidat aux élections législatives, car je n'aime guère la vie parisienne, ni les débats surfaits, ni cette partie de la France qui croit avoir la science infuse et prend le reste du pays pour un ramassis de bouseux. »

époque où nous n'avons plus le cœur à ferrailler avec les religions pour qu'elles se tiennent à leur place, à l'écart de l'école publique, du politique et en respectant le code civil. Dernière arrivée parmi les grandes religions de France, il n'a aucune raison de se contraindre à une attitude de réserve polie quand nous l'encourageons à prendre ses aises. Notre répugnance à la lucidité face à ses exigences est redoublée par l'image de victime dont nous l'avons affublée, qui l'encourage à « mettre les pieds sur la table » et nous impose de nous en trouver bien. Nous sommes aujourd'hui entraînés dans l'engrenage des concessions. Persuadés que les entorses à nos principes ne sont qu'une façon civilisée de les appliquer, nous refusons de penser les contradictions auxquelles nous conduisent nos renoncements successifs. Ainsi, dans *Le Monde de l'Éducation* de décembre 2001, on se félicitait des « petits arrangements laïques » ayant permis « une cohabitation pacifiée » entre « religion musulmane et école laïque », sans être autrement troublé par les revendications, « ici ou là », de « couverts séparés » à la cantine ni par l'augmentation singulière du « port du voile et même du tchadri [voile total à l'afghane aussi appelé burka [1]] » à Trappes. C'est dire si la perspective, que nous appréhendons dans ce livre, que la séparation des « communautés », une sorte de cantonnement volontaire, s'institutionnalise à l'école publique, ne relève pas de la « science-fiction ». Il est tout de même étonnant que ce qui nous scandalise tant à Kaboul ne nous émeuve guère à Trappes. Les poches talibanes en France ne semblent pas faire problème et aucun B-52 ne viendra délivrer les femmes « engrillagées » de la région parisienne. Mais alors, comment concilier l'inscription de la parité dans la Constitution, contraignant les hommes à faire une place aux femmes dans le monde politique, et l'assujettissement communautaire total que symbolise le tchadri, ici comme en Afghanistan ? On nous expliquera qu'aucun ministère de propagation de la vertu

1. Claude Lévi-Strauss en a donné une description très précise dans *Tristes tropiques* : « Semblable à un appareil orthopédique avec sa coupe compliquée, ses guichets en passementerie pour la vision, ses boutons-pression et ses cordonnets, le lourd tissu dont il est fait pour s'adapter exactement au corps humain tout en le dissimulant aussi complètement que possible » (Plon, 1955).

et de répression du vice [1] ne contraint les femmes à endosser le tchadri en France ; qu'aucune loi ne saurait contrarier ce droit individuel à « s'enterrer vivante ». Cet état de fait signifie clairement que l'État se résout à sa propre impuissance face aux « grumeaux » communautaires imposant des traitements dégradants aux femmes. Ce faisant, nous acquiesçons aussi à une conception de la pudeur féminine comme répugnant au moindre regard et censée protéger l'homme de sa propre concupiscence. Si la dissimulation totale du corps féminin représente le comble de la pudeur, il ne faut pas être grand clerc pour imaginer l'appréciation qu'un jeune musulman peut porter sur une jeune fille coquette, en jupe et en talons [2] ! Est-ce un hasard si les jeux de la séduction, qui constituent une forme de civilité, se raréfient dans nos banlieues au profit des viols en bande organisée dans les caves des cités ?

Comment concilier ces extrêmes à l'intérieur de l'école où peuvent se côtoyer l'affichage publicitaire très suggestif d'une campagne de prévention contre le sida et des jeunes filles voilées ? Là comme ailleurs, en refusant d'imposer une contrainte à quelques individus au nom d'un bien commun supérieur à tous, on a banalisé l'enceinte scolaire, en laissant s'y engouffrer la bigarrure sociale et culturelle de la rue. Les conduites sociales, que la loi n'est plus en mesure d'imposer, deviennent l'objet de campagnes de prévention, à l'image du sida. L'Éducation nationale en est ainsi réduite à payer des spots télévisés et des affiches pour réintroduire des pratiques de civilité. Parce qu'on a renoncé hier à interdire le voile à l'école, dont on sait bien au fond tout ce qu'il symbolise en matière de statut de la

1. Comme en Afghanistan sous le régime taliban ou encore en Arabie saoudite où les Moutawa'a remplissent la même mission « d'espionnage de la société et de "redressement" des mœurs », pour laquelle ils disposent d'un « budget énorme ». Cf. Antoine Basbous, *L'islamisme, une révolution avortée ?, op. cit.* Gilles Képel en fait la description suivante : « Ces jeunes barbus d'extraction populaire armés de gourdins font observer les horaires de prière, le port du voile par les femmes et les règles de comportement wahhabites en général. » Cf. *Jihad, expansion et déclin de l'islamisme*, Gallimard, coll. Folio actuel, 2000.

2. Un intervenant sur le site *stcom.net* appelant à la libération féminine en Occident formulait ainsi l'alternative : « Voile ou pornographie, à vous de choisir ! », 2 décembre 2001.

femme, on fait aujourd'hui, dans l'enceinte scolaire, de la médiation communautaire auprès des familles pour l'empêcher. Hanifa Chérifi, la médiatrice sur les affaires de voile, est d'origine algérienne, et c'est comme musulmane qu'elle est envoyée auprès des jeunes filles et leur famille pour les convaincre de renoncer au voile à l'école, alors même que le Conseil d'État a assimilé le port du foulard à une manifestation de la liberté de conscience des élèves. Bien que le Conseil d'État ait refusé d'attribuer un sens au voile [1], la médiatrice s'est déclarée, après le 11 septembre, en faveur de campagnes de prévention dans les écoles pour expliquer « la signification du voile et ses conséquences ».

Comment concilier, plus généralement, la demande de reconnaissance de l'islam dont de nombreux intellectuels et médias nationaux se font les porte-parole, alors même que la loi de 1905 fait un devoir à l'État de ne reconnaître aucun culte ? Et comment, dans ces conditions, continuer de pérorer, contre tout bon sens, sur la compatibilité de l'islam avec la loi de 1905 ? Non seulement cette loi est, on l'a vu, constamment bafouée dans la pratique courante des rapports entre pouvoirs publics et « autorités » islamiques, mais un consensus politique semble se dégager aujourd'hui pour financer les lieux de prière et les mosquées qui feraient défaut à l'islam. Certains hommes politiques recommandent même de contribuer à la formation d'imams à Strasbourg, espérant ainsi fabriquer des imams à leur convenance. Si la liberté de culte dépend de la contribution financière de l'État, comme on semble le croire avec l'islam, alors elle n'existe plus. Pour l'instant, l'islam plaît beaucoup à nos élites, mais qui dit qu'il en sera toujours ainsi ? L'intérêt que l'on manifeste aujourd'hui pour cette religion, en haut (l'État) comme en bas (dans les mairies), n'est pas totalement désintéressé. L'espoir d'une socialisation par l'islam dans les banlieues intenables semble avoir beaucoup encouragé les élus à se rallier à sa cause. Qu'en sera-t-il lorsque ces mêmes élus se rendront compte de leur bévue et chercheront à recouvrer une prise directe sur leurs administrés ? On joue la carte communautaire, dans l'espoir de

1. *Le Monde*, dossier spécial « L'islam et les femmes », 16-17 décembre 2001.

glaner des voix supplémentaires aux élections, certes, mais aussi de maîtriser une religion dont on craint, sans oser l'avouer, les excès pourtant bien visibles dans le monde. Si ces manières de jouer avec la loi de 1905 devaient être officialisées, la laïcité aurait définitivement fait son temps. L'islam, même après l'installation hypothétique du Conseil français du culte musulman, ne fonctionnera pas plus qu'aujourd'hui sur le mode hiérarchique et risque d'être alors entre les mains des élus. Pour l'islam, nous jetterions le bébé avec l'eau du bain. Nous nous trouverions fort démunis quand d'autres religions, qui n'ont guère notre faveur, demanderaient à bénéficier des mêmes largesses de l'État.

Le communautarisme étant répudié par principe en France, nous nous en croyons miraculeusement épargnés, alors que ses manifestations sur notre sol sont déjà très visibles[1]. Les conquêtes de l'islam sont probablement les plus frappantes mais sont loin d'être les seules. *Le Monde* du 27 décembre 2001 nous apprenait que Flag, l'association professionnelle gay nouvellement créée dans la police, envisageait « d'établir des relais dans les commissariats pour recevoir les plaintes des homosexuels qui ne sont pas toujours prises en considération ». À quand des policiers musulmans pour recueillir les plaintes des musulmans, des fonctionnaires unijambistes pour traiter les cas des unijambistes, etc. ? L'islam nous questionne d'abord sur le modèle de société que nous entendons défendre. Le visage qu'il prendra en France dépendra davantage de notre choix que de ses propres intentions. Si nous nous engageons vers un communautarisme à l'anglaise (mais dont les Anglais paraissent quelque peu revenir), que ce soit le résultat d'un débat politique, où l'on joue cartes sur table, et non d'arrangements juridiques concoctés par le Conseil d'État pour répondre aux « phénomènes de société » détectés et montés en épingle par *Le Monde* et *Libération*.

Les campagnes électorales de 2002 auraient dû être l'occasion de proposer aux Français des choix de société clairs. Tel n'a pas été le cas et l'on voit mal ce qui pourrait guérir la France de cette maladie de la volonté dont elle souffre aujourd'hui. Plus

1. Joseph Macé-Scaron, *La tentation communautaire*, Plon, 2001.

grave : il est à craindre que le résultat du Front national à l'élection présidentielle, par la radicalisation qu'il suscite, et l'interdit qui va s'ensuivre de débattre sur des sujets comme l'assimilation et la politique migratoire, conduise à la répétition de discours convenus, sous peine d'être accusé du pire. Dès avant le premier tour, Noël Mamère, candidat des Verts, exprimait très clairement cet interdit : « La lepénisation des esprits a atteint une partie de la droite et de la gauche. Je suis pour une France tolérante qui ne confonde pas intégration et assimilation, respect des cultures et communautarisme. » Allant plus loin, il proposait qu'on élimine « l'idée même de législation discriminatoire pour les étrangers » et réclamait « l'arrêt des expulsions, [...] la dépénalisation des infractions à la législation sur l'entrée et le séjour, [...] l'instauration d'une véritable citoyenneté de résidence européenne, avec droit de vote à toutes les élections »[1]. Nul doute que le Front national a encore de beaux jours devant lui !

Nous remercions vivement Bénédicte Delorme Montigny pour ses conseils et sa lecture attentive, et Arnaud Jamin pour la mise au point du manuscrit.

1. *Libération*, 16 avril 2002.

III. LES LEÇONS DE L'HISTOIRE RELIGIEUSE

IV. LES PRINCIPES DE LA LAÏCITÉ À L'ÉPREUVE DE L'ISLAM

V. LES POUVOIRS PUBLICS ET LE CULTE MUSULMAN : UN PRAGMATISME HORS LA LOI ?

VI. LE VOILE ET LA RÉPUBLIQUF

VII. À L'ÉCOUTE DE L'ISLAM DE FRANCE

Composition Bussière
et impression Bussière Camedan Imprimeries
à Saint-Amand (Cher), le 18 octobre 2002.
Dépôt légal : octobre 2002.
1er dépôt légal : août 2002
Numéro d'imprimeur : 024854/1.
ISBN 2-07-076247-5./Imprimé en France.

121353